国家「十一五」重点图书出版规划项目

中国古代地方政治研究

马新 主编

唐宋地方政治体制转型研究

陈长征 著

山东大学出版社

图书在版编目(CIP)数据

唐宋地方政治体制转型研究/陈长征著.一济南:山东大学出版社,2010.4

(中国古代地方政治研究/马新主编)

ISBN 978-7-5607-4061-4

Ⅰ.①唐…

Ⅱ.①陈…

Ⅲ.①地方政府—政治体制改革—研究—中国—唐代
②地方政府—政治体制改革—研究—中国—宋代

Ⅳ.①D691.2

中国版本图书馆 CIP 数据核字(2010)第 054124 号

山东大学出版社出版发行

(山东省济南市山大南路 27 号　邮政编码:250100)

山东省新华书店经销

山东新华印刷厂印刷

720×1000 毫米　1/16　20 印张　296 千字

2010 年 4 月第 1 版　2010 年 4 月第 1 次印刷

定价:40.00 元

总　序

地方政治相对于中央政治而言，是历代王朝政治的重要组成部分，无论是研究中国政治史，还是研究历代王朝的治乱兴衰史，或者是研究经济史、军事史、社会史等等，都离不开对地方政治的研究。地方政治的变迁既受制于中央王朝政治，同时也对中央王朝政治的方方面面施加着自己的影响；尤其是它处于国家与社会之间，上承王朝之政令，下理社会之秩序，所以说地方政治之优劣，直接关系到社会的安定与进步，更关系到王朝的兴衰。

一

地方政治相对于中央政治而言，其存在的前提自然是中央王朝的存在，因而，自夏商王朝起，中国的地方政治即告产生。自此至清王朝，中国历史上的地方政治可以分为前、后两大时期：前期即夏商西周春秋时代，是以分封制为核心的地方政治；后期即战国至明清时代，是以郡县制为核心的地方政治。

以分封制为核心的地方政治实际上又是一种共主政治。在这一政治体制下，地方当政者拥有较为完整的政治、军事与经济权力，他们与中央政权的关系实质是联盟与共主的关系。各个方国、诸侯国可以视为中央政权的地方政权，而中央政权也可以视为各方国的共主，具有一定的政治联盟关系。夏商周时代的地方政权也就是各方国或诸侯国，可以分为前、后两期。前期方国如一盘散沙，平行分布，从亲缘与地缘的合作关系，到松散的联合体,再到共主的逐渐形成,其自身的独立性都是比较强的,可以说是相对独立的政治单元。后期方国则分为两类:一类是臣服的方国,一类是分封的方国。后者又可称之为“封国”。分封制下的层层分封,造就了两种政治单元:各封国与天子是册封与共主关系,具有较强的独立性;封国内部虽也是层层分封,却实现了相对的一统,诸侯对卿大夫所拥有的权力往往要大于天子之于诸侯所拥有的权力。

在共主制下,虽然号称“溥天之下,莫非王土;率土之滨,莫非王臣”,但实际上,共主地位的奠定首先是依托力量的制衡。在自己的王畿内,共主是绝对的权威,在自己的血缘属邦内,也有相应的权力延伸;但在其他称臣的邦国那里,则只能靠震慑力维持其共主地位,所谓的侯服、甸服、绥服、荒服、要服等五服,反映的就是这种现实。到西周时代,王畿与血缘属邦这类核心层邦国占据了主导地位,周天子作为共主的地位也至于顶点。

在西周时代,各方国地位的确立通过自上而下的分封进行。分封中,既有天子贵戚,也有异姓勋旧,还有大量的称臣纳贡的异姓方国。前者为鲁,后者有齐,第三类为楚,均可作为各自的代表。一旦完成分封,各自就国,他们便享有充分的政治自主。对于天子,他们只有从征与纳贡的义务;而对于封国内的卿士民众,他们则有完全的处置权。西欧中世纪所谓“我的附庸的附庸,不是我的附庸”,放到这里,也是十分恰当的。

以郡县制为核心的地方政治实际上是集权政治。在这一政治体制下,各级地方政权都只是王朝中央集权中的一个环节,并不具备独立的地方权力,他们对于中央王朝都是服从与被统辖的关系。当然,东汉末的州牧、刺史与唐代的藩镇另当别论,它们都是正常体制外的产物。

郡县制自战国定型,一直延续到近代社会,这是一种上下一体、纵向贯通的地方政体。每一层次的政权所拥有的权力尽管不尽一致,但对于其上层权力的责任反馈是一致的。这一制度与官僚制密切相关,每位地方长官都是代行皇帝或中央政府所赋予的权力,没有自身的权力或利益分割,也不向此外的任何人负责,自然,他们也都是自上而下委任产生的。

自战国到明清时代,郡县制可以划分为三大阶段,即郡政阶段、州政阶段、省政阶段。三大阶段中,县与县政一直相对稳定,中央与县级政权之间的变动是三个阶段地方政治演变的主要内容。

秦分天下为三十六郡，实行郡、县两级制，汉沿袭之，是为郡政阶段。自秦至西汉时期，郡一级的权力较为集中：郡守集行政、经济、民政、司法诸权于一身，一郡所有事务都经由郡守上传或下达。与之相应，郡守的地位颇高，尚书令、尚书仆射有外任郡守者，郡守也往往可以入为三公九卿。另外，作为其副贰的郡尉掌军事，监郡御史掌监察。自武帝始，在全国范围内设十三部州，十三部州刺史以六条问事监察地方官，主要以郡守为监察对象。十三部州实际上是十三个监察大区。到东汉时代，州刺史渐成一级长官，尾大不掉，在东汉末年的分崩离析中，他们是主要的割据者。

自魏晋至宋为州政阶段。一方面，举国之内，实行州、县二级制；另一方面，在州与中央王朝之间，又断断续续但又越来越明确地存在着一级组织，从汉之部州、唐之道，到北宋之路，重复地实现着由监察大区向行政大区的转变，因此，又可以说，这一时期是二级制向三级制的过渡时期。在这一过渡时期中，唐代是一个重要的转折点。唐代仍实行地方二级体制，即州县制，也试图在州之上设立监察大区，所设各道观察使、黜陟使、采访使、按察使以及节度使等等，最初都是只负有监察或某一专项事务。但在运转的过程中又是渐以坐大，拥有了一道中的军政全权，成为一方割据者。如洪迈所言：

> 唐世于诸道置按察使，后改为采访处置使，治于所部之大郡。既又改为观察，其有戎旅之地，即置节度使。分天下为四十余道，大者十余州，小者二三州，但令访察善恶，举其大纲。然兵甲、财赋、民俗之事，无所不领，谓之都府，权势不胜其重。①

唐代后期，面对地方割据势力的日益发展，唐王朝在可能的范围内运用了巡院这一新设机构对地方加强控制与管理。唐中央之所以对江南有比较稳定的控制，与当地巡院机构之完备不无关系。不过，在唐后期特定的历史条件下，强藩跋扈已成事实，巡院对此也无能为力。至北宋立国，取法巡院之意，置诸路转运使，使我国地方政体正式由监察大区向行政大区过渡，维

① 洪迈：《容斋三笔》卷七。

护了中央集权的统治。

北宋一般是每路均设一转运使，“各分路列职”，置有使司，故北宋之诸路转运使又称“逐路转运使”。宋初分全国为十五路，后增至二十余路，转运使也增至二十余员，这一点与设于诸道的唐代巡院是一致的。

北宋转运使的理事特点是“事无大小，悉条陈上阙”，多督察权而较少处理权。如大中祥符五年(1012)，“以侍御史赵稹为兵部员外郎，益州路转运使……稹至部，事无大小，悉心究访，至有一日章数上者”①。

自元至明清为省政阶段。这一阶段，实行了比较规范的省、州(府)、县地方三级政制。与郡政时代之郡以及州政时代之部州、诸道相比，省政运转有三个显著特点：其一是省级权力的分割恰如其分，既避免了过分集权之悍，又无诸权分散之弱。如明前期，一省之中，布政、按察、都指挥三司并存，均直接向中央王朝负责；中期以后，虽然大政统于督抚，但中央王朝各有司对省内诸司的制约仍十分有力。其二是地方大吏督抚分设，互相制约，也颇见成效。其三是省级军事、监察、漕赋诸权弱化，以中央王朝的垂直管理为主，这在很大程度上强化了中央集权。明、清两朝很少出现督抚坐大而割据者，这是非常重要的内在原因。②

以郡县制为核心的地方政治以中央集权式的中央王朝的存在为前提，自战国至明清，延续了两千年，是中国历史上持续时间最长、影响力最为深远的地方政治形态。因此，我们对中国古代地方政治的研究主要是以此为对象。

二

中国古代的地方政治是在中央集权政体下的地方治理，因而，其范围既与中央政治的运转相对应，又与地方社会的要素相配合，包括政治、军事、民政、司法、赋役等诸多方面的内容。从政治运转的角度分析，地方政治又可

---

① 《续资治通鉴长编》卷七七。

② 以上参见齐涛主编《中国政治通史·总论》第1卷，泰山出版社2004年版，第20、22～25页。

以分为两大运行系统，即上行系统、下行系统。

所谓上行系统，是指地方政权对中央王朝的政治反馈系统。就中央政权而言，地方政权是其基础所在，虽然韩非子早已设计了“事在四方，要在中央”的集权体制，但对于一个庞大的王朝而言，中央王朝不可能事无巨细，一切通揽，而必须向地方政府分权、授权，使其能够履行中央王朝所赋予的职责。对于地方政权而言，忠实地执行中央王朝的政令，行使其法定的职掌之责，是应有之义。但是，地方事务毕竟千头万绪，千差万别，中央政令难以全部涵盖，而且，地方政权从维护当地利益、保障地方势力权益出发，也与中央王朝存在着种种的矛盾，也时时在扩大着其政治权力与政治影响，对此，中央王朝又要加以制约与调整。

在上述条件下，地方政权对中央王朝的政治反馈系统便包括了正反馈与负反馈两个部分。正反馈是地方政权忠实有效地执行中央政令的反馈；负反馈则是与中央政令相左的政治行为的反馈。两种反馈构成了地方政治较为完整的上行系统，对地方政治与王朝政治同样起着重要作用。

以清代地方财政为例，虽然清初仍继承明代旧制，将地方赋入分为上解银与地方存留银两项，但因军务所需，中央不断裁扣地方存留银的比例，使地方财政难以为继。如直隶灵寿县，每年地方存留银原为6323两，经多次裁扣，至康熙二十年(1681)，每年仅为1700两，是原额的1/3。[①] 对于这一财政政策，地方官员有两种作为：一是尽力满足政策所需，压缩地方开支。有一些地方官员甚至因经费难以筹措而自杀。顺治十四年(1657)，清世祖为此下诏称：“近见州县官有自尽者，动称为此苦累，或实缘钱粮不足，供应不能及额……有司疲于奔命，勒索过当，除自尽之外，几无良策。”[②]二是变相变更财税政策，向百姓加征“火耗”、“羡余”等等。顺治年间，“天下火耗之重，每银一两有加耗至五钱者”[③]。其原因固然是“存留名目节次裁减，州县之事束手无策，势不得不私派之民”[④]。但这一作法对整个王朝赋税体系的

---

① 《康熙灵寿县志》卷四《田赋志》。

② 《清顺治实录》卷一一〇。

③ 《清顺治实录》卷八五。

④ 《康熙灵寿县志》卷四《田赋志》。

冲击、对百姓的侵害都不可低估。①

地方官员的前一种作为属于正反馈，后一种作为则属于负反馈。在两种反馈的交互影响下，清王朝不得不调整财税政策。雍正初年，在全国范围内实行耗羡归公和养廉银制度，使地方政治走上了较为良性的运转道路。

所谓下行系统，是指地方政权对基层社会的管理系统。前已述及，各王朝中央对基层社会的管理都是通过地方政权实现的，在实现社会管理的职能中，三个子系统构成了地方政权下行系统的基本架构，即官方组织系统、半官方组织系统、民间组织系统。

官方组织系统较为明确，是指以州县为主体的行政机构与各级官员，这是下行系统中的骨干子系统。

半官方组织系统处于不稳定状态中，它主要指乡里组织及充任人员。乡与乡官虽然都在正式的政府组织体系之中，但乡并非一级政区，而乡官也往往不是正式的品秩官员。唐宋以来，乡与乡官更是既无衙署，又无品秩，已成为职役。如唐代之里正实际上在行使乡之职掌。所谓里正，如王梵志诗所言："当乡何物贵，不过五里官。"②但里正的选任却是"县司选勋官六品以下白丁清平强干者充"，无适当人选时，"里正等并通取十八以上中男、残疾等充"。③ 乡之下的村官自始至终都是无品无秩。唐以前的里正以及唐代的村正都是这样的村官。

无论是乡官还是村官，也无论其职掌与权力如何，大都具有两个共同的特点：其一，他们都处在官方组织体系中，其人选的使用完全由地方政府决定，他们也必须听命于各级政府；其二，他们一直都不是王朝的正式官员，无品无秩，绝大多数人都不可能由此进入官僚队伍与官方组织体系。正因为此，我们将这一系统称作"半官方系统"。

乡里系统虽是半官方系统，但其职能却直接承自县级政权，完成着县级政权对基层社会管理的重要内容。如唐代之里正，即"掌按比户口，课殖农

---

① 参见郑学檬主编《中国赋役制度史》，上海人民出版社2000年版，第603～604页。

② 《全唐诗补编》，中华书局1992年版，第707页。

③ 《通典》卷三《食货三》。

桑,检查非违,催驱赋役"[①]。仅就"催驱赋役"而言,他们如不能按期催纳上缴,或者笞杖判刑,或者代人输纳,苦不堪言。这一系统对地方政权的正反馈与负反馈状况,直接关系到地方政治的效能,是地方政治的要害所在。

民间组织系统是指非官方的在地方社会具有较强影响力的组织与人员。就中国古代社会的情况而言,主要有宗族组织、民间结社、地方乡绅势力三种力量。尽管它们都是官方体系之外的社会力量,但由于在地方社会中的实际影响力,任何时代的地方政府都必须正视并依托之。在多数情况下,它们对地方政府是顺从与配合。东汉宗族势力与地方官员的配合,唐代民间结社与官方的合作,明代乡绅对乡约的推广,等等,实际上都起到了地方政府难以发挥的作用。与此同时,在一些时期,上述力量都可能尾大不掉,形成与地方政府抗衡的力量。比如,汉代地方长吏上任伊始,往往要"先问大姓主名",一些宗强大姓根本不把地方政权放在眼里。正如《汉书·酷吏·严延年传》所记:

> 大姓西高氏、东高氏,自郡吏以下皆畏避之,莫敢与牾,咸曰:"宁负二千石,无负豪大家。"宾客放为盗贼,发,辄入高氏,吏不敢追。浸浸日多,道路张弓拔刃,然后敢行,其乱如此。

又如,明代乡绅势力颇大,地方社会"无一事无绅衿孝廉把持,无一时无绅衿嘱托"[②]。曾任太仓州知州的陈璜就深有感触地说:凡地方兴举之大事,"必集儒绅耆彦议"[③],否则,会一事无成。更为重要的是,在一些特定的情况下,宗族组织、民间结社以及地方乡绅势力都有可能成为官方体系的叛逆者,它们对于地方政治的威胁往往要远远大于对王朝政治的威胁。

在政治史研究中,制度与法律的研究固然重要,但政治制度与政治运行在实际政治过程中往往并不一致,在地方政治中尤其如此,所以,我们认为,中国古代地方政治运转中的上行系统与下行系统应当是地方政治研究的一个关键领域。

---

① 《通典》卷三《食货三》。

② 明人刘宗周语,转见冯贤亮《明清江南地区的环境变动与社会控制》,上海人民出版社 2002 年版,第 492 页。

③ 张国维:《吴中水利全书》卷二五。

三

郡县制以来的中国古代地方政治经历了两千年的演进，繁复多变，难以条缕，但从其总体脉络看，还是有着一以贯之的一些共同特点。比如，地方政治的集权与被集权，地方政治运转中中间组织的缺失，以及地方组织体系波动与稳定的统一，等等，都值得深入研究。

就地方政治的集权与被集权而言，主要是指处于整个王朝的中央集权政体下，地方之权必然要被集中于中央，同时也必然要被集中于长吏之手。这一点对中国古代的地方政治影响至大。

先看地方之被中央集权问题。军权方面自不待言。此外，财政、民政、用人诸权也多由中央直接掌控。这种被集权的结果直接带来了吏治的效率低下、敷衍塞责、唯上是从以及政以贿成等问题。

包拯为监察御史时，曾上奏《请支义仓米赈给百姓》。其中写道：

> 臣访闻江浙、荆湖等路自去秋亢旱，田苗一例灾伤，即日米价甚高，民食不足。若不速令救济，必致流亡。强壮者起为盗贼，老弱者转死沟壑。因此生事，为患不细。缘诸州除军粮、常平仓外，别无大段斛斗准备。窃知王琪见起请义仓，所在见管米数稍多，州县未必敢专辄支用。若一一取候朝廷指挥，往复数月，当此艰食之际，恐无所及……①

包公此奏既写明了地方州县对于赈灾专用的“义仓”之粮也无支用权，又说明了“一一取候朝廷指挥”，则要“往复数月”的效率之低下。这在历代王朝中是普遍现象。

既然中央事事集权，地方长吏便事事请示。如明人即言当时的地方官“若米盐琐细一一上闻，则所遗者反大矣”②。请示过后，则是以上方意思为准，敷衍塞责：“上官曰是，彼亦是；上官曰非，彼亦非；迨其后事势乖违，民怒沸腾，彼则曰此是上官之意。”③由是，公文往来成弊，行政效率每况愈下。

---

① 《包拯集校注》卷一，黄山书社 1999 年版。

② 于慎行：《谷山笔麈》卷一〇。

③ 徐栋：《牧令书》卷五。

再看地方权力集中于长吏问题。这一问题的关键在于州、县二级政府均为一长制，除长吏之外，再无制约抗衡之人。而地方政府政烦事冗，属于全权政府，虽然在财政、民政以及用人上要听命中央、受制于上司，但在其治下，其可自由裁量的余地甚大，尤其是那些中央政府干预较少的治安、诉讼、民事、征调等方面，更是可以因缘为奸。

如是看来，长吏对地方政务几乎是包揽无余。难怪时人言州县之长吏“六部之事系于一人”。这些事务中能够因缘取利的不在少数。柏桦曾对此分析道：

> 钱粮征收上为州县官提供诸多方便。首先，征收钱粮有耗羡，一般是百分之二三十，有些地方加耗更多，“乃至加耗银数倍(按，五倍)正数、十百正数，九重宁复知有此耶！”[①]朝廷不知，全在州县官加减。其次，这些加耗是州县官能够使用的主要经费来源，一个县官自己要吃用，要交际上司，要取“无碍官银，过往上司使客要下程小饭”。州县各种公费开支无不从此支出。再次，这些加耗是州县官主要的经济收入，若是清白的州县官，本着“我若把你们县里的银子拿到家里买田起屋，这样柳盗跖的事，我决不做他。你若要我卖了自己地，变了自己的产，我却不做这样陈仲子的勾当”[②]。而更多的州县官是能够把这些银子拿到家，在原籍置下许多田地房产。此外，这笔钱还用于行贿，所以“至朝觐年，则守令以上必人挚一二千金入京投送各衙门及打点使费”[③]。大多是依靠这笔钱粮的耗羡。由此可见，钱粮是既易见功，又易见利的事，州县官们把此事作为施政重点，当然也在情理之中。[④]

就地方政治运转中的中间组织的缺失而言，这一状况同样植根于中国古代的中央集权政体。打开中国政治史，我们可以清楚地看到，中国历史上的各级政府是全能的一元化政府，从中央到地方，有着机构齐全、涵盖几乎

---

① 《海瑞集》上编《兴革条例》，中华书局1962年版，第61页。

② 西周生：《醒世姻缘传》第十二回《李观察巡行收状，褚推官执法翻招》，上海古籍出版社1981年版，第172页。

③ 刘宗周：《刘子全书》卷一七《遵例请旨严饬禁谕以肃觐典疏》。

④ 柏桦：《明代州县政治体制研究》，中国社会科学出版社2003年版，第210～211页。

所有事务的机构与管理者。无论是关乎国计民生的大小事务,还是司法、治安、民政以及宗教、教化等等,都在各级政府的一元化管理之中。如经济事务的管理,从农业到工商业,无一遗漏。中央王朝既有大农令、大农丞、劝农使,又有均输官、平准官,还有工部、户部、少府,等等。县一级则有工曹、户曹、市曹等等,县城中的市场也有市令与均平令进行市场秩序维护与物价管理。社会精神生活与不同信仰也在一元化的管理下,倡导什么礼俗,尊崇什么宗教,以至于表彰孝子烈妇,调和邻里之争,也都在地方政府的统辖之下。

从朱元璋为地方官制定的《到任须知》,我们可以较为直观地了解地方政府的全能化功能。该《须知》共三十一款,内容如下:

1. 祀神有几。2. 养济院孤老若干。3. 见在狱囚若干,已完未完。4. 入版籍官军田地若干,官粮民粮若干。5. 节次奉旨制书及奏朝旨榜文谕官者若干。6. 本衙门吏典若干。7. 各房吏典不许挪移管事,违者处斩。8. 承行事务已完若干,已施行未完若干,未施行若干。9. 在城印信衙门若干。10. 仓库若干。11. 所属境内仓场库务若干,支用若干。12. 系官头匹若干。13. 会计粮储,每岁所收官民税粮若干,支用若干。14. 各色课程若干。15. 鱼湖几处,岁课若干,备开各湖多少。16. 金银场分若干,坐落何山川,所在若干。17. 窑冶各开是何使器及砖瓦名色。18. 近海郡邑煮海场分若干。19. 公廨间数及公用器皿裀褥之类若干。20. 邑内及乡村官房舍,有正有厢若干。21. 书生员数若干。22. 耆宿几何,贤否若干。23. 孝子顺孙,义夫节妇,境内若干,各开。24. 境内士君子在朝为官者几户。25. 境内有学无学,儒者若干。26. 境内把持公私,起词讼者有几,明注姓氏。27. 好闲不务生理,异先贤之教者有几。28. 本衙门及所属该设将禁弓兵人等若干,各报数目。29. 境内士人在朝为官,作非犯法,黜罢在闲者几人,至死罪者几人。30. 境内民人犯法被诛者几户。31. 境内警迹人若干。

与之相应,中国古代历史上没有独立于政府管理之外的宗教体系与宗教组织,也没有自成体系、相对独立的工商业行会或居民自治组织。中国历史上存在过宗法血缘组织,也有过村社组织,但它们都在政府的管理之中,实际上都是政府体系的末梢或变体,一旦成为异己的力量,政府会毫不犹豫地加以革除。而在欧洲中世纪，则是另一番景象。从经济体系看，欧洲是典型的二元体系：一方面是领主领地内自给自足的庄园经济体系，另一方面则是游离于其外自发形成的城市工商业经济体系。无论是君主还是领主，对城市工商业与市民都没有形成有效的管理，工商业行会的自主管理与市民自治是主要的管理模式。宗教体系也是如此。欧洲中世纪的教权和君权虽然经历过激烈的斗争，但从总体上看，是君权屈服于教权；宗教体系自立于国家体系之外，制约着人们包括君主与领主的精神世界与社会生活，实际上也制约着君主权力的行使。

就中国古代地方组织体系的波动与稳定的统一而言，主要有以下两大表现：

其一，中国古代的政治体制与政治格局处于不断的波动变化中，或者是统一的王朝政治，或者是分裂割据势力；或者是划一的郡县式地方政体，或者是间杂有分封制、准分封制的郡县制地方政体。但是，无论是统一王朝时代，还是分裂割据时代，各王朝包括各割据王朝对地方政治的管理主要都是采用集权的郡县式体制。西汉初年的分封异姓王、同姓王，仅是局限于部分地区，且历时不久；西晋的分封诸王也只是准分封制，历时更短；明朝虽然也实行分封藩王的制度，且其在明前中期对中央造成的危害也很大，但主体上实行的仍是郡县式集权管理政体。因此，中国古代地方政体一直是较为稳定的郡县式政体。

其二，在郡县式政体这一大格局中，中国古代的地方政体也表现出了波动与稳定的统一。值得注意的是，波动的部分多集中于地方政体的两端，即中央王朝与县之间二级制、三级制的波动，县至村聚间乡里之制的波动。处于中端的县与县政则保持了两千年的稳定。

前已述及，中央王朝与县之间的变动是中国古代地方政治不同阶段的标志性内容。县至村聚间乡里之制的变动可以分为两个时期：前期为秦汉至隋唐间。在此期间，乡里之制演化为乡村之制。后期为宋元明清时期。在此期间，规整简明的乡村之制演化为复杂多元的乡里管理体系。尤其在明清时代，这种复杂多元已无以复加。如冯贤亮所言：

> 不同府之间、同一府内的不同州县之间，基层控制系统往往无法统

一。这种情况的出现，可能与各地的行政惯例和乡村传统有着密切关系。仅以文献记载的基层体系的分层来看，明代江南地区的基层管理系统根本无法统一，而且各府州县地区基层系统的分层至清代又有所不同。

为说明这一问题，他制作了《明清两代江南各府主要基层体系对比》①一表，兹转引如下：

	明代	清代
苏州府	县——乡—都(保)—区—扇—里(图)	县—乡—都—区—扇—图—圩
	沙—乡—团	县—乡—都———图—圩
		保—圩
松江府	县——乡—保(都)—区——图(里)	县—乡—保—区—图——圩
		团——镇
		路
常州府	县——乡—都————保(图)	县—乡—都——图—圩
		保—圩
嘉兴府	县——乡—都——区—扇—里	县—乡—都—区—扇——圩
		扇——圩
		区—里(图)—圩
湖州府	县——区—乡—都—里—(图)	县——路—区—乡—庄——圩
		乡—都—里(图)

由此表我们可以清楚地看到县以下基层体系的复杂与多元，这对同期的地方政治产生着重要影响。

以上所述，当属浅陋，惟意在表明中国古代地方政治研究之意义。实际

① 冯贤亮：《明清江南地区的环境变动与社会控制》，上海人民出版社2002年版，第114～115页。

上，自20世纪以来，学界对中国古代地方政治之研究已灿然可观。早在20世纪前半叶，就有黄绶先生之《中国地方行政史》，黄豪先生之《中国地方行政》，程幸超先生之《中国地方行政史略》，朱子爽先生之《中国县制史纲》，瞿兑之、苏晋仁先生之《两汉县政考》，闻钧天先生之《中国保甲制度》等论著面世。20世纪后半叶，又有严耕望先生之《中国地方行政制度史》、商文立先生之《中国历代地方政治制度》、张厚安先生主编之《中国农村基层建制的历史演变》、赵秀玲之《中国乡里制度》等论著。与此同时，断代专题著作也不断推出，政治制度通史著作中也都有专门篇幅论述地方政治制度。如白钢先生主编之十卷本《中国政治制度通史》，各卷均为地方行政体制单列章目，进行较为充分的论述；齐涛主编之《中国政治通史》十二卷本、《资政通鉴》十卷本也从不同角度、不同层面对中国古代地方制度、地方政治的运作机制作了全方位的考察。

在前人研究的基础上，我们可以拥有更高的起点与更宽的视野；随着时代的发展与学术的进步，我们更可以找到前人尚未充分开拓的或是新的值得探讨的领域。比如，就地方政治研究而言，中国古代地方政治的分期、内涵及其特性都值得继续深入探讨；又如，以往的地方政治研究的重点往往在于对制度的研究，对于地方政治运转的研究稍嫌不足；再如，对于地方政治与地方社会的关系的研究，虽然前人也做了不少的工作，但仍有相当多的领域需要继续开拓，等等。

基于此，我们不揣浅陋，从不同角度、不同时段，对中国古代地方政治进行初步探讨，成此"中国古代地方政治研究"系列。可喜的是，该系列已列入国家"十一五"重点图书出版规划中，各卷撰著者在各自的领域也都颇有专攻。我们将殚精竭虑，精耕细作，陆续推出该研究系列，以就正于学界。

马 新

2010年4月于山大新校高阁书斋

自 20 世纪以来，[illegible]中国古代地方[illegible]

[illegible]

在前人研究的基础上，我们[illegible]

[illegible]

[illegible]

[illegible]

目录

绪论

一

历史说明了人类社会古往今来各种活动的演变,因而决定了任何历史事实都不可避免地有前后相互影响的连续性。正如孔子所说的那样:“殷因于夏礼,所损益可知也;周因于殷礼,所损益可知也;其或继周者,虽百世可知也。”唐宋时代是中国历史发展过程中的一个重要变化时期,安史之乱以后,直到五代末年,各种制度都发生了显著变化,北宋王朝建立后,最终确立了一个崭新的统治局面。明朝学者陈邦瞻在《宋史纪事本末·叙》中写道,“宇宙风气,其变之大者三:鸿荒一变而为唐虞,以至于周,七国为极;再变而为汉,以至于唐,五季为极;宋其三变,而吾未睹其极也,变未极则治不得相为因。今国家之制,民间之俗,官司之所行,儒者之所守,有一不与宋近乎?非慕宋而乐趋之,而势固然已”,“大抵宋三百年间,其家法严,故吕、武之变不生于肘腋;其国体顺,故莽、卓之祸不作于朝廷;吏以仁为治,而苍鹰乳虎之暴无所施于郡国,人以法相守,而椎埋结驷之侠无所容于闾巷。其制世定俗,盖有汉唐之所不能臻者”①,说明陈邦瞻已经看到了宋代与唐代的巨大不同。中外史学界比较一致的看法是,唐宋之际是中国传统历史发展中的一个重要的转折期。1910 年,日本学者内藤虎次郎(1866～1934 年,号湖南)

① 《宋史纪事本末·叙》,中华书局 1977 年点校本。

在日本《历史与地理》第9卷第5号发表《概括的唐宋时代观》一文，提出“唐宋变革期”学说，指出唐代与宋代在文化上有显著差异，唐代是中国中世的结束，而宋代则是中国近世的开始。内藤湖南首倡“唐宋变革期”学说，他不仅揭示了唐宋间巨大的社会变革的事实，而且企图从中国历史发展全局的高度，予以分析和定性，无疑对唐宋历史的研究是极富启迪性的。陈寅恪先生的一段论述可作为这方面的典型佐证：“总括言之，唐代之史可分前后两期，前期结束南北朝相承之旧局面，后期开启赵宋以降之新局面。关于政治生活经济者如此，官员文化学术者亦莫不如此。”①

① 陈寅恪：《论韩愈》，见《金明馆丛稿初编》，三联书店2001年版，第297页。此外，钱穆、傅乐成也提到了这一问题。钱穆在《理学与艺术》中说：“论中国古今社会之变，最要在宋代。宋以前，大体可称为古代中国，宋以后，乃为后代中国。秦前，乃封建贵族社会。东汉以下，士族门第兴起。魏晋南北朝定于隋唐，皆属门第社会，可称为是古代变相的贵族社会。宋以下，始是纯粹的平民社会。除蒙古满洲异族入主，为特权阶级外，其升人政治上层者，皆由白衣秀才平地拔起，更无古代封建贵族及门第传统的遗存。故就宋代而言之，政治经济、社会人生，较之前代莫不有变。”（《宋史研究集》第7辑，台湾书局1974年版，第2页）傅乐成在《唐型文化与宋型文化》中论述了唐朝与宋朝学术文化的不同。“大体说来，唐代文化以接受外来文化为主，其文化精神及动态是复杂而进取的”，“唐代文化，上承魏晋南北朝。魏晋南北朝时期的文化对唐代文化直接发生影响的重要因素，不外三端，即老庄思想、佛教和胡人习俗。其中后两种因素自外族传人，而且是经历数百年的流播而形成的。唐代对这三种文化因素的承袭，也以后两种为主，在唐代的大部分时间中，它们是文化的主流，造成唐文化的异彩特色。至于中国传统文化的儒学，从魏晋开始，即受这三种文化因素的压制，日渐衰微，在唐代的情形，仍是如此。直到唐代后期，儒学始开启复兴的机运”，“在当时并没有多大作用。到宋，各派思想主流如佛、道、儒诸家，已趋融合，渐成一统之局，遂有民族本位文化的理学的产生，其文化精神及动态亦转趋单纯与收敛。南宋时，道统的思想既立，民族本位文化益形强固，其排拒外来文化的成见，也日益加深。宋代对外交通，甚为发达，但其各项学术，都不脱中国本位文化的范围，对外来文化的吸收，几达停滞状态。这是中国本位文化建立后的最显著的现象，也是宋型文化与唐型文化最大的不同点”。（中国通史教学研讨会编：《中国通史论文选》，台北华世出版社1979年版，第314、340页）张国刚在《“唐宋变革”与中国历史分期问题》（载《史学集刊》2006年第1期）一文中说：“唐宋变革是中国文化发展中的一次阶段性变化。具体说来，以儒家伦理为中心的礼法名教，在先秦时期只是百家中的一家。汉代通过独尊儒术，把经学变成了官方意识形态。东汉末年，世代读经、世代做官的名士世家，逐渐成为士族。魏晋南北朝时期，世家大族形成了自己独特的家法和门风，号称士大夫。他们把儒家经典内化为自己的家法门风。他们是礼法文化的承担者和实践者，正是通过他们才使儒家伦理成为社会大众的行为规范。只是到了唐宋之际，士族开始与官爵脱钩，礼法文化也为更多的社会阶层所接受。‘旧时王谢堂前燕，飞入寻常百姓家。’门阀士族不再独占文化上的优势，实际上是士族把文化传递给了社会其他阶层，所有文人官僚都可以成为士大夫了。可以这样说，汉唐时代，是儒家伦理通过士族的化身变成社会的实践的伦理的时期；唐宋以后，是这种实践的社会伦理推广到整个社会的各个领域的时期。前者是从社会到思想的时期，后者是从思想到社会的时期。这就是唐宋变革的分水岭所在。”侯外庐主编的《中国思想通史》第4卷上册（人民出版社1959年版）、朱瑞熙的《宋代社会研究》（中州书画社1983年版）、胡如雷的《唐宋之际中国封建社会的巨大变革》（载《史学月刊》1960年第7期）、王曾瑜的《宋朝阶级结构》（河北教育出版社1996年版）、张邦炜的《著之既久，其发必厚——读王曾瑜〈宋朝阶级结构〉》（载《宋史研究通讯》1997年第1期）、漆侠的《唐宋之际社会经济关系的变革及其对文化思想领域所产生的影响》（载《中国经济史研究》2000年第1期）等著作和论文也涉及了唐宋之际的转型问题。

张其凡曾撰专文对“唐宋变革期”学说进行介绍，认为“唐宋变革期”学说对研究中国唐宋历史以及中国古代史都有重要的意义，它“唤起了人们对唐宋之间巨大变革的注意和研究”，“促使我们从整个中国古代史的高度，重新认识与评价宋代的历史地位，重新认识与理解宋代的许多政策，这样就有可能跳出断代史研究的局限，给予宋代以恰如其分的评价，客观地分析宋代的各项政策”，“促使我们对唐代与宋代在世界史上的地位，对中国历史和世界历史发展的轨迹，进行认真研究和思考”。[①] 遗憾的是，新中国成立以来，中国历史的研究以断代史为主，加之其他一些原因，史学界对于唐宋之际的变革一直缺少系统深入的研究。鉴于此，我在业师齐涛先生的指导下，选择了唐宋之际中央与地方政权的关系作为博士论文的研究内容，并将具体研究的内容限定在自安史之乱到北宋仁宗朝之间。

安史之乱后，唐王朝统一的政治格局尽管存在，但中央的权威已受到地方势力的挑战，藩镇势力在国家政治生活中的影响越来越大，唐宋之际的社会转型也由此开始。当然，“社会历史的变革自然不是一朝一夕所致。变革往往与重建是共生的。彻底变革之前往往有一个重建传统秩序的努力”，“新的社会因素和制度建设在逐渐进行”。[②]“思想有酝酿的过程，制度也是逐渐形成”，“从思想到决定到行动，从临时性的制度到永久性的制度，从施行于局部地域的试行制度到遍行于全国的固定制度，从设置一般区域到变成正式政区是一个漫长的过程”。“一般而言，新制度的创设与旧制度的改革总有一定的原因，或由于形势所迫，或由于人事需要，或其他种种用意。在当时其用意未必人人清楚，到后世就更少人知道。绝对无利弊的制度不可能有，统治者只是权衡利弊大小而为之。”[③]安史之乱(755～763)至北宋仁宗(1024～1063)的三百年间就是旧的政治制度和权力结构受到毁灭性打击

① 《关于“唐宋变革期”学说的介绍与思考》，载《暨南学报》2001年第1期。

② 何灿浩：《唐末政治变化研究·序》，中国文联出版社2001年版。

③ 周振鹤：《中国地方行政制度史》，上海人民出版社2005年版，第405页。

与新制度重建并逐步完成、成熟的时期①。

藩镇林立局面的出现严重威胁了以君主专制为中心的中央集权政治，为了维护中央的权威，唐朝中央政府总是利用一切机会削弱地方势力，而地方势力为了保持其既得的利益，维持并巩固其统治地位，也在内部不断地进行军事、财政、行政诸方面的改革，采取了一系列加强内部管理的措施。藩镇内部的集权使其在同中央的对抗中立于不败之地，安史之乱后在唐王朝统治下出现了中央分权与地方集权双轨并行的现象，并在最终的角逐中，中央统治被逐渐强大的地方势力所取代，中央、地方的政治体制都在发生着巨大的变化。五代各国是由地方藩镇势力发展而来的，它们不过是唐代以来藩镇势力的扩大而已，因而在各种制度的建设中也留下了藩镇统治时期的烙印。即“任何形式的政区的消失都不是突然的，不会一下子化为乌有，而是要有过渡，有流变过程，消失之前必有后影。渐渐变质，转化为另一种形态”②。北宋的统治者正是在对唐末五代各种制度总结后才最终建立了稳定的北宋王朝的，开启了中国封建社会后期集权与统一的政治局面。

唐宋之间的因革沿袭非常明显，北宋时期无论中央还是地方制度都或多或少地受到安史之乱以来地方藩镇割据的影响。“历代行政区划和地方政府的废置纷繁，分合靡定，但无非皆就前代之制度沿革损益，而无根本性质的变动。而且一切新体制的出现，都不是凭空创立，而必有一定的前身或渊源，然后渐渐成形，略具规模，再成为定制。”③以北宋时期形成的知军州制度为例：其最早来源于唐代后期竭力向中央争夺州县治事权的藩镇内部，诸道藩镇在向其所控制的州县委派官吏的时候，由于同中央还保持着一种若即若离的关系，他们还必须借助中央的权威来稳定地方局势，因而他们举荐

① 关于唐宋之际的转型问题，美国学者包弼德曾经对唐宋之际的思想转型进行过专门研究，具体内容见其专著《斯文：唐宋思想的转型》（刘宁译，江苏人民出版社 2001 年版）。对此期社会经济关系转型进行研究的论著主要有：郑学檬《中国古代经济重心南移和唐宋江南经济研究》，岳麓书社 2003 年版；漆侠《唐末之际社会经济关系的变革及其对文化思想领域所产生的影响》，载《中国经济史研究》2000 年第 1 期；童圣江《唐宋时代的里正》，见卢向前主编《唐宋变革论》，黄山书社 2006 年版，第 89～123 页。

② 周振鹤：《中国地方行政制度史》，第 407 页。

③ 周振鹤：《中国地方行政制度史》，第 406 页。

委派的州县长官只能称之为“摄某州事”或“权知某州军州事”，而不能正式称为刺史，此时的知州军事大多为武将或节度使府的亲信人员。五代时期“权知军州事”等职任已经十分普遍，并且还出现了知军监、知县事等名称，相当数量的知军州者仍属于武夫悍将之类，有的甚至是由将吏们临时推立的，如后梁太祖开平三年(909)七月，“商州刺史李稠弃郡西奔，本州将吏以都牙校李玫权知州事”[①]。为了加强中央集权以限制诸道武夫的专横，五代各中央政府又制定了鼓励文职朝臣以本官出典地方的制度[②]，中央逐级取得了对州县的管辖权；对那些反抗中央的藩镇，中央政府在平定叛乱的过程中，“凡下州郡，即命朝臣领之”[③]。北宋政府在沿用五代管理方式的同时又设立了通判一职，明确规定了“应诸道州府公事，并须长吏、通判签议连书，方得行下”[④]。再如唐朝时期的巡院制度对北宋转运使制度的影响[⑤]，亦是。不仅如此，北宋时期的多项制度都可以在唐代的藩镇内部的政治体制中找到它的源头。藩镇内部是如何加强其军事、财政、行政管理的？五代各朝是怎样继承、改进唐代藩镇的管理体制的？北宋又是怎样借鉴安史之乱以来的历史经验，废除地方割据势力，建立起高度集权的地方管理体制的呢？一句话，自安史之乱到宋朝初年地方分裂割据与中央集权统一是唐宋之际地方政治体制转变和社会转型中一体两面而又双轨并行的历史过程。

二

关于这一课题，也如唐宋之际的其他题目一样，缺少综合性的研究，但

① 《旧五代史》卷四《梁太祖纪第四》，中华书局1976年点校本，第71页。

② 如：后晋司徒诩历知许、齐、亳三州事（参见《旧五代史》卷一二八《司徒诩传》）；开运元年给事中边光范权知郑州，后周广顺初年知陈州（参见《宋史》卷二六二《边光范传》）；将作监李琼先后知亳州、陕州军州事（参见《宋史》卷二六一《李琼传》）；显德中昝居润历知青州、凤翔、河中于开封府事（参见《宋史》卷二六二《昝居润传》）。

③ 《宋会要辑稿·职官》四七之三，中华书局1957年影印本，第3420页。

④ 《宋会要辑稿·职官》四七之五八，第3447页。

⑤ 齐涛先生认为：巡院盐政之外的职掌在唐后期一直处于不断的追加之中，使巡院性质发生了根本变化；巡院的兼领职掌、分布四方及调整使职差遣中不平衡成分的特色，与北宋转运使十分相似；北宋诸路转运使不是由唐代诸道转运使而是承继唐代巡院发展而来的。（参见齐涛《巡院与唐宋地方政体的转化》，载《文史哲》1991年第5期）

一些专题研究为我们打下了基础，可资借鉴。关于藩镇内部的军事管理体制的研究，主要有张国刚的《唐代藩镇研究》一书以及他的一些研究论文[①]。王赛时也对藩镇军队内部兵、将、帅之间的关系进行了研究[②]，日本学者堀敏一的《藩镇亲卫军的权力结构》[③]、方积六的《论唐代河朔三镇的长期割据》[④]、孟彦弘的《论唐代军队的地方化》[⑤]等论文也都不同程度地涉及了藩镇军队的问题。张其凡对五代各朝的禁军进行了详细的考证[⑥]，谷霁光[⑦]、齐勇锋[⑧]、易图强[⑨]等也对五代各朝的中央与地方军队进行了研究。宋代军事制度以王曾瑜的《宋朝兵制初探》最为主要，其他学者的一些论文也涉及北宋初期的军事制度问题[⑩]。

陈明光的《唐代财政史新编》是从总体上把握唐代财政、揭示财政体系

---

① 参见张国刚《唐代藩镇研究》，湖南教育出版社 1987 年版，第 122～125 页；《唐代藩镇军队的统兵体制》，载《晋阳学刊》1991 年第 3 期；《唐代藩镇军将职级考》，载《学术月刊》1989 年第 9 期。

② 《论唐朝藩镇军队的三级构成》，载《人文杂志》1986 年第 4 期。

③ 参见刘俊文主编，夏日新、韩昇、黄正建等译《日本学者研究中国史论著选译》第 4 卷《六朝隋唐》，中华书局 1992 年版，第 585～649 页。

④ 《论唐代河朔三镇的长期割据》，载《中国史研究》1984 年第 1 期。

⑤ 《论唐代军队的地方化》，载《中国社会科学院历史研究所学刊》第 1 集，社会科学文献出版社 2001 年版。

⑥ 《五代后梁禁军探微》，载《安徽师大学报》（哲学社会科学版）1988 年第 3 期；《五代后唐禁军考实》，载《暨南学报》1991 年第 2 期；《五代晋汉禁军考略》，载《广州师院学报》1989 年第 3 期；《五代后周禁军考述》，载《安徽师大学报》1989 年第 3 期。

⑦ 《泛论唐末五代的私兵和亲军、义儿》，载《历史研究》1984 年第 2 期。

⑧ 《中晚唐五代兵制探索》，载《文献》1988 年第 3 期；《五代藩镇兵制和五代宋初的削藩措施》，载《河北学刊》1993 年第 4 期。

⑨ 《五代朝廷军事上削藩设置》，载《中国史研究》1994 年第 3 期。

⑩ 参见林荣贵《五代十国的辖区设置与军事戍防》，载《中国边疆史地研究》1999 年第 4 期；陈峰《论宋初三朝的禁军三衙将帅》，载《河北学刊》2002 年第 3 期。又，陈峰《北宋枢密院长贰出身变化与以文驭武方针》（载《历史研究》2001 年第 2 期）一文从统计、分析北宋时期枢密院长贰出身情况入手，全面考察了其长贰由武将向文臣过渡的发展变化过程，进而探讨了“以文驭武”方针在当时枢密院机构中的具体表现及所产生的消极影响。袁征《宋初驭将政策的重要变化》（载《河北大学学报》1986 年第 1 期）一文详细研究了北宋太祖、太宗两朝对西北边疆军事将领的不同统治措施。另外，张其凡的《宋初兵制改革初探》（载《暨南学报》1989 年第 4 期）、李昌宪的《试论宋代地方统兵体制的形成及其历史意义》（载《史学月刊》1996 年第 2 期）、《宋代安抚使制度》（载《文史》1998 年第 47 辑，1999 年第 48、49 辑），对此问题也进行了探讨。

各个侧面之间内在联系的一部专著，李锦绣的《唐代财政史稿》更是涉及唐代财政的各个方面。关于中央与藩镇在财赋方面的关系的研究，论文主要有陈明光的《论唐代方镇"进奉"》、《论两税法与唐朝前后期中央与地方财政关系的变化》、《唐代"除陌"释论》[①]，张国刚的《唐代藩镇进奉试析》[②]，陈衍德的《唐代中央与地方争夺专卖收入的斗争》、《唐代中央与地方分割盐利的斗争》[③]。此外，还有不少专著及论文涉及了五代及北宋前期地方财赋管理问题[④]。

涉及安史之乱后藩镇内部行政管理的研究主要有：对唐代藩镇僚佐较早进行研究的有严耕望的《唐代方镇府州僚佐考》[⑤]，该文详尽考证了方镇僚佐的设置、分工与职掌等情况。还有杨志玖、张国刚的《唐代藩镇使府辟署制度》[⑥]以及石云涛的《唐代幕府制度研究》。此外，大量的研究唐代地方政治制度的论文也都对唐代藩镇内部的行政管理有或多或少的论述。关于五代地方行政机构的研究有日本学者清木场东的《五代知州》[⑦]、中国台湾学者严耕望的《通判不始于宋说》[⑧]、大陆学者方积六的《唐及五代的魏博镇》[⑨]等论文。有关宋代地方制度研究的主要成果：朱瑞熙和张其凡所撰《中国政治制度通史》的第6卷《宋代》，对宋朝政治制度作了较全面的介绍。还有大量

① 三文分别刊载在《中国社会经济史研究》1985年第1期、《厦门大学学报》1987年增刊、《中国社会经济史研究》1988年第4期。

② 载《文史》1987年第27辑。

③ 两文分别载《厦门大学学报》1987年增刊、《江海学刊》1989年第2期。

④ 相关著作及论文主要有：张泽咸：《唐五代赋役史草》，中华书局1986年版。包伟民：《宋代地方财政史研究》，上海古籍出版社2001年版。方宝璋：《宋代财经监督研究》，中国审计出版社2001年版。汪圣铎：《两宋财政史》（上、下），中华书局1995年版。程民生：《论北宋财政的特点与积贫的假象》，载《中国史研究》1984年第3期。董恩林：《五代中央财政体制考述》，载《湖北大学学报》（哲学社会科学版）1986年第2期。包伟民：《宋代地方州军财政制度述略》，载《文史》1996年第41辑。江晓敏：《唐宋时期的中央与地方财政关系》，载《南开学报》2003年第5期。

⑤ 见《唐史研究丛稿》，收入氏著《严耕望史学论文选集》，台湾联经出版公司1991年版。

⑥ 载《社科战线》1984年第1期。

⑦ 载（日本）《东方学》1973年第45期。

⑧ 载（香港）《新亚生活双周刊》1969年第12卷第12期。

⑨ 见武汉大学历史系魏晋南北朝隋唐史研究室编《魏晋南北朝隋唐史资料》第11辑，武汉大学出版社1984年版。

的论著和论文涉及宋代地方管理问题[①]。

由于以往的研究大多是分阶段、专题性的，要么是唐五代藩镇的变化，要么是北宋初期中央加强集权的措施，带有明显的断代史研究的特征。从制度本身的发展看，任何制度的变革都不是一朝一夕能够完成的。正因为如此，本书试图打破朝代局限，从制度的延续性入手，来考察北宋加强中央集权的各项措施的源头。

三

本书主要研究安史之乱后，藩镇政权为维护自身的利益所采取的一系列加强内部集权的政治、军事、经济措施对以后王朝的影响，尤其是对高度中央集权的北宋王朝的影响。打破以往断代史研究的局限性，从整体上来考察安史之乱后到北宋仁宗时期近三百年的历史变迁，根据制度本身的特性，从制度的延续性来具体考察制度的变迁，唯有如此才可能更准确、清晰地把握制度本身内在的发展规律，有利于加深对唐宋之际制度变革的理解。笔者在三个方面用力较勤并取得了一定的成就：第一，从制度史研究的角度出发，将制度的变革放到历史的长河中去考察。作为唐王朝分权因素的藩镇，在加强内部军事、财政、行政管理方面所采取的措施，对以后制度的建设作出了一定的贡献，是北宋加强中央集权时期许多制度的渊源。第二，五代十国等割据政权大多脱胎于藩镇体制，较多地延续了唐代藩镇的制度，为加强对地方的控制，五代十国的统治者又进行了变革，在唐宋之际处于过渡时期，起着承上启下的作用。第三，北宋初年中央集权制度的建立及完善，离不开对前代制度的继承和发展。在北宋初年推行的多项制度中，我们都可以不同程度地在唐代找到它们的影子。正是凭借对前朝制度的总结和借

---

① 这方面的主要成果有：金圆：《宋代监司制度述论》，载《上海师大学报》1994年第1期。江晓敏：《宋代中央政府对地方官员的任用管理与监察》，载《南开学报》1994年第1期。李昌宪：《略论宋代知州制的形成及其历史意义》，载《南京大学学报》1996年第4期；《宋代安抚使制度》，载《文史》1998年第47辑，1999年第48、49辑。苗书梅：《宋代知州及其职能》，载《史学月刊》1998年第6期；《宋代通判及其主要职能》，载《河北学刊》1990年第2期；《宋代提举常平司制度初探》，载《中国史研究》1997年第3期。许怀林：《北宋转运使制度略论》，见《宋史研究论文集》，河南人民出版社1984年版，第287～318页。郑世刚：《北宋的转运使》，见《宋史研究论文集》，第319～345页。

鉴，北宋政府完善了中央对地方控制的各项措施，在政治体制上完成了中国古代社会由前期向后期的转变。

制度本身的发展演变是受各种各样因素的影响的，以静态的方式研究制度的发展变化，不可避免地存在着这样那样的问题。尤其是在藩镇林立的唐代以及战乱纷争的五代十国时期，制度的变革更加频繁，也就更增加了研究的难度。当时的制度糅合了各方面的内容，不仅中原各政权参与其中，北方少数民族政权也作出了一定贡献。如河朔藩镇内部的少数民族对当地政权的影响，以及五代时期沙陀族在当时历史条件下对各个政权的影响等问题。而这些问题，在文中要么没有提及，要么论述过于简单，致使在讨论当时制度变革时有单一之嫌疑。在研究过程中，尽管试图打破传统断代史研究的局限性，力求从历史的延续性来考察制度的变革，但在行文中还是不可避免地出现了晚唐、五代、宋初三者之间的衔接性问题。所有这些，都应在以后的研究过程中加以补充、完善。

第一章 安史之乱后唐王朝中央集权的渐次沦落

公元755年安史之乱爆发，唐帝国长江以北的广大领土饱受战争蹂躏。八年后，唐中央政府虽然平定了叛乱，但强盛的唐帝国已失去昔日的辉煌。高度中央集权的政治体制被破坏，地方势力在平叛中逐渐壮大。在新的军事、政治形势下，边疆节度使与内地采访使结合而成为藩镇，为维持内外平衡，中原内地亦有重兵屯集，形成了藩镇林立的局面。[①] 安史之乱后至唐朝灭亡的近一百五十年间，唐王朝尽管维持着统一的局面，但在帝国内部却出现了一个个独立、半独立的割据政权——藩镇，各藩镇为了在与中央的对抗及藩镇间的争夺中获得有利地位，在内部进行着政治、军事、经济等方面的变革。随着地方势力的逐步强大，中央的各项权力正在被地方侵蚀、剥夺，最终被地方势力所取代。

第一节 中央行政管理权的渐趋衰落

安史之乱打破了唐朝的政治格局。唐玄宗在未作任何部署的情况下仓皇出逃，唐王朝在全国的统治陷入一片混乱。为对付安史叛军，适应军事斗争的需要，唐玄宗在出逃途中下令设置由永王李璘、盛王李琦等领导的山南

① 参见张国刚《唐代藩镇研究》，第46～59页。

东路，江南东路、西路，黔中，淮南等节度使，希望稳住半壁江山，以便唐王朝调集力量平叛。唐肃宗即位后，为应付各种战场形势，又在长安东、西以及中央与叛军争夺激烈的河南、粮饷供应基地江南等地遍设节度使。在平叛期间，唐王朝在统治区域内增设节度使四十多个。遍布各地的藩镇，“其官属及本路郡县官，并各任便自简择。五品以下任署置讫闻奏；六品以下任便授已后一时闻奏”[①]，获得自募军队、自调兵食和自署官吏的权力。尤其是安史之乱平定后，唐中央政府对地方藩镇基本实行姑息政策，“自天宝末，胡羯为乱，虽克剿□□，翻恣骄凶，以故将帅连州带郡，朝贡罕至，而魏博诸田相继立”[②]。在这些藩镇内部，“爵禄、废置、生杀、予夺，皆不出于上而出于下，乱之生也，庸有极乎”[③]，地方势力不断强大，形成了“天下尽列于藩镇”的局面。杨炎在制定两税法时即说：“河南、山东、荆襄、剑南有重兵处，皆厚自奉养，王赋所入无几。吏职之名，随人所置，俸给厚薄，由其增损。”[④]唐代宗时期虽然在名义上恢复了对全国的统治，但由于河北地区的叛乱不是靠武力而是靠招降安史余部完成的，安史之乱甫定，当地统治者就利用“（仆固）怀恩叛逆，西蕃入寇，朝廷多故”的机会，“各招合遗孽，治兵缮邑，部下各数万劲兵，文武将吏，擅自署置，贡赋不入于朝廷，虽称藩臣，实非王臣也”[⑤]，他们拥有强大的军事力量，建立起割据统治。为了遏制河朔势力的发展，使内外互相牵制，保持一定的均势，中原地区势必要继续保持足够的军力，因而中原藩镇不仅不能裁撤，反而有加强的趋势。安史之乱爆发后，唐中央政府将西北边防精兵调往内地平叛，致使边防空虚，吐蕃、党项等少数民族政权乘机进逼，虎视唐朝都城长安，迫使唐王朝加强对西北、西南地区的防务，边疆型藩镇也有其存在的必要。安史之乱后，“两河宿兵，户赋不入。军国费用，取资江淮”[⑥]，东南诸道的赋税收入成为维持唐王朝赖以存在的根基。为保

---

① 《全唐文》卷三六六贾至《玄宗幸普安郡制》，中华书局 1983 年影印本，第 3720 页。

② 周绍良主编：《唐代墓志汇编》（下），会昌 030《唐故银青光禄大夫使持节蔚州诸军事行蔚州刺史兼御史中丞马公（纾）墓志铭并序》，上海古籍出版社 1992 年版，第 2231 页。

③ 《资治通鉴》卷二二〇，中华书局 1963 年点校本，第 7065 页。

④ 《旧唐书》卷一一八《杨炎传》，中华书局 1975 年点校本，第 3421 页。

⑤ 《旧唐书》卷一三四《李怀仙传》，第 3895～3896 页。

⑥ 《全唐文》卷六三唐宪宗《上尊号赦文》，第 677 页。

持江淮财赋地区的稳定，安史之乱时在这些地区设置的防御、团练、节度诸使，中央政府虽采取了种种限制措施，却不可能将它们全部撤除。安史之乱后新的政治形势和军事形势的变化，导致唐王朝境内"方镇相望于内地，大者连州十余，小者犹兼三四。故兵骄则逐帅，帅强则叛上。或父死子握其兵而不肯代；或取舍由于士卒，往往自择将吏，号为'留后'，以邀命于朝。天子顾力不能制，则忍耻含垢，因而抚之，谓之姑息之政"[①]。就当时唐朝所存在的各类藩镇而言，从总体上说，中原、边疆、东南型藩镇基本上属于非割据型藩镇。[②]

唐朝自安史之乱后出现藩镇割据状况的原因是与当时的政治、军事形势密不可分的。张国刚认为："藩镇割据局面形成诚然集中反映了中央与地方的力量对比，但是其时唐王朝内部各派政治势力的矛盾重心的转移，唐王朝与周边少数民族矛盾的激化，以及保持地方军阀之间势力平衡的需要等实际因素不可忽视。"而这种藩镇分立的格局维持唐王朝相对稳定地存在了一百多年，直到黄巢起义才被打破。[③] 自安史之乱爆发至唐王朝灭亡的一百多年间，是唐朝中央权力逐渐被地方侵夺的时期。在藩镇林立的状况下，由于藩镇之间存在着"势敌则相倾，力均则相忌，害莫深于归怨，利莫厚于图安"[④]的局面，每个割据的藩镇为了在同中央对抗以及地方势力之间的争斗中处于有利的地位，都大力发展自己的军事实力，建立起强大的军队。如《资治通鉴》卷二二五"大历十二年十二月"条云：

> 平卢节度使李正己先有淄、青、齐、海、登、莱、沂、密、德、棣十州之地，及李灵曜之乱，诸道合兵攻之，所得之地，各为己有，正己又得曹、濮、徐、兖、郓五州，因自青州徙治郓州，使其子前淄州刺史纳守青州。正己用刑严峻，所在不敢偶语；然法令齐一，赋均而轻，拥兵十万，雄据东方，邻藩皆畏之。是时田承嗣据魏、博、相、卫、洺、贝、澶七州，李宝臣据恒、易、赵、定、深、冀、沧七州，各拥众五万；梁崇义据襄、邓、均、房、

① 《新唐书》卷五〇《兵志·方镇》，中华书局 1974 年点校本，第 1329 页。

② 中原型的有泽潞刘稹，西北边疆型的有夏州杨惠琳，西南边疆型有刘辟，东南型的有李锜。

③ 参见张国刚《唐代藩镇研究》，第 46～59 页。

④ 《全唐文》卷八六唐僖宗《谕秦宗权制》，第 909 页。

复、郢六州，有众二万。

晚唐时期淮南节度使高骈对黄巢起义军的不抵抗政策就是藩镇保持实力的证明：广明元年(880)五月，黄巢军队北攻信州时，高骈本想阻挡起义军过江，但谋士吕用之对他说："黄巢起乎盗贼，遂至横行，所在藩维，望风瓦解，天时人事断可知之。公既统强兵，又居重地，只得坐观成败，不可更与争锋，若稍挫威名，则大事去矣。"[①]藩镇强大的兵力成为唐王朝内部的主要军事力量，它们之间的相互平衡维持了唐王朝的存在。在地方军事力量逐步强大的过程中，中央军事力量——禁军尽管在中央控制的地区大量屯驻，但已经失去了控制地方的作用，呈逐渐萎缩的趋势。

唐朝建立后，地方实行州、县两级制。唐玄宗开元二十八年(740)，户部帐中的州、县数目为："凡郡府三百二十有八，县千五百七十有三。"[②]州县的行政长官，上至刺史，下至各曹参军僚属等，均由中央直接调动和任免，地方官员无权自行辟署。安史之乱后，为便于地方组织力量抵抗叛军的入侵，遍设于全国各地的观察、节度使府，"其诸路节度采访支度防御使虢王巨等，并依前充使，其署官属及本路郡县官，并各任便自简择"[③]，地方政权获得自募军队、自调兵食和自署官吏的权力，原来直属中央的州逐渐降为藩镇的属州，称为"支州"或者"支郡"。每个藩镇都有自己的支州，"大者连州十数，小者犹兼三四，所属文武官，悉自置署，未尝请命于朝，力大势盛，遂成尾大不掉之势"[④]。正如白居易所言："今县宰之权，受制于州牧，州牧之政，取则于使司，迭相拘持，不敢专达"，"县畏于州，州畏于使"。[⑤] 唐文宗在诏令中说："如闻州司常务，巨细所裁，官吏移摄，将士解补，占留支用刑狱等，动须禀承，不得自专，虽有政能，无所施设。"[⑥]州一级行政单位完全处于藩镇的控制之下。中央政令在地方的执行过程为：首先下达藩镇，再由藩镇转达到州

---

① 《册府元龟》卷四四七《将帅部·纵敌》，中华书局1960年影印本，第5304页。
② 《旧唐书》卷三八《地理志》，第1393页。
③ 《全唐文》卷三六六贾至《玄宗幸普安郡制》，第3720页。
④ 赵翼：《廿二史札记》卷二〇"唐节度使之祸"条，中华书局1984年版，第430页。
⑤ 《全唐文》卷六七〇白居易《策林三十四·牧宰考课·议殿最未精又政不由己》，第6833页。
⑥ 《全唐文》卷七一唐文宗《谕刺史诏》，第752页。

县,改变了原来中央→州→县的政令传达方式,地方上报中央的公文随之改变为县→州→藩镇→中央,形成了所谓"制敕不下支郡,牧守不专奏陈"[①]的制度,割裂了中央与地方州县之间的直接联系。在割据性较强的藩镇内部,中央几乎丧失了对其辖区内州县官的任命权。如镇冀节度使李宝臣,"以七州(恒、定、易、赵、深、冀、沧)自给,军用殷积,招集亡命之徒,缮阅兵仗,与薛嵩、田承嗣、李正己、梁崇义等连结姻娅,互为表里,意在以土地传付子孙,不禀朝旨,自补官吏,不输王赋"[②]。王士真为节度使,即使臣服于中央,"息兵善守","私赋入,而岁贡数十万缗,比燕、魏为恭",但仍然控制着辖区内州县官的任命权,"擅置吏"。[③] 唐宪宗元和十四年(819),淄青节度使李师道被平定后,安史之乱以来的局面得到改善,"自广德以来,垂六十年,藩镇跋扈河南、北三十余州,自除官吏,不供贡赋,至是尽遵朝廷约束"[④]。王承宗为成德节度使后,"奉法益谨,表所领州录事、参军、判司、县主簿、令,皆丐王官"[⑤]。成德镇的各级属官由节度使自署,只有节度使自愿放弃对辖区州县官的任命时,中央才有可能对其辖区的行政管理发挥作用。在魏博镇,诸位节度使更是"治城邑甲兵,自署文武将吏,私贡赋,天子不能制"[⑥]。藩镇对辖区内州县官员的擅自任命,严重破坏了中央对州县的管理。

第二节 中央财政管理权的旁落

唐朝前期财政的管理方式是:在中央尚书户部四司(户部、度支、金部、仓部)与太府、司农二寺以及州(府)、县三级构成的体系中,前两者是计划的制订者和管理者,州县则主要是税收工作的具体实施者。国家税收实行统收统支,地方政府只有依法征税、纳税的权力,而没有擅自支用国家税收的

① 《资治通鉴》卷二七三"同光二年十二月辛未"条,第8925页。
② 《旧唐书》卷一四二《李宝臣传》,第3866页。
③ 《新唐书》卷二一一《藩镇镇冀传》,第5955页。
④ 《资治通鉴》卷二四一"元和十四年二月壬戌"条,第7765页。
⑤ 《新唐书》卷二一一《藩镇镇冀传》,第5958~5959页。
⑥ 《新唐书》卷二一二《藩镇魏博传》,第5968页。

权力。其中户部“掌天下户口井田之政令，凡徭役职贡之方、经费周给之算，藏货赢储之准，悉以咨之”[①]。具体的政务由其下属户部司、度支司、金部、仓部负责[②]，租税从征敛、送纳、运输、储藏到支用都必须由诸司共同协调完成，任何财赋的动用都要同时经过几个部门，这种管理体制有利于中央政府对财政管理权的监督。地方政府权力的运用仅限于对中央政府公共政策被动执行的层面，而将对各种利益冲突的处理上交给中央政府。唐玄宗开元九年(721)宇文融担任括逃、租地劝农使等职后，获得了“括正田亩，招徕户口而分业之”的处分权，在括逃的过程中，“事无大小，先牒上劝农使而后申中书，省司也待融指抟而后决断”[③]，从而将户口、赋役、租税、差科等户部的诸种权力揽于一身，剥夺了户部的理财权。宇文融之后，韦坚、杨慎矜、王铁、杨国忠等人也相继以理财进用，他们“皆兼重使，以权天下”[④]，既改变了户部理财的模式，又破坏了财赋出入彼此牵制的原则[⑤]。

唐朝前期租庸调分留州、纳京师及外配三部分，其中外配主要用于供军。留州、外配皆由主掌财政的户部度支司调配，地方无支配租庸调的权力，即使开元年间(713～741)在边疆地区普遍设置节度使，节度使的军费仍由中央的财赋管理部门统一调度，节度使无征税及截留赋税的权力。安史之乱爆发后，唐玄宗为了解决平叛军队的粮赐问题，下诏允许各地“应须兵马甲仗器械粮赐等，并于当路自供”[⑥]，实际上是将过去由中央直接控制的招募和调动军队、征收和支用赋税以及征辟属吏的权力授予了地方节度使和部分统军的刺史。中央部分财权的下移，为地方财政的独立创造了条件，“二千石领行诏条，缪行征令，而多赋于人，属城皆不能办”[⑦]。藩镇取代州，

① 《唐六典》卷三《户部》，中华书局1992年点校本，第63页。

② 唐代中央负责财物的部门除户部四司外，还有九寺中府、司农等寺监。

③ 《旧唐书》卷一〇五《宇文融传》，第3219页。

④ 《唐会要》卷八七《转运盐铁总叙》，中华书局1956年点校本，第1588页。

⑤ 陆贽在评论度支与太府这两个部门的关系时说：“总制邦用，度支是司；出纳货财，太府攸职。凡是太府出纳，皆禀度支文符。太府依符以奉行，度支凭案以勘覆，互相关键，用绝奸欺。”(《全唐文》卷四六六陆贽《论裴延龄奸蠹书》，第4762页)

⑥ 《全唐文》卷三六六贾至《玄宗幸普安郡制》，第3720页。

⑦ 《全唐文》卷五〇六权德舆《唐故河南府登封县令权君(佀)墓志铭并序》，第5152页。

成为地方上财政管理权力的首位分配对象，导致节度使权力迅速扩张，不再遵守中央政府对税收统收统支之体制，并进而侵夺中央的财权。中央与地方的赋税关系，由安史之乱前中央与州县行政长官的对立，变为中央与军政合一的节度、观察使的对立。正如杨炎在总结至德以后赋税收支状况时指出的那样：

> 军国之用，仰给于度支转运二使，四方大镇，又自给于节度团练，使赋敛之司，增数而莫相统摄，于是纲目大坏，朝廷不能覆诸使，诸使不能覆诸州。①

今人张国刚也指出：唐中后期"地方赋税的分配原则是除留足当道军费、官俸及其他办公费用外，多者上供中央，少则由中央补贴。有时中央无法补贴，则让当道'圆融支使'，即自行设法；有时地方在定额赋税之外还有余裕，则通过奖励进奉的形式收归中央"②。建中初年两税法的施行改变了唐代中后期的财政管理体制，打开了唐朝后期中央与地方分割赋税斗争的新局面，在唐代历史上影响深远。③

一、安史之乱后唐政府加强中央财权的措施及地方费用的属州原则

安史之乱平定后，唐王朝随着中央权威的恢复和加强，开始设法收回在安史之乱期间下放给地方的各项权力，中央与地方政府在权力的分配中展开了激烈争夺。具体到财赋管理方面，由于原有的财政管理体制已不适应变化了的形势，新的财政管理体制必然随着时代的变迁而出现。吴丽娱指出：

> 开元已前，事归尚书省，开元已后，权移他官，由是有转运使、租庸使、盐铁使、度支盐铁转运使、常平铸钱盐铁使、租庸青苗使、水陆运盐铁租庸使、两税使，随事立名，沿革不一。设官分职，选贤任能，得其人

---

① 《唐会要》卷八三《租税上》，第 1536 页。

② 张国刚：《唐代藩镇研究》，第 26 页。

③ 参见陈明光《论两税法与唐朝前后期中央和地方财政关系的变化》，载《厦门大学学报》1987 年增刊。

则有益于国家，非其才则贻患于黎庶，此又不可不知也。①

开元以前，财务行政归尚书省户部四曹统领，四曹分工协作，维系着国家财政机器的正常运转，开元时期，随着新情况的出现，新的财政管理方式已经出现。② 安史之乱后的政治、军事、财政形势促使在开元时期就已经出现的财政管理结构的变化进一步加剧，即诸使代替尚书省执行财务行政，使臣在国家机构运作中发挥着举足轻重的作用，代替户部四曹体制的度支、户部、盐铁三司分理财政的新体系逐渐从财政使职向国家机构过渡，在中央出现了独立于宰相管理之外的财政管理机构。

李锦绣将唐代后期中央财政管理机构的演变划分为五个阶段：唐玄宗开元九年(721)，监察御史宇文融担任括户使，以中央要员的身份到地方管理财政，填补了户部司与地方联系所缺少的中间环节，确立了中央与地方的直接联系，奠定了此后财政机构发展的基础。肃代之际，唐代的第五琦、刘晏在艰难困苦的财政环境中，为维持当时平叛所需的巨额财赋，对原有的财政机构进行了改革，调整官员部署，奠定了唐后期百余年财政机构的总体规模，为唐后期财政机构的形成时期。建中元和时期的一系列变革，最终形成了度支、户部、盐运三司分理财政的新体系，此为三司体制的确立时期。元和至唐宣宗六朝(唐宪宗、唐穆宗、唐敬宗、唐文宗、唐武宗、唐宣宗)是三司在宰相的领导下正常平稳运转的时期。这一时期，三司完成了从财政使职向国家机构的过渡，最终确立了在宰相领导下的三司财政管理体制。唐懿宗以后，在战乱的冲击下，国家财政岌岌可危，宰相领导下的三司理财体制逐渐丧失了统领天下财务的能力，为应付财政危机新设立的租庸、催勘等使侵夺了三司的职掌，三司在独立收支被破坏的情况下由分到合，形成了一人掌领财政事务的三司使。③ 安史之乱后，唐朝中央政府尽管采取各种措施加强对地方财务的管理，但在地方势力不断壮大的情况下，中央管理地方财政的权力慢慢削弱，直至最终丧失了对地方财政的管理权。

---

① 《旧唐书》卷四八《食货志上》，第 2085～2086 页。

② 参见吴丽娱《中唐后财政官制变革刍议》，载《中国史研究》1989 年第 4 期。

③ 参见李锦绣《唐代财政史稿》下卷，北京大学出版社 2003 年版，第 5～6 页。

《新唐书》卷五一《食货志·序》说"盖口分、世业之田坏而为兼并，租庸调之法坏而为两税"，很好地说明了两税法产生的社会背景。大历十四年(779)，唐德宗即位，任命杨炎为宰相。杨炎被任命为宰相后，针对土地集中、户口逃亡、国赋不入的现状采取了一系列应急措施，力争在较快的时间内改变国家所处的困难境地，提出了一套完整的税收改革方案，于建中元年(780)二月颁布施行了在我国历史上沿用八百年之久的两税法。据史载：

其年八月，宰相杨炎上奏疏曰："国家初定令式，有租赋庸调之法，至开元中，玄宗修道德，以宽仁为治本，故不为版籍之书，人户浸溢，提防不禁，丁口转死，非旧名矣；田亩移换，非旧额矣；贫富升降，非旧第矣。户部徒以空文，总其故书，盖非得当时之实。……则租庸之法，弊久矣。迨至德之后，天下兵起，始以兵役，因之饥疠，征求运输，百役并作。人户凋耗，版图空虚，军国之用，仰给于度支转运二使，四方大镇，又自给于节度团练，使赋敛之司，增数而莫相统摄，于是纲目大坏，朝廷不能覆诸使，诸使不能覆诸州。四方贡献，悉入内库，权臣猾吏，缘以为奸，或公托进献，私为赃盗者，动以万计。有重兵处，皆厚自奉养，正赋所入无几。吏之职名，随人署置，俸给厚薄，由其增损。故科敛之名凡数百，废者不削，重者不去，新旧仍积，不知其涯。百姓受命而供之，旬输月送，无有休息，吏因其苛，蚕食于人。凡富人多丁，率为官为僧，以色役免。贫人无所入，则丁存。故课免于上，而赋增于下。是以天下残瘁，荡为浮人，乡居地著者，百不四五，如是者迨三十年。"炎遂请作两税法，以一其名。曰："凡百役之费，一钱之敛，先度其数，而赋予人，量出以制入。户无土客，以见居为簿；人无丁中，以贫富为差，不居处而行商者，在所州县税三十之一，度所取与居者均，使无侥幸。居人之税，夏秋两征之，俗有不便者，正之。其租庸杂徭，悉省而丁额不废，申报出入，如旧式。其田亩之税，率以大历十四年垦田之数为准，而均征之。夏税无过六月，秋税无过十一月，逾岁之后，有户增而税减轻，及人散而失均者，进退长吏。而以度支总统之。"①

① 《唐会要》卷八三《租税上》，第1536页。

两税法主要是针对当时赋税征收过程中的种种弊端以及地方支出之滥而提出的新的赋税征收方式。在唐德宗颁布的一系列诏令、赦文中，逐渐将两税法的改革内容一项项加以实施，最终建立起由度支总领的财政管理体制，以达到加强中央财权、削弱地方财政权力的目的。两税法在财政收入的分配上确立了中央与地方的税收原则，“天下百姓输赋于州府：一曰上供，二曰送使，三曰留州”[①]，将赋税分为三个方面使用，通过两税三分制，中央在诸道获得了一定比例的赋税，同时也将地方赋税的制税权、放免权及支用留使钱物权给予地方，确立了中央与地方新的财政关系，使地方财政独立的现状持续下来。[②] 杨炎两税法“是一集赋税、支出、机构、国库制度多项内容于一体的财政改革，以税制变化为核心，达到重建国家一体化财政的目的”[③]。尽管两税法确立了财政收入上的三分原则，但中央一直没有放弃对地方财政的管理。早在安史之乱平定之后，唐代宗永泰元年(765)十二月政府就下令对节度使擅自征收赋税的行为加以禁止：“如闻诸州承本道观察、节度使牒，征科百姓，(致)人户凋敝，职此之由，自今以后，切宜禁断，仍委转运使察访以闻。”[④]《文苑英华》卷四二八记载：“天下州府两税占留钱，每年支用，各有定额，其回残羡余，准前后赦文，许充诸色公用。(唐穆宗)长庆四年(824)二月三日制亦具言，缘无分明条件可使执守，刺史每被举按，即以坐赃论。须为立程，俾无甚弊。其州府应合公用羡余物，并因循旧例与格令不同者，并令尚书省御史台明立条件，散下州府，使知所守，永可遵行。”[⑤]从“刺史每被举按”的诏令中即可知中央对留州羡余支用的管理一直没有放弃。敕文还对节度使等地方官员擅自征税的行为作出了处罚规定：“诸道方镇，自兵兴以来，或缘进奉助军，或缘本道征发，务求济办，多是权宜。今寇贼既平，中外无事，宜申典法，以救伤残。天下除两税外，不得辄有课配，其擅加杂榷

① 《旧唐书》卷一四八《裴垍传》，第 3991 页。

② 参见张国刚《唐代藩镇研究》，第 200～207 页；陈明光《论两税法与唐朝前后期中央和地方财政关系的变化》，载《厦门大学学报》1987 年增刊；李锦绣《唐代财政史稿》下卷，第 1084 页。

③ 李锦绣：《唐代财政史稿》下卷，第 643 页。

④ 《全唐文补编》卷四一唐代宗《禁征科致人凋敝敕》，中华书局 2005 年版，第 492 页。

⑤ 《文苑英华》卷四二八《大和三年十一月十八日赦文》，中华书局 1966 年影印本，第 2168 页。

率，一切宜停。仍令御史台及出使郎官，并所在巡院严加访察。”[①]即使是地方的屯田收入，政府也试图接管，如“唐末，中原宿兵，所在皆置营田以耕旷土；其后又募高赀户使输课佃之，户部别置官司总领，不隶州县，或丁多无役，或容庇奸盗，州县不能诘”[②]，这包含着中央政府与地方政府在财赋方面激烈争夺的因素。

贞观年间，作为中央监察机构的派出机构——道，在平定安史之乱的过程中，权力不断增加。安史之乱平定后，道已经具备了一级地方行政组织的职能，并且在地方政权的管理中发挥着重要作用。为更好地行使地方政权的管理职能，以观察使、节度使为行政首长的道，组建了相当完备的僚佐系统。[③] 作为地方最高长官的节度、观察使自然成为当道财务行政的最高领导，掌握着均平赋税、本道两税征收及支出等方面的权力。如西川节度使韦皋，“在蜀二十一年，重加赋敛，丰贡献以结主恩，厚给赐以抚士卒，士卒婚嫁死丧，皆供其资费，以是得久安其位而士卒乐为之用，服南诏，摧吐蕃。幕僚岁久官崇者则为刺史，已复还幕府，终不使还朝，恐其泄其所为故也。府库既实，时宽其民，三年一复租赋”[④]。唐武宗《禁额外征税制》载：“仍委本道观察使，每年秋成之时，具管内垦辟田地顷亩，及合征上供留州使斛斗数，分析闻奏。”[⑤]唐代史籍关于节度、观察使的财政职掌有许多记载。节度、观察使往往通过自己的各级幕僚来具体分管各项财政事务。[⑥]《新唐书》卷四九下《百官志》载：“观察使以丰稔为上考，省刑为中考，办税为下考。”宋人洪迈总结了唐代观察使的财政职权，由于节度使例兼观察使，从而获得了与观察使同等的财政权力。如史载：

> 唐世于诸道置按察使，后改为采访处置使，治于所部之大郡。既又改观察，其有戎旅之地，即置节度使。分天下为四十余道，大者十余州，

---

① 《全唐文》卷七三《南郊赦文》，第 793 页。

② 《资治通鉴》卷二九一“广顺三年正月”条，第 9488 页。

③ 参阅《新唐书》卷四九下《百官志》的有关记载。

④ 《资治通鉴》卷二三六“永贞元年八月癸丑”条，第 7620 页。

⑤ 《全唐文》卷七六唐武宗《禁额外征税制》，第 799 页。

⑥ 对于节度、观察使的判官、孔目、要籍、逐要、粮料官掌管一道财政的情况，李锦绣作了详细的考察。（参见李锦绣《唐代财政史稿》下卷，第 566～589 页）

小者二三州，但令访察善恶，举其大纲。然兵甲、财赋、民俗之事，无所不领。①

安史之乱爆发后，安西、北庭的边军奉调平叛，为了解决这些军队的粮饷问题，中央政府在任命李嗣业为统兵将领的同时，又任命其为怀州刺史，对此胡三省认为："李嗣业以镇西、北庭兵屯怀州，就用为怀州刺史，征调以给军。"②证实了军食的自供方法，即节度使率领军队驻屯何地，唐廷便任命其为该地的地方长官，以当地的财赋来实现自我供给。这方面的例子还有马璘、郭子仪等。永泰年间，"（马璘）徙泾阳，权知凤翔、陇右节度副使，四镇、北庭如故，复以郑、颍二州隶之"，"初，泾军乏财，帝讽李抱玉让郑、颍，璘因得裒积，且前后赐赉无算，家富不赀"。③ 同时调整的还有：李抱玉兼领山南，以泽潞资之；郭子仪兼领邠宁，以河中资之。④《唐会要》卷七〇《州县改置上·河南道·河南府·清河县》云："及雍王平贼，以鱼朝恩守河阳，乃以河南府之河清、济源、温四县租税入三城使，寻又以氾水军赋隶之。"河阳三城使费用由五县提供。⑤《旧唐书》也有同样的记载："河阳五县，自艰难已来，割属河阳三城使。其租赋色役，尽归河阳，河南尹但总管名额而已。"⑥经过因时因地节帅与所属州县隶属关系的调整，唐廷保证了节帅对所属州郡赋税的征收、管理权。如大中六年（852），杨耀卿担任丹州防御使时，"以寇盗攻劫之后，材庐罄空，秋夏征课，税无所出"，"径诣使府，申诉于廉问陇西公，乞免赋敛事"⑦，则证明节度使已经完全掌握了辖区内州的赋税征收权。道州刺史阳城的遭遇是比较明显的例证。史载：

观察使遣判官督其赋，至州，怪城不出迎，以问州吏，吏曰："刺史闻

① 洪迈：《容斋三笔》卷七"唐观察使"条，中华书局2005年点校本，第509页。

② 《资治通鉴》卷二二〇"乾元元年六月"条，第7056页。

③ 《新唐书》卷一三八《马璘传》，第4618～4619页。

④ 《资治通鉴》卷二二四"大历三年十二月《考异》"条，第7204页。

⑤ 指河阳、氾水、温县、河清、济源五县。参阅《唐会要》卷七〇《州县改置上·河南道》。

⑥ 《旧唐书》卷三八《地理志》，第1425页。又，《唐代墓志汇编》（下），贞元100《唐故监察御史太原王公（永）墓志铭并序》载："乃者国家以畿内列城五，附庸河阳军，温（县）其□焉。"

⑦ 周绍良主编：《唐代墓志汇编》（下），大中097《唐故朝散大夫使持节丹州诸军事守丹州刺史充本州防御使上柱国弘农杨公墓志铭并序》，第2326页。

判官来，以为有罪，自囚于狱，不敢出。"判官大惊，驰入谒城于狱，曰："使君何罪，某奉命来候安否耳。"留一二日未去，城因不复归馆，门外有故门扇横地，城昼夜坐卧其上，判官不自安，辞去。其后又遣他判官往按之，他判官义不欲按，乃载妻子行，中道而自逸。①

张署为澧州刺史时更是如此：

观察使牒州，征民钱倍经，君曰："刺史可为法，不可贪官害民。"留牒不肯从。竟以代罢。观察使使剧吏案簿书十日，不得毫毛罪，改河南令。②

贞元时期，李逊"累拜池、濠二州刺史。……观察使旨限外征役，皆不从"③。唐僖宗光启元年(885)正月，"秦宗权责租赋于光州刺史王绪，绪不能给；宗权发兵击之"④。李逊和王绪尽管不服从观察、节度使的命令将本州的财赋上交藩镇，此事却证明了观察、节度使有权征收自己辖区内的财赋。甚至一些州刺史也可以按照自己的意愿来确定本州赋税的征收。大历时舒州刺史独孤及为保证本州赋税收入，推行计口征税，规定客户和其他各种逃役的税户一律纳税，形成"率税多少，皆在牧守裁制"⑤的局面。唐代中后期在财赋分配中上供、送使、留州三分制的确立，必然促使各地观察、节度使为了保证自己有足够的财政收入而对上供的赋税进行截留，对属州的收入多方搜刮。

二、地方政权与中央争夺两税收入

安史之乱平定后，名义上唐王朝仍是各藩镇的统治者，有权征调全国各地赋税收入，由租庸使、转运使负责征收，但在实际执行过程中，"(由于)方镇握重兵，皆留财赋自赡，其上供殊鲜"⑥。地方诸道观察、节度使也各责成所属州

① 《旧唐书》卷一九二《阳城传》，第5134页。

② 《全唐文》卷五六五韩愈《河南令张君墓志铭》，第5719页。

③ 《旧唐书》卷一五五《李逊传》，第4123页。

④ 《资治通鉴》卷二五六"光启元年正月"条，第8320页。

⑤ 《全唐文》卷四六五陆贽《均节赋税恤百姓六条·第一条》，第4749页。

⑥ 《宋史》卷一七九《食货志下·会计》，中华书局1985年点校本，第4347页。

县限期缴纳，但中央并没有掌控地方财赋征收权。如李师道所在的淄青镇，“征赋所入，尽留赡军。贯缗尺帛，不入王府”[①]。对此现象，唐肃宗在宝应元年(762)十月就曾进行过整顿：“如闻诸道节度使，不承正敕，妄有征课。州县望风，便行文牒，务为逼迫，自应诛求。……州县除正敕支遣外，不得转承诸使文牒征率，一物已上，如或有犯，便仰停务，具名弹奏。”[②]但在实际执行中，中央诏令并不能制止诸道观察、节度使的行为。如元结在就任道州刺史时，不到五十天便收到诸使所下文牒二百余道，都要求在限期内上交索取的定额财物，并说明如不限期完成将受到严厉的惩罚。河朔三镇以及河南的跋扈方镇一旦向朝廷臣服或者被中央控制，中央往往派大臣到当地整顿、调整赋税征收的方式，向中央交纳上供部分的税额，这也反证了平时它们不向中央交纳赋税的实情。唐穆宗长庆元年(821)正月《南郊改元德音》称：“河北诸道管内，自艰难以来，久无刑法，各随所在，征敛不时，色目至多，都无艺极。”[③]长庆元年(821)七月，再次下诏，要求河南、河北等州，“宜委所在长吏，审详垦田并桑见定数，均输税赋，兼济公私。每定税讫，具所增加赋申奏。其诸道定户，宜委观察使刺史，必加审实，务使均平”[④]。郓、曹、濮、淄、青、登、莱、齐、兖、海、沂、密十二州，由于“未定户籍”，“自顷年收复以来，属中外多故，征赋轻重，或未均平”，直到唐文宗大和六年(832)才派王彦威为“十二州勘定两税使”[⑤]，“郓、曹、濮等州，元和以来，地本殷实，自分三道，十五余年，虽颁诏书，竟未入赋”。殷侑为天平军节度使后，自大和七年(833)始“岁供两税、榷酒等钱十五万贯，粟五万石”。朝廷下诏褒奖他“率先入供”之功。[⑥] 大和六年(832)，淄青观察使王承元奏：“准旨定征两税，五州共一十九万三千九百八十九贯。淄青自收复后未有两税上供，自此始征。是年天平军奏：请起大和七年岁供两税、榷酒等钱十五万贯，粟五万石(自元和末勾复李师道十二州，朝廷不安反侧，征赋所入尽留赡军，至

① 《旧唐书》卷一六五《殷侑传》，第 4321 页。

② 《全唐文》卷四八唐代宗《恤民敕》，第 528 页。

③ 《全唐文》卷六六唐穆宗《南郊改元德音》，第 702 页。

④ 《全唐文》卷六四唐穆宗《定淮蔡山东税额制》，第 684 页。

⑤ 《旧唐书》卷一五七《王彦威传》，第 4155 页。

⑥ 《旧唐书》卷一六五《殷侑传》，第 4321 页。

是方归王府)。"①

《旧唐书》卷一四八《裴垍传》说:"先是,天下百姓输赋于州府:一曰上供,二曰送使,三曰留州。"《全唐文》卷六五一元稹《钱货议状》记载:"自国家置两税以来,天下之财限为三品:一曰上供,二曰留使,三曰留州,皆量出以为入,定额以给资。"地方财政收入实际上可划分为上供中央和存留地方两种。两税收入中送给兼管数州或十数州的节度使或观察使的那部分称为"送使",留州则是将当地税收中的一部分留存本州,供地方开支。唐宪宗时又加以整顿,以确保中央的财政收入。"宪宗又罢除官受代进奉及诸道两税外榷率","宰相裴垍又令诸道节度、观察调费取于所治州,不足则取于属州,而属州送使之余与其上供者,皆输度支"。②之所以出现这种情况,是因为地方藩镇势力日益强大,它们"据险要,专方面,既有其土地,又有其人民,又有其甲兵,又有其财赋,以布列天下"③,中央已无法将地方的财赋完全控制,故采取此种措施。中央和地方在两税的分配上有一定的比例和定额,"州府两税斛斗,每年各有定额。征科之日,皆申省司。除上供之外,留后留州,任于额内方圆给用,纵有余羡,亦许州使留备水旱"④。在执行过程中,上供部分随中央对地方的控制的强弱有很大的波动。据宪宗元和初年李吉甫的《元和国计簿》记载:全国有方镇四十八,管辖州府二百九十五,县一千四百五十三,而中央"每岁赋入倚办,止于浙江东西、宣歙、淮南、江西、鄂岳、福建、湖南等八道,合四十九州,一百四十四万户",其余十五道、七十一州,不向朝廷申报户口,向中央缴纳贡税的户数仅相当于天宝年间的四分之一。⑤ 唐宪宗统治时期(806~820),中央权威回升,先后讨平了割据藩镇中的西川刘辟、夏绥杨惠琳、镇海李锜、淮西吴元济,而义武张茂昭、成德王承宗、平卢李师道、幽州刘总、魏博田弘正、横海程权等强藩暂时就范,中央政府开始在这些地区推行两税征收工作。穆宗初年,户部侍郎、判度支崔俊奏请在平卢节度

① 《册府元龟》卷四八八《邦计部·赋税第二》,第5838页。

② 《新唐书》卷五二《食货志二》,第1359页。

③ 《新唐书》卷五〇《兵志·方镇》,第1328页。

④ 《全唐文》卷七八唐武宗《加尊号赦文》,第814页。

⑤ 《旧唐书》卷一四《宪宗纪》,第424页。

使李师道的辖区——淄青、兖海、郓曹三道和溵、蔡、申、光等州勘定两税，“各委本州刺史，审量物力，约旧配额，比类邻州征税轻重，及土地物产厚薄，定两税钱物斛斗类”[①]。唐中央政府一直没有放弃对地方赋税的管理，只不过这要取决于中央、地方力量的变化，当地方势力过于强大时，中央便暂时无法实现对地方赋税的管理。

两税法虽然规定了财政收入的三分原则，但是除河朔三镇及一些反抗中央的藩镇完全不上交赋税外，那些臣服于中央的藩镇在赋税上交的过程中也以各种借口减少上供数额，增设名目，“民计田输赋外，增取他物，复折为赋，所谓杂变之赋者，亦谓之沿纳。而名品烦细，其类不一，官司岁附帐籍，并缘侵扰，民以为患”[②]。在具体实施过程中，地方同中央争夺两税收入主要体现在以下几个方面：

（一）利用虚实估之间的差别，在征收赋的过程中，获取其中的差额收入

安史之乱后，受战争的影响，物资短缺，货币铸造混乱，致使物价大涨，这种现象在唐朝中后期一直没有改变。两税法施行后的近百年内，由于通货紧缩等原因，又使粮绢等价格日贱，钱轻物重的形势被钱重物轻的形势所取代，绢帛由匹估数千文降为匹估八九百文。关于唐代物价的问题，今人有较多的论述。[③] 唐朝时期也有人注意到了这种现象，陆贽在其《均节赋税恤百姓六条》中就说：

> （两税）定税之数，皆计缗钱；纳税之时，多配绫绢。往者纳绢一匹，当钱三千二三百文；今者纳绢一匹，当钱一千五六百文。往输其一者，今过于二矣；虽官非增赋，而私已倍输。

又道：

---

① 《全唐文》卷七二五崔俊《请令本州定税额奏》，第7473页。

② 《续资治通鉴长编》卷一一三“明道二年十月”条，中华书局1992年点校本，第2642页。

③ 参见王永兴《中晚唐的估法和钱帛问题》，载《社会科学》1949年第5卷第2期；刘淑珍《中晚唐之估法》，载《史学集刊》1949年第6期；赵和平《中晚唐钱重物轻问题和估法》，载《北京师院学报》1984年第4期；李锦绣《唐后期的虚钱、实钱问题》，载《北京大学学报》1989年第2期；李锦绣《唐代财政领域的加饶现象》，载《浙江社会科学》1999年第1期；吴丽娱《从张平叔的官销之议试论唐五代盐专卖方式的变迁》，载《中国史研究》1996年第1期；吴丽娱《试析唐后期物价中的“省估”》，载《中国经济史研究》2003年第3期。

> 往者初定两税之时，百姓纳绢一匹，折钱三千二三百文。大率万钱，为绢三匹，价计稍贵，数则不多。……近者百姓纳绢一匹，折钱一千五六百文，大率万钱，为绢六匹。价既转贱，数则渐加。①

唐宪宗元和十五年(810)，李翱在《进士策问二道》中云：

> 初定两税时，钱直卑而粟帛贵。粟一斗价盈百，帛一匹价盈二千。税户之岁供千百者，不过粟五十石，帛二十有余匹而充矣。故国用皆足，而百姓未以为病，其法弗更，及兹三十年。百姓土田为有力者所并，三分逾一其初矣，其输钱数如故，钱直日高，粟帛日卑，粟一斗价不出二十，帛一匹价不出八百。税户之岁供千百者，粟至二百石，帛至八十匹然后可。为钱数不加，而其税以一为四，百姓日蹙而散为商以游，十三四矣。②

十年之后，他又在《疏改税法》中说：

> 自建中元年初定两税，至今四十年矣。当时绢一匹为钱四千，米一斗为钱二百，税户之输十千者，为绢二匹半而足矣。今税额如故，而粟帛日贱，钱益加重，绢一匹价不过八百，米一斗不过五十。税户之输十千者，为绢十有二匹然后可。况又督其钱使之贱卖者邪？假令官杂虚估以受之，尚犹为绢八匹，乃仅可满十千之数，是为比建中之初，为税加三倍矣。③

两税法虽然规定可以钱帛兼纳，但在实际的征收过程中，折征却一直不断，折征中存在的估算问题、物价常随时间、地点等客观条件发生较大的波动，加之地方官员为了增加收入，征收时又肆意处置，因而，折征毫无规章可循，弊端丛生。对此种种弊端，河南尹齐抗在两税法实行不久后就曾指出，“百姓本出布帛，而税反配钱，至输时复取布帛，更为三估计折，州县升降成奸”④。两税的征收总额虽然没有发生变化，但百姓实际交纳的赋税却暗中

① 《全唐文》卷四六五，第4750、4752页。

② 《全唐文》卷六三四，第6399页。

③ 《全唐文》卷六三四，第6403页。

④ 《新唐书》卷五二《食货志二》，第1358页。

增加了，“物价渐贱，所纳渐多，出给之时，又增虚估，广求羡利”[①]，以实估敛于人，而以虚估闻于上，留使、留州的地方收入增加了数倍。尽管唐朝中央政府为了限制地方这种以实估敛于人、以虚估闻于上的获利方式采取了种种防范措施，但诸道州府利用虚实估营利的行为并未停止。

(二)利用蠲免政策减少上供税额

《唐会要》卷八三《租税上》记载：“凡水旱虫伤为灾，十分损四已上，免租；损六已上，免调；损七已上，课役俱免。”两税法施行后，中央对地方财政实行定额包干使用的管理制度，地方财政结余，地方政府自己留用，超支不予追加[②]，把各州两税的固定总额划分为留使、留州和上供三个份额，中央、地方政府的财政收支实际上已经分开，但中央政府蠲免赋税的财政损失一般由中央财政负担。地方政府正是利用中央蠲免财赋的规定，以水旱虫灾等自然灾害为借口，申请减免甚至蠲除地方两税，不纳或者少纳上供钱米。据陈明光、李锦绣的研究，在执行两税法的情况下，中央蠲免赋税的范围多是中央财政收入中的钱物，即使下令将全部赋税放免，中央在放免后往往也会对留使钱给予补贴。[③] 因而地方政府在中央蠲免赋税政策下减少了上供的同时，却并没有损害本地的财赋收入。

(三)借支中央两税

唐朝中后期战乱频繁，许多节度使往往以战争开支为由，借支中央在地方的两税收入。唐僖宗时候，黄巢战乱，导致江淮地区的军费大幅度上升，大量属省钱被地方留用。“江淮运米，本实关中，只缘徐州用军，发遣全无次第，运脚价妄被占射，本色米空存簿书，遂使仓廪渐虚，支备有阙。”[④]淮南节

---

① 《全唐文》卷四六五陆贽《均节赋税恤百姓·请两税以布帛为额不计钱数》，第4754页。

② 唐武宗在《加尊号赦文》中说得最为清楚。他说：“州府两税斛斗，每年各有定额。征科之日，皆申省司。除上供之外，留后留州，任于额内方圆给用，纵有余羡，亦许州使留备水旱。”

③ 陈明光根据《册府元龟》卷四九一《蠲复三》统计出唐朝建中元年至唐末的蠲免为68次。(参见陈明光《唐代财政史新编》，中国财经出版社1991年版，第247～248页)李锦绣据唐代史料统计出建中元年(780)至天复元年(901)121年间唐朝政府共发布了98次蠲免的诏令。(参见李锦绣《唐代财政史稿》下卷，第1142～1143页)由于资料的残缺，这当然不是唐朝中后期蠲免诏令的全部。

④ 《全唐文》卷八九唐僖宗《南郊赦文》，第931页。

度使高骈在上奏中说:“况乃当道巡属之内,招降颇多,皆请占留,将充供赡,贵息寇戎之患,难丰进献之仪。”[①]一向以富庶著称的淮南道以占留为借口,减少进献,不纳上供。随着时间的流逝,地方借支中央的两税收入在中央蠲免政策下不再归还,即地方间接剥夺了中央的两税收入。因此,中央对此现象也严加限制,如唐文宗就曾下诏加以制止:“应诸方镇州府借便度支盐铁户部钱物斛斗,经五年以上者,并宜放免。”[②]建中元年(780)五月度支奏:

> 诸色钱物及盐井利等,伏缘财赋新有厘革,支计阙供,在臣职司,夙夜忧负。今后望指挥诸州,若不承度支文牒,辄有借使,及擅租赁回换。本州府录事参军本县令专知官,并请同入己枉法赃科罪。庶物无干隐,事有条流。其应合征收诸色钱物,所由官有违程限,致阙军须,请停给禄料。[③]

唐中后期地方政府在减少两税上供额方面还有其他各种手段。唐宣宗大中二年(848)十一月,兵部侍郎判户部魏扶奏:“下州应管当司诸色钱物斛斗等,前件钱物斛斗,散在天下州府,缘当司无巡院觉察,多被官吏专擅破除,岁久之后,即推在所[由]腹内,徒烦勘诘,终无可征。”[④]地方政府利用户部无巡院设置在当地的条件,侵夺户部钱物,迂回与中央争夺财赋就是其中手段之一。中央政府为从藩镇手中收回应有的财赋,也在不停地设置直属于中央管辖的财赋征收机构,如庾敬休就建议在归州“置巡院一所,自勾当收管诸色钱物送省,所冀免有逋悬”[⑤]。

三、地方政权与中央争夺专卖收入

专卖是指对某些商品进行垄断性的买卖,其价格由官府统一制定,早在

① 陆心源辑:《唐文拾遗》卷五三六崔致远《进绫绢锦绮等物》,中华书局 1983 年影印本,第 10778 页。

② 《全唐文》卷七三唐文宗《优恤旱蝗诸州诏》,第 767 页。

③ 《全唐文》卷九六四阙名《请禁诸州借使度支钱物奏》,第 10013 页。

④ 《唐会要》卷五八《户部侍郎》,第 1013 页。

⑤ 《旧唐书》卷一八七下《庾敬休传》,第 4913～4914 页。

西汉时期就已经出现。[①] 唐王朝建立后，很长时间内对盐铁茶等山泽之利采取相当宽松的政策。唐朝前期的盐业生产虽以官营为主，却“重其用而非重其利，重点完全放在了京师及诸军镇自给自足的供给上”[②]。政府以法律的形式明确规定山泽之利由公私共同占有，《唐律疏议》卷二六《杂律》“占山野陂湖利”条云：“诸占固山野陂湖之利者，杖六十。”其含义就是“山泽陂湖，物产所植，所有利润，与众共之。其有占固者，杖六十”[③]，“天下山泽之利，当归王者，宜总隶盐铁使”[④]。安史之乱爆发后，在国家财赋收入中占重要地位的河南、河北、河东等地区陷入叛军之手，唐王朝军队的数量却随着战争的延续和扩大不断增加，出现了“军赋匮乏，常赋莫充”的现象[⑤]。为了维持庞大的军队支出，唐朝政府迅速调整赋税结构以扩充财源，盐铁茶等也由原来的放任自流状态被政府控制起来，专卖制度逐步建立并不断得到完善。安禄山叛乱后，在河北主政的颜真卿为了筹措军费，在李华的帮助下，对辖区内的食盐进行专卖，“以钱收景城盐，沿河置场，令诸郡略定一价，阶级相输，而军用遂赡”[⑥]。时任北海录事参军的第五琦跟随上司到河北一带，目睹了食盐专卖带来的巨大利润，到唐肃宗乾元元年(758)，他被任命为江淮租庸使时，就在全国大部分地区推行榷盐法[⑦]，其核心内容是官产、官销，“就山海井灶近利之地置监院，游民业盐者为亭户，免杂徭，盗鬻者论法”[⑧]。将原来盐户的生产控制在政府手中，这是唐政府对海盐、池盐、井盐等一律实行官产、

① 《史记》卷五九《五宗世家》裴骃《集解》引韦昭云：“榷者，禁他家，独王家得为之。”《唐六典》卷二〇《太府寺》的注文说：“榷，谓专略其利。”《汉书》卷九六下《西域传赞》载：汉武帝时，“师旅之费，不可胜计，至于用度不足，乃榷酒酤、筦盐铁……算至车船，租及六畜，民力屈，财用竭”。

② 齐涛：《汉唐盐政史》，山东大学出版社 1994 年版，第 138 页。

③ 长孙无忌撰、刘俊文点校：《唐律疏议》卷二六《杂律》，法律出版社 1999 年版，第 526 页。

④ 《唐会要》卷八七《转运盐铁总序》，第 1591 页。另外，韩洄认为：“天下铜铁之冶，是曰山泽之利，当归于王者，非诸侯方岳所宜有。今诸道节度都团练使皆占之，非宜也。请总隶盐铁使。”(《旧唐书》卷一二九《韩洄传》，第 3606 页)

⑤ 《全唐文》卷三六七贾至《遣郑叔清往江南宣慰敕》，第 3731 页。

⑥ 《全唐文》卷五一四殷亮《颜鲁公行状》，第 5228 页。

⑦ 关于第五琦在全国范围内施行榷盐法的时间各种史籍记载不一，今从齐涛先生说。(参见齐涛《汉唐盐政史》，第 149 页)

⑧ 马端临：《文献通考》卷一四《征榷考二・盐铁・矾》，中华书局 1986 年影印本，第 152 页。

官销专卖的开始。同时，唐王朝提高食盐价格，从天宝、至德年间的每斗十钱，加至每斗一百一十钱，这在当时战乱的情况下获得了巨大的成功，唐政府每年的盐利收入在四十万缗左右①。战事结束后，官产、官销的弊病越来越明显，刘晏继第五琦之后，在唐代宗永泰二年(766)正月又推行了一系列盐政改革措施，具体内容为：(1)针对官产、官销的弊端，施行官收食盐、商人出卖的办法，即政府“但于出盐之乡置盐官，收盐户所煮之盐转鬻于商人，任其所之，自余州县不复置官”②，将食盐的税收寓于批发价格之中，使盐商成为国家食盐专卖制度的有力推行者。(2)为了保证盐商的利益，针对安史之乱后各地官吏“多率税商贾，以充军资杂用”③、大肆征收商税的现象加以改革，“罢州县率税，禁堰埭邀以利者”④，在全国设置了以缉捕私盐为主要职责的十三巡院，有些巡院直到唐末还发挥作用⑤。通过刘晏的一番改革和整顿，食盐从生产到销售各个环节相辅相成，盐利收入也由每年四十万缗增长至六百万缗，大大增加了国家的财政收入。⑥ 盐利在国家经济、政治和军事生活中发挥着重要的作用，“天下之赋，盐利居其半，宫闱服御、军饷、百官禄俸皆仰给焉”⑦。唐德宗即位后，随着刘晏被杀，唐代盐政也由盛转衰。盐利

---

① 《新唐书》卷五四《食货志》称刘晏变法：“晏之始至也，盐利岁才四十万缗。”此当为第五琦推行榷盐法后所获得的收入。

② 《资治通鉴》卷二二六“建中元年七月”条，第7286页。

③ 杜佑：《通典》卷一一《杂税》，中华书局1988年点校本，第250页。

④ 《新唐书》卷五四《食货志四》，第1378页。

⑤ 《唐代墓志汇编》(下)，开成049《唐故知盐铁转运盐城监事殿中侍御史内供奉范阳卢府君(伯卿)墓铭并序》载：卒于开成五年(840)的卢伯卿“补河中府猗氏县主簿。县当郇瑕氏之故地，沃饶近盬，美声浃于人谣，时泉货之司愿移公猗氏之理以成榷筦之用，授大理评事，充东渭桥给纳使巡官，寻以本官知京畿云阳院，迁监察御史，充两池使判官。俄以统职有归，不得专任，改知阆中院，转殿中侍御史，领盐城监”。《唐代墓志汇编》(下)，咸通062《唐故朝散大夫检校尚书比部郎中兼侍御史知度支陕州院事令狐府君墓志铭并序》记载：卒于咸通八年(867)的令狐纨先后担任过稷山县、猗氏县县令，由于熟悉钱谷事务而被中央财政部门重用，“大司计熟君政事，连委重务，自河中院转河阴院”，“又转解县池院及安邑院事”，“久之，署摄东渭桥给纳使，复检校比部郎中知陕州院事”。最后病死在陕院官舍。

⑥ 《旧唐书》卷一二四《刘晏传》载：“初，岁入钱六十万贯，季年所入逾十倍，而人无厌苦。大历末，通计一岁征赋所入总一千二百万贯，而盐利且过半。”

⑦ 《新唐书》卷五四《食货志四》，第1378页。

尽管在唐王朝的财政中仍起着巨大的作用，却是每况愈下，最终被藩镇和盐商大贾所专擅。[①]

食盐的专卖收入对地方财政同样起重要作用。据唐人记载，早在安禄山统治时期，沧州的食盐就对当地经济发展产生过很大影响，“沧州僻在海甸，东光(县)即其南鄙，控水津陆道，邮軵攸出，近鱼盐蒲苇之薮，聚耕桑之外，又多业焉”[②]，促使当地人除从事农业生产外，还从事其他行业。据有关资料记载，淄青一道每年的盐利收入就达七十余万缗，“军资给费，优赡有余”[③]。唐朝后期卢龙节度使刘仁恭迅速崛起，很大原因就在于他掌握了当时北方重要的产盐地区。又，“义昌节度使卢彦威，性残虐，又不礼于邻道；与卢龙节度使刘仁恭争盐利，仁恭遣其子守文将兵袭沧州，彦威弃城，挈家奔魏州；罗弘信不纳，乃奔汴州。仁恭遂取沧、景、德三州，以守文为义昌留后。仁恭兵势益盛，自谓得天助，有并吞河朔之志，为守文请旌节，朝廷未许。会中使至范阳，仁恭语之曰：‘旌节吾自有之，但欲得长安本色耳，何为累章见拒，为吾言之！’其悖慢如此。”[④]成汭夺取云安盐井后，利用食盐的收入，“能畜兵五万”，迅速成为强有力的割据者。[⑤] 由于食盐收入对地方财赋的增加影响深远，因而各地方势力为了争夺食盐产地，经常兵戎相见。五代后唐时期东川董璋与西川孟知祥在明宗天成三年(928)三月的战争主要就是为了争夺食盐：“孟知祥屡与董璋争盐利，璋诱商旅贩东川盐入西川，知祥患之，乃于汉州置三场重征之，岁得七万缗，商旅不复之东川。”胡三省对此解释为：“蜀中井盐，东、西川皆有之，各欲障固以专其利，故争。”[⑥]剑南东川院领有盐井六十，剑南西川院领有盐井三十，东川盐利大于西川，因此而产生争议。宋朝末年起事于山东的李全也是在部下的劝说下首先攻取了淮南

---

① 参见齐涛《汉唐盐政史》，第155～170页；吉成名《唐代盐业政策演变三阶段论》，载《盐业史研究》2000年第1期。

② 周绍良主编：《唐代墓志汇编》(下)，大历072《唐故□□□魏郡魏县令崔公(夷甫)墓志铭》，第1811页。

③ 《全唐文》卷六五唐穆宗《停淄青兖郓等道榷盐诏》，第692页。

④ 《资治通鉴》卷二七七“光化元年三月”条，第8515页。

⑤ 《新唐书》卷一九〇《成汭传》，第5484页。

⑥ 《资治通鉴》卷二七六“天成三年三月”条，第9015页。

地区食盐生产中心通州、泰州等地，得以迅速发展。初，李全欲先据扬州以渡江，分兵徇通、泰，以趋海。诸将皆曰："通、泰盐场在焉。莫若先取为家计，且使朝廷失盐利。"于是李全入城据之，知县陈遇逾墙走。公私盐货，皆被李全所占有。[①] 唐朝中后期，随着中央权威的进一步削弱，中央与地方对盐利的争夺也就更加激烈，原中央设置的管理盐政的职务逐渐被地方节度使兼任。如解县池盐先被河中节度使王重荣兼管，后被朱全忠兼领。史载：

> 丧乱之后，六军初复，国藏虚竭。观军容使田令孜奏以安邑、解县两池榷课，直属省司，以充赡给。旧事，河中节度兼榷使，每年额输省课。重荣累表论列，既循往例，兼恃大功。[②]

这次中央与地方争夺盐利的结果是"重荣不奉诏。令孜率禁兵讨之，重荣引太原军为援，战于沙苑，禁军大败。京师复乱，僖宗出幸宝鸡，又移幸山南"[③]。

中央在地方强藩的威逼下只有承认两池盐利被剥夺的现实，每年仅得到三千车的食盐供应。[④] 实际上，早在乾符五年(878)，河中池盐就已经划归地方管理。《旧五代史》卷六〇《李袭吉传》记载："袭吉，乾符末，应进士举，遇乱，避地河中，依节度使李都，擢为盐铁判官。"而李都是在唐僖宗乾符五年(878)九月，以户部尚书、判户部事充河中节度使的，他应该是以河中节度使的身份兼领两池盐务的，李袭吉在乾符末为李都的榷盐判官。也就是说，至迟在乾符末两池榷盐使从度支派郎官御史辖领变为节度使兼领。史载：

> 乾符末，先皇帝以郇瑕之封，筦榷遗利，命公以本官充解县□监催勘副使。明如夏日，洞察秋毫，每辞种暠之金，常远刘舆之腻。洁白无玷，课最有闻，搜考勾□，尽□黠吏青凫赤仄，充于水衡。以功赐绯鱼袋，充解县催勘使。寻属关河失守，盗贼惊奔，铜驼既卧之九衢，金根去狩于三蜀。公则以榷利钱寄河中府，单车往河北。……遂与易定节度使王处存同领甲兵二万，屯东渭桥。公奔赴行朝，面奏本末，先帝感其

① 《宋史》卷四七七《李全传》，第13841页。

② 《旧唐书》一八二《王重荣传》，第4696页。

③ 《旧唐书》卷一八四《宦官·田令孜传》，第4771页。

④ 《新唐书》卷五四《食货志四》载："两池为河中节度使王重荣所有，岁贡盐三千车。"

忠果，锡以金章，依前充解县榷税使。会蒲帅王[重]荣尽占盐租，请赡军伍。公复归朝阙，后改充南诏礼仪副使，中辍不行。中和三年(883)充许蔡通和慰谕使。[①]

此墓志记载了两池盐利从度支划归神策军、最后被河东节度使王重荣侵夺的转变过程。朱全忠在控制了唐王朝的中央政权后，也首先将两河盐池的管理权掌握在自己手中。如《旧唐书》卷二〇上《昭宗纪》云：

[唐昭宗天复元年(901)五月]壬寅，制以朱全忠兼河中尹、河中节度、晋绛慈隰观察处置、安邑解县两池榷盐制置等使。

分布在中原一带的宣武、汴宋、武宁等半依附、半割据型藩镇也在盐利的归属问题上与中央展开了激烈的争夺，由于中央在此地区大量设置巡院，盐铁之利收归中央所有。在此情况下，这些地方的节度使便采取了强征过税、住税以及借支等方法，甚至直接掠夺中央在地方的盐利收入。[②]

茶作为中国人的饮料具有悠久的历史，魏晋南北朝时期，饮茶的习惯仅局限于江南地区，最迟到唐天宝年间，饮茶之风气已经遍及全国，并出现了详细介绍茶的销售、焙制、煮品、饮具的专门著作——《茶经》。据封演所言：

开元中，泰山灵隐岩寺有降魔师大兴禅教，学禅务于不寐，又不夕食，皆许其饮茶。人自怀挟，到处煮饮，从此转相仿效，遂成风俗。自邹、齐、沧、棣，渐至京邑，城市多开店铺煎茶卖之，不问道俗，投钱取饮。其茶自江、淮而来，舟车相继，所在山积，色额颇多。

楚人陆鸿渐为《茶论》，说茶之功效并煎茶炙茶之法，造茶具二十四事以"都统笼"贮之。远近倾慕，好事者家藏一副。有常伯熊者又因鸿渐之论广润色之，于是茶道大行，王公朝士无不饮者。

封演在讲述了当时人的饮茶风俗后，曾将古今饮茶习俗进行比较："此古人亦饮茶耳，但不如今人溺之甚。穷日尽夜，殆成风俗。始自中地，流于

① 《全唐文》卷八四一裴庭裕《大唐故内枢密使特进左领军卫上将军知内侍省上柱国濮阳郡开国侯食邑一千户食实封一百户吴公墓志铭并序》，第8844页。

② 参见齐涛《汉唐盐政史》，第224～227页。

塞外。往年回鹘入朝，大驱名马市茶而归，亦足怪焉。"[①]饮茶风俗的迅速发展，导致茶叶产量快速增加，政府逐渐改变原来对茶放任自流的态度，安史之乱后，随着中央财政困难的出现，茶也被列入专卖行列，并成为国家税收的重要组成部分，影响到以后各个朝代。正如宋人所说："茶税起于唐。利日益滋，法日益详，县官因以佐大农、宽舆赋，遂为经常之制。国朝初，循唐旧。"[②]茶在唐代中后期是仅次于盐的专卖商品，唐德宗建中三年(782)九月开始征收茶税，税率为什一税[③]，兴元元年(784)便废置不征[④]，茶税还没有成为一种独立的税种。唐德宗贞元九年(793)正月，诸道盐铁使范滂为应付日益增多的财政支出，建议重新征收茶税："伏请于出茶州县，及茶山外商人要路，委所由定三等时估，每十税一，充所放两税。"[⑤]茶成为政府的新税源，唐政府并规定了全国统一的税率。此后茶税常年征收，即使"遭水旱处亦未尝以钱拯赡"[⑥]。唐宪宗元和十三年(818)三月，在盐铁使程异的建议下，唐宪宗下诏停罢地方政府所设的茶盐店，以保证茶利收归中央。[⑦] 穆宗即位后，茶税税率由以前的10%提高到15%，并且将茶税征收划分为东西两部分，分别由盐铁使和户部司掌管。[⑧] 唐文宗开成五年(840)正月，唐武宗即

---

① 封演撰、赵贞信校注：《封氏闻见记校注》卷六《饮茶》，中华书局2005年点校本，第51～52页。

② 《咸淳临安志》，转引自张中秋《唐代经济民事法律述论》，法律出版社2002年版，第87页。

③ 关于唐代茶税始于何时，学界有不同的看法。其中有：建中年间说，如章秉纯《唐代茶税考》(载《云南师范大学哲学社会科学学报》1996年第2期)；建中三年说，如鲍晓娜《茶税始年辨析》(载《中国史研究》1982年第4期)；建中四年说，如赵赞建议对茶漆竹木收税，"茶之有税，肇于此矣"(《旧唐书》卷四九《食货志》)。

④ 《资治通鉴》卷二二九"兴元元年正月"条，德宗改元大赦诏中说："其所加垫陌钱、税间架、竹、木、茶、漆、榷铁之类，悉宜停罢。"

⑤ 《旧唐书》卷四九《食货志下·茶》，第2128页。

⑥ 《旧唐书》卷四九《食货志下·茶》，第2128页。

⑦ 《唐会要》卷八八《盐铁》载："应诸州府先请置茶店收税，伏准今年正月一日赦文：其诸道州府，因用兵以来，或虑有权处置职名，及擅加科配，事非常制，一切禁断者。伏以榷税茶盐，本资财赋，赡济军镇，盖是从权。兵罢自合便停，事久实为重敛。其诸道先所置店及收诸色钱物等，虽非擅加，且异常制，伏请准敕文勒停。从之。"

⑧ 《新唐书》卷五四《食货志四》载：盐铁使王播"增天下茶税，率百钱增五十，江淮、浙东西、岭南、福建、荆襄茶，播自领之，两川以户部领之"。

位，唐代茶叶政策变为民种、官收、商销的新的榷卖方式：茶叶由政府统购后，由茶商具体运销，禁止种茶园户私卖茶叶以及商人私贩茶叶。至于榷茶收入，唐德宗贞元九年(793)正月，"初税茶，岁得钱四十万贯，从盐铁使张滂所奏"[①]。由于资料残缺，且记载混乱，茶税收入的总数已不可考[②]，但数量不会太少，在茶产地淮南、浙西等地，茶税征收权一旦被中央收回，地方随之便出现了"军用困竭"的财政危机。高骈指出，"西川富强，只因北路商旅，托其茶利，赡彼军储"[③]。茶税对地方财赋的重要作用，势必导致中央与地方在茶税的利益分配上展开激烈的争夺。[④] 唐宣宗下诏："度支盐铁户部三司茶纲，欠负多年，积弊斯久，家业荡尽，无可征索，虚系簿籍，劳于囚系者，复委本司各条流疏理闻奏。如先将茶赊卖与人，及借贷人钱物，若文帖分明，的知诣实，即与帖州县征理。如组织平人，妄有指射，推勘了后，重加决责。"[⑤]在实际的执行过程中往往受制于地方势力，藩镇并没有放弃对茶税的征收。唐宣宗于大中六年(852)针对"诸道节度使观察使，置店停止茶商，每斤收搨地钱，并税经过商人，颇乖法理"[⑥]的情况，准备将茶税废除，但很快又在一些地方节度使的请求下重新征税，茶税收入的绝大部分被地方截留，成为地方财赋收入的重要组成部分。[⑦] 长庆元年(821)，穆宗在即位诏书中称："诸州府除京兆河南府外，应有官庄宅铺店碾硙茶菜园盐畦车坊等，宜割属所管官府。"[⑧]这表明原来归中央所有的茶业管理权已经被地方政府争夺过去，中央

① 《旧唐书》卷一三《德宗纪下》，第 376 页。

② 宪宗元和时，仅饶州浮梁县"每岁出茶七百万驮，税十五万余贯"(见《元和郡县志》卷二八《江南道》)。张泽咸在《汉唐时期的茶叶》(载《文史》1981 年第 11 辑)一文中也认为唐代每年茶叶的产量现在已无从查考。刘玉峰认为，德宗贞元九年茶税成为独立的税种，其年平均征收额在五十万缗左右，文宗大和年间曾达一百万缗。(参见刘玉峰《唐代商品性农业的发展和农产品的商品化》，载《思想战线》2004 年第 2 期)

③ 《唐文拾遗》卷三四崔致远《请巡幸江淮表》，第 10765 页。

④ 参见陈衍德《唐代中央与地方分割盐利的斗争》，载《江海学刊》1989 年第 2 期。

⑤ 《全唐文》卷八二唐宣宗《受尊号赦文》，第 862 页。

⑥ 《唐会要》卷八四《租税下·杂税》，第 1548 页。

⑦ 《全唐文》卷八七一刘津《婺源诸县都制置新城记》载："大和中，以婺源、浮梁、祁门、德兴四县，茶货实多，兵甲且众，甚殷户口，素是奥区。"

⑧ 《全唐文》卷六六唐穆宗《登极德音》，第 699 页。

只能以收税的形式获取部分利益，而再不能完全垄断榷利，地方政府与中央政府在茶园经营权的争夺中获得了胜利。

酒以及造酒的原料——曲，在古代也属于专卖产品之列。安史之乱刚刚平定之时，政府为了缓解中央财政压力，开始对酒征税。唐代宗广德二年(764)十二月下令："天下州各量定酤酒户，随月纳税。除此外，不问官私，一切禁断。"[①]尽管资料没有记载此次征收酒税的具体收入如何，但酒税已列入政府收入之一。唐德宗建中三年(782)，为了进一步筹措军费，中央政府推行了完全专卖制度，具体由地方政府执行，即由官方开设酒坊、酒店，每斛征收不等的税钱，"初榷酒，天下悉令官酿。……委州县综领。……以京师王者都，特免其榷"[②]，即除京城外，全国都不许私自酿酒。四年后，由官府专卖转而允许私人酿酒，政府征收酒税，每斗榷酒钱一百五十文[③]，并有专人掌管榷酒事务[④]。榷酒施行后不久，对造酒的原料——曲，唐政府也进行专卖管理。[⑤] 榷酒、榷曲收入的具体数目，由于缺乏史料记载，已无详细的记录，但从现存的记载看，榷酒、榷曲的收入当非常可观。[⑥] 宪宗元和时，王仲舒为江南西道观察使，"至则奏罢榷酒钱九千万，以其利与民"[⑦]，这当然是江南西道多年的积累所至，从中亦可看出榷酒在财政收入中的重要性。唐德宗贞元十四年(798)正月，"诏诸道州府应贞元八年至十一年两税及榷酒钱在百姓腹内者，总五百六十万七千贯，并放除"[⑧]，由于与其他拖欠的税款融合在一起，酒税所占的比例已经难以确知。唐文宗大和五年(831)，江西观察使裴谊奏称，"洪州每年合送省榷酒钱五万贯文"[⑨]。唐文宗大和时全国榷酒钱达

① 杜佑：《通典》卷一一《食货·榷沽》，第246页。

② 《旧唐书》卷四九《食货志下·酒》，第2130页。

③ 《唐会要》卷八八《榷酤》载："贞元二年十二月，度支奏：'请于京城及京畿县行榷酒之法，每斗榷酒钱百五十文，其酒户与免杂差役。'从之。"

④ 贞元二年(786)，户部侍郎元琇判诸道盐铁榷酒等事务；元琇调任后，京兆少尹李竦为户部侍郎，判盐铁榷酒。(见《旧唐书》卷一三〇《崔造传》)

⑤ 据《新唐书》卷五四记载，在淮南、忠武、宣武、河东等地榷曲。

⑥ 参见王赛时《唐代酿酒初探》，载《中国史研究》1995年第1期。

⑦ 《全唐文》卷五六二韩愈《江南西道观察使赠左散骑常侍太原王公墓志铭》，第5704页。

⑧ 《旧唐书》卷一三《德宗纪下》，第387页。

⑨ 《唐文拾遗》卷三〇裴谊《榷酒钱不配业户奏》，第10712页。

到了一百五十六万缗。唐宣宗大和七年(853),全国收榷酒钱八十二万缗。[①]由于榷酒可以获得厚利,地方政府也往往将其作为收入的重要来源,唐文宗大和元年(827),江西观察使李宪"以军用不足,奏请禁百姓造酒,官中自酤"[②],即是一例非常明显的藩镇垄断酒的生产与销售的实例。对榷酒与榷曲收入的管理一直是中央与地方争夺的焦点之一,即使到了唐朝末年也没有停止。如:"会昌六年(846)九月敕:扬州等八道州府,置榷曲,并置官店沽酒,代百姓纳榷酒钱,并充资助军用,各有榷许限,扬州、陈许、汴州、襄州、河东五处榷曲,浙西、浙东、鄂岳三处置官沽酒。"获得酿酒或卖曲专权的地方政府为了获取最大利润,对其他人员从事此项活动严厉打击,"如闻禁止私沽,过于严酷,一人违犯,连累数家,闾里之间,不免咨怨"。诏令要求这些地方政府要改变过于严酷的惩罚,"宜从今以后,如有人私沽酒及置私麴者,但许罪止一身,并所由容纵,任据罪处分。乡井之内,如不知情,并不得追扰。其所犯之人,任用重典,兼不得没入家产"[③]。中央政府的此道诏令也证明了酒和造酒原料曲一定能为地方政府带来丰厚的利润,否则,地方政府不会用严刑酷罚来惩罚私自酿酒者。有关资料也证明了这点,如仅大和元年(827),郓曹濮三州上交酒税的上供钱就达到了十万贯,斛斗五万石。[④]

四、地方与中央争夺商税收入

唐政府从维护农业发展出发,为防止过多的人从事商业活动,推行抑商政策。[⑤]《唐六典》卷三"户部郎中员外郎"载:"辨天下之四人,使各专其业。凡习学文武者为士,肆力耕桑者为农,功作贸易者为工,屠沽兴贩者为商。(工、商皆谓家专其业以求利者;其织纴、组紃之类非也。)工商之家不得预

---

① 《资治通鉴》卷二四九"大和七年十二月"条,第8053页。

② 《唐文拾遗》卷三〇裴谊《请任百姓自酿奏》,第10712页。

③ 《旧唐书》卷四九《食货志下·酒》,第2130～2131页。

④ 《册府元龟》卷四八五《邦计部·济军》,第5789页。

⑤ 《唐会要》卷八五《定户等第》:"赋彼商贾,抑浮惰之业。"《旧唐书》卷四八《食货志上》载,天宝九载(750)二月敕"除陌钱,每贯二十文"。建中四年(786)六月,赵赞请税间架、算除陌时说:"除陌法,天下公私给与贸易,率一贯旧算二十,益加算为五十。"这里的"旧算二十"当指玄宗时的交易税为百分之二十。

士，食禄之人不得夺下人之利。"明确规定工商之家不得为官。唐玄宗时期两次颁布法令，更进一步重申了这项规定，"诸官人，身及同居大功以上亲，自执工商，家专其业，不得为仕。其旧经职任，自解黜，必有事用者，三年之后听用"[①]。对于那些以假冒身份入仕者，法律规定必须严惩。《唐律疏议》设有专条对此进行论述，《唐律疏议》卷二五《诈伪》有"诈假官假与人官"条律文，曰："'诈假官'，谓虚伪诈假以得官，若虚假授与人官及受诈假官者，并流两千里。"关于工商业者的身份的界定，主要是"依《选举令》：'官人身及同居大功以上亲，自执工商，家专其业者，不得仕。其旧经职任，因此解黜，后能修改，必有事业者，三年后听仕。其三年外仍不修改者，追毁告身，即依庶人例。'其有官及无官之人，依令不得仕，而诈求得官者；及未满三年，隐状选得官者，并同'增减功过年限预选得官'，合徒一年。其三年外仍不修改，若方便不输告身，依旧为官者，亦同'不应为官'之坐"[②]。商人及其大功以上亲属严格被排斥在仕途之外，商人地位的低下，势必严重阻碍了商业的发展。

安史之乱爆发后，唐政府对商人的政策有所改变，政治上废除唐初对商人"必不可超授官秩"的做法，许多商人子弟，甚至商人本身，通过参加科举考试，加入到士人阶层，"居缨冕之流"，如曾为盐商之子的毕諴，"大和中，举进士、书判拔萃"[③]。商人的地位大大提高，为其获取更大的商业利润提供了身份保证，以至于使得许多商贾成为国中巨富。商人身份的变化，曾在唐朝

① [日]仁井田陞著、栗劲等编译：《唐令拾遗》，长春出版社1989年版，第206页。

② 长孙无忌撰、刘俊文点校：《唐律疏议》卷二五《诈伪》，第497～498页。又，唐玄宗在《禁丧葬违礼及士人干利诏》中规定："凡士庶之人，不兼二业。或有衣冠之内，寡于廉隅，专以货殖为心，商贾为利，须革其弊，以清流品。有犯者，委京都御史台及诸道采访使具以状闻，当别处分，宣布中外，咸使知闻。"（《全唐文》卷三一，第349～350页）

③ 《新唐书》卷一八三《毕諴传》，第5379页。

中后期引起朝野的争论①。到唐朝后期有人甚至放弃官位从事商业。如累籍镇冀，因兵乱迁往山东齐州的张公佐，“大和之岁，曾授温州军事押衙。公以道之人，厌于军旅，退身罢职。性好经营，或优游梁汴，或低历惟杨，或越沧海，或泛江湖，绵历星霜，崎岖道路，以廿余载，每蒙神理契合，未逾一纪，骡马匹帛成七八百千矣，衣食自如，不求知己”②。可以说是一位经商致富的军人。在众多的商人中，尤以盐商最为著名。如史载：“五方之贾，以财相雄，而盐贾尤炽”③，“所费百钱，已得十倍赢”，“子本频蕃息，货贩日兼并”④。诸如裴佃先“货殖五年，致资财数千万”⑤；王元宝为都中巨富，“常以金银叠为屋壁，上以红泥泥之。……又以铜线穿钱，瓮于后园花径中，贵其泥雨不滑也”⑥。经商成为最受人羡慕的职业之一。

掌握了巨量资财的商人，必然要求政治上获得更高的地位，更多的权力。一旦获得官身便可获取政治庇护，即所谓“才沾一官，及官满后移住邻州，兼于诸军诸使假职，便称衣冠户，广置资产，输税全轻，便免诸色差役”⑦。富商大贾为了给自己的商业经营带来稳定的意想不到的便利和效益，不惜以重金行贿，钻营勾结权贵豪门，“先向十常侍，次求百公卿，侯家与主第，点

① 《全唐文》卷六七三载白居易有两道策文涉及工商业者是否能够担任官职的问题，基本倾向是工商业者及其子弟可以担任官职。其一，得甲之周亲执工伎之业，吏曹以甲不合仕，甲云：“今见修改。”吏曹又云：“虽改，仍限三年后听仕。”未知合否？白居易认为：“业有四人，职无二事，如或居肆，则不及仕(一作“任”)门。甲爰有周亲，是称工者，方耻役以事上，且思禄在其中。有慕九流，虽欲自迁其业，未经三载，安可同升诸公？难违甲令之文，宜守吏曹之限。如或材高拔俗，行茂出群，岂惟限以常科，自可登乎大用。以斯而议，谁曰不然？”其二，得州府贡士，或市井之子孙，为省司所诘，甲称：“群萃之秀出者，不合限以常科。”白居易认为：“惟贤是求，何贱之有，况士之秀者，而人其舍诸？惟彼郡贡，或称市籍，非我族类，则嫌杂以萧兰，举尔所知，安得弃其翘楚？诚其恶于稗败，谅难舍其茂异。拣金于砂砾，岂为类贱而不收；度木于涧松，宁以地卑而见弃？但恐所举失德，不可以贱废人。况乎识度冠时，出自牛医之后，心计成务，擢于贾竖之中，在往事而足征，可常科而是限？州申有据，省诘非宜。”

② 周绍良主编：《唐代墓志汇编》(下)，大和014《有唐故淄州军事押衙清河张公(公佐)墓志铭并序》，第2262页。

③ 《全唐诗》卷三五四刘禹锡《贾客词并引》，中州古籍出版社1996年版，第2156页。

④ 《全唐诗》卷四一八元稹《估客乐》，第2514页。

⑤ 《太平广记》卷一四七“裴佃先”条，中华书局1961年点校本，第1059页。

⑥ 王仁裕：《开元天宝遗事》卷下《富窟》，中华书局2006年点校本，第37页。

⑦ 《全唐文》卷七八唐武宗《加尊号后南郊赦文》，第820页。

缀无不精"[①]，是他们投靠、巴结达官贵人的证明。有些巨商干脆输钱捐官，如江陵巨商郭七郎输钱数百万，买到了横州刺史的官位。穆宗时，"商贾、胥吏，争赂藩镇，牒补列将而荐之，即升朝籍"[②]。刘禹锡曾对这一商人贾客经商谋利富比封君、贿赂公卿的现象作过描写："贾客无定游，所游唯利并。眩俗杂良苦，乘时取重轻。……徼福祷涛神，施财游化城。妻约雕金钏，女垂贯珠缨。高赀比封君，奇货通幸卿。"[③]

安史之乱爆发后，在自筹经费以供军的财政背景下，诸道为了谋求财利，保证本道财政的需要，积极开拓财源，对客商征税也就成了各地藩镇增加财政收入的重要手段。从肃、代时起，"诸道节度使、观察使多率税商贾，以充军资杂用，或于津济要路及市肆间交易之处，计钱至一千以上，皆以分数率之"[④]，"诸道亦税商贾以赡军，钱一千者有税"[⑤]，以此增加当地收入，补充军费。刘晏盐法改革后，各地节度使就"加榷盐钱，商人舟所过有税"[⑥]，到敬宗时，各地"守土之臣，或多自开户牖，征徭役税，不本制条"[⑦]，商税成为地方财政的主要收入之一。史书中关于地方征收商税的记载也越来越多，征收方式也在不断更新。随着地方商税收入的增加，唐中央政府也开始把税收作为中央财政的来源，两税法确立后，商税正式成为国家财政来源的组成部分。建中元年(780)九月，"户部侍郎赵赞请置常平轻重本钱。从之。赞于是条奏诸道津要都会之所，皆置吏阅商人财货，计钱每贯税二十文。天下

① 《全唐诗》卷四一八元稹《估客乐》，第2514页。

② 《资治通鉴》卷二四二"长庆二年三月壬辰朔"条，第7812页。

③ 《全唐诗》卷三五四刘禹锡《贾客词并引》，第2156页。

④ 杜佑：《通典》卷一一《食货·杂税》，第250页。值得注意的是，安史之乱爆发前，安禄山就曾利用商人为其积累了大量财富。姚汝能《安禄山事迹》卷上载："(安禄山)潜于诸道商胡兴贩。每岁输异方珍货计百万数。每商至，则禄山胡服坐重床，烧香列珍宝，令百胡侍左右，群胡罗拜于下，邀福于天。禄山盛陈牲牢，诸巫击鼓、歌舞，至暮而散。遂令群胡于诸道潜市罗帛，及造绯紫袍、金银鱼袋、腰带等百万计，将为叛逆之资，已八九年矣。"

⑤ 《新唐书》卷五一《食货志一》，第1347页。又《册府元龟》卷四八八《邦计部·赋税二》载：唐文宗大和四年五月，剑南西川宣抚使崔戎奏称："西川税科，旧有苗青，如茄子、姜、芋之类，每亩或七、八百文，征敛不时，烦扰颇甚。"

⑥ 《新唐书》卷五四《食货志四》，第1378页。

⑦ 《全唐文》卷七四五舒元褒《对贤良方正直言极谏》，第7708页。

所出竹木茶漆，皆什一税之，充常平本钱。时军用稍广，常赋不足，所税亦随尽，竟莫得充本储积焉”[①]。在国用不足的情况下，对商贾开始大规模地征税，“其商贾，准令所在收税”[②]，“豪商富户皆籍其家资，所有财货畜产，或五分纳一，谓之率贷，所收万计”。从唐代律令中可以看出：唐中后期的税收有两大类目：一类是中央直接受益税，一类是中央与地方分享税。中央直接受益税是指工商税和青苗钱，工商税包括商税、盐税、酒税、茶税与矿产税等；两税则是指唐后期中央与地方分享税目。[③]

唐肃宗乾元元年(758)，东京留守李巨“于城市桥梁税出入车牛等钱以供国用”[④]。唐代宗广德年间(763～764)，淮西节度使李忠臣“贪暴不奉法，设防戍以税商贾，又纵兵士剽劫，行人殆绝”[⑤]。淄青节度使“货市渤海名马，岁岁不绝”，节度使李正己还身兼唐朝的海运押新罗渤海两蕃使，负责山东与辽东和朝鲜的岸口贸易、海道运输以及国事往来。[⑥] 诸道节度、观察使因其地理环境及商品交易状况，设立了形式多样的商税。[⑦] 不仅税种繁多，且税额不断增加，商税在地方财政收入中的地位也越来越重要。唐德宗贞元年，王锷担任岭南节度使期间，就利用当地便利的海外贸易条件，从事海外贸易。据史书记载：

> (王锷)迁岭南节度使。广人与蛮杂处，地征薄，多牟利于市，锷租其廛，榷所入与常赋埒，以为时进，裒其余悉自入。诸蕃舶至，尽有其税，于是财蓄不赀，日十余艘载皆犀象珠琲，与商贾杂出于境。数年，京师权家无不富锷之财。[⑧]

王锷不仅收商税，还参与海外商业贸易活动，岭南的征榷收入已经与常赋即两税的收入相当。唐宣宗大中六年(852)，裴休奏请罢诸道所置征㩉地钱

① 《唐会要》卷八四《杂税》，第1545页。
② 杜佑：《通典》卷一一《食货·鬻爵》，第244页。
③ 杜佑：《通典》卷一一《食货·杂税》，第244页。
④ 《旧唐书》卷一一二《李巨传》，第3347页。
⑤ 《旧唐书》卷一五五《穆宁传》，第4114页。
⑥ 《旧唐书》卷一二四《李正己传》，第3535页。
⑦ 参见吕思勉《隋唐五代史》，上海古籍出版社1984年版，第1200～1201页。
⑧ 《新唐书》卷一七〇《王锷传》，第5169页。

后，淮南、天平及浙西等地节帅“皆奏军用困竭，伏乞且赐依旧税茶”[①]。在地方政府的强烈要求下，“有司迫于供军，百端率敛，不许即用度交阙，尽许则人心无憀”[②]，即反映了中央与地方争夺财赋的斗争，同时也说明了唐中后期商税在地方财政收入中不可或缺的支柱作用。唐朝后期地方擅自征收商税的现象已普遍存在于关畿之地、两都、军镇、诸镇县节级、诸津渡、要路市井等地。各地的征税行为严重影响了正常的交通秩序。在文宗时，南北交通要道，“西江自白沙瓜步，至于大梁，斗门堰埭，盐铁税缗，诸侯榷利，骈指于河”。地方政府的征税行为导致衣冠商旅纷纷放弃便利的运河水道，而改由合肥、寿春、蔡、汝陆路抵京师。[③]

商税在中央、地方的财政收入中所占的地位越来越重要，中央与地方为了争夺商税展开了激烈的争斗。据史书记载：

> 代宗焦劳念虑，命德宗以雍邸总戎。赋舆所会，征缮不给，有诏辍东方军市之租移用于中都。属受钺之臣，矜功觖望，师老专利，便文自营。公慨然牒书，讥切备至向之废格，悉用平镈。[④]

为限制地方政权的横征暴敛，中央政府便要求各地盐铁巡院对藩镇的征税行为严加监视，同时又派出中央官员到各地察访：“所在方镇州府，辄不得擅有壅遏，任其交易，必使流行。仍委出使郎官御史及所在度支盐铁巡院切加勾当。”[⑤]即使到了唐朝末期，唐中央政府也没有放弃对商税的管理，唐昭宗时就曾下诏禁止各地藩镇征收商税。[⑥] 但随着地方势力的增强，唐中央政府的诏令不可能得到执行，地方政权征收商税的现状已无法改变。

---

① 《唐会要》卷八四《租税下·杂税》，第 1548 页。

② 《资治通鉴》卷二四二“长庆二年正月”条，第 7806 页。

③ 《全唐文》卷六一二陈鸿《庐州同食馆记》，第 6181 页。

④ 《全唐文》卷五〇〇权德舆《尚书度支郎中赠尚书左仆射正平节公裴公神道碑铭并序》，第 5089 页。

⑤ 《全唐文》卷七三唐文宗《优恤旱蝗诸州诏》，第 766 页。

⑥ 《全唐文》卷九二唐昭宗《改元天复赦文》载：“途路所先，通商是切；开[关]畿之地，横赋非宜。致物价之益高，自商徒之难济。令盐铁司及两神策军，先有两市杂税，并令停罢。自今已后，畿内军镇，不得擅于要路及市井津渡，妄置率税杂物，及牛马猪羊之类。……诸镇县节度及诸津渡，访闻每年兴贩百姓，广有邀求，致令滞停，切令两军京兆府差人觉察痛断。”

由于经商可获得巨额的利润，尽管抑商的法令依然存在，但商人的地位却在不断上升，致使法律的权威性和效力大打折扣。经商的热情弥漫于全国各地，即使农村也不例外："客行田野间，比屋皆闭门。借问屋中人，尽去作商贾。官家不税商，税农服作苦。居人尽东西，道路侵陇亩。采玉上山岭，采宝入水府。"[①]为了经商方便，有人开始借用军队名义经商，以便获取更大的利润。如："定州何明远大富，主官中三驿，每于驿边起店停商，专以袭胡为业，资财巨万，家有绫机五百张。"[②]在商业利润的驱使下，许多官员也以各种各样的形式参与到商业活动中。他们或与商人合伙，或自行经营，上至王府朝廷中的百官公卿，下到地方上的藩镇州府，都争先恐后地设置行铺邸店，服鬻求利。如金吾大将军、光元节度使王宗，乘时贸易，富拟王者，"仕宦因赀而贵，侯服玉食，童奴万指"[③]。各地藩镇在大肆征收商税、补充地方财赋收入的情况下，还组织人员参与商业活动。他们纷纷"置楼邸于旗亭之冲，岁收其利以助用"[④]，以便获取巨额的商业利润。

各级官吏及地方藩镇依靠特权从事商业经营，严重破坏了商业的正常发展，威胁到国家商业税收的利益，分割了中央的利润。唐政府为了保持中央政府的收入，也不断发布诏令，禁止各级官员以及地方藩镇势力参与商业活动。如天宝九年(750)诏曰："南北卫百官等，如闻昭应县两市及近场处，广造店铺，出赁于人，干利商贾，莫甚于此。自今已后，其所赁店铺，每月估不得过五百文。其清资官准法不可置者，容其出卖。如有违犯，具名录奏。"[⑤]唐代宗大历十四年(779)，中央以诏敕的形式要求官员不得参与商业经营，并罢免了诸道设置于扬州的邸肆。敕文曰："令王公百官及天下长吏，无得与人争利。先于扬州置邸店贸易者，罢之。先是，诸道节度观察使，以广陵当南北大冲，百货所集，多以军储货贩。列置邸肆，名托军用，实私其利

---

① 《全唐诗》卷四九八姚合《庄居野行》，第 3099 页。

② 《太平广记》卷二四三"何明远"条，第 1875 页。

③ 《旧唐书》卷一八二《王处存传》，第 4699 页。

④ 《全唐文》卷七九三刘恭伯《寿州护军大夫梁公(承乂)创制功绩记》，第 8311 页。

⑤ 《全唐文》卷三二唐玄宗《禁赁店干利诏》，第 363 页。

息，至是乃绝。”[①]武宗的敕文中也曾说：“如闻朝列衣冠，或代承华胄，或在清途，私置质库楼店，与人争利。”[②]但在地方势力不断增强的情况下，一纸诏令根本不可能阻止诸道经商营利的活动。朝廷遂不得不承认现实，变更法令，改为所有官吏在乡村及坊市开设邸店，经纪求利，一律按照百姓例差科，不得有特殊优待。这实际上是取消了以前的禁令，默许官吏经商。例如：“诸使诸军诸司人，在乡村及坊市店舍经纪，准前后赦文收与百姓一例差科，不得妄有影占。”[③]“应属诸军诸使诸司人等，在乡村及坊市店铺经纪者，宜与百姓一例差科，不得妄有影占。”[④]

五、地方争夺中央其他方面的收入

唐代中后期，中央与地方不仅在两税、专卖、商税方面展开了激烈争夺，地方势力还将增加收入的触角伸向浮户的赋税、矿冶山泽等领域，甚至其他藩镇上供中央的财赋也被其掠夺而去。

（一）隐瞒户口，获取浮户的税收

在既定的两税三分制制度下，中央和地方分割的都是定额之内的两税收入，事实上还存在着额外的收入，而额内与额外收入的关系体现在户口上就是在籍户和隐户的关系，所以唐朝后期出现的中央和地方对户口的争夺，其背后的真实意义就是双方对额外财政收入的争夺。在两税法实行之初，为保证征收赋税的真实可靠，唐中央政府曾对全国户口重新进行确定，只有全面真实地掌握了全国的户籍，保证在籍户口与实际户口的一致，中央才可以通过掌控户籍来掌握地方的财政来源，进而为中央财政来源提供可靠的保障。户口的多寡是封建政府税收的基础，地方官员为了保障地方财政的充裕，维持地方的收支平衡，往往隐瞒户口。如德宗时裴倩为江南道信州刺史时，“复其庸亡五千室，辟其农耕二万亩，交代之日，不书于簿，且曰：‘吾以恤隐，岂当沽美。’”[⑤]。

① 《唐会要》卷八六《市》，第 1582 页。

② 《全唐文》卷七八唐德宗《加尊号后郊天赦文》，第 820 页。

③ 《全唐文》卷七八唐德宗《加尊号后郊天祀文》，第 818 页。

④ 《全唐文》卷六六唐穆宗《登极德音》，第 700 页。

⑤ 《全唐文》卷五〇〇权德舆《尚书度支郎中赠尚书左仆射平节公裴公神道碑铭并序》，第 5090 页。

韶州刺史徐申“罢去之日，夫家名数，倍差于始至，而不书于籍”[①]。当时的官员对此不以为怪，反而认为是地方长官的政绩。唐穆宗长庆年间(821～824)，韦处厚对当时“今所在户口，都不申明实数”的解释正说明了个中原因：“自兵兴以来，垂二十载，百姓粗能支济，免至流离者，实赖所存浮户相倚两税得充。纵遇水旱虫霜，亦得相全相补。若搜索悉尽，立至流亡。”[②]唐宣宗大中年间(847～860)的《曹州刺史崔翚墓志铭》则说明隐户也是要向官府缴纳赋税的，只不过这部分赋税是制度外的，其所有权属于州县，而州县可以用此来作方圆之用，包括在两税不够时补充两税等。其文曰：

迁奉先令。……交代之日，计课殊尤，县吏请于君曰：“自明府清理，一境阜安，辟田增户，前后罕匹。请于数实，申于上司，考核最绩，合在异等。”君顾而问曰：“如是则府司免加率额否?”吏曰：“虽有所加，盖是定制。”君不欲以私己之利，移患于民，乃抑而不举。闻者叹服。[③]

正因为如此，中央多次下达诏令，催促地方州县长官增加户口。

(二)争夺矿冶山泽之利

唐朝前期的矿冶政策是官营私营并存，中唐以后，随着盐铁使的设立，政府加强了对矿冶山泽的管理，中央、地方就矿冶山泽之利的分配展开了激烈的争夺。唐德宗建中元年(780)二月，户部侍郎、判度支韩洄奏：“天下铜铁之冶，是曰山泽之利，当归于王者，非诸侯方岳所有。今诸道节度都团练使皆占之，非宜也，请总隶盐铁使。”[④]德宗接受了他的建议，规定“天下山泽之利，当归王者，宜总榷盐铁使”[⑤]。唐文宗大和五年(831)六月，王涯建议将中央控制地区的矿冶之利收回：“今兖郓、淄青、曹濮三道并齐州界，已收管

---

① 《全唐文》卷五〇二权德舆《金紫光禄大夫检校礼部尚书使持节都督广州诸军事兼广州刺史御史大夫充岭南节度支度营田观察使处置本管经略等使东海郡开国公赠太子少保徐公墓志铭并序》，第5109页。

② 《全唐文》卷七一五韦处厚《驳张平叔粜盐法议》，第7346页。

③ 周绍良主编：《唐代墓志汇编》(下)，大中090《□□□□□使持节曹州诸军事守曹州刺史赐紫金鱼袋清河崔府君墓志铭并序》，第2319页。

④ 《旧唐书》卷一二九《韩洄传》，第3606页。

⑤ 《旧唐书》卷四九《食货志下》，第2118页。

开冶，及访闻本道私自占采坑冶等。"[①]由于地方政权的反对，直到唐宣宗大中五年(851)，中央政府控制了淄青等道后，才收回了坑冶的开采征税权。矿冶之利的经营权及收益一直在中央与地方之间摇摆不定，唐文宗开成元年(836)，"复以山泽之利归州县，刺史选吏主之。其后诸州牟利以自殖，举天下不过七万余缗，不能当一县之茶税。及宣宗增河湟戍兵衣绢五十二万余匹，盐铁转运使裴休请复归盐铁使以供国用，增银冶二、铁山七十一，废铜冶二十七、铅山一。天下岁税率银二万五千两、铜六十五万五千斤、铅十一万四千斤、锡万七千斤、铁五十三万二千斤"[②]，这正说明中央、地方在矿冶方面争夺的激烈程度。

(三)以武力掠夺中央以及他人财产

各藩镇节帅借出兵平叛之际，大掠经过地区及占领区域的财赋。如唐代宗大历二年(767)，李忠臣以讨伐周智光为名，"进兵入华州大掠，自赤水至潼关二百里间，畜产财物殆尽，官吏至有著纸衣或数日不食者"[③]。大历十年(775)，陕州军乱，军士大掠仓库财物，恰好李忠臣入朝，经过陕州，唐代宗便"命忠臣按之；将士畏忠臣兵威，不敢动。忠臣设棘围，令军士匿名投库物，一日，获万缗"[④]。唐德宗建中二年(781)，魏博、成德、淄青以及山南东道等藩镇联兵叛乱，中央任命淮西节度使李希烈率兵讨伐山南东道梁崇义。李希烈"既破崇义"，"拥兵襄州，遂有其地"，当朝廷派出新的山南东道节度使李承到任后，李希烈"遂剽虏阖境所有而去，襄、汉为之空"[⑤]。史籍中关于藩镇掠夺他人财产的例子还有："德州刺史王稷，承复锷余赀，家富厚；横海节度使李景略利其财，丙申，密教军士杀稷，屠其家，纳其女为妾，以军乱闻。"[⑥]彰义节度使吴

① 《全唐文》卷四八八王涯《请开采铜铁奏》，第4579页。《旧唐书》卷一六九《王涯传》载，长庆四年九月盐铁转运使王涯"奏李师道前据河南十二州，其兖、郓、淄、青、濮州界，旧有铜铁冶，每年额利百余万，自收复，未定税额，请复系盐铁司，依建中元年九月敕例制置，从之"。

② 《新唐书》卷五四《食货志》，第1383页。

③ 《旧唐书》卷一一四《周智光传》，第3370页。

④ 《资治通鉴》卷二二五"建中二年三月甲午"条，第7230页。

⑤ 《旧唐书》卷一一五《李承传》，第3379页。

⑥ 《资治通鉴》卷二四二"长庆元年九月"条，第7821～7822页。

少阳,“阴聚亡命,牧养马骡,时抄掠寿州茶山以实其军”[①]。路嗣恭为岭南节度观察使,借岭南牙将哥舒晃变乱之际,对岭南的商人大肆掠夺,“商舶之徒,多因晃事诛之,嗣恭前后没其家财宝数百万贯,尽入私室,不以贡献”[②]。

有些藩镇不仅掠夺地方的财物,即使其他方镇的上供钱物在经过他们的统治区域时也遭到截留。如唐代宗永泰二年(766),周智光在华州“劫诸节度使进奉货物及转运米二万石,据州反。……淮南节度使、检校右仆射崔圆入觐,方物百万,智光强留其半”[③]。武宁军节度使王智兴也曾“掠盐铁院缗币及汴路进奉物,商旅赀货,率十取七八”[④]。唐德宗建中四年(783),扬子院有盐铁使的钱帛八百万,淮南节度使陈少游“欲强取之,(盐铁使包)佶不可,少游欲杀之;佶惧,匿妻子于案牍中,急济江。少游悉收其盐帛;佶有守财兵三千,少游亦夺之。佶才与数十人俱至上元,复为韩滉所夺”[⑤]。唐穆宗长庆二年(822)正月,“度支馈沧州粮车六百乘,至下博,尽为成德军所略。时诸军匮乏,供军院所运衣粮,往往不得至院,在途为诸军邀夺”[⑥]。可见,不仅属于中央的财赋被地方藩镇夺取,甚至属于中央的军队也在被抢夺之列。

(四)搜刮财赋的其他方式

地方节度使为了保证辖区内正常的财政开支及在突发事变时有足够的财赋稳定局势,还采取了一些临时措施搜刮财赋。正如唐德宗时李泌所言:“自变两税法以来,藩镇、州、县多违法聚敛。继以朱泚之乱,争榷率、征罚以为军资,点募自防;泚既平,自惧违法,匿不敢言。”[⑦]如武宁节度使王智兴就

① 《资治通鉴》卷二三九“元和九年闰六月”条,第7705页。《旧唐书》卷一四五《吴少阳传》载:“汝南多旷野大泽,得豢马畜,时夺掠寿州茶山之利,内数匿亡命,以富实其军。又屡以牧马来献,诏因善之。”

② 《旧唐书》卷一二二《路嗣恭传》,第3500页。

③ 《旧唐书》卷一一四《周智光传》,第3369页。

④ 《旧唐书》卷一五六《王智兴传》,第4139页。

⑤ 《资治通鉴》卷二二九“建中四年十一月”条,第7378～7379页。《唐代墓志汇编》(下),大和011《国子祭酒致仕包府君(陈)墓志铭并序》也有同样记载:“初少保公(包佶)之为汴东西两税使,治于扬子县,地主淮南,连帅怙乱保,奸计□,怀叛志,苍[仓]促迫胁,以攘公积。少保府君知力不可遏,遂乘流而下。”

⑥ 《资治通鉴》卷二四二“长庆二年正月”条,第7806页。

⑦ 《资治通鉴》卷二三二“贞元三年七月”条,第7492页。

曾卖度牒，大开财源：

王智兴于所属泗州置僧尼戒坛……户有三丁，必令一丁落发，意欲规避王徭，影庇资产。自正月以来，落发者无虑数万。臣今于蒜山渡点其过者，一日一百余人，勘问惟十四人是旧人沙弥，余是苏常百姓。亦无本州文凭，寻已勒还本贯。访闻泗州置坛次第，凡髡夫到者，人纳二缗，给牒即回，别无法事。若不特行禁止，比至诞节，计江淮以南，失却六十万丁壮，此事非细，系于朝廷法度。[①]

陈敬瑄在西川，"括富民财以供军，置征督院，逼以桎梏箠楚，使各自占；凡有财如藏匿者、虚占、急征，咸不聊生"[②]。刘稹在押牙王协的建议下，"每州遣军将一人主之，名为税商，实籍编户家赀，至于什器无所遗，皆估为绢匹，十分取其二，率高其估。民竭浮财及糗粮输之，不能充，皆汹汹不安"[③]。其将辖区内民户的财产几乎掠夺一空。李抱贞"军资匮缺，计无所为。有老僧，大为郡人信服"，李抱贞便借用老僧的威望，请老僧作了七日道场，结果"士女填骈，舍财亿计……数日，籍所得资财，辇入军资库"[④]。在筹措经费方面，藩镇用尽了手段。

唐朝中后期，地方藩镇为了维持当地财政支出的正常运转，在从基本的两税收入到专卖、商税以及其他涉及财赋收入的各个方面都与中央展开了激烈的争夺。在唐朝中后期的财赋争夺中，藩镇随着势力的增强，逐渐控制了各自辖区内的收入；中央在地方的收入逐渐减少，最后完全依靠强藩的接济。

第三节　唐王朝恢复中央集权的努力

唐代宗宝应元年(762)，河北的安史余部向唐中央政府投降，但他们依然保持着半独立的状态，唐朝藩镇割据的局面正式形成。为维护唐王朝的统一，代宗、德宗、顺宗都曾进行过削除藩镇、统一天下的努力，但并没有取

① 《全唐文》卷七〇六李德裕《王智兴度僧尼状》，第7242～7243页。

② 《资治通鉴》卷二五八"大顺元年八月"条，第8403页。

③ 《资治通鉴》卷二四八"会昌四年闰七月"条，第8005页。

④ 《太平广记》卷四九五"李抱贞"条，第4065～4066页。

得理想的效果。唐宪宗于元和末年(806～820)曾先后平服西川、夏绥、镇海、淮西、成德、平卢、卢龙等大河南北数十个藩镇,安史之乱以来中衰的大唐国势重新为之一振,出现了短暂的"元和中兴"。此后,中央政府的权力随着自身实力的下降不断被地方势力侵夺,尽管如此,其加强对地方的军事、行政控制的努力却一直没有停止。

一、从中央、地方两方面加强对军队的控制

首先,加强中央禁军的实力。唐朝前期中央禁军主要由南北衙军队组成。北衙军队主要由左右羽林、左右龙武、左右神武、左右神策、左右神威军组成;南衙禁卫军主要是十二卫以及左右千牛卫和左右监门卫。[①] 安史之乱后,中央禁军的管理体制发生了变化,其中以原为边防军的神策军最为强大。[②] 贞元二年(786),德宗吸取泾师之变时中央没有强大武装力量的教训,着手建立一支直属朝廷的武装力量——神策军。为加强中央禁军的实力,唐政府从三个方面充实神策军的力量:(1)大量收编方镇军,扩充神策军。(2)召募新兵,增扩神策军兵员。(3)调整中央禁军系统,形成了以神策为主干的北衙禁军部队。[③] 到唐德宗晚年,中央直接控制的神策军已达 15 万人。[④] 神策军实力的增强对唐王朝在安史之乱后长期较为稳定的政治局面,有着非常重大的军事意义。正如王夫之评价的那样:"唐置神策军于京西京北,虽以备御吐蕃,然倚此军削平叛寇,则资以建国威、捍非常,实天子之爪

---

① 参见张国刚《唐代禁卫军考略》,载《南开学报》1999 年第 6 期。

② 傅乐成在《唐代宦官与藩镇之关系》(载台湾《大陆杂志》1963 年第 27 卷第 6 期)中指出:"神策军始置于玄宗天宝,时哥舒翰攻破吐蕃磨环川,唐以其地置神策军,以成汝璆理为军使,其始乃边防军也。安史之乱,如璆遣其将卫伯玉领千人入援,屯军于陕。旋以神策故地沦没,唐遂以陕兵号神策军,以伯玉为节度使,而由鱼朝恩监其军。其后伯玉罢职,神策军权辗转入于朝恩。广德元年(763),代宗奔陕以避吐蕃,朝恩率军迎扈。及京师平,唐室乃以神策改隶禁军。其后声势渐盛,分为左右厢,渐居诸禁军之上。"

③ 参见黄修明《唐代神策中尉考论》,载《天津师范大学学报》2002 年第 6 期。

④ 《新唐书》卷五〇《兵志》:"诸将务为诡辞,请遥隶神策军,禀赐遂赢旧三倍,由是塞上往往称神策行营,皆内统于中人,其军乃至十五万。"

牙也”[①]，“唐自肃、代以来，倚神策一军以强其干”[②]。唐德宗对武将的不信任，导致宦官掌握了神策军的绝对领导权，宦官以神策军为依靠，掌握了唐王朝中后期的中央大权，他们大量派遣神策军将吏到中央能够控制的地区担任方镇节帅。[③] 这样，神策军也就由初设时以对付边患和藩镇动乱为主，自然地由中央延伸到地方，成为中央加强对地方控制的力量。

神策军是天子亲军，待遇比较优厚，参加者虽多，但“多是市井屠沽，庇身军籍，未经战阵，难以成功”[④]。禁军将领出身的节度使多是依靠金钱关系获得职位的，其统治地方的能力自然不会太高，因而无论在中央还是在地方，禁军的战斗力都十分薄弱。唐代中后期，在中央能够控制的地区，一方面，绝大多数节度使都出自禁军(其中有不少为宦官之亲属或假子)，他们遍及要害之区，与宦官遥相呼应；另一方面，非禁军系统之藩帅，则多为书生朝士，亦比较容易控制。因此，中央禁军虽然战斗力不强，在不发生大的变故时，由于地方势力的相互维持，唐王朝政府依然能够维持着正常运转的局面。以下几条史料就是禁军将领与士兵的实际情况的反映。《旧唐书》卷一八四《窦文场·霍仙鸣传》记载：

> 时窦、霍之权，振于天下。藩镇节将，多出禁军，台省清要，时出其门。

《资治通鉴》卷二四三记载：

> 自大历以来，节度使多出禁军，其禁军大将资高者，皆以倍称之息货钱于富室，以赂中尉，动逾亿万，然后得之，未尝由执政；至镇，则重敛以偿所负。

《资治通鉴》卷二五四记载：

> 乙亥，张承范等将神策弩手发京师。神策军士皆长安富家子，赂宦官窜名军籍，厚得禀赐。但华衣怒马，凭势使气，未尝更战阵；闻当出

---

① 王夫之：《读通鉴论》卷二五《宪宗》，中华书局1975年点校本，第767页。

② 王夫之：《读通鉴论》卷二四《德宗》，第736页。

③ 《资治通鉴》卷二四四“大和元年四月”条载：“自大历以来，节度使多出禁军。”《资治通鉴》卷二三五“贞元十二年六月”条载：“藩镇将帅多出神策军。”

④ 《全唐文》卷四八八权德舆《恒州招讨事宜状》，第4982页。

征，父子聚泣；多以金帛雇病坊贫人代行，往往不能操兵。

唐朝中央政府在加强禁军力量的同时，对藩镇军队采取各种措施加以遏制、削弱，销兵政策是减少藩镇军队最为通行的手段。在安史之乱即将平定的广德二年(764)五月，郭子仪就建议对掌握地方实权的节度使进行裁减："今大盗已平，而所在聚兵，耗蠹百姓，表请罢之。"[①]唐朝中央政府就从解散团练兵马入手，开始整顿地方军政。唐代宗时期曾先后下诏处理此事：

地非要害，不可犹开幕府；事无防遏，不可更置辕门。[②]

应诸州团练将士等，委本道节度，及诸防御使等审与州府商议，如地非要害，无所防虞，其团练人等，并放营农休息。[③]

大历三年(768)，常衮在为代宗拟定的《禁诸道将校逃亡制》中说：诸节度及团练使"额内官健有逃死者，不须更填"[④]。大历十年(775)，朝廷又令："诸道兵有逃亡者，非承制敕，无得辄召募。"[⑤]大历十二年(777)，"又定诸州兵，皆有常数，其召募给家粮、春冬衣者，谓之'官健'；差点土人，春夏归农、秋冬追集、给身粮酱菜者，谓之'团结'"[⑥]，进一步确定了团结兵为诸州军队的组成部分，数额由中央决定。此后，中央政府积极执行控制地方军队数量、削弱藩镇军队的政策。尤其是平定骄藩后，政府更是给予藩镇军队各种优惠条件，希望士兵退役。在平定李希烈后，政府将其军队解散，"被希烈差点兵马及团练子弟，并须放散"，同时发布的诏令中还规定："其本额将士之中，有不乐在军，愿归农业者，委节度刺史量给逃死户田宅，并借贷种粮，优给复终身，使之存济。"[⑦]《唐大诏令集》卷一〇七《禁诸道将士逃入诸军诏》、《禁诸道将校逃亡诏》都曾声明，"其额内官健有逃死者，不需更填"，就是利

① 《资治通鉴》卷二二三"广德二年五月庚申"条，第7165页。

② 《全唐文》卷四八唐代宗《罢河中节度并耀德军敕》，第529页。

③ 《全唐文》卷四九唐代宗《南郊赦文》，第542页。

④ 《全唐文》卷四一〇，第4205页。

⑤ 《资治通鉴》卷二二五"大历十年正月丙辰"条，第7229页。

⑥ 《资治通鉴》卷二二五"大历十二年五月辛亥"条，第7245页。

⑦ 《全唐文》卷四六三陆贽《诛李希烈后原宥淮西将士并授陈仙奇节度诏》，第4725页。另，《旧唐书》卷一二七《洪经纶传》、《萧俛传》也说明中央对河北强藩也在利用一切机会削弱其军事力量。

用藩镇内部军人的自然减少，控制藩镇军队的增加。即使是地方政府为应付突发事件而召募的军队，一般在事件平息后，中央也要求地方将召募的军队加以遣散。①

普遍推行监军制度，是唐朝中后期中央控制地方军队的另一项重要措施。② 监军制度是中央政权监督将帅、控制地方军队的一种手段，在我国历史上源远流长。就唐朝而言，监军制度以唐玄宗开元年间(713～741)为界，前期以御史监军为主，后期以中官监军为主。③ 安史之乱后，宦官监军制度得到很大发展，到唐德宗时期已经出现"戍卒不隶于守臣，守臣不总于元帅。至有一城之将，一旅之兵，各降中使监临，皆承别诏委任"的现象。④ 即使在骄横跋扈的藩镇内部，中央也设立监军。唐朝后期的监军制度"是特殊条件下，施行中央统治的象征"⑤，是在"中央与方镇的矛盾斗争中发展起来的。是新形势下中央控制地方军政的一种尝试，一项措施"⑥。

监军使"俯达人情，仰喻天意"⑦，在中央与地方政府之间起着沟通、联结的作用，也是中央控制藩镇的工具。张国刚认为："监军使的基本职责是'监视刑赏，奏察违谬'。消弭兵乱，稳定军情也是其一项重要的任务。由于藩帅集军民财权于一身，作为其对立物而出现的监军使的触角也伸到了方镇的各个领域。"⑧其具体职能为："连帅有奇勋殊绩，忠国利人之大节，皆得以上闻。"⑨将节度使的功劳上报，对节度使的不法行为进行监督。唐德宗贞元(785～805)中，段子璋反于东川，剑南节度使崔光远"进讨平之。然不能禁

① 《旧唐书》卷一六四《李绛传》载："出为兴元尹、山南西道节度使。(大和)三年(829)冬，南蛮寇西蜀，诏征赴援，绛于本道募兵千人赴蜀，及中路，蛮军已退，所募皆还。兴元兵额素定，募卒悉令罢归。"

② 监军制度主要参考了张国刚的研究，详细内容见其《唐代藩镇研究》，第138～164页。

③ 参见张国刚《唐代藩镇研究》，第139页。

④ 《资治通鉴》卷二三四"贞元八年七月"条，第7534页。

⑤ 张国刚：《唐代藩镇研究》，第159页。

⑥ 张国刚：《唐代藩镇研究》，第163页。

⑦ 《全唐文》卷五五六韩愈《送汴州监军俱文珍序》，第5627页。

⑧ 张国刚：《唐代藩镇研究》，第154页。

⑨ 《全唐文》卷八二一吴蜕《镇东军监军使院记》，第8652页。

士卒剽掠士女，至断腕取金者，夷杀数千人。帝诏监军按其罪”[①]。监军使具有种种职能，他们把中央的各种方针、政策忠实地贯彻到中央政府控制的方镇中。由于割据藩镇企图游离于中央政权之外而又不彻底否定中央统治的意图，为保持其与中央的联系，监军使的存在成为重要的纽带。在唐朝中后期藩镇割据、中央与地方矛盾尖锐的情况下，监军使的存在加强了唐王朝对控制区域的统治，正如张国刚所言，“唐廷之所以能够长期成功地控制着绝大多数藩镇，尤其是南方藩镇，监军网的设置是不可忽视的一个原因”[②]。

二、加强对地方官员的监督考核

唐王朝于建立之初，在对地方官员的考核中，既有常规考核，又设置黜陟使、巡察使、采访使等中央特派大使，对地方的州政治理、刺史的治状优劣等加以考察，同时还经常不定期地派遣郎官、御史等中央官员分赴地方，考察州县治理状况，建立了完备的官吏考课制度。安史之乱后，尽管中央对地方的管理权逐渐丧失，但中央始终没有放弃对地方各级行政长官的监督与管理，即使对掌握地方军政大权的诸道节度、观察使也是如此。唐文宗大和三年(829)的赦文就表达了中央的意图：“诸道方镇，自兵兴以来，或缘进奉助军，或缘本道征发，务求济办，多是权宜。今寇贼既平，中外无事，宜申典法，以救伤残。天下除两税外，不得辄有科配，其擅加杂榷率，一切宜停。仍令御史台及出使郎官御史，并所在巡院，严加访察。”[③]开成元年(836)八月，中书门下向唐文宗建议：“从今已后，望令诸观察使，每岁终，具部内刺史县令，司牧方策、政事工拙上奏。……仍令两都御史台，并出使郎官御史，及巡院法宪官，常加采访，具以事状申中书门下，都比较诸道观察使承制勤怠之状，每岁孟春，分析闻奏，因议奖惩。”得到唐文宗的认可。[④]

中央政府在加强对藩镇的监督、管理的同时，还设法将战时设立的诸州团练守捉使等军事性质的职位撤销。大历八年(773)九月，“晋州男子郇谟

---

① 《新唐书》卷一四一《崔光远传》，第4655页。

② 张国刚：《唐代藩镇研究》，第164页。

③ 《全唐文》卷七五唐文宗《南郊赦文》，第792页。

④ 《唐会要》卷六八《刺史上》，第1207页。

以麻辫发，持竹筐及苇席，哭于东市，请进三十字，如不称旨，请裹尸于席筐。上召见，赐衣，馆之禁中。内二字曰‘监团’，欲去诸道监军、团练使也”，深得代宗欣赏。[①] 大历十二年(777)五月，中书门下奏：“诸州团练守捉使，请一切并停。其刺史自有持节诸军旅，司马即同副使之任。其判司既带参军事，望令司兵判司马按，司仓判军粮按，司事判甲仗案具。”[②]同年七月，朝廷罢废了润州丹阳军和苏州长洲军。尽管此后曾出现过反复，但“元载秉政，思结人心，刺史皆得兼团练守捉使。杨绾为相，罢团练守捉使，唯澧、朗、峡、兴、凤如故”[③]，因而中央政府降低地方政权级别的行为并没有停止。

官员是中央政府的政令在地方贯彻执行的执行者，中央政令能否在全国得以贯彻执行，州县基层官吏是重要的一个环节。安史之乱初期，尽管中央把部分官员的任命权下放到地方，但局势一旦好转，中央就积极设法收回下放的权力。唐肃宗宝应元年(762)七月制：“刺史县令自今以后改转，刺史三年为限，县令四年为限，员外及摄试官，一切不得厘务。”[④]安史之乱还未彻底平定时，政府就已经开始整顿州县官吏。此后中央政府不断下达收回地方州县官员任命权的敕令，唐宪宗在即位赦文中强调：“天下官吏，应行鞭捶，本罪不致死者，假以责情，致令殒毙。……宜切加察访。”[⑤]说明县级官吏应由中央任命，地方政府无权处置。唐宪宗元和三年(808)四月敕：“所举县令，皆直言其事，不得妄有文饰……其观察使刺史所举人，不得授与本州府县令，到任后，有罪犯，其所举主，准前敕贬罚。”[⑥]节度使虽然可以举荐县级官吏，但不得在本人管辖的地区内任职，这表明中央仍然掌握着对县级官员的任命权。元和十一年(816)九月，唐宪宗在批准中书省的奏呈中强调，考课县令，务必从实，如果朝廷发现检勘无据，铨不称职，有犯罪行为，则要“量轻重，坐其举主，轻则削夺，重则贬责”[⑦]。通过直接委派监察官员与委托地

① 《旧唐书》卷一一《代宗纪》，第 302 页。
② 《唐会要》卷七八《诸使中·诸使杂录上》，第 1439 页。
③ 《新唐书》卷四九下《百官志四》，第 1316 页。
④ 《全唐文》卷四九唐代宗《册尊号赦文》，第 541 页。
⑤ 《全唐文》卷五五唐肃宗《即位赦文》，第 603 页。
⑥ 《唐会要》卷六九《县令》，第 1219 页。
⑦ 《唐会要》卷六九《县令》，第 1220 页。

方长官两个方面加强对地方州县官员的管理，也是中央掌握地方官员的表现之一。

安史之乱后，地方官员（主要是州县级别的官员）的任命权被藩镇占有，即所谓："刺史停务则降鱼书。先是，此制自广德已后，多不施行。又节将怙权，刺史悉由其令，鱼书皆废。"[①]同时，由于肃宗、代宗以后，中央在官员的任命方面又轻视地方官员的人选，这进一步促使地方州县级官员的素质下降，不利于政令在地方的贯彻、执行，因此，中央要恢复对地方的控制，就必须加强对州县官的管理。唐德宗时期已经注意到问题的严重性，逐步对原来轻视地方官员人选的做法加以改正，其统治后期，"性猜忌，不委任臣下，官无大小，必自选而用之，宰相进拟，少所称可"[②]。尤其在陆贽罢相后，德宗"尤不任宰相，自御史、刺史、县令以上皆自选用，中书行文书而已"[③]，已经十分重视对地方官员的选拔与任用，企图将地方官吏的任免权力收归到以皇帝为首的中央。但由于当时中央、地方实力的差异以及其他一些原因，这种良好的愿望根本不可能实现，但即使如此，中央仍直接掌握着部分州县。

唐宪宗时期，尤其是短暂的"元和中兴"期间，随着中央权威的回升，中央加强了对地方官员的管理，从藩镇手中收回了对州县官员的任命权。李吉甫提出"州刺史不得擅见本道使，罢诸道岁终巡句（勾）以绝苛敛，命有司举材堪县令者"，"使属郡刺史得自为政，则风化可成"，此建议得到唐宪宗的认可，"出郎吏十余人为刺史"，一批中央官员担任州级政府的长官。[④] 唐中央政府在刺史的选拔、考核以及刺史与本道节度、观察使的关系方面都作出规定，限制藩镇插手州县事务。为限制节度、观察使的权力，宪宗时明确规定，州县长官主要对中央负责，州刺史不得擅自见本道节度、观察使；同时还废除了年终节度、观察使巡视检查外县的制度，削弱节度、观察使对州县的控制。规定："自今已后，刺史不得辄离本界。如是缘司使，任以文牒计会，

① 《唐会要》卷六九《都督刺史以下杂录》，第 1214 页。

② 《资治通鉴》卷二三四"贞元十年四月"条，第 7555 页。

③ 《资治通鉴》卷二三五"贞元十二年十一月乙未"条，第 7575 页。

④ 《新唐书》卷一四六《李吉甫传》，第 4739～4740 页。

应缘州事巨细，听闻奏。如刺史阙上佐，当日闻奏。并牒报中书门下省。”[①]中央对安史之乱以来的地方州县长官多由诸道节度、观察使委派本道判官、幕职官兼任的现状明确加以反对，直接从有关部门推荐人员担任州县长官，吏部对这些官员要“精加考核，必使详实”[②]。即使边远地区也不例外，这可以从岭南观察使杨于陵的奏议中获得证实。唐朝自建立以来就形成了以犯罪和杂流、品外官员出任边远州郡州县长官的习惯做法。德宗贞元（785～805）中期，岭南观察使李复上奏，认为南方地区与内地不同，担任州府佐官的多是杂流，即使如此，还有大半州缺少刺史，因此请求朝廷批准在当地幕僚中选拔有才干的官吏，令知州事，获得德宗的批准。唐宪宗元和初年，为了限制观察、节度使的权力，中央规定禁止观察、节度使自派幕职人员担任州县长官，由于这一规定并没有将内地与边远地区的差异考虑在内，因此影响了边远地区官吏的来源。为了维持边远地区的政府机构的正常运转，唐宪宗元和四年（809），岭南观察使杨于陵上疏辩解，认为岭南等边远地区，“州县凋残，刺史阙员，动经数岁。至于上佐，悉是贬人。若遣知州，必致挠败”，朝廷禁止诸道差幕职官等监领州县事务的规定不适合边远州郡的实际情况，希望朝廷能够从实际情况出发，允许岭南道“量才差择，以便荒隅”。[③]从杨于陵的奏议中可以知道，宪宗时施行的诸道节度、观察使不得以本道判官幕职兼任州县长官的措施得到了贯彻执行，以致杨于陵必须奏请朝廷之后，才能从幕职中选拔人才担任州县长官。

从现有的资料来看，唐德宗贞元年间就有大量的有关州县直达中央的例证：贞元七年（791）八月，“商州刺史李西华，请广商山道。又别开偏道，以避水潦。从商州西至蓝田，东抵内乡，七百余里皆山阻，行人苦之。西华役功十余万，修桥道，起官舍”[④]，这是商州刺史开辟道路的奏请；贞元八年（792）十二月，“汝州奏，七县更量复尉一员。依奏”[⑤]，这是刺史对本州官员

① 《唐会要》卷六九《都督刺史已下杂录》，第1214页。

② 《唐会要》卷六九《县令》，第1219页。

③ 《唐会要》卷六八《刺史上》，第1202～1203页。

④ 《唐会要》卷八六《道路》，第1574页。

⑤ 《唐会要》卷六九《府州及县加减官》，第1226页。

废置的奏陈；贞元十二年(796)五月，“信州刺史姚骥，举奏员外司马卢南史赃犯”[1]，这是刺史对本州官员赃罪的举奏；贞元十二年(796)十月，“虢州刺史崔衍奏：所部多是山田，且当邮传冲要。属岁不稔，颇有流离，旧额赋租，特乞蠲减。臣伏见比来诸州，论百姓间事，患在长吏因循，不为申请，不患陛下不优恤；患在申请不指实，不患朝廷不矜放。有以不言受谴者，未有以言得罪者”[2]，这是州刺史上奏中央希望减免赋税的申请。元和十二年(817)四月，中央再次规定：“刺史如有利病可言，皆不限时节，任自上表闻奏，不须申报节度观察使。”[3]这些事例都说明，一些地方的刺史在本州的道路修建、州县官员的增减、官员违法及本州赋税的减免等事务上，可以不经过节度使而直接上达中央。

唐宪宗元和十四年(819)，中央收复平卢以后，横海节度使乌重胤于三月份上疏，更加明确地提出希望朝廷提高州县官吏包括军事权力在内的各种权力。他指出：

> 臣以河朔能拒朝命者，其大略可见。盖刺史失其职，反使镇将领兵事。若刺史各得职分，又有镇兵，则节将(即节度使)虽有禄山、思明之奸，岂能据一州为叛哉？所以河朔六十年能拒朝命者，只以夺刺史、县令之职，自作威福故也。[4]

乌重胤还在上疏的同时将自己横海节度使管辖下的德、棣、景三州的职权归于刺史，州兵也划归刺史接管，为其他藩镇作出了表率。中央政府乘机规定“诸道节度、都团练、都防御、经略等使所统支郡兵马，并令刺史领之”[5]，并且推广执行。[6] 元和二年(807)，鄂岳观察使吕元膺因其妹婿担任京兆观察支使，受到监察部门弹劾，原因是“密亲佐幕，有亏典法”[7]；元和十四年(819)山

---

① 《唐会要》卷五九《尚书省诸司·刑部员外郎》，第1034页。

② 《唐会要》卷八三《租税上》，第1537页。

③ 《唐会要》卷六八《刺史上》，第1203页。

④ 《旧唐书》卷一六一《乌重胤传》，第4223页。

⑤ 《资治通鉴》卷二四一“元和十四年四月丙寅”条，第7768页。

⑥ 《唐会要》卷七八《诸使杂录上》载：“自艰难以来，天下有军，诸将之权犹重。至是，遂分属于所管州郡焉。”

⑦ 《唐会要》卷七八《诸使杂录上》，第1441页。

南东道观察使孟简，举荐均州郧县镇遏兵马使赵洁充本县令，被指责“有紊条章”，受到罚“一月俸料”的处分[①]。大和三年(829)十一月二十八日的《南郊赦文》说：

诸道先发辖属支郡将士，如闻衣粮解补，犹系使司。详其事理，颇非简便。宜委本使差官检元辖名额及赐粮等第文案，与刺史勘会。除续准诏敕抽停外，据所合给钱米，并以当州合送使钱米，依实虚糙熟，分数折计，割入留州钱米数。勘会讫，州使各具分数闻奏，应缘解补支给，并委本州，其使司更不缘得收管。[②]

敕文进而对刺史的职责进行了论述：“刺史分忧，得以专达。事有违法，观察使然后奏闻。如闻州司常务，巨细所裁，官吏移摄，将士解补，占留支用刑狱等，动须禀奉，不得自专。虽有政能，无所施设，选置长吏，将何责成？”[③]要求刺史在日常行政、任命官吏、财政、刑狱等各方面全面独立于藩镇。元和十四年(819)中央下诏规定：

诸道节度使、团练、都防御、经略等使，所管支郡，除本州军外，别置镇遏守捉兵马者，并合属刺史等。如刺史带本州团练、防御、镇遏等使，其兵马额便隶此使，如无别使，即属军事。

在此条目下，著者的注释为：“自艰难以来，天下有军，诸将之权尤重，至是，遂分属于所管州郡焉。”[④]中央的这些政策改变了藩镇军队的统治结构，这是因为“藩镇跋扈的原因首先是，在藩镇管辖区内如网眼般密布的各镇兵统帅——镇将，是增强藩镇势力的最大的支柱。……元和改革，巡属诸州内的镇将该属于本州刺史，藩镇作为一道长官可以领导巡属诸州的刺史，除去这一点，藩镇直属的兵力只限于一州之内，和刺史处于对等的地位”[⑤]，从而使藩镇在地方州县的统治上失去了武力基础。中央政府正是通过扩大刺史的

---

① 《唐会要》卷七八《诸使杂录上》，第1442页。

② 《全唐文》卷七五唐文宗《南郊赦文》，第793页。

③ 《全唐文》卷七一唐文宗《谕刺史诏》，第752页。

④ 《唐会要》卷七八《诸使杂录上》，第1441～1442页。

⑤ [日]日野开三郎：《五代镇将考》，见刘俊文主编，夏日新、韩昇、黄正建等译《日本学者研究中国史论著选译》第5卷，第73页。

权力，提高刺史的威望，达到牵制藩镇进而控制藩镇的目的的，并以此实现以州制镇的终极目标。从此以后，在中央政府能够控制的地区内，刺史的领兵权力基本上保持到唐朝灭亡，这对削弱藩镇对州县的控制，集州县权力于中央是有一定的帮助的。

唐代使职的形成、发展及成熟过程也是唐朝中后期中央加强对地方控制的表现之一。陈仲安先生认为："唐代的使职差遣官制的发展，可以分为三个阶段：从唐初到高宗初年为第一个阶段，是萌芽时期；高宗晚年及武后至玄宗时为第二个阶段，是形成期；肃宗以后为第三个阶段，是定型化的时期。"[①]安史之乱后，随着唐朝政治、经济、军事形势的深刻变化，使职设置越来越多，按其职能可划分为五大系统：以度支使、盐铁使、转运使、户部使为核心的财经系统；以节度使、团练使、招讨使、防御使为核心的军事系统；以巡察使、采访使、观察使、黜陟使为核心的行政监察系统；以进食使、置顿使、宫市使、阁门使、五坊使等为核心的宫廷服务系统；以上四个系统之外的其他礼法杂类系统。[②] 唐朝使职基本形成了较为完整的体系，维系着整个国家机器的正常运转，并推动了部分使职的常设化、固定化和系统化。尤其是巡院的发展演变过程，更体现了使职在唐朝中后期中央加强对地方的控制中的作用。

巡院是唐朝中期以后中央为加强对地方财政的管理，在经济上对藩镇进行釜底抽薪而分设在各地盐铁、度支使辖下的直属机构。但随着形势的发展变化，其盐政之外的职能在唐朝后期处于不断追加之中，逐渐获得了掌诸路赋入漕转、参与所在地区赋入的管理与监督、按察地方、提按地方刑狱等方面的权力。[③] 实际上它具有中央政府派出机构的身份，遇事可直接"状报中书门下"，尤其在唐王朝控制的江南地区，它更是发挥着重要的作用。

中央政府与地方政府在州县官员的任用权方面的争夺，一直贯穿于唐代中后期的历史。其中比较明显的加强对地方官员管理的改革有三次，分

---

① 陈仲安：《唐代的使职差遣制度》，载《武汉大学学报》1963 年第 1 期。

② 参见宁志新《唐朝使职若干问题研究》，载《历史研究》1999 年第 2 期。

③ 参见齐涛《巡院与唐宋地方政体的转化》，载《文史哲》1991 年第 5 期。

别是贞元三年张延赏主持的改革，元和六年李吉甫提出的建议及会昌年间李德裕主持的改革①。这三次改革的出发点都是着眼于减少地方政府官员的人数，其主要目的并不是像有些学者指出的那样是节省中央财政②，而是希望通过加强对地方官员的管理来实现中央对地方的控制。

唐朝后期地方州县事务的实际运作基本上由藩镇辟署的幕职僚佐、各种军事院僚佐和吏化军职来实行。而这些官员是由地方长官招募与任命的，他们的前途与荣誉来自于幕主而不是中央政府，在这种情况下，他们与地方长官虽然是上下级关系，但更为重要的却是一种私人关系，由此必然会出现以私人利益为重，而较少考虑国家利益与中央集权的问题。在这种情形下，地方官员的增加势必形成地方利益集团，他们的管理能力越强，人员越多，对中央集权的危害就越大，地方与中央的离心力也就越强，而这种状况的出现是与中央所期望的中央集权的终极目标背道而驰的。由此可见，唐中央王朝控制地方官员人数的目的并不仅仅是为了节省经费，而是有更深刻的政治意图。但是，随着唐王朝中央权威的逐步丧失，在地方行政管理权的争夺中，中央发挥的作用越来越小，藩镇在州县的官员任命上所起的作用越来越大，尤其是藩镇内部武官的任命出现了由"藩帅赏以职名"、"中央授予宪官或朝官"的双轨制，即"（辖区内的官员）职名由节度使自己赏赐，而朝官和宪官则由藩镇向朝廷奏请。藩帅可以在权限范围内授予立功将士职级、划定将士功劳等级并决定向朝廷奏请官职的立功将士名单"③。黄巢之乱及其以后，墨敕授官出现④，实际上是授予各地藩镇自行任命官吏的权力。

---

① 《唐会要》卷六九《州府及县加减官》，第 1226 页。

② 陈志坚认为：唐朝后期进行的这三次大规模的地方官职改革的主要目的是中央为了节省财政开支。（参见陈志坚《从户部钱看唐后期中央和地方关系》，载卢向前主编《唐宋变革论》，黄山书社 2006 年版，第 283～308 页）但从当时财政上供、送使、留州三分原则的分配体制看，地方官员的开支主要由地方的财政支出，地方官员的增多并不会损害中央的财政收入，简省地方官员人数的目的并不在于节省经费，而是有其他政治目的。

③ 刘琴丽：《唐代武官选任制度初探》，社会科学文献出版社 2006 年版，第 70 页。

④ 《资治通鉴》卷二五四"广明元年十二月"条载：郑畋对僖宗曰："道路梗涩，奏报难通，请得便宜行事。""许之。"洪迈《容斋四笔》卷一〇"唐藩镇行墨敕"条载，唐中和二年二月一日碑云："敕宣、歙、池等州都团练、观察使牒。当道先准诏旨，许行墨敕授管内诸州有功刺史、大将等，宪官具件如后……"

正如宋人所说："唐末，藩镇诸州听命帅府，如臣之事君，虽或因朝命除授，而事无巨细皆取决于帅，与朝廷几于相忘。"[①]这是唐朝末期中央权力完全丧失、根本无法控制地方的表现，一旦出现这种情况，则预示着唐王朝已经走到了尽头。

唐朝中后期，中央与藩镇在争夺地方政权的过程中处于失败的地位，藩镇在地方的势力越来越大，当地方行政权彻底转移到强藩手中之时，也就预示着唐王朝被地方势力取代已为时不晚，因为"对于末期唐王朝来说，在全国范围内官吏的任命权就是惟一的统治根据。一旦失去这一权力，国家的财政与军政也就由此分裂，无从统一，分裂割据的局面从此形成"[②]。官员任命权的完全下放，意味着中央对地方军队和行政的完全失控，从而在实质上宣告了唐朝统治的瓦解。

三、分割藩镇辖区，削弱藩镇势力

藩镇势力能够与中央抗衡的主要原因是拥有强大的军事力量和雄厚的财政支持，而兵力、财力的多少主要是看辖区的范围如何，即控制的州县数量的多寡。唐中央政府在加强对州县官员管理的同时，还对藩镇的辖区进行分割，试图通过缩小藩镇的统治区域，减少节度使的属州等措施，达到削弱藩镇势力的目的，实现中央对藩镇的控制。广德元年(763)五月，代宗下诏"分河北诸州"，将隶属卢龙、成德、相卫、魏博四镇的土地分隶六镇管理，个中原因，史书没有记载，但不外是削弱各镇的力量，便于朝廷控制。中央政府对强藩的肢解主要体现在唐宪宗元和四年(809)对成德镇、唐宪宗元和十四年(819)对淄青镇、唐懿宗咸通三年(862)对武宁军的处置上。唐宪宗元和四年(809)四月，成德镇节度使王士真死，其子王承宗担任节度使，中央政府任命王承宗为成德节度使的同时，将德、棣两州从成德镇中分出，另置节镇，以德州刺史薛昌朝为德、棣二州观察使。王承宗对唐廷的做法极力反

① 王林：《燕翼诒谋录》卷一，《四库全书》文渊阁本。

② [日]山根直生：《唐朝军政统治的终结与五代十国割据的开端》，载《浙江大学学报》2004年第3期。

对，拒不执行中央的政令。唐朝中央政府为此对王承宗进行讨伐，但由于其他藩镇的阻挠及其他各种原因，讨伐并不顺利，这迫使中央政府于元和五年(810)七月，以“宿师久无功，饷不属”的名义停止用兵，再加上“淄青、卢龙数表请赦”，“乃诏浣雪，尽以故地畀之，罢诸道兵”，结果是“承宗见兵薄境，已而罢，归罪从史，得不诘，自谓计得，訾然无顾惮”。[①] 这次由于没有选择好时机，分割藩镇的目的未能实现。

唐宪宗元和十四年(819)二月，淄青道节度使李师道被部下刘悟杀死，“淄、青十二州皆平”，淄青道重新归中央管辖。唐宪宗任命户部侍郎杨于陵为淄青宣抚使，开始分割淄青道。史载：

> 上命杨于陵分李师道地，于陵按图籍，视土地远迩，计士马众寡，校仓库虚实，分为三道，使之适均：以郓、曹、濮为一道，淄、青、齐、登、莱为一道，兖、海、沂、密为一道；上从之。[②]

三月，中央任命了三道节度使，“以华州刺史马总为郓、曹、濮等州节度使”，“以义城节度使薛平为平卢节度，淄、青、登、莱等州观察使”[③]，“以淄青四面行营供军使王遂为兖、海、沂、密等州观察使”[④]，成功地将割据五十多年的淄青道肢解。

为阻止安史叛军南下，唐肃宗至德元年(756)于颍川郡置淮南西道节度使，领有义阳、弋阳、颍川、荥阳、汝南五州。宝应元年(762)，李忠臣担任淮西节度使时已经拥有光、寿、安、沔、蕲、黄、陈、许、随、唐、申、蔡、汝十三州，控制着广阔的地区。[⑤] 随着中原局势的稳定，淮西节度使所辖州也不断发生变化：永泰元年(765)，沔、蕲、黄三州割属鄂岳节度使；大历十一年(776)，增领汴州；大历十四年(779)，汝、汴二州隶他镇；兴元元年(784)，寿州隶别镇；贞元元年(785)，唐州、许州隶属他镇；贞元三年(787)，安州、陈州、随州隶他

① 《新唐书》卷二一一《藩镇镇冀·王承宗传》，第5957页。

② 《资治通鉴》卷二四一“元和十四年二月己巳”条，第7765页。

③ 《资治通鉴》卷二四一“元和十四年三月戊子”条，第7767页。

④ 《资治通鉴》卷二四一“元和十四年三月己丑”条，第7768页。

⑤ 《新唐书》卷六五《方镇表二》，第1804页。

镇[①]。淮西节度使所辖州大量减少的时间主要集中在大历十四年(779)李希烈逐走李忠臣之后的八年内,主要是由于李希烈反叛中央,中央为了削弱李希烈的势力而采取了一系列措施。元和十二年(817),中央政府在平定淮西叛乱两个月后,将淮西镇的核心城市——蔡州进行分解,“以蔡州郾城为溵州,析上蔡、西平、遂平三县隶焉”[②]。元和十三年(818),又彻底废除了淮西镇,“以淮西节度使马总为忠武节度使。陈、许、溵、蔡州观察使。以申州隶鄂岳,光州隶淮南”[③]。

唐懿宗咸通三年(862)七月,徐州军发生变乱,新任节度使王式借助忠武、义成两镇军队的帮助,将参与叛乱的徐州牙兵数千人全部杀死。以此为契机,中央政府对骄兵现象比较严重的徐州武宁军进行分割:首先,降低徐州的地位,从节度使州降为团练观察使州,隶属于兖海节度使,使其失去独立的地位。其次,将其辖区的州县划归其他节镇,将濠州归淮南道管辖,在宿州设置宿、泗观察团练使。在处置完后,中央才将其他地区的军队调走。“委式与监军杨玄质分配将士赴诸道讫,然后将忠武、义成两道兵至汴滑,各遣归本道,身诣京师。其银刀等军逃匿将士,听一月内自首,一切勿问。”[④]

唐中央政府不仅对有割据倾向的藩镇在有利时机乘机进行分割,对江南财赋之地也采取合并与分割的方式,从而使中央能够有效地获得对这些地区的控制权。[⑤] 唐朝中后期,置镇分割达到了高潮:唐懿宗咸通三年(862)五月,将原来管辖广、桂、邕、容、安南的岭南节度使辖区分为岭南东道节度使、岭南西道节度使两个辖区。[⑥] 其他如:定边军置于唐懿宗咸通九年(868);昭义镇分置两镇在唐僖宗中和四年(884);武定军、金商节度使置于唐僖宗光启元年(885);感义军和龙剑节度使置于唐僖宗光启二年(886);威戎军、永平军置于唐僖宗文德元年(888);武贞军置于唐昭宗光化元年

① 《新唐书》未说随州隶它镇,但《旧唐书》卷一二《德宗纪》载:“(贞元三年闰五月)以荆南节度使、检校户部尚书嗣曹王皋为襄州刺史、山南东道节度使、襄邓郢安随唐等州观察使。”

② 《旧唐书》卷一五《唐宪宗纪下》,第462页。

③ 《资治通鉴》卷二四〇“元和十三年五月”条,第7751页。

④ 《资治通鉴》卷二五〇“咸通三年八月甲子”条,第8100页。

⑤ 参见何灿浩《唐末政治变化研究》,第87~88页。

⑥ 《资治通鉴》卷二五〇“咸通三年五月”条载:“敕以广州为东道,邕州为西道。”

(898);武信军置于唐昭宗光化二年(899);巴、渠、开三州团练观察使置于唐哀帝天祐二年(905);利阆节度使、文兴节度使置于唐哀帝天祐三年(906)。[①]尽管绝大多数节镇的设立都是在地方割据势力为保证自己利益的要求下进行的,但置镇分割的直接结果却是辖区的缩小,属州的减少。唐王朝不仅达到了削弱节镇的目的,还可以借助节镇之间的彼此制约,对其实现有效的控制。

① 参见何灿浩《唐末政治变化研究》,第98页。

第二章　唐代中后期藩镇内部加强集权的措施

安史之乱后，唐帝国内部存在着两种现象：对整个帝国来说，中央的权力逐渐受到地方政权的侵夺，统一的集权的中央国家逐渐走向了衰落；而地方政权则正走向另一条道路，地方势力在向中央要求更多的权力的同时，内部正进行着激烈的变革，加强集权，以节度使为首的地方势力正一步步地强化。因此，藩镇内部并不存在分权的现象，整个唐帝国内部却正在形成一个个相对集权的地方割据势力。①

第一节　藩镇内部加强军事管理的措施

强大的军事力量是地方政权同中央抗衡以及同其他藩镇争夺地盘的支柱，军队成为左右地方政治局势的关键力量，导致地方政权对军队有强烈的依赖性。军队在成为地方割据政权与中央抗衡的力量的同时，也对藩镇内部的稳定产生了重要影响，尤其是军事力量强大的藩镇更是如此。地方军队多由招募而来，且本地人占主导优势，因此，在军队中形成了“军门父子，

① 毛汉光在其《魏博二百年史论》中说：“由于中央控制力之衰退，中国各地区依其地理位置、自然资源、人物结合等条件，互相竞争，及黄巢辈起，大唐帝国走向名实皆亡之路，旧有的政治社会势力失去驾驭政治社会秩序的功能，在权力重心失调之际，各地区的藩镇与各阶层的社会人物，皆惶惶恐恐地觅求新的组合。”（毛汉光《中国中古政治史论》，上海书店 2002 年版，第 350 页）

姻族相连，未尝远出河门，离亲去族”[①]的现象。“而这群职业军人并非具有志于为国献身之士，而仅是乱世中的产物，视军旅为寄身之处，发财之所，战争以利为主”[②]，“军旅是其安身立命发财致富的行业，并不是真正希望作战立功，在沙场上为国家立功，为家族门望增光”[③]，“他们之间只希望互不侵犯，故所以主帅或唐中央等任何政策有违他们的利益，他们便废立藩帅，反抗中央”[④]。他们已经控制了节度使内部的军政，包括藩帅之拥立，藩帅之保位。藩帅要与职业军人相和谐[⑤]，否则便不能随心所欲[⑥]。这点在割据性比较强的魏博镇表现得更为明显。据史载：

> 魏之牙中军者，自至德中，田承嗣盗据相、魏、澶、博、贝等六州，招募军中子弟置之部下，遂以为号。皆丰给厚赐，不胜骄宠。年代浸远，父子相袭，亲党胶固。其凶戾者，强买豪夺，逾法犯令，长吏不能禁。变易主帅，有同儿戏，如史宪诚、何进滔、韩君雄、乐彦祯，皆为其所立，优奖小不如意，则举族被害。威惩其往弊，虽以货赂姑息，而心衔之。[⑦]

为控制地方强大的军队，在割据性比较强的河朔诸镇，各节度使一方面加强对军队的管理，通过设置各种军、镇、守捉、戍、营、城、寨（砦）、栅、堡等严密的军事组织把军队编制起来，形成了一个既便于制内又足以御外的军事统治网[⑧]；另一方面则是通过安抚手段保持对军队的领导，即所谓“寒暑时

① 《旧五代史》卷八《梁末帝纪上》，第121页。

② 毛汉光：《魏博二百年史论》，见其《中国中古政治史论》，第370页。唐人对河东地区风俗的评价是：“定襄之人，气俗尚武，不本树艺，岁多歉食。”（周绍良主编：《唐代墓志汇编》（下），039《唐故东都留守东都畿汝州防御使银青光禄大夫检校尚书左仆射判东都尚书省事兼御史大夫上柱国赠司空崔公（弘礼）墓志铭并序》，第2123页）

③ 毛汉光：《魏博二百年史论》，见其《中国中古政治史论》，第367页。

④ 毛汉光：《魏博二百年史论》，见其《中国中古政治史论》，第370页。

⑤ 比较明显的例子：元和七年魏博归附中央后，在宰相李绛的劝说下，唐中央政府决定调拨钱帛一百五十万缗赏赐魏博镇的士兵。当时的情况是：“及诏书到魏博，钱帛随路而至，军中踊跃叫，向阙拜泣。时田兴（弘政）初受节旌，诸道专使数十人在魏州，成德兖郓使各十余辈，见制书钱帛到，皆垂手失色惊叹曰：‘自艰难已来，未曾闻此处置，恩泽如此之厚，反叛何益之有？’”（李绛：《李相国论事集》卷五《论魏博》，《四库全书》文渊阁本）

⑥ 毛汉光：《魏博二百年史论》，见其《中国中古政治史论》，第348～371页。

⑦ 《旧唐书》卷一八一《罗绍威传》，第4692页。

⑧ 参见[日]日野开三郎《支那中世的军法》，转引自张国刚《唐代藩镇研究》，第123页。

至，则加劳赐酒肉”①。成德军在王承元归顺后，“天子赐钱一百万缗，不时至，军众喧腾以为言”。为满足士兵的要求，节度使田弘正只好在镇州境内大肆搜括，“魏、镇州之财，皆辇属于道，河北将卒心不平之，故不能尽变其俗，竟以此致乱”。② 田布担任魏博节度使以后，“凡将士老者，兄事之，禄奉得百万，一不入私门，又发家钱十余万缗颁士卒”③。节度使的安抚政策，导致骄兵在地方的实力有了进一步的发展，出现了“士卒得以凌偏裨，偏裨得以凌将帅”的现象，甚至节度使的废立往往以骄兵的意愿为依据。唐宪宗时宰相杜黄裳就曾对此现象有所概述：“德宗自经忧患，务为姑息，不生除节帅；有物故者，先遣中使察军情所与则授之。中使或私受大将赂，归而誉之，即降旄钺，未尝有出朝廷意者。”④司马光认为唐代中后期藩镇内部的关系为：“为下者常眄眄焉伺其上，苟得间则攻而族之；为上者常惴惴焉畏其下，苟得间则掩而屠之。”胡三省对司马光的话十分赞同：“二语曲尽唐末藩镇、将卒之情状。”⑤

对唐中后期军乱的特点及其类型，张国刚归结为四种表现形式，即兵士哗变、将校作乱、反叛中央、藩帅杀其部下。与此相联系，就使得“在形式上各类藩镇动乱都表现出封闭性与凌上性，而在内容上，藩镇动乱的反暴性与嗜利性则构成了它们的另一共同特征”，“唐代藩镇动乱绝大多数是发生在藩镇内部的以骄兵为主体，以反抗节度使为主要形式，以邀求赏赐，瓜分本镇赋税为指归的变乱”。⑥ 可以说，军乱成为唐朝中后期普遍的社会现象。如清人赵翼所言：“至唐中叶以后，则方镇兵变，比比而是”，“逐杀主帅，视为

① 《全唐文》卷五六七韩愈《故金紫光禄大夫检校尚书左仆射同中书门下平章事兼汴州刺史充宣武军节度副大使知节度事管内支度营田汴宋亳颍等州观察处置等使上柱国陇西郡开国公赠太傅董公行状》，第5735页。

② 《旧唐书》卷一四一《田弘正传》，第3851～3852页。

③ 《新唐书》卷一四八《田弘正传附布传》，第4785页。《旧唐书》卷一四一《田弘正附布传》载：田布担任魏博节度使后，“其俸禄月入百万，一无所取，又籍魏中旧产，无巨细计钱十余万贯，皆出之以颁军士”。

④ 《资治通鉴》卷二三七“元和元年正月”条，第7627页。

⑤ 《资治通鉴》卷二二〇“臣光曰”，第7065页。

⑥ 张国刚：《唐代藩镇研究》，第104～109页。

常事”。[①] 唐末钱镠的感叹真实地反映了当时的情况：“军中叛乱，何方无之！”[②]王赛时曾经详细地统计过唐玄宗天宝十五年(756)以后至唐朝灭亡前(907)发生的或者未遂的军乱：玄宗时1起，肃宗时13起，代宗时32起，德宗时58起，顺宗因为统治时间太短而没有军乱，宪宗时18起，穆宗时14起，敬宗时2起，文宗时13起，武宗时9起，宣宗时13起，懿宗时6起，僖宗时55起，昭宗时12起，哀帝时2起。已发生的军乱和未遂的军乱合计为248起。[③] 为更直观地反映唐中后期兵变的情况，我们根据王赛时的研究成果做成下图：

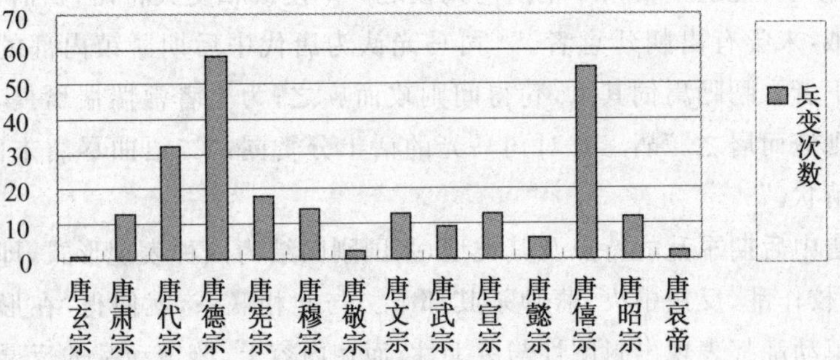

唐朝中后期兵变直观图

从上图可以看出：唐德宗与唐僖宗两朝是唐朝兵变发生比较多的时期，已经发生和未遂的军乱共有113起，占所有军乱的45%还强。之所以出现这种现象，是因为唐德宗时期朝廷姑息藩镇，尤其在贞元(785～805)时期更是如此，“每命节制，必令采访本军为其所归者”[④]，造成“藩镇将吏得军情者，多超授官爵”的现象[⑤]。朝廷任命藩镇主帅一般都要照顾到本镇将士的愿望和情绪，这为一些觊觎地方最高领导权的人提供了夺取政权的条件，导致军乱上升。唐僖宗广明以后，中央对地方彻底失去了控制权，各藩镇“皆自擅

① 赵翼：《廿二史札记》卷二〇“方镇骄兵”条，第431页。
② 《资治通鉴》卷二六三“天复二年九月”条，第8583页。
③ 参见王赛时《唐代中后期的军乱》，载《中国史研究》1989年第3期。
④ 《旧唐书》卷一三二《卢从史传》，第3652页。
⑤ 《旧唐书》卷一六二《郑权传》，第4246页。

兵赋，迭相吞噬，朝廷不能制”，“大约郡将自擅，常赋殆绝，藩侯废置，不自朝廷，王业于是荡然”。[①] 偏裨逐主帅、州将逐刺史成为当时的风气，“时贼已僭名号，以前浙东观察使崔璆、尚让为相，传伪命。天下藩帅，多持两端”，“自巢、让之乱，关东方镇牙将，皆逐主帅，自号藩臣”。[②] 杜荀鹤的诗反映了当时的情况：

握手相看谁敢言，军家刀剑在腰边。
遍搜宝货无藏处，乱杀平人不怕天。
古寺拆为修寨木，荒坟开作甃城砖。
军侯逐出浑闲事，正是銮舆幸蜀年。[③]

每次一位主帅被逐，也就意味着唐朝中央政府对这支军队或者地方政府首脑任命权的结束，这支军队或者地方政权也就从此摆脱了中央的控制，成为独立的地方势力。

军乱是唐朝中后期一个极为严重的社会问题，每一次军乱都造成了不同程度的破坏并产生了严重的后果。唐中央政府和藩镇都在想方设法地加强对士兵的控制，二者因所处的环境不同，对叛乱士兵的处理方式也有所差异。中央政府从维护自身利益的角度出发，对于作乱的士兵采取斩尽杀绝的手段[④]，尤其是在中央能够直接控制的地区，中央干预的程度会更强烈。但是随着中央势力的衰弱，地方势力的强大，在处理军乱的问题上，中央渐有力不从心之感，为防止事态扩大化和复杂化，往往采取姑息政策，对河朔三镇尤其如此。有唐一代，河朔三镇共发生军乱共 32 起，朝廷出兵干预的只有 3 起，其余的皆任其自我发展。唐朝中后期的军乱主要发生在那些割据性的藩镇内部，军队是藩镇割据的主要力量，如何有效地控制军队是每一个藩镇必须谨慎处理的重大问题。面对军乱频繁的残酷事实，藩镇主帅为了确保自己的安全，制定了严密的保护措施，促使地方军政长官对原有的军

① 《旧唐书》卷一九下《唐僖宗纪》，第 720 页。
② 《旧唐书》卷一六四《王铎传》，第 4284 页。
③ 《全唐诗》卷六九二杜荀鹤《旅泊遇郡中叛乱示同志》，第 4308 页。
④ 参见王赛时《唐代中后期的军乱》，载《中国史研究》1989 年第 3 期。

事统治体制进行变革，以预防军乱的发生。本文拟在前人研究成果[①]的基础上，对唐代中后期藩镇内部加强军事管理的措施进行详细的论述，以便对唐中后期藩镇军队管理体制的变化有更清晰的了解。

一、恩威并济：藩镇处理军队问题的主要措施之一

对叛乱的骄兵采用何种方式进行处置，是唐中后期节度使们最为关心的问题之一，他们也在众多的变乱中逐渐总结出了一些有效的防范方法：在士兵未发生变乱之前，节度使们大多采用安抚和拉拢手段，不惜钱财，厚待军人，以保持对骄兵的控制，"以钱买健儿取旌节"[②]一语道尽了节度使对士兵的收买、厚待措施。如汴州的各位节度使就是如此。"大和初，(刘)元佑遇军厚，(刘)士宁惧，复加以厚焉。至(李)万荣，如士宁志。及韩(惟清)张(彦林)乱，又加厚以怀之。至于(邓)惟恭，每加厚焉。故士卒骄不能御，则置腹心之士，幕于公庭庑下，挟弓执剑以须。日出而入，前者去；日入而出，后者至。寒暑时至，则加劳赐酒肉。"[③]李芃为河阳三城镇遏使，对士兵"抚劳备至，资廪善者，必先军士"[④]。李德裕镇守浙西时，也"俭于自奉，留州所得，尽以赡军"[⑤]。在兵乱频繁发生的河朔地区，"军帅冒寒暑，多与士卒同，无张盖安舆之别"[⑥]，"军尉裨校，待之满志，供具宴裼，无非加等"[⑦]。由于任何形式的军乱都会威胁到中央的权威以及节度使自身的安全和地位，无论中央

① 学界对藩镇军队体制的研究成果较多，代表性的主要有：张国刚《唐代藩镇军队的统兵体制》，载《晋阳学刊》1991年第3期；王赛时《论唐朝藩镇军队的三级构成》，载《人文杂志》1986年第4期；王赛时《唐代中后期的军乱》，载《中国史研究》1989年第3期。

② 《旧唐书》卷一四五《陆长源传》，第3938页。

③ 《全唐文》卷五六七韩愈《故金紫光禄大夫检校尚书左仆射同中书门下平章事兼汴州刺史充宣武军节度副大使知节度事管内支度营田汴宋亳颍等州观察处置等使上柱国陇西郡开国公赠太傅董公行状》，第5735页。

④ 《旧唐书》卷一三二《李芃传》，第3655页。

⑤ 《旧唐书》卷一四七《李德裕传》，第4511页。

⑥ 《旧唐书》卷一二五《张延赏传附张弘靖传》，第3611页。

⑦ 《全唐文》卷五〇五权德舆《唐故河中晋绛慈隰等州节度使支度营田观察处置等使开府仪同三司检校太尉兼中书令河中尹上柱国延德郡王食邑三千户赠太师张公(茂昭)墓志铭并序》，第5141页。

还是地方,对所有发生的或即将发生的变乱,都会全力去扑灭,对已经发生的变乱,主要采取诛杀的政策,这主要有以下几例:

宣武军是当时士兵发生叛乱比较频繁的地方,在唐德宗贞元八年(792)至十二年(796)间发生五次叛乱,由于中央政府没有较好地处置叛乱士兵,导致"士卒益骄纵,轻其主帅"。贞元十五年(799)九月,中央任命韩弘为宣武军节度使。史载:

> 韩弘视事数月,皆知其主名;有郎将刘锷,常为唱首。三月,弘陈兵牙门,召锷及其党三百人,数之以"数预于乱,自以为功",悉斩之,血流丹道。自是至弘入朝二十一年,士卒无一人敢欢呼于城郭者。[①]

唐文宗大和四年(830)二月,山南西道新招募的士兵在监军使杨叔元的鼓动下杀害节度使李绛,发动叛乱。同年二月,中央任命尚书右丞温造为山南西道节度使。《旧唐书》卷一六五《温造传》载:

> (温)造行至褒城,会兴元都将卫志忠征蛮回,谒见,造即留以自卫,密与志忠谋,又招亚将张丕、李少直各谕其旨。暨发褒城,以八百人为衙队,五百人为前军,入府分守诸门。造下车置宴,所司供帐于厅事,造曰:"此隘狭,不足以飨士卒,移之牙门。"坐定,将卒罗拜,志忠兵周环之,造曰:"吾欲问新军去住之意。可悉前,旧军无得错杂。"劳问既毕,传言令坐,有未至者,因令舁酒巡行。及酒匝,未至者皆至,牙兵围之亦合,坐卒未悟,席上有先觉者,挥令起,造传言叱之,因贴息不敢动。即召坐卒,诘以杀绛之状。志忠、张丕夹阶立,拔剑呼曰"杀"。围兵齐奋,其贼首教练使丘铸等并官健千人,皆斩首于地,血流四注。监军杨叔元在座,遽起求哀,拥造靴以请命,遣兵卫出之,以俟朝旨。

唐宪宗元和十四年(814),因兖、海、沂、密观察使王遂处置不当,以王弁为首的士兵发生叛乱,杀害王遂。叛乱发生后,中央任命棣州刺史曹华为沂、海、兖、密观察使。《旧唐书》卷一六二《曹华传》载:

> 华至镇,视事三日,宴将吏,伏甲士千人于幕下。群校既集,华谕之曰:"吾受命廉问,奉圣旨,以郓州将士分割三处,有道途转徙之劳。今

---

① 《资治通鉴》卷二三五"贞元十六年二月"条,第7586页。

有颁给，北州兵稍厚。郓州士卒处右，州兵处左，冀易以区别。”分定，并令州兵出外。既阖门，乃谓郓卒曰：“天子深知郓人之劳，然前害主帅者，不能免罪。”甲士自幕中出，周环之，凡郓一千二百人，立斩于庭，血流成渠。是日，门屏之间，有赤雾高丈余，久之乃散。自是海、沂之人，重足股慄，无敢为盗者。

唐懿宗咸通三年(862)七月，徐州士兵发生叛乱，逐节度使温璋。同月中央任命浙东观察使王式为武宁节度使，为保障王式在徐州的安全，同时命令“忠武、义成两军从王式讨裘甫者犹在浙东，诏式帅以赴徐州”。如史载：

八月，式至大彭馆，始出迎谒。式视事三日，飨两镇将士，遣还镇，擐甲执兵，命围骄兵，尽杀之，银刀都将邵泽等数千人皆死。①

魏博镇的军事力量在唐中后期的藩镇军队中一直是比较强大的。自安史之乱后，军队中形成“父子相袭，亲党胶固”的复杂关系，具有较强的割据性。他们变易主帅，“有同儿戏”，其中史宪诚、何进滔、韩君雄、乐彦祯均是由士兵拥立登上节度使的位置的。唐朝末年，罗绍威担任节度使后，一方面对士兵采取收买手段，另一方面也在寻找机会打算将其加以消灭。唐哀帝天祐二年(905)七月，牙军裨校李公佺作乱，罗绍威决定借助朱全忠的力量平定士兵叛乱。据史载：

全忠遣李思安会魏博军，再攻沧州。全忠女妻威子廷规，先是卒，全忠遣长直军校马嗣勋选兵千人，密于舆中实兵甲入魏，言助女葬事。三年正月五日，嗣勋至，全忠亲率大军济河，言视行营于沧景。威欲因而出迎，至期，即假全忠帐下锐卒入而夹攻之。牙军颇疑，坚请不出。威恐洩其事，慰纳之。是月十四日夜，率厮养百十辈，与嗣勋合攻之。时宿于牙城者千人，迟明杀之殆尽，凡八千家，皆破其族。②

对那些突然爆发的兵变，地方长官迫于形势，往往暂时采取安抚手段，而一旦局势稳定，他们是不会放过那些参与变乱的士兵的。早在唐王朝平定安史叛军之时，山南东道节度使鲁炅所聘幕僚卢翊就将作乱的士兵全部

① 《资治通鉴》卷二五〇“咸通三年八月”条，第8099页。

② 《旧唐书》卷一八一《罗绍威传》，第4692页。

诛杀，“有戍将与牙将交恶，白昼起叛。府君除恶务尽，尸谷口叛卒二百余人，自是澧水息波，荆蛮疲栎”①。唐德宗贞元十九年(803)，“安南牙将王季元逐其观察使裴泰，泰奔朱鸢。明日，左兵马使赵匀斩季元及其党，迎泰而复之”②。唐宪宗元和八年(813)十二月，振武军乱，逐节度使李进贤，宪宗立即命令夏州节度使张煦为振武节度使，率夏州兵二千赴镇，“煦入单于都护府，诛乱者苏国珍等二百五十三人”。③ 唐武宗会昌元年(841)八月，“易定军乱，逐节度使陈君赏。君赏鸠合豪杰数百人，复入城，尽诛谋乱兵士”④。唐僖宗乾符二年(875)，剑南突将作乱，节度使高骈表面姑息，但他并没有放弃对变乱士兵的惩罚。据《资治通鉴》卷二五二记载：“高骈阴籍突将之名，使人夜掩捕之，围其家，挑墙坏户而入，老幼孕病，悉驱去杀之，婴儿或扑于阶，或击于柱，流血成渠，号哭振天，死者数千人，夜，以车载尸投之于江。”⑤乾符六年(879)，河东牙将贺公雅率士卒作乱，焚城三日，节帅李侃与监军慰谕平之，暗中却对参与变乱的士兵进行屠杀，“河东都虞侯每夜密捕贺公雅部卒，族灭之。丁巳，余党近百人称‘报冤将’，大掠三都，焚马步都虞侯张锴、府城都虞侯郭昢家。节度使李侃下令，以军府不安，曲顺军情，收锴、昢，斩于牙门，并逐其家，以贺公雅为马步都虞侯。锴、昢临刑，泣言于众曰：‘所杀皆捕盗司密申，今日冤死，独无烈士相救乎！’于是军士复大噪，篡取锴、昢归都虞侯司。寻下令，复其旧职，并还其家；收捕盗司元义宗等三十余家，诛灭之”，局势稳定后，李侃“以马步都教练使朱玫等为三城斩斫使，将兵分捕报冤将，悉斩之，军城始定”。⑥ 无论是中央能够直接控制的藩镇，还是割据性较强的藩镇，在频繁爆发的兵变面前，大规模地屠杀变乱士兵，往往是当时采取的重要措施，也是稳定局势的最直接的方法。

河朔节帅为预防士兵叛乱，保证父死子继，权位能够顺利移接，也采取

---

① 周绍良主编：《唐代墓志汇编》(下)，大和021《唐故中大夫澧州刺史赐紫金鱼袋范阳卢府君(翊)墓志铭并序》，第2111页。

② 《资治通鉴》卷二三六“贞元十九年二月己亥”条，第7600页。

③ 《资治通鉴》卷二三九“元和九年正月乙亥”条，第7703页。

④ 《旧唐书》卷一八上《武宗纪》，第585页。

⑤ 《资治通鉴》卷二五二“乾符二年六月辛未”条，第8179页。

⑥ 《资治通鉴》卷二五三“乾符六年五月己未”条，第8215页。

了一系列防范措施。如“河北之法，军中偶语者斩”，以防止部下暗中联络，聚众作乱。刘从谏也禁止属州——邢、洺、磁三州“军士不许自畜兵刀”，目的是为了防范部下对其不忠。[①] 对领兵在外作战的军事将领，由于其掌握着一定的军事力量，节度使往往拘劫其妻子儿女作为人质。唐人李绛言：“两河藩镇之跋扈者，皆分兵以隶诸将，不使专在一人，恐其权任太重，乘间而谋己故也。诸将势均力敌，莫能相制，欲广相连结，则众心不同，其谋必泄；欲独起为变，则兵少力微，势必不成。加以购赏既重，刑诛又峻，是以诸将互相顾忌，莫敢先发，跋扈者恃此以为长策。”[②]除了分散兵权以削弱其势力外，三镇还建立了以副大使为储帅的制度，以嫡长子为之。尽管三镇在防范手段上大同小异，但在执行力度及成效上仍有很大差别。魏博、成德节度使对威望素著、深孚众望的部将往往十分猜忌，甚至不惜杀之，以消除对其子的威胁。例如，成德李宝臣以其子李惟岳简弱年少，不能服众，于是“豫诛诸将之难制者”，“所杀高班大将，殆以百数”。[③] 魏博镇亦不例外，时人元稹说：“魏之法虐切疑忌，诸将以才多死者。”[④]节度使田季安对“有勇力，颇读书，性慕逊”的牙内兵马使田兴十分猜忌，田兴“阳为风痹，炙灼满身，乃得免”。[⑤]幽州镇亦有诛杀大将军校的记载。建中三年(782)三月，节度使朱滔反叛中央，部下不从，朱滔于是诛杀大将数十人。长庆元年(821)初，节度使刘总削发为僧，离镇时，将士极力阻止，刘总杀了带头的十余人。但这与成德、魏博仍有区别，幽州镇节帅多是在情势紧急下诛杀不听从号令的将士，有一定的被动性和临时性，并非如成德、魏博节帅那样积极有预谋地剪除有潜在威胁之人。

二、亲兵部队的建立及其意义

节度使在强化自己的力量的过程中建立了强大的牙兵部队“以自卫”[⑥]，

① 《资治通鉴》卷二四三“宝历元年十一月”条，第 7846 页。

② 《资治通鉴》卷二三八“元和七年八月”条，第 7692～7693 页。

③ 《资治通鉴》卷二二六“建中二年正月”条，第 7294 页。

④ 《全唐文》卷六五五元稹《故中书令赠太尉沂国公墓志铭》，第 6658 页。

⑤ 《资治通鉴》卷二三八“元和七年八月”条，第 7692 页。

⑥ 《旧唐书》卷一四一《田承嗣传》，第 3838 页。

番宿牙城。但在当时的政治、军事环境下，壮大的牙兵最终并没有按照节度使的意愿发展，成为保卫节度使的力量，而是发展成为骄兵悍将，导致两者在藩镇内部的对立越来越严重。“将骄卒暴，则近忧且至，非所以和众而乂民也；将诛卒削，则外虞实生，非所以捍城而固圉也。”[①]主帅和牙兵的敌视与残杀造成了藩镇内部的不稳定，削弱了藩镇内部的军事力量，这在牙兵势力强大的地方表现得更为明显。由于地方割据势力之间的平衡是以武力为后盾的，尤其是唐朝后期随着中央权威的进一步削弱，“藩镇相攻者，朝廷不复为之辩曲直。由是互相吞噬，惟力是视，皆无所禀畏矣”[②]。藩镇消灭牙兵，意味着削弱自身的力量。魏博节度使罗绍威借助朱全忠的力量消灭了在魏博存在了一百五十多年的骄悍牙兵，虽摆脱了受制于牙兵的状况，但由于自身力量的削弱，同时也丧失了割据称雄的基础，成为朱全忠的一个属郡，“绍威虽除其逼，然势弱，为全忠牵制，比州刺史矣，内悒悒悔恨”[③]。从长远的利益考虑，使用诛杀的方式来消除牙兵的威胁并不利于地方势力的发展。许多割据势力都在积极探索从制度上加强对骄兵的管理方法，使之既能作为地方的主要军事力量，同时还不威胁地方统治者的安全，亲兵部队在此情况下应运而生。

亲兵部队是节度使为对抗地方骄兵悍将而组织的军事力量，是节度使的亲信，主要职责就是保卫节度使个人的人身安全。唐德宗时期，宣武节度使刘玄佐“增汴兵至十万，遇之厚，李万荣、邓惟恭每加厚焉。士卒骄，不能御，乃置腹心之士，幕于公庭庑下，挟弓执剑以备之，时劳赐酒肉”[④]。这支亲兵的主要目的就是保护主帅的安全，他们是主帅的心腹。唐僖宗文德元年(888)二月，“魏博节度使乐彦祯，骄泰不法，发六州民，筑罗城，方八十里，人苦其役；其子从训，尤凶险；既杀王铎，魏人皆恶之。从训聚亡命五百余人为亲兵，谓之子将，牙兵疑之，籍籍不安”。胡三省对此解释为：“魏博牙兵始于

---

① 《全唐文》卷五七七柳宗元《送杨凝郎中使还汴宋诗后序》，第5833页。
② 《资治通鉴》卷二五六“中和四年七月”条，第8313页。
③ 《新唐书》卷二一〇《藩镇魏博传》，第5942页。
④ 《资治通鉴》卷二三五“贞元十二年七月”条，第7573页。

田承嗣，废置主帅率由之。今乐从训复置亲兵，牙兵疑其见图，故不安。”[①]后来，其他藩镇也往往设立亲兵部队，尽管亲兵部队的名称各不相同，但他们的主要职责大体相同，即保卫节帅的安全。比如，李锜在淮南时，有随身的亲兵部队“挽硬随身”和“蕃落健儿”，“皆锜腹心，禀给十倍，使号锜为假父，故乐为其用”[②]。唐武宗会昌四年(844)闰七月，昭义节度使刘稹“以母命署(郭)谊都知兵马使。王协已戒诸将列于外厅，谊拜谢稹已，出见诸将，稹治装于内厅。李士贵闻之，帅后院兵数千攻谊。谊斥之曰：‘何不自取赏物，乃欲与李士贵同死乎！’”李士贵的身份是宅内兵马使。[③] 日本学者堀敏一曾对泽潞镇军队的组成进行过详细考察，认为“泽潞的亲卫军是在一般牙军之外由中军、亲事军、使宅兵(后院兵)等组成的”，其中“亲事军是常在藩帅身边的警卫军”，使宅和后院配备几千名家兵，在牙兵和藩帅对立的时候，家兵站在藩帅一边，说明这些人都是作为牙兵的对立面而存在的。[④] 唐懿宗时期，杨庆复担任泸州刺史时，“选悍士三千，号‘突将’，为长刀、巨棁斧，分左右番休，日隶于军”[⑤]。唐末河东军有后院军使朱玫[⑥]、后院将[⑦]，唐末潞州有后院军马[⑧]，义武有后院都知兵马使王处直将兵数万拒张存敬[⑨]。在江南，“镇海节度使周宝募亲军千余人，号后楼兵，禀给倍于镇海军；镇海军皆怨，而后楼

① 《资治通鉴》卷二五七“文德元年正月”条，第8374页。

② 《新唐书》卷二二四上《叛臣上·李锜》，第6382页。

③ 《资治通鉴》卷二四八“会昌四年八月”条，第8007页。

④ 参见[日]堀敏一《藩镇亲卫军的权力结构》，见刘俊文主编，夏日新、韩昇、黄正建等译《日本学者研究中国史论著选译》第4卷，第612页。

⑤ 《新唐书》卷二二二中《南诏传下》，第6286页。

⑥ 《旧唐书》卷一五八《郑从谠传》载：“遣牙将论安、后院军使朱玫率兵骑五千，从诸葛爽入关赴难。”

⑦ 《资治通鉴》卷二五八“大顺元年五月”条，第8398页。

⑧ 《旧五代史》卷五〇《宗室·李克恭传》载，后唐李克恭为昭义节度使，由于其“骄横不法，未闲军政”，导致“人士离心”。“时武皇初定邢、洺三州，将有事于河朔，大搜军实。潞州有后院军，兵之雄劲者，克恭选其五百人献于武皇，军使安居受惜其兵，不悦。克恭令裨校李元审、安建、纪纲冯霸部送太原。行次铜鞮县，冯霸劫众谋叛，杀都将刘杲、县令戴劳谦，循山而南，北及沁水，有众三千。”

⑨ 《资治通鉴》卷二六二“光化三年十月”条，第8536页。

兵浸骄不可制”[①]。淮西李希烈更是培养了一支强大的亲兵部队，“又令亲兵五千人，号为希烈养子”[②]，这只是其亲兵中的部分人员。强大的亲兵不仅是亲身护卫，还成了李希烈维护辖区安全的重要力量，李希烈对降将李澄略有怀疑，“乃令养子六百人戍之，以虞其变”。[③] 一些亲随作为节度使的亲信，往往随着主帅职务的变动而变动。如刘逸作为王承元的一位亲兵就尾随其辗转各地：王承元从承德节度使卸任到中央时，刘逸跟随前往；王承元为凤翔节度使时，“公又亲从”；王承元为平卢节度使时，“公又从至”，“十年从事，一旦无亏”。[④] 卒于宝历二年(826)的郑仲连亦是，“右仆射孟公董戎三城，署公都虞侯，转河清镇遏兵马使。洎孟公移镇泽潞，公又随之，充节度押衙兼府城都虞侯”[⑤]。

唐朝后期各地节度使又设立了专门负责所在城市防御的以“牢城”命名的牢城兵。如：唐懿宗时泸州刺史杨复庆为防止南诏军队的进攻，“置牢城兵，八将主之，树笓格，夜列炬照城，守具新城”[⑥]；唐昭宗光化二年(899)，李克用为加强对节度使府的保卫工作，将亲信李从璋从泽州刺史任上调往身边担任牢城使。[⑦] 五代各朝沿袭了唐朝的做法，并进一步扩大了牢城兵的分布范围，不仅在节度使所在城市设置牢城兵，在一些重要的州郡也设置牢城兵。后唐末帝清泰二年(935)颁布的诏书说：“诸州府本处牢城防御士兵都将内，人数不足团并，或阙稍多，量许招添。”[⑧]后晋天福中，张廷翰被“冀州刺史张建武召补牙校。其后，刺史李冲署为本州牢城军使”[⑨]，牢城兵也成为节

① 《资治通鉴》卷二五六“光启三年三月”条，第8345页。

② 《全唐文》卷五一四殷亮《颜鲁公行状》，第5230页。

③ 《旧唐书》卷一三二《李澄传》，第3656页。

④ 陆心源辑：《唐文续拾》卷五赵商《唐故平卢军讨击副使银青光禄大夫检校太子宾(缺)城郡开国男食邑三百户刘府君墓志铭并序》，中华书局1993年影印本，第11229页。

⑤ 周绍良主编：《唐代墓志汇编》(下)，宝历019《唐故昭义节度衙前先锋兵马使荥阳郑府君墓志铭并序》，第2092～2093页。

⑥ 《新唐书》卷二二二中《南诏传下》，第6286页。

⑦ 《册府元龟》卷三四七《将帅部·佐命》载：李从璋于“唐昭宗光化二年，授泽州刺史，入为牢城使”。

⑧ 《册府元龟》卷一二四《帝王部·修武备》，第1493页。

⑨ 《宋史》卷二七一《张廷翰传》，第9285页。

度使的亲信部队。亲兵与主帅的这种亲密关系使之具有有别于其他军队的地位，从而在主帅与牙兵之间形成了第三种力量，有利于防范牙兵的叛乱，保护节度使的安全。

不仅处于割据、半割据状态的强藩设有亲兵部队，就是唐王朝控制下的节度使也往往有亲兵部队。尤其是节度使赴任时，多携带亲兵前往，以维持对地方的控制，保证自己的安全。如刘悟被任命为昭义节度使后，将原来所在地郓州的二千名军士带往昭义，作为自己的亲兵部队。[①] 唐文宗大和二年(828)九月，横海节度使乌重胤死后，中央任命保义节度使李寰为横海节度使，李寰赴任时就从晋州带了一定数量的军队，并且这支军队因为李寰"不戢士卒，所过残暴，至则拥兵不进，但坐索供馈"[②]，极为骄横，乃典型骄兵。针对当时的情况，会昌三年(843)五月，中央对节度使在移镇过程中随身携带元从军将的数量进行了规定：

> 比来节将移改，随从将校过多，非唯妨夺旧人职员，兼费用军资钱物。节度使移镇，军将至随身不得(过)六十人，观察使四十人，经略都护等三十人。宜委监察军使，及知留后判官具名闻奏。如违此数，知留后判官，量加惩罚。监察军使别有处分。[③]

但由于当时各地方军队存在的现实状况，中央的敕令根本无法贯彻执行。

由于当地军人与外来节度使之间存在着不信任感，以当地士兵为首的地方势力为维护固有的利益，掌握着藩镇牙署，控制着当地的实权，对中央任命的藩帅往往以拒绝的方式对待。这样，节度使赴任时就有必要携带一支数百人甚至数千人的亲兵部队，以此来维持自身与当地军队之间军事力量的平衡。一旦这种平衡被打破，就有可能发生变乱，进而危及节度使的人身安全及当地政治局势的稳定。田弘正担任成德节度使时的遭遇就十分清楚地说明了这一重要性。唐宪宗元和十五年(820)，成德节度使王承宗死后，为控制成德镇，中央任命原魏博节度使田弘正为节度使，"弘正以新与镇

---

① 《资治通鉴》卷二四三"宝历元年九月"条，第 7844 页。

② 《资治通鉴》卷二四三"大和二年九月"条，第 7859 页。

③ 《唐会要》卷七九《诸使杂录下》，第 1449 页。

人战伐,有父兄之怨,乃以魏兵二千为卫从”[①],带领其在魏博镇的亲兵赴任。原成德镇衙内兵马使王廷凑不满朝廷的安排,多次以朝廷赏赐不能及时到位为由,激怒士卒,企图发动变乱,但“弘正以魏兵二千为衙队,左右有备不能间”[②]。可见,正是从魏博带去的这支亲兵部队保护了田弘正的安全。由于中央及田弘正本人都无法解决这两千人的粮饷问题,田弘正只好将这支亲兵部队送回原来驻地。当田弘正将魏博镇的士兵遣返后,原成德镇牙兵便发动了叛乱,“弘正并家属、参佐、将吏等三百余口并遇害”。[③]

正是由于亲兵部队可以较好地保障节度使的人身安全,中央政府才以诏令的形式规定节度使可以携带一定数量的亲兵赴任。这种做法逐渐演变成为一种制度。唐懿宗咸通四年(863)三月,以义武节度使康承训“为岭南西道节度使,仍诏选军校数人、士卒数百人自随”,上任时,又“发荆、襄、洪、鄂四道兵万余人与之俱”。[④] 这是地方长官在长期的实践过程中探索出的一项保护自身安全的措施,有利于节度使加强对内部的控制。

亲兵部队的出现,对牙兵具有一定的威慑作用,促使他们加强了对节度使的防范,这导致藩镇内部的局势更加不稳。由于亲兵是作为节度使的亲随出现的,负有保护节度使安全的责任,深受节度使的厚爱,因而他们的待遇十分丰厚。[⑤] 这导致其他军队的不满,二者之间的矛盾更加恶化。总之,亲兵部队的出现在一定程度上起到了保护节度使自身安全的作用,同时也加剧了藩镇内部的矛盾。大量凶悍的游民、强壮的农民被吸收到当时的职业军人中,由于他们不具备大家族的尊卑意识,对抽象的国家观念、民族意识、君臣之义等并不注重,节度使与他们的上下关系一直并不稳固,当时的体制并不能保证拥有特殊地位的亲兵完全忠于节度使,亲兵逐渐走向骄兵之路,成为牙兵之外的另一种骄横力量,节度使逐渐失去了对他们的控制。

---

① 《旧唐书》卷一四一《田弘正传》,第 3851 页。

② 《旧唐书》卷一四二《王廷凑传》,第 3885 页。

③ 《旧唐书》卷一四一《田弘正传》,第 3851 页。

④ 《资治通鉴》卷二五〇“咸通四年三月”条,第 8104 页。

⑤ 李锜的亲兵“挽硬随身”和“蕃落健儿”的廪给十倍于其他军队,后楼兵的廪给也“倍于镇海军”。

周宝的后楼兵可为这方面的典型：当其他军队发生叛乱时，周宝仓皇逃往后楼兵的驻地，希望得到后楼兵的保护，但是后楼兵竟然伙同其他叛军一起将周宝赶走。藩镇内部的亲兵政策只是节度使暂时的保护自身安全的策略，不可能从根本上防止军队内部的变乱，没有一定的制度作保障，节度使就无法根除藩镇内部军队的变乱隐患。

三、加强对将校的防范

藩镇军队内部一般分为节度使、军将和士兵三个等级。[①] 士兵基本上是流亡无产者，他们脱离社会生产，“坐仰衣食，无所事”[②]，“父子相袭，亲党胶固”[③]，在军队中形成了雄厚的力量，逐渐养成了职业兵骄惰的风气和残暴的习性。节度使的地位是否稳定，关键在于能否获得士兵的支持和拥护。[④] 尽管士兵在地方政权中发挥着巨大的作用，但由于他们处于地方政权中的最底层，因而需要有威信的领导者作为他们的依靠，因此，藩镇内部真正决定局势变化的是那些握有一定兵权的军将，即在军队中处于节度使之下、士兵之上的各级将校。他们大多拔自行间卒伍，通过征战防戍、军功积劳而登上领导位置，是一些勇敢剽悍、身怀绝技的人员，在士兵中享有极高的威信，深得士兵的拥护。

以军功起家，世为将家的军将一般终身任职，父死子继，他们还将自己的亲属带入军队，作为亲信力量。如史敬奉就将自己的子侄以及童仆二百多人带入军队，“每以自随，临入敌，辙分其队为四五”[⑤]。这些兵将之间由于掺杂着血缘因素，他们之间有较为亲密的关系。军将的个人素质及与士兵

---

① 参见王赛时《论唐朝藩镇军队的三级构成》，载《人文杂志》1986年第4期。

② 《新唐书》卷一七〇《张万福传》，第5179页。

③ 《旧唐书》卷一八一《罗弘信传附罗威传》，第4692页。

④ 毛汉光在其《魏博二百年史论》中对魏博军人的性格进行了研究。他认为，由于职业军人的组成发生了很大变化，职业军人已经实际控制了藩帅，藩帅似乎仅仅是他们的代理人而已。“有的藩帅想效忠中央而与牙军的利益冲突时，其结果并不太好，田弘正客死镇州，田布众叛自杀，史宪诚晚年谋忠于唐室，不旋踵亦为部下所杀，凡此种种都显示出藩镇节帅即令有心唐室，亦不得不顾及这群职业军人。”（毛汉光：《中国中古政治史论》，第371页）

⑤ 《旧唐书》卷一五二《史敬奉传》，第4079页。

的亲密关系，使他们在军队中的影响力大大提高，助长了他们的骄悍行为，他们的态度足以左右主帅的去留，是节度使在地方立足的根本。河朔旧事的出现就与当地各级将校的推崇、扶植有密切的关系。正因为如此，藩镇节度使在拉拢军将的同时，也采取了严密的防范措施。李绛曾对藩镇内部的节度使与军事将领以及军事将领之间的关系进行过论述，认为藩镇内部是以分权的方式控制着各个军事将领的权力，从而保证节度使本人有足够的力量来控制局势的。《新唐书》卷一五二《李绛传》云：

魏博田季安死，子怀谏弱，军中请袭节度，吉甫议讨之，绛曰："不然，两河所懼者，部将以兵图己也，故委诸将总兵，皆使力敌任均，以相维制，不得为变。若主帅强，则足以制其命。今怀谏乳方臭，不能事，必假权于人，权重则怨生，向之权力均者，将起事生患矣。所归必在宽厚简易、军中素所爱者，彼得立，不倚朝廷亦不能安。惟陛下蓄威以俟之。"俄而田兴果立，以魏博听命，帝大悦。

即使到了五代初年，地方割据内部仍进行着激烈的权力争夺，如何维护各方面的利益是各地夺权者最主要的任务。如后梁太祖开平元年(907)五月，淮南左牙指挥使张颢、右牙指挥使徐温杀死节度使杨渥，议论立谁为节度使时发生的变化就说明了分权的重要性。史载：

己卯，颢集将吏于府庭，夹道及庭中堂上各列白刃，令诸将悉去卫从然后入。颢厉声问曰："嗣王已薨，军府谁当主之？"三问，莫应，颢气色益怒。幕僚严可求前密启曰："军府至大，四境多虞，非公主之不可；然今日则恐太速。"颢曰："何谓速也？"可求曰："刘威、陶雅、李遇、李简皆先王之等夷，公今自立，此曹肯为公下乎？不若立幼主辅之，诸将孰敢不从！"颢默然久之。①

张颢尽管已经控制了淮南节度使的驻地，掌握了淮南地区的政治权力，但由于害怕地方实力派的反对而没敢将节度使的位置据为己有。地方政权的统治者利用分权的方法将各级将校的势力分散，便于自己居中控制，减少了军队对自己的威胁。

① 《资治通鉴》卷二六六"开平二年五月"条，第 8697～8698 页。

为了防止将校的权力过于强大，地方统治者对那些在军中威信高的将校采取的防范措施更加严密。如王智兴担任武宁军节度使时，石雄为右厢捉生兵马使，“徐人服雄之抚待，恶智兴之虐，欲逐之而立雄。智兴以军在贼境，惧其变生，因其立功，请授一郡刺史。朝廷征赴京师，授壁州刺史。智兴寻杀雄之素相善诸将士百余人，仍奏雄摇动军情，请行诛戮”[①]。在平卢镇，“平卢节度使侯希逸镇淄青，好游畋，营塔寺，军州苦之。兵马使李怀玉得众心，希逸忌之，因事解其军职。希逸与巫宿于城外，军士闭门不纳，奉怀玉为帅”[②]。成德镇节度使李惟岳的舅父谷从政“有胆略，颇读书”，“为(李)宝臣所忌，从政乃称病杜门”。李宝臣死后，谷从政在劝说李惟岳不要反叛中央时，曾对成德镇领兵将领的现状进行过分析。他说：“大将有权者，乘危伺变，咸思取尔自以为功矣。且先相公所杀高班大将，殆以百数，挠败之际，其子弟欲复仇者，庸可数乎！”[③]德宗贞元年间，邠宁节度使韩游瓌因其属下大将范希朝“善将兵，名闻军中，游瓌畏其逼已，将因事诛之”[④]，迫使范希朝逃走。宣武节度使刘士宁因“都知兵马使李万荣得众心，士宁疑之，夺其兵权，令摄汴州事”[⑤]。淮西镇都虞侯李良因为深受士兵爱戴，遭到节度使李希烈的猜忌，“虑公素名，终不为下，乃令摄蕲州刺史。外示宠行，实去之也”[⑥]，将其调往地方担任刺史。陕州节度使王珙“为政苛暴，且多猜忌，残忍好杀，不以生命为意，内至妻孥宗属，外则宾幕将吏，一言不合，则五毒并施，鞭笞刳斮，无日无之”[⑦]。所有这些都证明藩帅对将领的防范之严，也说明藩镇内部存在的问题。即使到了唐末军阀割据混战时，藩帅防范部下的措施也一直没有放松。例如，建立前蜀政权的王建曾为兴元节度留后鹿晏弘的部下，鹿

① 《旧唐书》卷一六一《石雄传》，第 4235 页。

② 《资治通鉴》卷二二三“永泰元年五月”条，第 7175 页。

③ 《资治通鉴》卷二二六“建中二年正月”条，第 7293～7294 页。

④ 《旧唐书》卷一一四《韩游瓌传》，第 3919 页。《资治通鉴》卷二三三“贞元四年正月”条载：“游瓌忌都虞侯虞乡范希朝有功名，得众心，求其罪，将杀之。”

⑤ 《资治通鉴》卷二三四“贞元九年十一月”条，第 7549 页。

⑥ 周绍良主编：《唐代墓志汇编》(下)，贞元 101《唐故兴元元从云麾将军右神武将军知军事兼御史中丞上柱国顺政郡王食邑三千户实封五十户赠夔州都督李公(良)墓志铭并序》，第 1910 页。

⑦ 《旧五代史》卷一四《王珙传》，第 200 页。

晏弘虽然任命王建等人担任属州刺史，但并不让他们到所任州任职，其后果是“众心不附”。[①]

对那些在士兵中威信较高的将校，节度使时刻提防，必欲除之而后快，“诸将有功名者，多因事诛之”[②]。石雄因受到徐州士兵的爱戴，节度使王智兴就寻找借口解除其兵权，以防止他与士兵进一步接触，并采取一切手段削弱石雄在军队中的影响，“寻杀雄之素相善者百余人”。兴元节度使鹿晏弘“恐部下谋己，多行忍雪”，虽然任用掌握军权的王建、韩建等人“为属郡刺史”，但为了防止这些握有军事实权的将校在地方发展势力，形成尾大不掉之势，又不让他们到地方任职。在当时节帅、将校、士兵之间“迭相屠灭，以成风俗”的社会大背景下，节度使对能征善战的将校既要利用，又要防范。而只有能够认清形势的人才能保全性命。如王宗播（许存）“遇强敌诸将所惮者，以身先之，及有功，辄称病，不自伐”[③]。吴少阳“度少诚猜忍，惧为所害，乃请出外以任防捍之任，少诚乃表为申州刺史、兼御史大夫，凡五年”[④]。

节度使对那些在战争中逐渐强大的将校，鉴于他们在军队中的地位和影响，不敢轻易对他们痛下杀手，而是采用利诱和抑制的措施。唐宪宗元和十四年（819），李师道遣都知兵马使刘悟“将兵万余人屯阳谷以拒官军”，由于刘悟“为人宽惠，使士卒人人自便，军中号刘父”，受到了主帅李师道的猜忌。李师道既怕刘悟得到军士的拥护，进而夺取自己的权力，同时又怕杀害刘悟引起士兵的叛乱。李师道在防范刘悟时，采用了利诱及质子的方法，于是“师道留悟旬日，复遣之，厚赠金帛以安其意。悟知之，还营，阴为之备。师道以悟将兵在外，署悟子从谏门下别奏”[⑤]。但二者之间的矛盾并没有解决，再次上演了藩镇内部军将与节帅争斗的一幕。唐朝后期淮南节度使杨行密属下的宁国军节度使田頵由于实力的增加，同杨行密的关系也变得越来越紧张。据《九国志》卷三《田頵传》记载：“行密克定江淮，方抚循百姓，而

① 《资治通鉴》卷二五六“中和四年十月”条，第 8314 页。

② 《资治通鉴》卷二五八“大顺二年十月”条，第 8420 页。

③ 《资治通鉴》卷二六〇“乾宁三年四月”条，第 8488 页。

④ 《旧唐书》卷一四五《吴少诚传》，第 3947 页。

⑤ 《资治通鉴》卷二四一“元和十四年二月”条，第 7762 页。

颙与安仁义、朱延寿等，皆猛鸷骁勇，以攻取为务，行密惮其难制，每抑之。”最终导致田颙反叛杨行密。对那些既有才能而又不能为我所用的将校，节度使为防止他们投靠别人，往往将他们杀害。“杨行密欲遣高霸屯天长以扼孙儒，袁袭曰：‘霸，高氏旧将，常挟两端，我胜则不来，不胜则叛。今处之天长，是自绝其归路也，不如杀之。’……行密伏甲执霸及丁从实、余绕山，皆杀之。又遣千骑掩杀其党于法云寺，死者数千人。”[①]将校和节帅间互不信任的关系，增加了藩镇内部的不稳定因素，导致唐末地方动乱频繁。

藩镇节帅防范将校与士兵反叛的另一种较常用的手段是安插大量亲信对各地的军将及士兵严密监督。唐德宗兴元元年(784)二月，淮西节度使李希烈部将滑州刺史李澄“密遣使请降”，李希烈对其怀疑后，“遣养子六百人戍白马”，主要目的就是防范李澄。[②] 高骈驻扎扬州时，设置巡察使，“即以(吕)用之领之，募险狯者百余人，纵横闾巷间，谓之‘察之’，民间呵妻詈子，靡不知之。……所破灭者数百家，道路以目，将吏士民虽家居，皆重足屏气”[③]。西川陈敬瑄，“多遣人历县镇诇事，谓之寻事人，所至多所求取”[④]。这些人深得节度使的信任，严格执行着对地方的防范任务。“李克用取幽州，表刘仁恭为节度使，留戍兵及腹心将十人典其机要，租赋供军之外，悉输晋阳。”[⑤]他不仅安插心腹监视部下，还征兵、征赋于属镇，从兵财两方面加强对部下的控制。藩镇内部的特务统治对节度使控制各地军将的反叛起到了一定的作用，加强了节度使对军队的领导。

节帅一方面要防范军将率领士兵发动叛乱，另一方面还需要军将带领军队在争夺地盘、控制辖区的战争中发挥作用，因此，质子制度成为节帅控制军将的主要措施。现存的唐代史籍中记载了大量相关事例，此仅以独立性较强的几个藩镇为例。魏博镇“诸将出屯，质妻子，里民不得相往来”[⑥]，唐

① 《资治通鉴》卷二五七“光启三年十一月”条，第8370页。
② 《资治通鉴》卷二三〇“兴元元年二月”条，第7400页。
③ 《资治通鉴》卷二五四“中和二年四月”条，第8267页。
④ 《资治通鉴》卷二五四“中和二年三月”条，第8263页。
⑤ 《资治通鉴》卷二六一“乾宁四年七月”条，第8505页。
⑥ 《新唐书》卷一四八《田弘正传》，第4782页。

代宗在指责田承嗣时也说其“更复收管将士，(阙)其本部，劫质妻子”①。淄青李师道“以严法持下，凡所付遣，必质其妻子；有谋顺者，类夷其家”②。为防范深得士卒拥护的刘悟，李师道“使悟出屯，署(悟子)从谏门下别奏”③，实际上是将刘悟的亲属控制在自己的手中。李纳部将高彦昭被派往濮阳驻守，其妻子皆被留在节度使衙署所在地，高彦昭归顺朝廷后，李纳“屠其家”。④ 到唐末，节帅控制部属的措施更加严密，从朱全忠对诸将的控制来看，可能当时所有的节度使都曾采用过此种政策，一旦有人违规，相关人员将会受到严厉的处罚。光启三年(887)十月，朱全忠部将宣武都指挥使朱珍“使人迎其妻于大梁，不白全忠，全忠怒，追还之，杀守门者。使亲吏将玄晖召珍，以(李)唐宾代珍总其众”⑤。对于在战争中投降的将领，节帅对他们既要加以任用，以便招徕更多的降将，同时还要防止他们反复无常，因此质子的方法使用得也更加频繁。唐昭宗天复元年(901)十一月，朱全忠攻下邠州后，“静难节度使李继徽请降，复姓名杨崇本，全忠质其妻于河中，令崇本仍镇邠州”⑥。或曰：“朱全忠克邠州也，质静难军节度使杨崇本妻子于河中。”⑦并州太原人王全斌，“其父事(唐)庄宗，为岢岚军使，私畜勇士百余人，庄宗疑其有异志，召之，惧不敢行。全斌时年十二，谓其父曰：‘此盖疑大人有他图，愿以全斌为质，必得释。’父从其计，果获全，因以隶帐下”⑧。

质子制度的严格执行，使那些在外作战的将校们为了亲属的安全而不敢轻举妄动，保证了节帅对军队的控制。从有关史料记载看，士兵的家属同样受到控制。如在洺州城内反叛的王钊，“本是潞州子弟，见有兄弟数人在

① 《全唐文》卷四七唐代宗《贬田承嗣永州刺史诏》，第 521 页。

② 《新唐书》卷二一三《藩镇淄青横海传》，第 5992 页。《旧唐书》卷一二四《李师道传》载：“大将持兵镇于外者，皆质其妻子；或谋归款于朝，事泄，其家无少长皆杀之。”

③ 《新唐书》卷二一四《藩镇宣武彰义泽潞传》，第 6014 页。

④ 《新唐书》卷二〇五《列女・高愍女传》，第 5825 页。

⑤ 《资治通鉴》卷二五七“光启三年十一月”条，第 8365 页。

⑥ 《资治通鉴》卷二六二“天复元年十一月”条，第 8564 页。

⑦ 《资治通鉴》卷二六二“天祐元年正月”条，第 8626 页。

⑧ 《宋史》卷二五五《王全斌传》，第 8919 页。

军，材能最出于众，若招降，至多必恐顾惜家口”[①]，证明士兵的家属受到了节度使的控制。

四、藩镇军队的非本土化趋势

唐代中后期以牙兵为主体的地方军队之所以成为地方政治的控制者，除了节度使的姑息纵容之外，还有一个重要的原因，就是藩镇军队的士兵一般是终身占籍，甚至父兄在军，子弟随从。兵士死亡后，父兄、子弟可以补籍入伍，世代以军旅为职业。唐代的大量资料记载了这种现象：李德裕描述忠武、武宁诸军为“有少壮堪充战卒五六千人，皆是父子兄弟，人心齐一”[②]；邠宁军也是“朔方忠义旧来闻，尽是邠城父子军”[③]。唐朝中央政府对于这种现象不仅认可，而且往往通过诏令的形式以军人子弟来添补战损死亡的士兵，“应天下节度都团练防御经略等军所置军数，各委本道据旧额，以度定数，不得辄有减省。其有逃亡病死，及过犯解退，当时拣择有武力艺能者添补。……如有父兄子弟，试其武艺，堪在军中承名请衣粮者，先须收补”[④]。唐僖宗咸通十年(869)敕令规定：“应阵亡将士有父兄子弟愿入军者，便令本道填替。”[⑤]这种职业兵的世袭填补制，使得军伍之间聚集了很大数量的带有血缘

① 《全唐文》卷七〇三李德裕《续得高文端贼中事宜四状》，第7213页。

② 《全唐文》卷七〇二李德裕《论石雄请添兵状》，第7203页。

③ 《全唐诗》卷四七七李涉《邠州词献高尚书》，第2979页。

④ 《全唐文》卷六七唐穆宗《优恤将士德音》，第706页。

⑤ 《旧唐书》卷一九上《唐懿宗纪》，第671页。

关系的亲族,带有明显的地域特性和本土化特征。[①]

这种"父子相袭"的地方军队不可避免地形成盘根错节的势力,"使军人成为地方的一个特殊群体,产生了自己特殊的地方性政治、经济利益",具有牢固的结合性和强烈的凝固性。他们通过对节度使人选的干预和控制实现对地方政治的控制,"以最大限度地满足其利益并使之得到保障"[②],长期割据的河朔三镇,情况尤为明显。唐武宗会昌元年(841),卢龙镇偏将陈行泰杀节度使史元忠,张绛又杀陈行泰,雄武军使张仲武一方面派兵攻打叛乱的军队,另一方面派军吏吴仲舒到长安求节钺。吴仲舒与李德裕之间的对话可谓对当时军队地方化的精辟论述:

> 仲舒至京师,诏宰相问状,仲舒言:"行泰、绛皆游客,故人心不附。仲武幽州旧将,性忠义,通书,习戎事,人心向之。乡者张绛初杀行泰,召仲武,欲以留务让之,牙中一二百人不可;仲武行至昌平,绛复却之。今仲武才发雄武,军中已逐绛矣。"李德裕问:"雄武士卒几何?"对曰:"军士八百人,外有土团五百人。"德裕曰:"兵少,何以立功?"对曰:"在得人心。苟人心不从,兵三万何益。"[③]

张仲武获得当地军队的支持而夺得节度使职位的根本原因就是世居河

---

① 《唐代墓志汇编》(下),大和090《唐故山南东道节度押衙光禄大夫检校太子宾客前行邓州长史兼侍御史弘农县开国男杨公(孝直)墓志铭并序》载:杨孝直家族"近年家于燕垂,因职业在斯。曾祖模,祖翰,皆委身卢龙军,名居列将。……考达,成德军节度征马野牧使兼中军都兵马使。……公既生于将门,幼习武略,故王令公武俊临镇之岁,从事戎旃,获居将校。……其或邻境不庭,戎马生郊,由是有诏兴师,元戎命公董而征之,无不势如破竹。……自令公至司空(指王武俊、王士真、王承宗)服事三代,终始如一。……故以元和十二年权深州刺史,至十四年改摄冀州刺史,皆班列牙门,官带郡守"。后来杨孝直随王承宗归朝,其子(杨瞻)仍在成德军任职。这是比较明显的本土化军将家族。(详见周绍良主编《唐代墓志汇编》(下),宝历017《唐故凤翔节度押衙兼知排衙右二将银青光禄大夫兼太子宾客弘农杨公(瞻)墓志铭并序》,第2091页)此外,如魏博节度使韩君雄的祖先四代任魏博镇的兵马使、刺史等职,见《全唐文》卷八〇五吴畦《韩国昌神道碑》。据《旧五代史》卷二五《唐武皇纪》记载,河东节度使李克用"亲军万众,皆边部人"。樊文礼曾对河东地区的牙将籍贯或部族进行过详细统计,在李克用的牙军集团中,代北人占总数的67%。(参见樊文礼《李克用评传》,山东大学出版社2005年版,第77~90页)

② 孟彦弘:《论唐代军队的地方化》,载《中国社会科学院历史研究所学刊》第1集,社会科学文献出版社2001年版。

③ 《资治通鉴》卷二四六"会昌元年十月"条,第7956页。

朔。据有关史料记载，张仲武家族自开元(713～741)时期就在幽州镇任职，前后达七世之久。[①] 这种现象在河朔三镇的其他节度使身上也可以看到：在河朔三镇的五十六位节度使中，除唐穆宗时由中央直接派遣张弘靖、李愬、田弘正分别为卢龙、成德、魏博节度使外，其余的五十三位节度使，都是久居河朔且长期在军中任职的人员。[②] 而中央派遣的三位节度使都因为当地军队的强烈反对而没有站稳脚跟。至于河朔三镇各地的中下级官吏，如刺史、县令、军使、镇将、牙兵将领等也以河朔本地人为主[③]，他们在政治、经济上都享有一定的特权。而要实现这种特权，他们就必须保持住本土化的优势，否则，他们所拥有的种种特权将会丧失殆尽。前卢龙节度使朱滔的孙子朱克融的例子便说明了军人当地化的必要性。[④] 这必然促使藩镇军队为保护自身的利益而拒绝中央任命的节度使和将本地的军队调往外地。不改变地方军队当地化的状况，就根本不可能解决藩镇内部频繁的军事变乱问题。

唐朝中后期的一些节度使在频繁的军事叛乱中意识到军人地方化与地方政局的关系，并且采取了相应的防范措施改变这种状况。唐宪宗元和年间，曹华被任命为棣州刺史时，就曾“招募群盗之劲者，补之军卒”，达到了弱化军人当地化的目的。其被任命为沂海兖观察使后，在彻底清理了参与叛乱的士兵之后，为加强对统治地区的控制，一方面加强当地的教化工作，即所谓“初，李正已盗有青、郓十二州，传袭四世，垂五十年，人俗顽骜，不知礼

① 《全唐文》卷七八八李俭《银青光禄大夫太子中允赠工部尚书清河张公神道碑铭》载：“祖讳烈，为瀛洲刺史，封清河伯，遂家于燕；王父讳佐明，宣威将军行幽州游徼府右果毅都尉；烈考讳元皎，宣节校尉幽州润德府折冲都尉”；元皎次子光朝为兵部尚书，“兵部嗣子仲武，今幽州卢龙节度副大使知节度使两蕃经略卢龙军兼充招抚回鹘等使”；张仲武的弟弟“讳仲至，今涿州刺史永泰军营田团练等使”，仲斌，“蓟州刺史静塞军营田团练等使兼侍御史”；张仲武子敬铉，幽都主簿，敬殷，幽州参军。

② 参见方积六《论河朔三镇的长期割据》，载《中国史研究》1984年第1期。

③ 周绍良主编：《唐代墓志汇编》(下)，大中067《大唐魏博节度别奏刘公故太原郭氏夫人墓志铭并序》记载：魏博镇魏郡人郭氏家族，“三代祖并辕门上将，名冠古今，勋业俱高，不可具载。父君佐使宅亲事兵马使押衙；以弓裘饰身，文武不坠，守忠事上，信义居怀”，其丈夫担任魏博镇节度别奏。

④ 《新唐书》卷二一二《朱克融传》载：“克融等留京师，久之不得调，数诣宰相求自试，皆不听，羸色败服，饥寒无所贷丐，内怨怼。”

教。华令将吏曰：'邹、鲁儒者之乡，不宜忘于礼义。'乃躬礼儒士，习俎豆之容，春秋释奠于孔子庙，立学讲经，儒冠四集。出家财赡给，俾成名入仕，其往者如归”；另一方面则将观察使驻地从沂州转移到受孔孟文化影响较深的兖州[①]，削弱了当地军人对地方政治的影响，有效地阻止了地方势力对地方政治的干扰。唐懿宗中和三年(883)九月，昭义节度使孟方立，“以潞州地险人劲，屡篡主帅，欲渐弱之，乃迁治所于邢州，大将家及富室皆徙山东，潞人不悦”[②]。孟方立企图将节度使的治所与地方军人集团的地域分割开，进而削弱军人在地方政治中的作用，但军人集团意识到脱离本土对他们的危害，对孟方立的行为极力反对，导致孟方立的计划失败。尽管如此，藩镇内部削弱军人本土化的趋势依然存在，尤其到了唐朝后期，一些节帅在取得对其他地区的控制权后，总是将当地军队调往其他地区，一方面加强自己在军事行动中的力量，另一方面削弱地方的实力。如李克用在攻取幽州后，尽管任命刘仁恭继续担任节度使，但仍安排了大量亲信在幽州地区驻扎，并要求刘仁恭不断向其供应军需。史载：

初，李克用取幽州，表刘仁恭为节度使，留戍兵及腹心将十人典其机要，租赋供军之外，悉输晋阳。及上幸华州，克用征兵于仁恭……仁恭辞以契丹入寇，须兵扞御，请俟虏退，然后承命。克用屡趣之，使者相继，数月，兵不出。克用移书责之，仁恭抵书于地，慢骂，囚其使者，欲杀河东戍将，戍将遁逃获免。克用大怒，八月，自将击仁恭。[③]

各地方统治者从频繁的军队变乱中意识到军人地方化的危害性并试图改变这种状况，但由于当时的实际情况，即使在唐末混战中逐渐壮大的一些强藩仍然没有足够的力量来完成这项事业。如河东节度使李克用，为控制潞州的骄兵，将其一部分精兵抽调出来，纳入自己的管理之下，“昭义有精兵，号'后院将'，克用既得三州，将图河朔，令李克恭选后院将尤骁勇者五百人送晋阳，潞人惜之”[④]。在将这五百人送往晋阳的途中，后院将发生叛乱，

① 《旧唐书》卷一六三《曹华传》，第 4243 页。

② 《资治通鉴》卷二五五“中和三年九月”条，第 8299 页。

③ 《资治通鉴》卷二六一“乾宁四年七月”条，第 8505～8506 页。

④ 《资治通鉴》卷二五八“大顺元年五月”条，第 8398 页。

杀死押送的将校，返回潞州，并向朱全忠投降，导致李克用丢失了潞州。由此可见，彻底消除地方军队对地方政治的影响的时机还不成熟。但在一百余年的发展演变过程中，各地节度使在如何控制军队，尽量减少变乱方面采取了各种各样的措施，积累了一些经验，为以后的统治者提供了借鉴。

第二节 藩镇内部加强财政管理的措施

观察、节度使在自己的辖区内，“既有其土地，又有其人民，又有其甲兵，又有其财富”，土地、人民、甲兵和财富成为藩镇节度使骄兵自横、逆命叛上与独立割据的重要资本。唐代藩镇的财赋收入除部分以上供或者进奉的形式上缴中央外，更多的则留归本镇所有，用于本镇的各项开支。尤其是两税法的施行，中央明确规定了地方政权的财赋征收权限，地方政府获得了相对独立的财政权。为更好地管理这些财赋，在日益发达的藩镇管理体系中，逐渐形成了比较完整的财赋收支管理制度，以适应藩镇内部财赋收支平衡的需要。正如李锦绣所说：“地方两税外的赋税、田产、经商赢利等收入总数，当不会小于两税的留州、送使数额。而且时间愈后，中央对地方控制力愈弱，两税外科配擅征也越多，地方财政收入越大。诸道州府两税外的赋税、田产、商业等收入，弥补了两税征收中所出现的甫悬欠负，补充了不由两税供给的地方经费，增强了地方保持财政平衡的能力。”①在财赋征收与管理的过程中，军人发挥了重要的作用。

一、军资库司在地方财赋管理中的作用②

唐代藩镇为了对日益复杂的财赋收支加强管理，设立了专门的管理机构——军资库司，这是地方财赋收入的综合性仓库。南宋王明清在《挥麈余话》卷一中说：“一州税赋民财出纳之所独曰军资库者，盖赋税本以赡军，著

① 李锦绣：《唐代财政史稿》下卷，第1103页。

② 本部分内容较多地参考了冯培红的研究成果。（参见冯培红《唐五代归义军军资库司初探》，载《敦煌学辑刊》1998年第1期）

其实于一州官吏与帑库者，使知一州以兵为主，咸知所先也。”[①]可见军资库储藏的东西是非常丰富的，尽管这里说的是宋朝时期州一级的军资库，但由于唐宋制度的沿革性比较明显，所以也可以说明唐代藩镇的情况。军资库中储藏了大量财赋，是唐代中后期重要的物资储备中心和唐代藩镇财政体系中的重要组成部分，维持着藩镇正常的财政开支。管理军资库的官员多由节度使的亲信如都头、节度押衙兼任，反映了节度使对藩镇财赋的控制与掌握。军资库有详细而严格的管理制度，即军资库任何一项经费支出，都必须在军资库官具状呈报节度使，得到节度使的批准后才可执行。许多藩镇都先后设立了专管财赋的机构，如：德宗时期，李抱贞镇潞州，将所得财货“辇入军资库”[②]；元和初，剑南有军资库官宇文遇[③]。这些都说明军资库是随着唐代中后期藩镇的兴起而出现的，体现了节度使对藩镇内部财赋管理的加强。

冯培红通过对敦煌文献 P. 4640 号《己未年至辛酉年(899～901 年)归义军衙内破用布纸历》的研究，对唐朝中后期以至于宋初的军资库进行了个案研究，认为“军资库作为专门掌管财赋经费的机构至迟在晚唐藩镇使府中已经出现，考虑到唐代中叶之后藩镇必设掌管财物的仓库机构与归义军恢复唐朝藩镇旧制等因素，很可能伴随着藩镇的兴起，军资库司也很快设置产生”[④]。军资库官的职责是负责管理使府的日常经费收支等事务，将管内各地征纳上来的财赋收入军资库，并按照官府的日常用度与节度使的命令随时支给。由于归义军节度使府是以唐王朝地方藩镇的形态出现的，其各项制度明显地带有唐代藩镇的痕迹，又由于归义军是唐宋之际存续最晚的一个藩镇，历经晚唐、五代、宋初，所以，它的一些制度又反映了唐宋之际的一些特征。

---

① 王明清：《挥麈余话》卷一，《四库全书》文渊阁本。

② 《太平广记》卷四九五“李抱贞”条，第 4066 页。

③ 《太平广记》卷四七二“高崇文”条，第 3890 页。

④ 冯培红：《唐五代归义军军资库司初探》，载《敦煌学辑刊》1998 年第 1 期。

二、军人在财赋管理中的作用

唐代茶、盐以及其他各种各样的税收原则上由中央的度支、盐铁巡院等直接管理，但随着唐后期中央对地方控制力的削弱，到晚唐，这些事务的管理权也多被地方侵夺，地方节度、观察使多另设机构和官吏来管理这些税收①，而在职官员则多为武将。如杜牧所言："黄境邻蔡，治出武夫，仅五十年，令行一切。后有文吏，未尽消除。伏腊节序，牲醪杂须，吏仅百辈，公取于民，里胥因缘，侵窃十倍，简料民费，半于公租。"②军人在地方财赋管理中发挥的作用越来越大。从有关的史籍记载来看，军人主要在以下几个方面发挥作用：

第一，参与各种财务管理工作。各地藩镇不仅对田赋收入采取各种方式加以截留，对于其他各项收入也设立专门的官员加以管理。如淄青镇的张巽，其祖先为范阳人，他本人"前后受假署于连帅府者，简书三换，分剧务于度支"，"以宝历元年(825)九月二十日终于青州盐铁院官舍"。③ 唐朝末年，淮南节度使高骈曾任命朱鄘为讨击使，朱鄘获得此职务的原因是"纳资助军"，尽管史料没有记载朱鄘担任的具体职务，但其职务肯定与经济有关。④ 据现有的资料可以知道，在国家专卖产品如盐、铁、茶中有大量的军将参与其中，营田、畜牧业、手工作坊、商税、市场管理中也有大量军将活跃其中。

(1)参与盐政管理。自从刘晏盐法实行以来，盐利在国家税收中一直占

---

① 《唐代墓志汇编》(下)，乾符027《唐故上谷成公墓志铭并序》记载，墓主成君信的女儿"适陇西牛从宾，实为节度要籍支计斛斗司"。可见其女婿是当时藩镇的一个财务管理人员。《唐代墓志汇编》(下)，咸通028《唐故扬州海陵县丞张府君墓志铭并序》载：常山人张宾，大中七年以海陵县丞身份被淮南节度使"委总陵亭场务，操断逾年，颇更积弊，俾其曹吏乡里咸畅，公清之长，囷仓帑藏，皆无逋阙之非"。

② 《全唐文》卷七五六杜牧《祭城隍神祈雨文》(第二文)，第7850页。

③ 周绍良主编：《唐代墓志汇编》(下)，宝历012《唐故试太常□□□□□□□ 张府君(巽)墓志》，第2088页。

④ 参见[朝鲜]崔致远《桂苑笔耕集校注》卷一四《朱鄘补讨击使》，中华书局2007年点校本，第459页。

有比较重要的地位，藩镇在与中央争夺盐利时，往往委派自己的心腹军将作为盐政的管理者。《全唐文》卷八四一裴庭裕《大唐故内枢密使特进左领军卫上将军知内侍省事上柱国濮阳郡开国侯食邑一千户食实封一百户吴公承泌墓志铭并序》称，墓主吴承泌先后充任过解县催勘副使、解县催勘使和解县榷税使，这说明中央的宦官参与过对池盐的管理。大中时，忠武军节度兵马使朱萱，"字元茂……早从职于盐铁之务，尝奉公于府库之司，善计丝毫，成资忆兆。又居行列之首，亦专馈运之先。在今之徒，莫能继踵，平昔之业，因由累功"①。《唐代墓志汇编》(下)，乾符029《唐故平卢军兵□□□盐务使高阳郡耿府君故夫人太原王氏合祔墓志铭并序》记载，耿府君名庸，字大用，乾符三年(876)十二月死，享年八十一岁，生前在平卢军任职，兼充盐务使。骆潜"统摄铜盐，长怀似鹗之姿，果召如鹰之吏，才无阻滞，术有变通，知可付于牢盆，伫来仪于铁瓮，署扬州海陵监事。监乃务之大者，公实处之暇□财货充盈，课输集办"②。高骈在淮南节度使任内大量任命官员管理辖区内的盐务：中和初年任命高彦休为盐铁巡官③，王棨端知丹阳监事④，臧瀞知盐城监事⑤。唐末，朱全忠的部将胡规"署为河中都虞侯，榷盐务"⑥。

(2)参与茶、酒税收工作。钜鹿人魏涿，"廿二，受留守衙前虞侯，副知茶务；廿四，迁衙前将，务获正专"⑦，以东都留守虞侯、正将、同正将等身份掌管东都茶务。魏项，"年当廿有五，受同正将代□□□□，统领茗司，四远臻服

① 周绍良主编：《唐代墓志汇编》(下)，大中153《故忠武军节度兵马使朝请郎试左金吾卫兵曹参军上柱国朱公墓志》，第2370页。

② 周绍良主编：《唐代墓志汇编》(下)，中和013《唐故淮南进奉使检校工部尚书郎中兼御史中丞赐绯鱼袋会稽骆公墓志铭》，第2515页。

③ 参见[朝鲜]崔致远《桂苑笔耕集校注》卷一三《请高彦休少府充盐铁巡官》，第414页。

④ 参见[朝鲜]崔致远《桂苑笔耕集校注》卷一三《王棨端公知丹阳监事》，第443页。

⑤ 参见[朝鲜]崔致远《桂苑笔耕集校注》卷一三《臧瀞知盐城监事》，第444页。

⑥ 《旧五代史》卷一九《胡规传》，第264页。

⑦ 周绍良主编：《唐代墓志汇编》(下)，咸通067《唐故留守兵马使魏公(涿)墓志》，第2430页。

……犹子嗣□于茗署，悲哉！”[①]同样也以东都留守虞侯、正将、同正将等身份掌管东都茶务。高骈在淮南节度使任内任命多人管理酒务：诸葛殷、徐莓专知榷酒务[②]；柳孝让专知白沙榷酒务[③]。

(3)掌管地方矿产生产及各种手工产品的制造。《大唐昭义军故节度军前游弈副使戡黎府折冲试太仆卿颍川郡许府君并夫人太原王氏墓志铭并序》志文中介绍许晃生前所任职务时，提到他“累任固镇冶务”[④]。幽州镇的敬延祚，“其先平阳郡人也。繁宗盛裔，不广叙焉，遂授随使节度押衙，遥摄镇安军使。……府君性禀冲和，志惟端厚，早备成人之器，德怀鉴物之明。经籍材能，具精官业，谦以自牧，惠乃知人。不恃宠以骄身，不怒而临下。辕门旌能，移掌坊务，于是缮修戎器，淬励锋矛，和用无阙于军资，戈鋋益兼于武库。久处繁难之任，尤彰廉俭之名”[⑤]，他是以镇安军使的身份具体掌管藩镇内部的兵器制造以及维修的专职官员。贞元十九年(803)，担任鲁城县令的刘谈曾在贞元十五年(799)以成德镇节度驱使官的身份“充作坊将”[⑥]。世为振武军牙校的张敬询在河东镇“专掌甲坊十五年，以称职闻”[⑦]。《唐代墓志汇编》(下)，元和095《大唐故李府君(岸)夫人徐氏合葬墓志铭并序》云“嗣子季阳授成德军节度作坊判官”，说明当时已经有作坊，该墓志作于元和十一年(816)。《唐代墓志汇编续集》元和019《大唐故李府君(日荣)墓志铭》称，李日荣“贞元廿年十一月十九日授琼林库作坊判官”。《唐代墓志汇

① 周绍良主编:《唐代墓志汇编》(下)，咸通086《唐故留守右厢都押衙都虞侯黄州长史兼监察御史银青光禄大夫检校太子宾客上柱国魏府君(项)墓志铭》，第2446页。另一篇墓志也记载了魏项的这种职务，魏项以太平镇节度散兵马使的身份与其弟魏茂清，“统掌茶务，材副公私，全得凤毛，人皆瞻爱”。(参见周绍良主编《唐代墓志汇编》(下)，咸通074《唐故华州衙前兵马使魏公墓志铭》，第2437页)

② 参见[朝鲜]崔致远《桂苑笔耕集校注》卷一三《诸葛殷知榷酒务》，第435页；《桂苑笔耕集校注》卷一四《徐莓充榷酒务专知》，第481页。

③ 参见[朝鲜]崔致远《桂苑笔耕集校注》卷一四《柳孝让知白沙场榷酒务》，第482页。

④ 杜立辉:《唐许太清及夫人墓志铭考释》，载《文物春秋》2006年第1期。

⑤ 周绍良主编:《唐代墓志汇编》(下)，中和005《唐故幽州随使节度押衙遥摄镇安军使充绫锦坊使银青光禄大夫检校国子祭酒兼御史中丞上柱国平阳郡敬府君(延祚)墓志铭并序》，第2509页。

⑥ 周绍良主编:《唐代墓志汇编》(下)，贞元140《大唐故同经略副使承务郎沧州鲁城县令刘公(谈)墓志铭并序》，第1940页。

⑦ 《旧五代史》卷六一《张敬询传》，第821页。

编续集》元和036《刘君王氏墓志》称墓主刘某先任贝州作坊判官，因有政绩，"遂迁天雄军作坊副使"。《唐文拾遗》卷三二张宾《唐故幽州随使节度押衙遥摄镇安军使充绫锦坊使银青光禄大夫检校国子祭酒兼御史中丞上柱国平阳郡敬府君(延祚)墓志铭并序》记载："……遂授随节度押衙，遥授镇安军使，充绫锦坊使。……辕门旌能，移掌坊务。于是缮修戎器，淬励锋矛，私用无阙于军资，戈戹兼于武库。……以中和二年九月十八日，终于昌平县界永宁村之私第。享年卅有六。"《唐代墓志汇编续集》大中071《唐故卢龙节度衙前兵马使兼知船坊事银青光禄大夫检校太子宾客兼监察御史上柱国陇西董府君(唐之)墓志铭并序》记载："洎大中七年(853)表授兼监察御史，畴其茂功也。无何，公议以运漕殷繁，供输务切，舳舻往返万斛者千艘。精选良能，非公莫可。至八年，拜卢龙节度兵马使、内衙亲事、兼船坊使。"《唐时府君王氏夫人合祔墓志铭》记载：时某，"考讳光，诸冶判官。府君……六十有八，以大和五年二月十日，奄辞人世"[①]。军将广泛参与到地方各种手工业生产的管理中，有利于节度使对本辖区军需物品及其他产品的管理和控制。

(4)参与营田管理。安史之乱后的长年战争给北方各地的农业生产造成严重影响。"天宝末，贼将(安)禄山掩有河洛，乾元之中(史)思明继祸，中原鼎沸，涂炭生灵，十室九空，人烟断绝。"[②]"宝应之后，岁恶人流，道殣相属，市无赤米，罔发滞积，利归强家。"[③]各地方政府为了保证有充足的粮食供应，多利用战后人民流离失所出现的大量荒芜土地，招抚流亡者耕种，或者组织军事屯田进行生产。营田收入是地方粮食的来源之一，对保证本地区军粮的供应以及稳定地方局势有重要作用，各地方政府充分重视，并委任大量军将以各种职务来管理营田事务。"时朔方节度副使论公遇公而置之幕下

① 中国文物研究所、河北省文物研究所：《新中国出土墓志·河北卷》下册，文物出版社2004年版，第87页。

② 周绍良主编：《唐代墓志汇编》(下)，贞元023《唐故朗州武陵县主簿桑公(崿)墓志铭并序》，第1853页。

③ 周绍良主编：《唐代墓志汇编》(下)，贞元034《唐故银青光禄大夫尚书兵部侍郎寿春郡开国公黎公(幹)墓志铭并序》，第1861页。

……间岁职营田之务于蒲也，规画强理，巡阅耕耘，法立令行，人莫敢犯”[①]，李良金以幕职的身份参与营田管理，并获得了一定的成功。元和年间，义武镇公使宅正十将韩弘庆任营田都将，“三农毕力，万顷芃芃，师人兴足食之谣，食廪有坻之咏”[②]。《唐代墓志汇编续集》大中003《唐故天平军左厢营田兵马使银青光禄大夫检校太子宾客上柱国郑公墓志》载：天平军郑某，“大和初，授使厅副将，未几，擢别敕院官署正十将。……授经略副使，充右厢营田使……寻改衙前兵马使，充左厢营田使”。淄青节度使李师道“置邸东都，多买田伊阙、陆浑间，以舍山棚，遣将訾嘉珍、门察部分之”[③]。元和十三年(818)，卜璀“充襄唐两州营田兵马使，管屯院四所，军健三千，岁出斛斗三十万石”[④]。唐朝末年，淮南节度使高骈任命柴严为楚州营田院洪泽两塘专知官[⑤]，綦务苹为楚州营田判官[⑥]。

(5)参与畜牧业生产与管理。军马是军队战斗力的重要体现，从唐朝的相关史料中可以看出，军马数量的多少及军马质量的高低对当地军事力量的强弱具有重要影响，唐政府在中央曾设立专门的畜牧业管理机构加以管理。各地方政权为保障本地畜牧业的发展，也委派军将参与畜牧业管理。如成德镇的石神福，“生于雄武，长在蔚州”，“遇安史作乱，漂泊至恒阳。……频经战伐，累效疆埸，勇毅前冲，煞(杀)戮无数……迁授大将。为征马事，重委在腹心，兼令勾当右厢草马使事。……元和八年(813)正月十七日奄然大谢于野牧，时春秋五十有四”。[⑦] 卒于大和七年(833)的崔蕃也从事过牧马事业，“以政治修举为楼烦陈公所辟，迁监牧使判官，奏大理评事。公勤

① 周绍良主编：《唐代墓志汇编》(下)，大历010《唐故金紫光禄大夫试太子詹事兼晋州刺史上柱国陇西郡开国公李公(良金)墓志铭并序》，第1766～1767页。

② 周绍良主编：《唐代墓志汇编》(下)，大和083《唐故义武军节度十将陪戎副尉守左威卫沁州延儁府别将员外置同正员上护军弘农杨府君(弘庆)墓志铭并序》，第2156页。

③ 《新唐书》卷二一三《藩镇淄青横海传》，第5993页。

④ 周绍良主编：《唐代墓志汇编》(下)，长庆015《唐朝散大夫检校太子詹事襄州节度押衙兼管内诸州营田都知兵马使及车坊使卜府君(璀)墓志铭并序》，第2069页。

⑤ 参见[朝鲜]崔致远《桂苑笔耕集校注》卷一三《柴严充洪泽雨塘巡官楚州营田》，第439页。

⑥ 参见[朝鲜]崔致远《桂苑笔耕集校注》卷一二《楚州营田判官綦务苹》，第392页。

⑦ 周绍良主编：《唐代墓志汇编》(下)，元和061《大唐故成德军节度下左金吾卫大将军试殿中监石府君(神福)墓志铭并序》，第1991页。

绩著，群牧孳息”，“陈公改迁，又为后使郭公邀留，奏殿中侍御史，迁监牧副使”。①卜璀在贞元末年被襄州节度使于某聘为“节度总管充车坊使及知征马五屯”。于某卸任后，卜璀又被新任节度使聘任，担任同样职务：“及司空严公分主是邦，复重其才，补充同押衙防城及车坊都知兵马使，并勾当官园马禾等，州府以肃，城隍无虞，三军足蔬，万马常秣，其大略也，奉公无私。”②贞元末年，冯殖“以客来峡，□为廉使故大司农崔公淙一见如故，署职维焉。公军旅之事，靡不谙究，尤识马之良善，虽伯乐玄□无以过。故两京之为驵者，皆称冯公一目□马，虽且瘠而似驽者，果骐骥矣”③。死于大和九年(835)的邓州长史杨孝直之父杨达，官至“成德军节度征马野牧使兼中军都兵马使、御史中丞、上柱国、弘农县开国伯”④。河东镇也有军将参与马政管理。如作于大中九年(855)的《大唐涿州范阳县主簿兰陵萧公夫人侯氏墓志铭》称墓主侯氏的父亲官至“河东节度押衙野牧使、左右厢军使、银青光禄大夫、检校太子宾客兼殿中侍御史”；魏博节度使罗弘信“初为马牧监，事节度使乐彦祯”⑤。

(6)参与市场管理及征收商税。现有的有关唐朝藩镇财赋收入的资料证明，商税收入也是地方收入的重要组成部分。地方政府一方面发展商业，牟取暴利，一方面加强对市场的管理以保证商业的正常运行。在商业运行及市场管理中也有军将的身影出现。卒于元和四年(809)的德州安德人何载，“年才强仕，献策于横海节度使程公。公之用贤，言刈其楚，解褐绶景州参军”，“又充节度要籍权知市事。既主要务，奉公无私。阛阓骈阗，商贾霖

① 周绍良主编:《唐代墓志汇编》(下)，大和 064《大唐故朝议郎河南登封县令上柱国赐绯鱼袋崔公(蕃)墓志铭并叙》，第 2142 页。

② 周绍良主编:《唐代墓志汇编》(下)，长庆 015《唐朝散大夫检校太子詹事襄州节度押衙兼管内诸州营田都知兵马使及车坊使卜府君(璀)墓志铭并序》，第 2069 页。

③ 周绍良主编:《唐代墓志汇编》(下)，开成 036《唐□□□□□□□□□□□□□□州司马□□□冯府君(殖)墓志铭并序》，第 2194 页。

④ 周绍良主编:《唐代墓志汇编》(下)，大和 090《唐故山南东道节度押衙光禄大夫检校太子宾客前行邓州长史兼侍御史弘县开国男杨公(孝直)墓志铭并序》，第 2160 页。

⑤ 《旧五代史》卷一四《罗绍威传》，第 187 页。

集，可不为当代之君子矣”。[①] 卒于元和七年（812）的太原祁县人王叔原，祖孙三代任职于藩镇：父为涿州固安县丞、莫州司法参军；祖父为幽州昌平县尉；本人“及强而仕，委质辕门”，“或奉使南北，匹马奔驰”，“后充□□大使数年，课利益增，军府是赖”。[②] 会昌四年（844），泽潞镇节度押牙王协为了增加财赋收入，大量派遣军将担任各州征税官员，“每州遣军将一人主之，名为税商，实籍编户家赀，至于什器无所遗，皆估为绢匹，十分取其二，率高其估”[③]。韩知训为“天平军节度使押衙、前齐州都商税使”[④]。傅秦“押衙兼知市”[⑤]，衙前小将顾彦朗、彦晖，“知使院宅市买”[⑥]。袁贞懋与某氏同为“节度先锋兵马使、充知市将”[⑦]。唐末，孟文德充节度都回图钱谷都知官。[⑧] 李思业父为亲从左厢都押衙都回图商税使。[⑨] 崔致远《桂苑笔耕集校注》卷一四《张雄充白沙镇将》记载，唐末淮南节度使高骈在自己辖区内安插军将张雄到白沙镇驻守，主要承担税收任务：“眷彼古今，实为要路，是成（城）镇务，乃在江堧，既居使府之要冲，宜假公才而管辖，况兼场货，可赡军需。……须权勾当白沙镇务，兼知场司公事。”虞延□为“军事孔目官、知宝城场务”[⑩]。在岭南，“（秦）轲素为州将……职次牙璋，务兼银冶。俯资军用，兼助地征。……依前知古州事，兼专勾当都蒙营务”[⑪]。

第二，直接从事商业贸易。唐朝中后期商业有较快的发展，各地藩镇也

① 周绍良主编：《唐代墓志汇编》（下），元和035《唐故庐江郡承奉郎行乐陵县丞兼乐陵县令赏绯鱼袋何公（载）墓志铭并序》，第1974页。

② 周绍良主编：《唐代墓志汇编》（下），元和060《唐故恒王府司马幽州节度经略兵曹参军太原王府君（叔原）墓志铭》，第1990页。

③ 《资治通鉴》卷二四八“会昌四年闰七月”条，第8005页。

④ 毕沅：《山左金石志》卷一四《高里山总持经幢》。

⑤ 陆増祥：《八琼室金石补证》卷四八“侯刺史等经幢题名”条。

⑥ 《太平广记》卷一七〇“蔡荆”条，第1250页。

⑦ 陆耀遹：《金石续编》卷一二“韦君靖建永昌寨记”条。

⑧ 《孟弘敏及夫人李氏墓志》，见《隋唐五代墓志汇编·河北卷》第1册，三秦出版社1998年版，第141页；吴钢主编《全唐文补遗》第3辑，第298页。

⑨ 参见沈涛《京畿冢墓遗文》卷下，转引自李锦绣《唐代财政史稿》下卷，第582页。

⑩ 陆增祥：《八琼室金石补证》卷八〇“乾亨寺钟款”条，转引自李锦绣《唐代财政史稿》下卷，第585页。

⑪ 《全唐文》卷七七八李商隐《为荥阳公桂州署防御等官牒》，第8127页。

积极发展商业以获取大量的财赋，安禄山、史思明就曾“畜战马数万匹，多聚兵仗，分遣商胡诣诸道贩鬻，岁输珍货数百万”[①]，在其统治区域内出现了一些商业发达的地方。如魏州魏县，“万商所暨，财雄气使玉食武断者，自昔难御之”[②]。通过发展商业，安禄山积聚了大量财富。大量商人也以各种形式参与到藩镇的各级管理体系中，为藩镇提供经济支持。为了加强对商业的管理并获取更大的商业利润，各地藩镇也委任军将参与商业经营与管理。据《太平广记》记载，河东人范翊以裨将的身份被“差往淮南充使，收市绵绮”[③]。《隋唐五代墓志汇编》记载李彦崇的职务时说：“凡历任五郡押衙，倜傥瑰丽，皆以守见用。或权变于货殖，则无损于人；掌帑藏于惟扬，即众皆钦仰。”[④]李彦崇在唐文宗开成元年(836)以京兆府押衙的身份终于扬州私邸，可见其一直供职于扬州，在扬州掌货殖、帑藏，应该是诸道设于扬州邸肆的主掌官。中唐时期“长沙小将姓周者，部本郡钱帛，货殖于广州”[⑤]。郭宗为昌、普、渝、合四州“节度散兵马使，兼军事押衙，专知回易务”[⑥]。

第三，在赋税送纳和仓库管理中发挥作用。随着藩镇势力的强大，军人在地方财政事务中的影响也越来越大，他们不仅参与地方财务的管理，还渗透到地方仓库管理、赋税送纳等环节之中。《资治通鉴》卷二五五“唐僖宗中和三年(883)十月”条胡注：“是后方镇率分置镇将于诸县，县令不得举其职矣。”元稹在《论转牒事》中说：“诸道差使赴上都奏事，及押领进奉官并部领诸军防秋军资钱物官，及边军合于度支请受军资粮料等官，并在给券。”[⑦]李克用攻取幽州，虽然表刘仁恭为节度使，但“留戍兵及腹心将十人典其机要，租赋供军之外，悉输晋阳”[⑧]。南昇“投迹军门，职居爪牙，兼主于廪。廪之司

① 《资治通鉴》卷二一六“天宝十载二月”条，第6905页。

② 周绍良主编：《唐代墓志汇编》(下)，大历072《唐故□□□魏郡魏县令崔公(夷甫)墓志铭》，第1812页。

③ 《太平广记》卷四三七“范翊”条，第3557页。

④ 《李彦崇墓志》，见《隋唐五代墓志汇编·北大卷》第2册，第101页。

⑤ 《太平广记》卷一四九“柳及”条，第1076页。

⑥ 陆耀遹：《金石续编》卷一二“韦君靖建永昌寨记”条。

⑦ 《全唐文》卷六五一元稹《论转牒事》，第6626页。

⑧ 《资治通鉴》卷二六一“乾宁四年七月”条，第8505页。

也，古难其人，仓父名子，实为至戒。若弘而惠，鲜克不败，败则官刑之而家业没；重纳以吝，则诛求重而民用怨”，“公得其中，投刃莫碍，入耗甚薄，出给甚平。鼠兮雀兮，才暴其羡。己无私润，官罔积折，能矣夫。使奖其劳，改补讨击使，奏试太子通事舍人”。[①] 南昇是以军将的身份专知军府仓廪有功才得以升职为讨击使的，这一职务是在武将系列内升迁的。诸道设有押领进奉物、防秋军资钱物、请受军资粮料等官。卒于大和年间的车益由京兆真化府折冲都尉被署为“押衙、兼司勾检”，当是某道勾检专知官。[②] 唐昭宗乾宁四年(897)，昌、普、渝、合四州由军府都勾检官执掌四州的财务勾当，由节度押衙王某充任。勾检官的主要职责就是监督地方的财务管理工作。五代时，吴越国的设置很能说明问题：

> (袁从章)有兄二人，长曰从玮，充孔目院押衙，勾检征科务……有孙子四人，次曰继能，职乃军事押衙，充省勾院□官……府君之子各明诗训，偕晓义方，或勾务重难，洞谙钱谷，或□司密近，并熟衙仪。[③]

此虽然是五代时期吴越国的事情，但由于吴越距唐较近，且由唐代的藩镇转化而来，其制度在许多方面继承了唐代中后期藩镇的管理方式，故可兹为证。从敦煌文献中也可证明这些内容：据郑炳林对敦煌文献 P. 3878 号《己卯年(979)八月至十二月都头军资库官张富高状并判凭》的研究可以知道，军资库官一般由节度使的亲信都头或者节度押衙兼知。这既反映了军将管理财赋的现实，同时还反映了差遣制度在藩镇内部的施行情况。[④]

财务管理、税收方面的事务已经从原来的管理机构中分离出来，并逐渐由军将管理。唐代后期藩镇的地方财务由武将专管，对五代财政管理人员的构成有很大影响。台湾学者邱添生在其《唐宋变革期的政经与社会》一书中，曾对唐朝、五代、北宋中前期主管财政的官员，即唐朝的户部尚书、度支

---

① 周绍良主编：《唐代墓志汇编》(下)，大和 008《唐故讨击使试太子通事舍人南府君(昇)墓志铭并序》，第 2100 页。

② 参见周绍良主编《唐代墓志汇编》(下)，大和 060《唐故京兆真化府折冲都尉鲁国车府君(益)墓志铭并序》，第 2139 页。

③ 参见吴钢主编《全唐文补遗》第 5 辑《袁从章墓志》，第 446 页。

④ 参见郑炳林《敦煌碑铭赞辑释》，甘肃教育出版社 1992 年版，第 498 页。

使、盐铁使，五代的租庸使、三司使，宋代的三司使，进行过详细统计和分类，他认为有明显变化的是五代的财政官员，在有史记载的29位财政官员中，有军人背景的共有13位，加上出身不明者7位[①]，军人在财政管理中所占的比例一定超过50%。作为唐代藩镇的继承者而登上皇位的五代各朝帝王，仍然延续了唐代藩镇重用军人管理财赋的传统。尽管没有太多的资料显示五代地方政权中武将在财赋管理中的具体比例，但从中央存在的现象可以推测，五代时期差遣武将管理财赋必然盛行。这种制度的存在使五代、北宋时期监当官的出现顺理成章，体现了唐代财政机构向五代、宋制的发展演变，也说明了五代、北宋对藩镇政治体制的继承与完善。

三、财政职务的差遣化

官与职分离的使职差遣制是唐代中后期官制变化的重要内容之一，尤其是安史之乱后，唐朝的政治、经济局势发生了巨大变化，使职差遣制进入了一个新的发展阶段，形成了较完整的体系，维系着庞大的国家机器的正常运转。中央机构的变革必然对地方政府机构产生重要的影响。唐代中后期，随着藩镇使府对财务管理的加强，使府财政官员遍及各个领域，他们的分工更加细致，种类也日益丰富，分务化成为地方财政机构发展的主要趋势。[②]《新唐书》卷四九下《百官志·外官》详细记载了节度、观察使府的人员组成情况。在众多的属员的职权中，随着节帅权力的增加，一些深受节帅信任的属员的职权逐渐超越了唐中央政府所规定的范围，他们被节度使委派担任一些重要的非本职的工作。严耕望对唐朝后期录事参军与上佐的职权消长情况进行了探讨，指出唐朝中后期对于两税、盐课、仓储、官俸及户部存储钱物之管理，节帅特别责成司录、录事参军处理、监督之。如在田地的管理方面，唐代宗大历十四年(779)八月敕："内外文武官职田及公廨田……宜各委州县每年差专知官巡覆，仍造簿依限申交所司，不得隐漏及妄破蒿荒。

---

① 参见邱添生《唐宋变革期的政经与社会》，台北文津出版社1999年版，第37页。

② 李锦绣：《唐代财政史稿》下卷，第576～588页。

如有违犯,专知官及本典准法科罪。”[①]根据唐代史料记载,大历以前州县官职田、公廨田由掌管户籍、田畴的户曹司户参军负责,白簿、黄籍也由户曹编造;大历以后,州县职田、公廨田委专知官主掌,可知职田、公廨田的管理已经从户曹执掌中差遣化了。其他使府僚佐也逐渐渗入到财政管理中来。如郑晃,“转赵州司法参军。邦伯敖庾是忧,委以监守。军人之稍食,官府之禄廪,出纳惟雄,胥徒惮焉。是以菽粟京坻,红腐流衍”[②]。郑晃在唐德宗贞元四年(788)卒,他是以司法参军的身份专知仓廪的,这正是财务差遣的职务。经历了晚唐、五代、宋初的归义军政权的军资库官吏,可为藩镇内部财政官员差遣化的典型。[③]

第三节　藩镇内部加强行政管理的措施

藩镇与中央在激烈争夺地方行政管理权的同时,为了能够更好地将地方行政权力掌握在自己手中,还加强了对辖区内行政权的控制,一些适应藩镇发展需要的管理方法在藩镇内部迅速发展起来。

一、家族统治与官员本土化

对于中央政府而言,藩镇是割据政权,因而其内部的权力结构不可避免地受到封建中央集权制的影响。节度使成为当地的最高首领,俨然就是当地的“皇帝”,他们往往把自己控制的地区当成自己的产业,希望能够传给子孙后代。为管理好这份产业,他们以“腹心将守诸州”[④],即任命自己的亲信、亲属为所属州县的长官,正如宋人王林所说的那样,“州郡官属皆长吏自行奏辟,姓名未闻于朝廷,先以莅职。洎至命下,则已莅月日,皆为考任,大抵

① 《全唐文》卷五四唐德宗《勘造簿籍敕》,第578页。

② 周绍良主编:《唐代墓志汇编》(下),贞元019《大唐故赵州司法参军郑公墓志铭并序》,第1850页。

③ 参见郑炳林《敦煌碑铭赞辑释》,第498页。

④ 《新唐书》卷二一三《藩镇淄青横海传》,第5990页。

皆其宗族亲戚也"[①]。唐代宗大历十一(776)年，汴宋都虞侯李灵曜杀兵马使、濮州刺史孟鉴后，自称留后，"悉以其党为管内八州刺史、县令，欲效河北诸镇"[②]。大历十四年(779)五月，马燧为河东节度使，辟张建封为判官，署李自良代州刺史，委任之。属州刺史由亲属来担任，更成为当时一些藩镇管理地方行政事务的主要措施。《旧唐书》卷一一《代宗纪》载：

> 大历十年(775)正月，以昭义将薛择为相州刺史，薛雄为卫州刺史，薛坚为洺州刺史，皆嵩之族人也。

成德节度使王元逵病逝后，其长子王绍鼎起复为成德军节度，镇冀、深、赵等州刺史，次子王绍烈为赵州刺史，三子王绍懿为深州刺史，形成了以长子为首的家族势力。[③] 在魏博镇，各节度使也将自己的亲属安插到各地任军政长官：田承嗣为节度使，从兄弟田廷玠在大历时先后为沧州、洺州、相州刺史；田悦为节度使时，子田季和为澶州刺史，从兄田昂为洺州刺史；田弘正任节度使时，从兄田融先后为博州、相州刺史。乐彦祯为节度使，其子乐从训担任六州都指挥使兼相州刺史。在幽州镇，朱滔为节度使时，刘怦"即朱滔姑之子，积军功为雄武军使，广屯田，节用，以办理称。稍迁涿州刺史"[④]；刘怦任节度使时，子刘济"累历本管州县牧宰"；刘济任节度使时，弟源"为涿州刺史"；澭，"济之异母弟也，为瀛州刺史"；刘总，"济之第二子也，性阴贼险谲，为瀛州刺史"。[⑤] 在淄青镇，李正己"以子纳及腹心将守诸州"，尤其是其子李纳"为淄、青二州刺史，又为行军司马，濮徐兖沂海留后"。李师古为节度使时，其弟李师道知密州。[⑥] 李惟诚同母妹嫁李正己子纳，"宝臣以其宗姓，请惟诚归本姓，又令入仕于郓州，为李纳营田副使。历兖、淄、济、淮四州

① 王栐：《燕翼诒谋录》卷四。

② 《资治通鉴》卷二二五"大历十一年八月"条，第 7238 页。

③ 参见周绍良主编《唐代墓志汇编》(下)，大中 096《唐故成德军节度镇冀深赵等州观察处置等使光禄大夫检校司徒兼太傅同中书门下平章事兼镇州大都督府长史驸马都尉上柱国太原郡开国公食邑三千户食实封二百户赠太师王公(元逵)墓志铭并序》，第 2324～2325 页。

④ 《旧唐书》卷一四三《刘怦传》，第 3898～3899 页。

⑤ 《旧唐书》卷一四三《刘济传》，第 3902 页。

⑥ 《新唐书》卷二一三《藩镇淄青横海传》，第 5990 页。

刺史”[①]。亲属担任所属州县长官最为明显的是成德镇，在成德镇割据自立的一百六十年的历史中，其所属三镇中，冀州刺史中的57%、深州刺史中的50%、赵州刺史中的60%分别由节帅的亲属担任。[②] 李克用在中和三年(883)被任命为河东节度使后，也力图在河东地区建立一个“家天下”式的独立王国，大量任用亲属担任地方军政要员，分掌要害。[③] 据《旧五代史》记载：

克修，字崇远，武皇从父弟也。……平潞州，斩其刺史李殷锐，乃表克修为昭义节度使。[④]

克修子二人，长曰嗣弼，次曰嗣肱。嗣弼初授泽州刺史，历昭义、横海节度副使，改海州刺史。[⑤]

嗣肱，少有胆略，屡立战功。……(天祐)十二年(915)，改应州刺史，累迁泽、代二州刺史、石岭以北都知兵马使。十九年(922)，新州刺史王郁叛入契丹。嗣肱进兵定妫、儒、武等三州，授山北都团练使。[⑥]

克恭，武皇之诸弟也。龙纪中，为决胜军使。大顺初，潞帅李克修卒，克恭代为昭义节度使。[⑦]

克宁，武皇之季弟也。……凡征行无不卫从，于昆弟之间，最推仁孝，小心恭谨，武皇尤友爱之。及镇太原，授辽州刺史，累至云州防御使。乾宁初，改忻州刺史，从入关讨王行瑜，充马步军都将，以功授检校司徒。天祐初，授内外都制置、管内蕃汉都知兵马使、检校太保，充振武节度使，凡军政皆决于克宁。[⑧]

---

① 《旧唐书》卷一四二《李惟诚传》，第3870页。

② 参见姜密《唐代成德镇的割据特点》，载《河北师范大学学报》1999年第3期。

③ 李克用叔父兄弟子侄辈在史上留有姓名的，父字辈有李尽忠、李有金、李德成；兄弟辈有李克俭、李克勤、李克让、李克恭、李克柔、李克宁、李克修、李克章等。据李克用墓志记载，李存勖有亲弟弟23人，其中许多人都在河东地区担任了重要职务；在李克用担任河东节度使的二十五年间，其辖区内的节度使、防御使、刺史共有63人次，44人担任这些职务，其中李克用家族占7人，李克用义儿5人，二者约占总人数的30%。(见樊文礼《李克用评传》，第67～69、90～96页)

④ 《旧五代史》卷五〇《宗室・李克修传》，第682页。

⑤ 《旧五代史》卷五〇《宗室・李嗣恭传》，第683页。

⑥ 《旧五代史》卷五〇《宗室・李嗣肱传》，第683～684页。

⑦ 《旧五代史》卷五〇《宗室・李克恭传》，第684页。

⑧ 《旧五代史》卷五〇《宗室・李克宁传》，第685～686页。

唐朝末年，高骈任剑南西川节度使和淮南节度使时也十分重视家族力量在统治中的作用，先后任命其弟高梲为绵州刺史，侄高勔为峡内刺史，侄高琼为彭州九陇县令，侄高济为扬州大都督府左司马、润州上元县令。这种“奏请子弟为牧伯”[①]的权力分配现象，使得属州刺史与节帅之间有着密切的血缘关系，他们能够很好地协调一致，保证自己共同的利益不受侵害，在藩镇内部形成一个相对稳定的团体。

官员本土化的另一个表现是大量地方官员由当地人担任。唐人墓志记载了一些相关资料：比如，卒于大历十年(775)六月的裴涓，先后“调授沧州盐山县尉，转幽州归义县丞，次任洺州尉氏县丞，三命佳邑，政必有声”[②]。唐德宗贞元年间去世的幽州范阳人张道昇曾王父，“守檀州司马徹，祖王父朝散大夫行妫长史克明，王父骠骑大将军持节亳州刺史令晖”；张道昇本人也“释褐充节度副将押衙。节制朱公(泚)首议归朝，公演成其义，遂率精骑二万，西赴阙庭”。[③] 卒于大历十二年(777)的太原祁郡人王希晏更是祖孙四代在藩镇任职，“曾祖宽，幽州渔阳县尉；祖稃，莫州文安县丞；父相，潞州上党府折冲”，王希晏本人“年弱冠入幕府，运筹帷幄之中，决胜千里之外，鸿勋累著，德业尤彰，军功出身，解褐深州饶阳县尉，转饶阳县丞，迁朝散大夫，试鄂州司马”，“(卫)州牧杨公择不羁之才访讯谋之士，举公为新乡县令”。[④] 又如王郅，“起家棣州厌次尉，累至定州功曹掾。……移拜本州泾邑令。自泾邑令转深州安平令，自安平迁涿郡范阳令”；后被本镇节度使择为牙门将，“军谋戎事，多咨访焉”；又为“瀛洲司马带侍御史，仍兼管邮驿使”。家族中的其他人员也在当地任职，如“从父弟固安主簿鄠，长子瀛洲参军逵”。[⑤] 卒于大

---

① 《旧五代史》卷一三二《李茂贞传》，第1738页。

② 周绍良主编：《唐代墓志汇编》(下)，大历044《唐故汝州司法参军裴府君(涓)墓志铭并序》，第1788页。

③ 周绍良主编：《唐代墓志汇编》(下)，贞元007《唐故开府仪同三司使持节陇州诸军事行陇州刺史上柱国南阳县开国男张府君(道昇)墓志铭并序》，第1945～1946页。

④ 周绍良主编：《唐代墓志汇编》(下)，元和033《大唐故卫州新乡县令王府君墓志铭并序》，第1793页。

⑤ 周绍良主编：《唐代墓志汇编》(下)，贞元021《大唐故瀛洲司马兼侍御史太原王府君(郅)墓志铭并序》，第1852页。

和三年(829)的张侔,"其先北地贵强族也。曾王父栖岩,皇平州刺史;大父瓌,皇龙岗节度邢洺观察使",父亲张道晏曾任涿州刺史。[1] 曾担任邓州长史的杨孝直祖孙五代都在当地藩镇任职,"曾祖模,祖翰,皆委身卢龙军,名居列将,或勋至柱国,或官荣宪司。考达,成德军节度征马野牧使兼中军都兵马使"。杨孝直本人在王武俊担任成德节度使后也成为成德镇的一名军将,"从事戎旃,获居将校",元和十二年(817)权摄深州刺史,元和十四年(819)改摄冀州刺史,"自令公至司空,服事三代,始终如一,勋绩既著,知遇亦厚"[2]。其长子杨瞻被节度使王承元授予滑州节度使,次子杨邈为镇州衙前兵马使,也是比较明显的一个祖孙五代在当地担任官职的家族。家于深州乐寿县的夏侯氏,"曾祖讳载,沧州长史;祖讳璀,试太子詹事沧景节度都押衙;考讳崿,试太常卿,充冀州南宫镇遏兵马使;皆宏材茂器,移孝为忠"。夏侯氏之夫赵某,"以文武全才,述职戎府",四子中有二子随军出征。[3] 上谷人张亮,祖张庭光为易州刺史;父张英杰为义武节度押衙;张亮本人为河阳军节度押衙兼脩武镇遏兵马使马军都教练使;张亮三子中有两人署衙前都虞侯之职。[4] 振武军都头契苾八子中有四子担任军职,长子早亡,"仲曰公度,殁于节度押衙","季曰公文,□贺□□□□□兼节度押衙;次曰公应,见(现)任河东节度衙□兵马使;弟公廉,□州节度□□兵马使",其余诸子因年幼没有职务,其夫人何氏家族"代为将家,门传武略"。[5] 侯氏祖先"仕于幽蓟,遂世为家焉",曾祖惟谦,宁武军使;祖绍宗,使持节瀛洲诸军事守瀛洲刺史,充本州营田防御使;父证,登仕郎摄涿州固安县令。其夫萧氏家族,曾祖敬从,

① 参见周绍良主编《唐代墓志汇编》(下),大和 020《唐汅王府咨议参军张公(侔)墓志铭并序》,第 2110 页。

② 周绍良主编:《唐代墓志汇编》(下),大中 090《唐故山南东道节度押衙光禄大夫检校太子宾客前行邓州长史兼侍御史弘农县开国男杨公(孝直)墓志铭并序》,第 2160 页。

③ 参见周绍良主编《唐代墓志汇编》(下),开成 047《唐山南东道节度总管充泾原(源)防秋马步都虞侯正议大夫检校太子宾客上柱国赵公亡夫人谯郡夏侯氏墓志铭并序》,第 2203 页。

④ 参见周绍良主编《唐代墓志汇编》(下),大中 006《唐故河阳军节度押衙兼脩武镇遏兵马使马军都教练使金紫光禄大夫检校太子宾客兼监察御史上谷张府君(亮)墓志铭并序》,第 2256 页。

⑤ 周绍良主编:《唐代墓志汇编》(下),大中 012《唐左卫大将军兼御史中丞契苾公妻何氏墓志并序》,第 2260~2261 页。

灵州节度从事；祖仲堪，蔡州郾城县镇遏兵马使；父德源，河东节度押衙野牧使；丈夫萧某，涿州范阳县主簿。[①] 张公晟，曾祖清，前摄贝州录事参军；祖选，前摄瀛洲河间县尉；父盈，银青光禄大夫检校鸿胪卿；其本人担任幽州随使押衙。四子中，长曰弘太，摄蓟州三河县丞；次弘雅，补充节度驱使官；次弘寂不仕；次弘楚，补充节度衙前散都虞侯。[②] 曾任魏博镇节度使的罗绍威，其家族也世代为官。据墓志记载，罗绍威的祖父罗让，在何弘敬、韩允忠任节度使时受到信任，"曾王父讳那，皇平州刺史、工部尚书；王父讳秀，魏博节度押衙，左山河都知兵马使兼御史大夫；烈考讳珍，魏博节度押衙亲事厢虞侯"[③]。中原地区的赵犨"代为忠武牙将，曾祖宾，祖英奇，父叔文，皆历故职"[④]。大量出生于本地的人员担任地方各级官员，有利于藩镇加强管理；各级官员之间的亲属关系又加强了他们与当地政府的联系，当他们的自身利益不受侵害时，很少考虑是中央政府还是地方政府在对其进行管制，这有利于藩镇进行割据统治。

二、军人在地方政治中的作用

军人是唐代藩镇割据的基础，骄兵虽然是藩镇内部动乱的主要原因，但他们"利在此而此为主矣，利在彼而彼为主矣"[⑤]的嗜利性特点又使其缺乏开疆拓土或取唐而代之的野心，只要节度使能够保障他们的利益，他们一般是不会发动叛乱的。[⑥] 为了能够保住自己的既得利益，他们往往和当地的统治者保持一致，为维护自身的利益而战。藩镇统治者在防范军将的同时，对忠于自己的将校更加信任，让他们统领军队驻扎各州县，他们便成为保障地方

① 参见周绍良主编《唐代墓志汇编》(下)，大中098《大唐涿州范阳县主簿兰陵萧公夫人侯氏墓志铭》，第2326～2327页。

② 参见周绍良主编《唐代墓志汇编》(下)，咸通083《唐故幽州随使节度押衙正议大夫检校国子祭酒兼侍御史上柱国太原王府君夫人清河张氏合祔墓志铭并序》，第2443页。

③ 《正德大名府志》卷一〇公乘亿《唐太师南阳王罗公(让)神道碑》，转引自陈尚君辑纂《旧五代史新辑会证》，复旦大学出版2005年版，第372页。

④ 《旧五代史》卷一四《赵犨传》，第192页。

⑤ 王夫之：《读通鉴论》卷二四《德宗十五》，第727页。

⑥ 参见张国刚《唐代藩镇研究》，第107页。

安全的主要力量。例如,《旧唐书》卷一四一《张孝忠传》载:

宝臣与朱滔战于瓦桥,常虑滔来攻,故以孝忠为易州刺史,选精骑七千配焉,使扞幽州。……宝臣死,其子惟岳阻兵不受命,朝廷诏幽州节度使讨之。滔以孝忠宿将善战,有精兵八千在易州。

《旧唐书》卷一八〇《张公素传》载:

张公素,范阳人。咸通中,为幽州军校,事张允伸,累迁至平州刺史。(唐宣宗大中十三年,即公元859年)允伸卒,子简会权主留后事,公素领本郡兵赴焉。三军素畏公素威望,简会知力不能制,即时出奔,遂立为帅。

《旧唐书》卷一四三《刘怦传》载:

刘怦,幽州昌平人也。父贡,尝为广边大斗军使。怦即朱滔姑之子,积军功为雄武军使,广屯田,节用,以办理称。稍迁涿州刺史。

《旧唐书》卷一八一《乐彦祯传》载:

乐彦祯,魏州人也。……彦祯少为本州军校。(魏博节度使)韩简之领节旌也,以彦祯为马步军都虞侯,转博州刺史。下河阳,走诸葛爽,有功,迁澶州刺史。

《旧五代史》卷一二三《高行周传》载:

父继思,昆仲三人,俱雄豪有武干,声驰朔方。唐武皇之平幽州也,表刘仁恭为帅,仍留兵以戍之。以继思兄为先锋都将、妫州刺史,继思为中军都将、顺州刺史,继思弟为后军都将,昆仲分掌燕兵。部下士伍,皆山北之豪也。

《旧五代史》卷六四《周知裕传》载:

周知裕,字好问,幽州人也。少事燕帅刘仁恭为骑将,表为妫州刺史,久之,移刺德州。天祐四年,刘守光既平沧州,乃以其幼子继威为留后,大将张万进与知裕佐之。

从以上所举几例可以看出,这些出任地方刺史的军将都带领着一支精锐的军队,这既体现了分兵驻扎的原则,同时还符合藩镇内部分而治之的精神。节度使通过遍布各地的军事力量将地方政权牢牢地控制在自己手中。李锜任镇海节度使的举措更明显地表现出军事控制对地方政权的重要性:

李锜为了控制辖区内的州郡，于是“室五剑，分授管内镇将，令杀刺史。于是常州刺史史颜防用客李云谋，矫制传檄于苏、杭、湖、睦等州，遂杀其镇将李深；湖州辛秘亦杀其镇将赵惟忠；而苏州刺史李素为镇将姚志安所系，钉于船舷，生致于锜，未至而锜败，得免”①。节度使之所以能够控制地方政权，主要是因为他们控制了地方的军事权力，武力是节度使稳定辖区的基础。而军将在出任地方行政长官时往往带有节度副使、同节度副使、押衙、军使、先锋使等藩镇军职，他们虽然是地方的行政官员，但仍然和节度使保持着隶属关系，依然接受节度使的调度、差遣。樊文礼曾对李克用担任河东节度期间(883～908)辖区内的各节度使、防御使、刺史进行过详细考察，各州刺史基本上都是由武人沿着牙将——州刺史——节度使(部分)这样一条道路来实现对地方的统治的。②

藩镇不仅在州一级的地方派驻军将担任行政官员，在县及镇等军事要地也驻扎军队，设军事官员掌管当地的军政事务。《金石萃编》卷一〇四《轩辕铸鼎原铭》的题名者有：“湖城县令房朝静……镇遏使守左武中郎将常宪、专知官同十将试殿中监杜晏、同勾当左厢副将左金吾左执戟究晏”以及州司录参军、司功参军等人。这些镇将除了管理当地驻防及关税征收外，还插手地方政务。唐僖宗中和二年(882)十一月，高仁原在讨伐阡能的过程中，“每下县镇，辄补镇遏使，使安集户口”③。胡三省在昭义武乡县镇使安居受后面的注释：“是后方镇率分置镇将于诸镇，县令不得举其职矣。”④可见，镇将已完全剥夺了县令的职权。藩镇已将军事力量深入到县镇，强化了对地方的控制。

藩镇军队遍布辖区，保证了节帅对地方行政权的控制，但由于当时军人的特殊地位，大量驻扎在地方的军队，在有利于节帅加强对地方的控制的同

① 《旧唐书》卷一一二《李锜传》，第3341页。又，《资治通鉴》卷二三七记载：“先是，锜选腹心五人为所部五州镇将，姚志安处苏州，李深处常州，赵惟忠处湖州，丘自昌处杭州，高肃处睦州，各有兵数千，伺察刺史动静。至是，锜各使杀其刺史。”

② 参见樊文礼《李克用评传》，第90～96页。

③ 《资治通鉴》卷二五五“中和二年十一月”条，第8282页。

④ 《资治通鉴》卷二五五“中和三年九月”条，第8299页。

时，也严重扰乱了地方的统治秩序，尤其是那些掌握大量精锐部队的军将，更是严重威胁节度使地位的潜在力量。当节度使受到外部压力或者处置失宜时，他们往往会带领军队投降敌方或者反戈一击，结束节度使的统治。孙樵曾致书汴州观察判官，希望他能够凭借自己的有利地位，让当地的统治者限制军人的权力。如史载：

> 大梁居东诸侯，兵最为雄。军侯乘权肆豪，奴视州县官，州县官即慄缩自下，美言立闻观察使，往往得上下考。即欲认官为治，必为军侯所倾折，大者至夺观察使，小者至为军人所系辱，州县官格手失职，不敢与抗。由是军侯得侵绳平民，鞫讯受词，往往狱至数百，不以时省，以故平民益畏军侯，至不知有观察使，矧州县官耶？国家设州县官以治平民，岂以属之军乎？今京兆二十四县，半为东西军所夺，然亦不过籍占编氓，翼蔽垦田，其辞狱曲直，尚归京兆。今汴军所侵州县者，反愈东西军。士大夫从居，未尝不病东西军者侵州县事，及自提兵符，则不知有以规画之，矧天子之贵耶？……稍稍夺左右军侯权，且使系狱者不得治于军门。凡当隶州县者，悉索归之。使军自军，州县自州县，无相夺也。①

由于唐朝末年地方实权掌握在节镇手中，他们在既要行割据之实的同时又要在形式上服从中央，墨制授官就成了解决这一矛盾的方法，正如中央给淮南节度使高骈的诏书所说，“诸州刺史如有军功，卿量加爵赏；如有犯罪，卿宜书罚，别差人知州具状申奏”②。一种新的任命地方州县长官的方式逐渐盛行，即先由节度使任命为权知军州事，然后再由节镇上奏中央，请求中央正式任命为州县长官。这种现象在唐末各地都有例证。中和元年(881)，孟方立杀新据潞州的昭义将成麟，“以(祁)审诲知潞州事”；中和二年(882)，孟方立迁昭义军于邢州，自称留后，“表其将李殷锐为潞州刺史”③。中和元年(881)，中央所署杭州刺史路审中还在上任途中时，董昌引兵先入杭州，“自称杭州都押牙、知州事，遣将吏请于周宝(浙西节度使)。宝不能

① 《全唐文》卷七九四孙樵《寓汴观察判官书》，第 8324 页。

② 《唐文拾遗》卷四〇崔致远《授高霸权知江州军州事》，第 10819 页。

③ 《资治通鉴》卷二五五“中和二年十二月”条，第 8285 页。

制，表为杭州刺史"[①]。天祐二年(905)九月，朱温取得荆，襄二州后，"以都将贺瓌权领荆州，杨师厚权领襄州，即表其事"[②]。河东将领李存进的墓志则更清楚地说明了节度使任用的地方官员全部为军将这一事实。李存进于光化三年(900)五月权知汾州军州事，四年四月转为右厢衙队都知兵马使，天祐三年(906)三月，奉命权知石州军州事，五年五月制授石州刺史，九年正月奉命再知汾州军州事，十一年三月制授慈州刺史，十二月奉命权知沁州军州事。[③] 十五年间，李存进五次担任州长官，正授刺史仅有两次，其余三次都是权知州军事，这在某种程度上已经表明，唐朝末期，随着中央对绝大多数地方州长官任命权的丧失，权知州军事已有脱离原来知州事的倾向，逐渐成为一种差遣职，在州级政府管理中发挥着越来越重要的作用，并将被以后的割据统治者所沿用，为北宋时期地方差遣制的源头。

三、幕职在地方政务中的作用

当安禄山叛军兵指长安，玄宗仓皇西幸，唐朝廷失去控驭全局的能力时，玄宗允许诸道观察、节度使的僚佐，"任便自简择"。战争形势迫使朝廷将部分统治权下放给各地领兵统帅，以加强其应变能力，地方使府由此获得了自辟僚属的权力。安史之乱平定后，观察、节度使府的职能发生了变化，由原来的监察机构逐渐演变为凌驾于地方州县之上的实体行政机构，其完备的僚属机构构成了使府执行各项政务的行政班子。[④]《金石萃编》卷一〇七《使院新修事石幢记》记载了唐宪宗元和年间(806～820)武宁节度使的僚佐，其高低顺序为：

摄节度副使高瑀

行军司马李进贤

摄营田副使刘元鼎

节度判官谭藩

---

① 《资治通鉴》卷二五四"中和元年十二月"条，第 8258 页。

② 《旧五代史》卷二《梁太祖纪第二》，第 37 页。

③ 《全唐文》卷八四〇吕梦琦《后唐招讨使李存进墓碑》，第 8835 页。

④ 《新唐书》卷四九下《百官志四下》，第 1309 页。

观察判(官)□□僚

支度判官摄营田判官何授、郭行余

节度参谋赵季黄

节度掌书记王参元、张胜□

观察推官□□、张仲举

摄观察推官郑据

节度巡官阎颜

摄节度巡官独孤□

□□巡官□□

摄支度巡官郑翔

营田巡官摄支度推官吴植

使府僚佐成为地方实际行政事务的主持者，从而将原来中央政府委派的具体分管行政事务的功、仓、户、兵、法、士诸曹的参军事以及州郡上佐别驾、司马架空，使其成为寄老之官，徒具虚名。幕僚们“辅佐元戎，运筹帷幄，发言成宝，吐气生珠，州县官僚，莫不仰止”[①]。如行军司马掌管军籍武符、号

① 周一良、赵和平：《唐五代书仪研究》，中国社会科学出版社1995年版，第197页。又，《唐代墓志汇编》(下)，贞元076《唐故监察御史里行太原王公(仲堪)墓志铭并序》载：王仲堪五代祖徙居幽州安次县后，到王仲堪时已经成为当地大族。王仲堪本人先后担任当地藩镇使府的户曹参军、节度参谋，“以为诸侯聘问，岁惟其常，妙选行人，以通两君之好”。《唐代墓志汇编》(下)，大中050《唐故朝请大夫唐州长史兼监察御史彭城刘府君(密)墓志并序》载：贞元十五年(799)，于頔任襄阳节度使时，为缓和与相邻藩镇之间的关系，曾派幕僚刘密为使者进行游说，“于公頔节制汉南，尚以淮宁阻命，邻境是忧，念陆贾之使南越，思食其以下齐城，府幕军戎，无所当选，乃命往说焉。有功，兵还，奏加兼监察御史”。

令印信[①]，在唐德宗时期一度为地方储帅[②]；判官“分判仓、兵、骑、胄四曹事”[③]，节度使也往往“委钱谷支计于判官”[④]；“凡文辞之事，皆出掌书记”[⑤]。此外，他们还经常代替节度使巡察所属州县，或者代理地方州县事务，分掌观察、节度使的各种具体行政事务，出现了“郡守之职，总于诸侯帅，郡佐之职，移于部从事”[⑥]的现象，从而使观察、节度使能够有效地治理自己的辖区。

安史之乱后，随着中央对地方控制力的削弱，各地观察、节度使往往以各种理由委派自己的亲信去担任某些州郡的长官，在朝廷正式任命的官员未到任之前暂为代理地方政务[⑦]，在河朔等割据藩镇内部，节度使更是将其辖区内的刺史、县令的任用权几乎完全掌握在手中。唐宪宗元和年间(806～820)，魏博镇管内共有州县官 253 员，其中 163 员是由藩镇差人假摄的，90 员是报经中央有关部门注拟的[⑧]；在淄青镇，李师道统治时期中央根本不可能向其管辖地

---

① 《全唐文》卷四三〇李翰《淮南节度行军司马厅壁记》记载：“行军司马之职，弼戎政，掌武事。居常习搜狩之礼；有役申战阵之法。凡军之攻，战之备，列于器械者，辨其贤良。凡军之材，食之用，颁于卒乘者，均其赐予。合其军书契之要，比其军符籍之伍。赏罚得议，号令得闻。三军以之，声气行之哉！虽主武，盖文之职也。”

② 《旧唐书》卷一四六《严绶传》载：“河东节度使李说婴疾，行军司马郑儋代综军政；既而说卒，因授儋河东节度使。是时姑息四方诸侯，未尝特命帅守，物故即用行军司马为帅，冀军情厌服。儋既为帅，德宗选朝士可以代儋为行军司马者，因绶前日进献，上颇记之，故命检校司封郎中，充河东行军司马。”

③ 杜佑：《通典》卷三二《职官十四》，第 895 页。

④ 《旧唐书》卷一四五《董晋传》，第 3937 页。又，据《唐代墓志汇编》(下)，大中 049《唐故淮西行营粮料使勾检官试太常寺太祝北海(下阙)》载：墓主人“讳从庆”，也担任过节度幕府的财务官员，“及强仁为淮西行营粮料使辟为从□□□检官试太常寺太祝，通给戎旅，事无滞留”。

⑤ 《全唐文》卷五五七韩愈《徐泗濠三州节度掌书记厅石记》载掌书记的职掌为：“书记之任亦难矣。元戎整齐三军之士，统理所部之甿。以镇守邦国，赞天子施教化，而又外与宾客四邻交。其朝觐聘问慰荐祭祀祈祝之文，与所部之政，三军之号令升黜。凡文词之事，悉出书记。非闳辨通敏兼人之才，莫宜居之。然则元戎自辟，然后命于天子。”

⑥ 《全唐文》卷六七六白居易《江州司马厅记》，第 6899 页。

⑦ 唐五代州长官的正官是刺史，全称为“使持节某州军事某州刺史”，知州事是州长官的代理，唐朝前期在下列两种情况下出现较多：其一是州长官由亲王担任时；其二是州长官因各种原因暂缺，例由别驾、长史或司马等上佐代行州长官之事，实际上是临时代理，即谓之知州事。(参见严耕望《唐史研究丛稿》，新亚研究所 1969 年版，第 108～110 页)

⑧ 《唐会要》卷七五《选部下・杂处置》载：“元和七年(812)十二月，魏博奏：‘管内州县官二百五十三员，内一百六十三员见差假摄，九十员请有司注拟。’”

区派遣官员，直到李师道被诛讨后，其所属郓、曹、濮等十二州州县官阙才归吏部注拟。唐德宗建中二年(781)，田悦将深州的管理权移交王武俊后，“武俊大喜，即令判官王巨源报滔，仍知深州事”①。幽州卢龙等军节度使李怀仙，“治兵缮邑，部下各数万劲兵，文武将吏，擅自署置，贡赋不入于朝廷，虽称藩臣，实非王臣也”②。那些有割据野心的节度使也往往把自己的亲信安插到各地担任刺史、县令。据《资治通鉴》卷二二五“大历十一年(776)八月丙寅”条载：宣武留后李灵曜“悉以其党为管内八州刺史、县令，欲效河北诸镇”，其中高凭就是李灵曜派往曹州的刺史。《旧唐书》卷一八七下《高沐传》载：“父凭，从事于宣武，知曹州事。李灵曜作乱，凭密遣使奏贼中事状，诏除曹州刺史。”高凭是以宣武军僚属的身份取代原曹州刺史的。据此推断，其余七州刺史很可能也是李灵曜的幕职人员。南方也存在着节度使委派幕僚的现象。《新唐书》卷一一八下《韩佽传》记载：元和初(806～820)，“第进士，自山南东道使府入为殿中侍御史，累迁桂管观察使。部二十余州，自参军至县令无虑三百员，吏部所补才十一，余皆观察使商才补缺”。唐朝末年高骈在担任剑南西川节度使和淮南节度使期间也大量任用幕僚担任地方官，此处仅限于《桂苑笔耕集校注》中的记载。具体情况如表 2-1 所示：

表 2-1 高骈幕职担任地方官员表

任职者	任职职务	史料来源
高琼	彭州九陇县令	《桂苑笔耕集校注》，第 96 页
高柷	绵州刺史	《桂苑笔耕集校注》，第 99 页
杨行密	知扬州军州事	《桂苑笔耕集校注》，第 109 页
高霸	权知江州军州事	《桂苑笔耕集校注》，第 405 页
王翺	摄扬子县令	《桂苑笔耕集校注》，第 425 页
柳孝让	摄滁州清流县令	《桂苑笔耕集校注》，第 427 页

① 《旧唐书》卷一四一《田承嗣传》，第 3843 页。
② 《旧唐书》卷一四三《李怀仙传》，第 3895～3896 页。

续表

李涵	摄天长县尉	《桂苑笔耕集校注》,第429页
张成	摄山阳县丞	《桂苑笔耕集校注》,第431页
郑绶	摄兴唐县令	《桂苑笔耕集校注》,第433页
赵词	摄和州刺史	《桂苑笔耕集校注》,第446页
王处顺	充盐城镇使	《桂苑笔耕集校注》,第465页
张雄	充白沙镇将	《桂苑笔耕集校注》,第478页
顾玄夫	摄桐城县令	《桂苑笔耕集校注》,第421页
郑杞	摄海陵县令	《桂苑笔耕集校注》,第423页
李楷	任淮南道县尉	《桂苑笔耕集校注》,第107页
秦彦	和州刺史	《桂苑笔耕集校注》,第87页
许勍	滁州刺史	《桂苑笔耕集校注》,第87页
孙端	权知舒州军州事	《桂苑笔耕集校注》,第457页

在中央能够控制地方的时候,“县令阙,佐官摄令,曰知县事”①。白居易的一篇关于以幕职官权知县令的制文也明确说明了摄官的性质。文曰:

> 华阴令卒非选补时。调租勉农,政不可缺,前镇国军判官试大理评事裴克谅,久佐本府,颇有勤绩。属邑利病,尔必周知。宜假铜墨,试其才理,待有所立,方议正名。②

地方上存在着大量的权摄州县官,严重干扰了中央吏部对地方官员的任命,以至于中央不得不对大量的权摄官进行限制。唐代宗大历十二年(777)五月辛亥,“又令诸使非军事要急,无得擅召刺史及停其职务,差人权摄”③。《唐会要》卷七五《选部下》记载:

> [唐代宗广德元年(763)二月]敕:“诸州府及县,今后每有阙官,宜

① 顾炎武:《日知录集释》卷九《知县》,岳麓书社1994年版,第325页。

② 《全唐文》卷六六〇白居易《裴克谅权知华阴县令制》,第6713页。

③ 《资治通鉴》卷二二五“大历十二年五月辛亥”条,第7245页。

委本府当日牒报本道观察节度，及租庸使，使司具阙由，附便使牒中书门下，送吏部，依阙准式处分。其所阙官，有职务稍重者，委本府长官，于见任及比司官中简择，权令勾当，正官到日停。不得更差前资及白身等摄。”

《唐会要》卷七九《诸使下》记载：

[唐文宗开成四年(839)七月]敕："诸道奏入仕人数转多，每年吏曹注拟无阙。唯河北诸道、河东、泽潞、剑南三川、京北、京西，管内官员数多，假摄之中，实有劳效，每年许奏三两人，仍须是元额阙，不得替见任人，其余并不得奏人。”

幕职官员还代替节度、观察使对所属州县进行巡察。观察使的职责是："掌察所部善恶，举大纲。凡奏请，皆属于州。”[①]随着节度、观察使权力的增大，所管理的地方事务更加具体细致，在节帅不能亲自到地方巡察时，幕职往往受节帅的委托，巡察所属州县。有的使府幕僚还被赋予直接处理地方事务的权力。《资治通鉴》卷二二四“大历三年九月”条载：颍州刺史李岵以事忤滑亳节度使令狐彰，彰使节度判官姚奭按行颍州，因代岵领州事，且曰："岵不受代，即杀之。”《旧唐书》卷一六四《王起传》也记载了同样的事例：唐宣宗大和八年(854)，检校右仆射、襄州刺史、充山南东道节度王起因“江、汉水田，前政挠法，塘堰缺坏”，“命从事李业行属郡，检视而补缮，特为水法，民无凶年”。《旧唐书》卷一九二《阳城传》载：

观察使遣判官督其赋，至州，怪城不出迎，以问州吏，吏曰："刺史闻判官来，以为有罪，自囚于狱，不敢出”。判官大惊，驰入谒城于狱，曰："使君何罪，某奉命来候安否耳。”留一二日未去，城因不复归馆，门外有故门扇横地，城昼夜坐卧其上，判官不自安，辞去。其后又遣他判官往按之，他判官义不欲按，乃载妻子行，中道而自逸。

在藩镇内部，任命僚属的权力掌握在观察、节度使手中，为了更好地处理本辖区的复杂的行政事务，每一位节帅都会尽力去聘请有才能有声望的

① 《新唐书》卷四九下《百官志四下》，第1310页。

人参与到自己的使府中来[①]，在幕僚中安插姻亲故旧，依靠私人感情，建立起牢固的私人关系，使他们成为自己的羽翼和心腹。由于节帅对幕府人员，无论在名誉上还是实际利益方面，都给予很高的礼遇，因而僚属对节帅也忠心耿耿，视府主为恩公，为之出谋划策，尽心尽力，报答主帅之恩超过了拥护中央的政治信念，成为辅助节帅加强辖区管理的重要人员。[②] 正因为如此，唐中央政府在肃代之际藩镇势力刚刚出现之时，就开始限制藩镇幕府的快速发展。唐肃宗乾元二年(759)九月，《申戒刺史考察县令诏》云：

> 刺史非兼节度但有防御使者，副使判官委于本州官中推择，亦不得别奏人，并委中书门下，著为常法，庶使官无失位，政有常经。

唐中央政府还对玄宗时期藩镇节帅"任便自简择"僚属的政策进行了修改。德宗时对藩镇幕府人员的任用采取了更加严厉的措施：一方面限制藩镇幕府的人选来源[③]；另一方面从中央派出部分人员到藩镇担任行军司马，作为藩镇的储帅，借机接管节度使去世后藩镇的事务。据《新唐书》卷一二九《严绶传》记载："河东节度使李说病，军司马郑儋总其政，说卒，代为节度。时德宗务姑息，方镇若帅死，不它命，即用军司马代之，以和压众情。"德宗时期行军司马担任节度使的例子很多，如：河东严绶、山南东道樊泽、河东李说、宣武陆长源、义城卢群、徐泗韦夏卿、剑南东川李康、河中郑元、荆南裴筠、陈许刘昌裔、振武阎巨源、鄜坊裴玢等人[④]，皆是从节度司马上升为节度使的，"时方镇节度使少征入换代者，皆死亡乃命焉，行军司马尽简自上意"[⑤]。中央企图用这种办法将地方节度使的权力间接收回，但由于这种制度削弱了藩镇的势力，因而必然遭到强藩的强烈反对，不可能在所有的藩镇

---

① 参见张国刚《唐代藩镇研究》，第 181～200 页。

② 参见石云涛《唐代幕府制度研究》，中国社会科学出版社 2003 年版，第 445～450 页。

③ 《唐会要》卷五四《省号上》"中书省"记载："贞元二年(786)五月二十八日敕：中书门下两省供奉官，及尚书省御史台现任郎官御史等，自今已后，诸司诸使并不得奏请任使。仍永为常式。"

④ 分别见《新唐书》卷一二九《严绶传》，《旧唐书》卷一二二《樊泽传》，《旧唐书》卷一四六《李说传》，《旧唐书》卷一四五《陆长源传》，《旧唐书》卷一四〇《卢群传》，《旧唐书》卷一六五《韦夏卿传》，《旧唐书》卷一四六《郑元传》，《旧唐书》卷一五一《刘昌裔传》，《旧唐书》卷一五一《阎巨源传》，《旧唐书》卷一四六《裴玢传》。

⑤ 《旧唐书》卷一五二《李景略传》，第 4073 页。

中施行。宪宗、文宗也都在僚属的出身及人数上对藩镇幕僚的规模进行限制。[①] 如唐文宗大和三年(829)五月中书门下奏：

增秩赐金，有故事，前史所载，得者甚稀。近日方镇所奏，人数渐多。自今已后，刺史在任，政绩尤异，检勘不虚者，观察使具事状，及所差检勘判官名衔同奏。若他时检勘不实，本判官量加削夺，观察使奏听进止。[②]

唐宣宗大中元年(847)正月敕：

自今已后，刺史县令除授后，一例满三十六个月，方得更换。其责受迁擢，即不在此限。其替后，量其课绩，作等闻奏。其在第一等，中书门下及吏部优与处分；第二等，依资改转；第三等，量加降黜。其授替后，委刺史录事参军比量等第，申观察使。使与本判官勘覆，诣实申奏。以后因事考覆，有不如所奏，观察判官录事参军，据人数节级惩罚，观察使奏听进止。[③]

穆宗长庆二年(822)正月，御史中丞牛僧孺奏：

诸道节度观察等使，请在台御史充判官。臣伏见贞元二年(786)敕，在中书门下两省供奉官，及尚书御史台见任郎官御史，诸司诸使，并不得奏请任使，仍永为常式。近日诸道奏请，皆不守敕文。臣昨十三日，已于延英面奏，伏蒙允许举前敕，不须更有奏请。[④]

唐宣宗大和二年(828)六月，中书门下奏：

诸道观察等使，奏请供奉官及现任郎官御史充幕府，贞元长庆已有敕文。近见因循，多不遵守。然酌时议制，事在变通。如或统帅专征，特恩开幕；戎府初建，军幄籍才，事关殊私，别听进止。此外一切请准前后敕文处分。[⑤]

唐宣宗大和四年(830)八月，御史台又提出了地方正职官因故未能及时到任

---

① 参见石云涛《唐代幕府制度研究》，第254～272页。

② 《唐会要》卷六八《刺史上》，第1203页。

③ 《唐会要》卷六九《县令》，第1221页。

④ 《唐会要》卷六〇《御史台上》，第1044页。

⑤ 《唐会要》卷七九《诸使下》，第1445页。

时，依次权摄的各级官员的顺序：

> 谨按大历十二年(777)五月一日敕：刺史有故及缺，使司不得差摄，但令上佐依次知州事。其上佐等，多非其才，亦望委外道使臣，精加铨择，不胜任者，具以状闻。昨者，宣州观察使于敖所差周墀知池州，若据敕旨，便合奏剖。今勘其由长史司马，并在上都守职，有录事参军顾复元在任。若不重有条约，所在终难守文。伏请自今已后，刺史未至，上佐阙人，及别有勾当处，许差录事参军知州事。如录事参军又阙，则任别差判官。仍具阙人事由，分析闻奏，并申中书门下御史台。所冀诏旨必行，绳违有据。①

唐武宗于会昌五年(845)对诸道方镇的僚佐员额进行了全面整顿，制定了十分具体的规定：

> 其年九月，中书门下奏：条流诸道判官员额，西川本有十二员，望留八员：节度副使、判官、掌书记、观察判官、支使、推官、云南判官、巡官。淮南河东旧额，各除向前职额外，淮南留营田判官，河东留留守判官。幽州淄青旧各有九员，望各留七员，幽州除向前职额外，留卢龙军节度巡官，淄青除向前职额外，留押新罗渤海两蕃巡官。山南东道、郑滑、河阳、京南、汴州、昭义、镇州、易定、郓州、魏博、沧州、陈许、徐州、兖海、凤翔、山南西道、东川、泾源、邠宁、河中、岭南，已上旧各有八员，望各留六员：节度副使、判官、掌书记、推官、观察判官、支使。振武、灵夏、益州、鄜坊，旧各有八员，缘边土地贫，望各留五员：节度副使、判官、掌书记、推官、观察判官。浙东、浙西、宣歙、湖南、江西、鄂岳、福建，以上旧各有六员，望各留五员：团练副使、判官、观察判官、支使、推官。黔中旧有十员，望各留六员：经略副使、判官、招讨判官、观察判官、度支(当为支度)、盐铁判官。东都留守、陕府，旧有五员，并望不减。天德旧有三员，亦望不减。同州旧有四员，商州两员，并望不减。防御副使，華州泗州各有两员，并望不减。楚州寿州各有三员，寿州望减团练副使一员，楚州望减营田巡官一员。汝州、延州、陇州，旧各有一员，望不减。桂管旧

---

① 《唐会要》卷六八《刺史上》，第1204页。

有六员，望减防御巡官一员。容管旧有五员，望减招讨巡官一员，延州旧有两员，亦望减防御推官一员。楼烦、龙陂，旧各有两员，望各减巡官一员。右奉圣旨令商量减诸道判官，约以六员为额者。臣等商量，须据旧额多少，难于一例停减，今据本镇额量减，数亦非少，仍望令正职外，不得更置摄职，仍令御史台及出使郎官御史，专加察访。敕旨依奏。①

中央政府从藩镇使府的人员组成、幕僚的数量配备以及担任幕职所应该具备的条件等方面来限制藩镇使府幕僚的发展，希望借此来限制藩镇的势力。但由于这些措施不符合藩镇内部职繁任重的现实，加之中央的权威不断下降，各地藩镇不会也不可能听从中央的指令，藩镇使府内幕僚的数量仍在不断增加。尤其是黄巢起义后，各地藩镇逐渐摆脱了中央的控制，对僚佐的任用更是自行其是了。中央不断三令五申地发布限制幕僚的诏令，既说明了中央的规定没有在地方得到贯彻实施，同时也证明了在中央与地方的人才争夺战中，中央逐渐丧失了主动权，地方势力获得优势地位。

四、缩小地方辖区，设镇分割

地方行政区划的大小实际上反映了地方政府实际控制地区的大小。控制地区越大，实力也就越强，中央也就越难于控制；地方控制的地盘越小，实力也就相应较弱，中央也就越易于控制。"幅员太广，则有隔膜之虞；职权太尊，则有尾大之惧"，缩减地方政府的控制地域也就成了中央加强对地方控制的重要手段。唐中央政府利用一切机会对一些强藩进行肢解，藩镇内部同样也存在着这种现象。藩镇节帅在利用一切机会扩大统治区域，壮大实力的同时，对所控制的下级政府的事权则千方百计地进行分割、缩小，设镇分割成为最主要的方式。节度使通过缩小下属的统治区域，变相地减少下属的军事力量与财赋收入，把各种权力相应地集中在自己手中，有利于对支郡的控制。唐宪宗元和七年(812)八月，宪宗在与宰相探讨河朔局势时，宰相李绛说：

臣窃观两河藩镇之跋扈者，皆分兵以隶主将，不使专在一人，恐其

① 《唐会要》卷七九《诸使下》，第1450～1451页。

权任太重,乘间而谋已故也。诸将势均力敌,莫能相制,欲广相连结,则众心不同,其谋必泄;欲独起为变,则兵少力微,势必不成。加以购赏既重,刑诛又峻,是以诸将互相顾忌,莫敢先发,跋扈者恃此以为长策。[①]

这正是节度使分割内部权力的体现。唐穆宗长庆初年,幽州节度使刘总"累表求入朝,兼请分割所理之地,然后归朝。其意欲以幽、涿、营州为一道,请弘靖理之;瀛州为一道,卢士玫理之;平、蓟、妫、檀为一道,请薛平理之。仍籍军中宿将,尽荐于阙下,因望朝廷升奖,使幽蓟之人,皆有希美爵禄之意"[②]。刘总建议将原幽州节度使控制下的区域一分为三,就是为了削弱地方势力,消除地方与中央对抗的潜在因素。唐朝末年,一些节度使为了便于统治,在控制区域大量设置节镇。唐末置镇分割是方镇利益的体现,是藩镇为加强内部控制所采取的一种措施。正因为如此,"置镇分割在五代十国时期由方镇演变而来的政权中继续保持并发展。从这个意义上说,五代十国时期置军于州正是唐末置镇分割的继续"[③]。

① 《资治通鉴》卷二三八"元和七年八月"条,第7692～7693页。

② 《旧唐书》卷一四三《刘总传》,第3612页。

③ 何灿浩:《唐末政治变化研究》,第98页。

第三章　五代十国时期地方政权的变化

五代十国是唐宋之间的一个历史时期，表面现象是“乱”，各个政权更换频繁，但是这种“乱”的背后发生着巨大的变化，许多学者已注意到这个问题。如黄仁宇认为：“在唐宋之间，不能没有这样的一重过渡时期，将军事与财政的管理权放在地方政府头上，使一切更趋紧凑和实际，然后再集中归并。否则就不能构成北宋这样一个带竞争性的体制去和北方少数民族用骑兵为骨干、有农业为支援的新型外患周旋。”[①]易图强认为：“五代史是晚唐史的继承，又是宋初史的开始，处于晚唐与宋初之间历史发展的过渡时期与转型时期。”[②]何灿浩认为：“在表面的兵荒马乱与战祸连年的背后，社会的变迁与制度的更新在悄然进行。”[③]邓小南认为：“它自唐代后期藩镇割据局面脱胎发育而来，同时又为打破长期僵持之局面创造着条件；它是礼崩乐坏的时期，同时又是大规模整理旧制度、建设新局面的时期；它是上上下下空前分裂的时期，同时又是走向新层次统一的时期。当然，它在解决旧有问题的同时，又在内部外部产生了新的问题。”[④]这些地方政府当然不再是唐代的割据政权，而是以“国家”形式出现的地方割据政权。唐代的封建血统在当时荡

---

① ［美］黄仁宇：《赫逊河畔谈中国历史》，三联书店 1992 年版，第 138 页。

② 易图强：《动乱与反动乱：五代历史发展的线索——兼谈五代历史的地位》，载《湖南教育学院学报》1997 年第 1 期。

③ 何灿浩：《唐末政治变化研究·序》。

④ 邓小南：《祖宗之法——北宋前期政治述略》，三联书店 2006 年版，第 79 页。

然无存，谁都有可能成为一"国"之主。由于五代各朝所进行的政治、军事、财政变革对北宋的影响巨大，其他割据政权对北宋初年的影响相对较弱，故本章的探讨就以五代各朝的政治变化为主。

在"云雷构屯，龙蛇起陆，势均者交斗，力败者先亡"①的社会大环境下，五代十国的统治者凭借武力，割据一方，各自为政，"天下四分五裂，大者称帝，小者称王"②，整个国家处于"豆分瓜剖"的状况，给人民带来了深重的灾难。五代十国时期的统治者割据的基础就是唐代藩镇体制下节度使控制的地方军队，"五代的藩帅建立了一支和自己紧密相连的私人兵团，通过它来强化自己的权力，其中有的甚至做了皇帝"③。一旦这些割据者建立了政权，原来的地方军队相应地转化为中央军队，以个人关系与主将相联结的元从和牙将们也因此而分据要职，五代十国割据政权的各种改革也就在原来藩镇改革的基础上继续进行。正因为五代十国各政权是在原藩镇体制的基础上建立的，所以唐代中后期藩镇内部的动乱与反动乱等各种现象，也就自然而然地带到了五代十国各政权中，尤其是五代各政权，更是如此。易图强的研究表明：在五代各朝共发生各种动乱 97 次④，反叛中央的动乱遥遥领先于其他各种类型，占到了动乱总数的 54.7%。由于五代各朝的禁军几乎都是

---

① 《旧五代史》卷一三"史臣曰"，第 184 页。

② 《新五代史》卷三九《刘守光传》，中华书局 1974 年点校本，第 426 页。

③ [日]堀敏一：《藩镇亲卫军的权力结构》，见刘俊文主编，夏日新、韩昇、黄正建等译《日本学者研究中国史论著选译》第 4 卷《六朝隋唐》，第 627 页。

④ 下表是易图强依据《资治通鉴》的有关记载制作而成的(参见易图强《动乱与反动乱：五代历史发展的线索——兼谈五代历史的地位》，载《湖南教育学院学报》1997 年第 1 期)。

朝代	兵士哗变(次)	将校作乱(次)	节度使杀部属(次)	反叛中央(次)	合计(次)	动乱频率(次/年)
后梁	2	7	2	18	29	1.8
后唐	5	7	1	14	27	1.9
后晋	3	6	1	14	24	2.4
后汉	3	4	0	5	12	3
后周	0	3	0	2	5	0.6
合计	13	27	4	53	97	

由藩镇兵转化而来的，所以他们不可避免地保留了藩镇兵嗜利好杀的恶习，由唐时藩镇兵通过动乱获得厚利，转而变为五代节度使通过动乱，轻则取富贵，重则做皇帝，“天子宁有种邪？兵强马壮者为之尔！”①因而中央禁军在动乱中起着举足轻重的作用，从唐代藩镇林立时藩镇牙兵废立节度使，发展到五代时藩镇兵与禁军联合废立皇帝。在接连不断的兵变中，政权更换频繁，短短的五十三年间，有八姓十四人登上皇位，“五十三年间，易五姓十三君，而亡国被弑者八，长者不过十余岁，甚者三、四岁而亡”②，皇位和政权走马灯似的更换，“置君犹易吏，变国若传舍”③。但这只是问题的一个方面。另一方面，五代各朝的开国者夺取政权后也采取了各种措施，从军事、经济、行政等方面加强对地方的控制，努力收藩镇之权归中央。沈起炜认为：

> 五代又是一个从分裂走向统一安定的过渡时期。从唐代中叶的安史之乱到北宋开国的二百年，是一个探索的过程。以均田制为经济基础的统一王朝瓦解了，在政府不直接掌握大量土地、牢固控制大量人丁的条件下，怎样才能保持统一和集权？这个问题要到宋初才能解决。五代时期的混乱现象为统治者提供了许多教训。五代后期的许多统治者如郭威、柴荣已经在总结经验教训，摸索新的出路。没有这些教训，宋朝人不可能提出解决方案。④

第一节　五代各朝加强军事管理的措施

五代王朝内部的军事体制继承了唐末藩镇的衣钵，每个王朝内部军事力量的构成仍然是中央禁军、藩镇地方军队及各种名号的乡兵，并由枢密院主兵权，枢密使主征伐，亲兵制度进一步完善。从表象上看，藩镇的骄横跋

---

① 《新五代史》卷五一《安重荣传》，第583页。这也反映了当时的现状，正如胡三省所作的评价那样：“安重荣粗暴一夫耳，使其强梁亦何所至！然其所以强梁者，亦习见当时之事，遂起非望之心耳。”（《资治通鉴》卷二八二“天福四年七月”条，第9203页）

② 欧阳修：《欧阳文忠集》卷五九《本论》，《四库全书》文渊阁本。其中的“五姓十三君”应为八姓十四君，因为后唐明宗、后唐末帝与后周世宗皆是养子，后梁末帝朱友珪被废为庶人。

③ 《新五代史·序》，第2页。

④ 沈起炜：《五代史话》，中国青年出版社1985年版，第4页。

扈丝毫不亚于唐代，“天子，兵强马壮者当为之，宁有种耶”①口号的提出，就是因为藩镇还拥有一支强大的军队。但在五代十国频繁更换皇帝的过程中，每一位上台的帝王总是利用一切手段加强自身的军事实力，逐步完善和加强由天子直接控制的中央禁军的实力，削弱藩镇力量，以达到中央控制地方、加强中央集权的目的。五代王朝的这些努力收到了一定的效果，正如聂崇岐在《论宋太祖收兵权》一文中指出的：“五代初年，为患烈而久之河北诸镇，卢龙、义武已见并于朱邪，魏博、横海则折而入于朱氏。余若割据鲁、豫、陕、陇者，亦率隶于梁领域。洎后唐灭梁，下迄晋、汉，中朝兵力日强，新藩镇虽因武夫得时，有增无减，骄蹇之气亦未稍杀，但根柢浅露，难敌庙堂，较之唐代外重内轻情形，已迥互不同。”②但由于各种原因，五代各朝并没有彻底改变藩镇强横的状况，直到北宋初年，才在前代整治的基础上完成了消除地方割据势力的任务。

一、中央禁军的完善及加强

在唐朝近三百年的历史中，军事管理体制发生了三次变化。“盖唐有天下二百余年，而兵之大势三变，其始盛时有府兵，府兵后废而为彍骑，彍骑又废，而方镇之兵盛矣。及其末也，强臣悍将兵布天下，而天子亦自置兵于京师，曰禁军。”③“夫所谓天子禁军者，南、北衙兵也。南衙，诸卫兵是也；北衙者，禁军也。”④五代各朝是由藩镇势力发展而来的，其中央禁军就是原来节度使没有登上皇位之前的亲卫部队——牙兵，因而五代各朝的禁军不可避免地带有藩镇军队的一些恶习。为了提高禁军的战斗力，五代各朝对禁军都进行了整顿，其中后梁太祖朱全忠、后唐明宗李嗣源以及后周世宗柴荣的

---

① 《旧五代史》卷九八《安重荣传》，第1302页。

② 聂崇岐：《宋史丛考》上册，中华书局1980年版，第274页。

③ 《新唐书》卷五〇《兵志》，第1323～1324页。

④ 《新唐书》卷五〇《兵志》，第1330页。

整顿对禁军的发展有重要的影响。①

后梁太祖开平元年(907)四月，朱温称帝不久后，对中央禁军进行了整顿，将藩镇兵的长直、夹马、突将等充实到中央禁军——六军中，使之成为一支有较强战斗力的军队，而六军中的龙虎军更是后梁禁军中的强者。正如朱温在开平三年(909)为表彰驻扎潼关的龙虎军捉拿住叛乱的刘知浣而发的敕令中所说："刘知浣，逆党之中最为头角；龙虎军，亲兵之内实冠爪牙。昨者攻取潼关，率先用命；寻则擒获知浣，最上立功。"②此外，朱温还创立了侍卫亲军，主要由他在担任宣武、宣义、太平、护国四镇节度使时的藩镇军队组成，成为中央六军之外的天子亲兵。"梁起宣武军，乃以其镇兵因旧号，置在京马步军都指挥使，而自将之。盖于唐六军诸卫之外，别为私兵"，"都指挥使本方镇军校之名"。③ 六军与侍卫亲军互不统属，各自向皇帝负责。通过朱温的整顿，禁军的数量迅速增加，人数已达二十万以上，完全改变了唐末内轻外重的局面。④ 禁军势力逐渐强大，在对内镇压反叛者和对外与其他军事集团对抗中占据主导地位。开平三年(909)九月，后梁任命杨师厚为西路行营招讨使、都招讨使，率侍卫马步军都指挥使刘鄩等讨伐同州叛将刘知俊。这些都统、招讨使、都招讨使手握重兵，权势与地位都在侍卫亲军都指挥使以上，他们在左右政局方面开始发挥作用。如后梁太祖乾化三年(913)二月，朱友贞在手握重兵的北面都招讨使杨师厚的支持下，才顺利杀死朱友珪，在皇位争夺中获得胜利。⑤

后唐庄宗灭梁后，中央军队继承了后梁禁军的体制，同时还保存了其军

① 这方面的研究成果较多，主要有：张其凡：《五代后梁禁军探微》，载《安徽师大学报》1988年第3期；《五代后唐禁军考实》，载《暨南学报》1991年第2期；《五代晋汉禁军考略》，载《广州师院学报》1989年第3期；《五代后周禁军考述》，载《安徽师大学报》1989年第3期。易图强：《五代朝廷军事上削藩设置》，载《中国史研究》1994年第3期。

② 《旧五代史》卷四《梁太祖纪第四》，第69页。

③ 叶梦得：《石林燕语》卷六，中华书局1984年点校本，第90页。

④ 参见张其凡《五代政权递嬗之考察》，载《华南师范大学学报》(社会科学版)1985年第1期。

⑤ 《资治通鉴》卷二六八"乾化三年二月"条载：赵岩与均王友贞密谋诛友珪，岩曰："此事成败，在招讨杨令公耳，得其一言谕禁军，吾事立办。"胡三省注曰："时梁重兵皆在杨师厚之手，又勋名为众所服，故欲得其言谕禁军。"

队由沙陀等少数民族组成的特点。禁军的名号繁多,较为混乱,其数量也在二十万人以上,成了国家基本的军事力量,已经完全控制了地方,掌握了全国政局的发展方向。禁军在君权转移过程中开始发挥主导作用,李嗣源成为五代历史上第一位登上皇帝宝座的禁军统帅,开以后各朝禁军统帅变更皇权的先河。后唐明宗于天成元年(926)和长兴二年(932)二月,对混乱的禁军体制进行了两次整顿①,撤销、合并了绝大多数军号,建立了以"捧圣"为马军军号和以"严卫"为步军军号的两支主要禁军,形成了在中央禁军内部侍卫亲军都指挥使之下设立侍卫马军、侍卫步军二都指挥使的管理体制,奠定了其后各朝禁军的管理机制,开北宋中央禁军侍卫司之始。后唐明宗于天成三年(928)二月,又将分住在魏州、太原等地的禁军家属全部迁移到大梁,加强了对禁军的控制。② 后晋时侍卫亲军进一步得到加强,禁军最高指挥使官——侍卫亲军都指挥使具有举足轻重的作用,他们居则掌军,出则统兵作战。后汉由于存在时间较短,没有时间对侍卫亲军进行改革,基本上沿用了后晋的体制。

后周建立后,进一步加强对禁军的整顿,太祖郭威创立了殿前军,与侍卫马军、侍卫步军形成三足鼎立的状态。为保证周世宗顺利继承皇位,周太祖临终前对禁军统帅作了安排,胡三省对此评价说:"殿前都指挥使总殿前诸班,马军都指挥使总侍卫马军司,步军都指挥使总侍卫步军司,宋朝三衙之职昉于此。"③在后周世宗显德元年(953)三月的高平之战中,由于殿前军的突出表现,扭转了后周军队溃败的战局,战后周世宗对禁军进行了较大的整顿,诛杀了临战逃脱的侍卫马军都指挥使樊爱能、侍卫步军都指挥使何徽及其下将校数十人,同时淘汰了侍卫亲军中的老弱者,选拔天下武艺超绝者补入殿前军。《旧五代史》卷一一四《周世宗纪第一》载:

帝自高平之役,睹诸军未甚严整,遂有退却,至是命今上(指赵匡胤)一概简阅,选武艺超绝者,署为殿前诸班,因是有散员、散指挥使、内

① 参见张其凡《五代后唐禁军考实》,载《暨南学报》1991 年第 2 期。

② 《资治通鉴》卷二七六"天成三年二月"条载:"帝将如邺都,时扈驾诸军家属甫迁大梁,又闻将如邺都,皆不悦,讻讻有流言;帝闻之,不果行。"

③ 《资治通鉴》卷二九一"显德元年正月"条,第 9501 页。

殿直、散都头、铁骑、控鹤之号。复命总戎者，自龙捷、虎捷以降，一一选之，老弱羸小者去之，诸军士伍，无不精当。由是兵甲之盛，近代无比，且减冗食之费焉。《五代会要》：显德元年(953)，上谓侍臣曰："侍卫兵士，老少相半，强懦不分，盖徇人情，不能选练。今春朕在高平，与刘崇及蕃军相遇，临敌有指使不前者，苟非朕亲当坚阵，几至丧败。况百户农夫，未能赡一甲士，且兵在精不在众，宜令一一点选，精锐者升在上军，怯懦者任从安便，庶期可用，又不虚费。"先是，上按于高平，观其退缩，慨然有惩革之志。又以骁勇之士，多为外诸侯所占，如是召募天下豪杰，不以草泽为阻，在于阙下，躬亲试阅，选武艺超绝及有身首者，分署为殿前诸班。

周世宗对禁军的整顿，改变了晋、汉以来禁兵骄惰不能战的状况，大大增强了禁军的战斗力，使其成为国家军队的主力。周世宗就是依靠禁军南征北战，并取得"所向皆捷"[①]的战果的。至此，中央所掌握的强大军队已经可以毫不费力地控驭地方。

为了能够维持地方最高统治者有一支战斗力强的部队，早在唐末，一些节度使就已经开始将部下的一些精锐军队和强悍的军校选拔到自己身边，使之成为自己的亲兵部队。如史载：

> 天祐末，潞州节度使李嗣昭常山战殁，子继韬自称留后，南结梁朝，据城阻命，乃散金以募豪杰。帝时年十八，避吏壶关，依故人常氏，遂往应募。帝负气用刚，好斗多力，继韬奇之，或逾法犯禁，亦多假借焉。尝游上党市，有市屠壮健，众所畏惮，帝以气凌之，因醉命屠割肉，小不如意，叱之。屠者怒，坦腹谓帝曰："尔敢刺我否?"帝即剸其腹，市人执之属吏，继韬惜而逸之。其年，庄宗平梁，继韬伏诛，麾下牙兵配从马直，帝在籍中，时年二十一。[②]

文中就是将地方军队中的强悍者选拔到地方最高统治者身边。五代各王朝的统治者继续推行唐末以来选拔强壮者的策略，将地方大量的精兵及优秀

---

① 《资治通鉴》卷二九二"显德元年十月"条，第 9519 页。

② 《旧五代史》卷一一〇《周太祖纪第一》，第 1448 页。

将领选拔到中央禁军中，在加强中央禁军势力的同时，还削弱了地方军队与中央对抗的力量。《旧五代史》卷六五《李建及传》载：

李建及，许州人。本姓王，父质。建及少事李罕之为纪纲，光启中，罕之谒武皇于晋阳，因选部下骁勇者百人以献，建及在籍中。

《旧五代史》卷一二四《刘词传》载：

刘词，字好谦，元城人。梁贞明中，事故邺帅杨师厚，以勇悍闻。唐庄宗入魏，亦列于麾下，两河之战，无不预焉。同光初，为效节军使，转剑直指挥使，寻以忤于权臣，出为汝州小校，凡留滞十余年。清泰初，诏诸道选骁果以实禁卫，由是得入典禁军。

《旧五代史》卷一〇七《史弘肇传》载：

史弘肇，字化元，郑州荥泽人也。父潘，本田家。弘肇少游侠无行，拳勇健步，日行二百里，走及奔马。梁末，每七户出一兵，弘肇在籍中，后隶本州开道都，选入禁军。

《资治通鉴》卷二六九“后梁贞明元年(915)七月”条载：

晋王爱元行钦骁健，从代州刺史李嗣源求之，嗣源不得已献之，以为散员都部署，赐姓名曰李绍荣。绍荣尝力战深入，剑中其面，未解，高行周救之得免。王复欲求行周，重于发言，密使人以官禄啖之，行周辞曰：“代州养壮士，亦为大王耳，行周事代州，亦犹事大王也。代州脱行周兄弟于死，行周不忍负之。”乃止。

《旧五代史》卷七〇《元行钦传》载：

元行钦，本幽州刘守光之爱将。守光之夺父位也，令行钦攻大恩山，又令杀诸兄弟。天祐九年(912)[①]，周德威攻围幽州，守光困蹙，令行钦于山北募兵，以应契丹。时明宗为将，攻行钦于山北，与之接战，矢及明宗马鞍，既而以势迫来降。明宗怜其有勇，奏隶为假子，后因从征讨，恩礼特隆。常临敌擒生，必有所获，名闻军中。

庄宗东定赵、魏，选骁健置之麾下，因索行钦，明宗不得已而遣之。

① 历史上并不存在天祐九年，只不过是李克用集团不承认后梁统治而继续使用唐朝的年号而已。

时有散指挥都头，名为散员，命行钦为都部署，赐姓，名绍荣。

五代各朝为加强中央军事力量而推行的选拔制度，不仅使一些优秀的将校选拔到中央禁军中，地方军队中的强壮者也被选拔到中央军队中。唐末，朱全忠击败李罕之后，“罕之有骁卒百余人，太祖素知，意欲留之，罕之识其旨，乃列籍以献”[①]，梁末隶属于郑州开道都的史弘肇被选入中央禁军[②]。李存勖获得魏博军队的支持后，就将勇悍无敌的“魏州银枪效节都近八千人，以为亲军”[③]。同光四年(926)二月，唐庄宗“与梁相拒于得胜，募勇士挑战，从谦应募，俘斩而还，由是益有宠。帝选诸军骁勇者为亲军，分置四指挥，号从马直，从谦自军使积功至指挥使”[④]。“清泰(934～936)初，诏诸道选骁果以实禁卫。”[⑤]周世宗整顿军队时更是将地方军队中的强壮者全部抽调到中央。

在五代各朝大力发展禁军的形势下，禁军的数量不断增加，到后梁末帝乾化三年(913)，后梁禁军就已经达到二十万人以上，禁军的力量已经完全压倒了藩镇军队，改变了唐末以来内轻外重的局面。[⑥] 从后唐开始，禁军成了统治者基本的作战部队，是中央削藩措施得以执行的坚强后盾。在五代时期发生的53起藩镇动乱中，成功者只有6起，其余的大多数被禁军讨平[⑦]，这足以说明禁军的强大及其在国家政治生活中所起的决定性作用。

禁军由藩镇军队发展而来，五代各朝在加强禁军实力的同时，并没有彻底消除藩镇军队动则变易君主的恶习，尤其是禁军将帅，平时掌管禁军的选练，战时带领禁军出征，兵将之间的关系非常融洽。随着禁军实力的增强，他们所带来的危害也在增加，禁军动乱频繁，到后唐时期出现了五代历史上第一位由禁军拥立登上帝位的禁军统帅——李嗣源。从此，禁军在五代帝位的更换中所发挥的作用越来越大。正如有学者指出：

---

① 《册府元龟》卷九四九《总录部·亡命》，第11178页。

② 《旧五代史》卷一〇七《史弘肇传》，第1403页。

③ 《资治通鉴》卷二七四“同光三年十一月”条，第8949页。

④ 《资治通鉴》卷二七四“天成元年二月甲辰”条，第8962页。

⑤ 《旧五代史》卷一二四《刘词传》，第1682页。

⑥ 参见张其凡《五代政权递嬗之考察》，载《华南师范大学学报》1985年第1期。

⑦ 参见易图强《五代朝廷军事上削藩设置》，载《中国史研究》1994年第3期。

唐闵帝之败，由于侍卫亲军马军都指挥使安从进潜通潞王，与夫侍卫亲军马步军都指挥使康义诚之投戈解甲也。汉高祖之立，多倚禁兵拥戴，因其曾领侍卫多年也。周太祖代汉，参谋翊赞者王殷、郭崇、曹英等，皆禁兵将领也。至陈桥兵变，宋太祖黄袍加身，则更属禁兵之卖主求荣矣。①

五代末年，后周禁军统帅赵匡胤在禁军的帮助下取得了政权；深知禁军底细的他，对禁军进行了彻底的改革，终于将存在了二百多年的骄兵现象清除。

五代各朝还从制度上加强对中央禁军和地方军队的管理。唐末各地藩镇为募兵士，对士兵管束不严，军纪较差，如河东李克用，“起于云中，部下皆北边劲兵。及破贼迎銮，功居第一，由是稍优崇士兵，因多不法，或陵侮官吏，豪夺士民，白昼剽攘，酒博喧竞。武皇缓于禁制”②。李存勖即位后对军队进行整顿，规定：“凡出师，骑军不见贼不许骑马，或兵骑前后已定，不得越军分以避险恶。其路分并进，期会有处，不得违晷刻。并在路敢言病者，皆斩之。”经过整顿之后，军队纪律得到改善，“故三军惧法而戮力，皆以一当十”③。如后唐李从珂颁布诏令，严肃各级将领之间的管辖权限：

夫命将所以行兵，聚兵所以遏乱，必在上下有理，进退无违。入则畏法以谨身，出则图功而效命。畏法必无罪戾，图功则有宠恩。以此言之，不可不慎。王彦塘方期任使，辄敢恃凭，既都将以上言，在军法而难恕，况属环卫，并在藩方。上至偏裨，下及行伍，皆是久经训练，备晓条章。官爵甚高，衣粮极厚，必能共思整戢，自务保全。是宜特举规程，遍加晓谕，责令遵守，务肃辕营。今后在京及诸道马步将士，上至都尉，下及长行，并须各据职资，共存礼体，递相钤辖，遵禀指挥。如紊乱条章，下不从上，指使前却，使酒讹言，其长行犯者，委本都副兵马使已下节级科罚；其副兵马使节级犯者，委本都头科罚；其都头犯者，若无事不出时，录罪申奏，若出军指使之时，便委随处统将科罚。其或所犯人自负

① 聂崇岐：《论宋太祖收兵权》，载《宋史丛考》，第268页。

② 陈尚君辑纂：《旧五代史新辑会证》卷二七《唐书三·庄宗纪第一》，第719页。

③ 陈尚君辑纂：《旧五代史新辑会证》卷二七《唐书三·庄宗纪第一》，第726页。

罪愆，不伏首领刑责，便即奏闻。如指挥使都头已下，但务颜情，藏庇凶辈，自招负累，必不恕容。颁下内外诸军知悉。[①]

五代各朝通过在军队中设立等级森严的尊卑秩序和建立严格的军事纪律等措施，改善了军队的内部关系，逐步建立起纪律严明的中央军队。

二、削弱节度使的军事力量

藩镇产生的主要原因是地方掌握了强大的军队，唐代割据藩镇莫不如此。史载：

> 李正己有淄、青、齐、海、登、莱、沂、密、德、棣、曹、濮、徐、兖、郓十五州之地，养兵十万；李宝臣有恒、易、深、赵、沧、冀、定七州之地，有兵五万；田承嗣有魏、博、相、卫、洺、贝、澶七州之地，有兵五万；梁崇义有襄、邓、均、房、复、郢六州之地，其众二万。皆始因叛乱得侯，各擅土宇，虽泛禀朝旨，而威刑爵赏，生杀自专，盘根结固，相为表里。朝廷常示大信，不为拘限，缓之则嫌衅自作，急之则合谋。或闻诏旨将增一城，浚一池，必皆怨怒有辞，则为之罢役，而自于境内治兵缮垒以自固。凡历三朝，殆二十年，国家不敢兴拳石撮土之役。[②]

安史之乱后的唐王朝之所以能够维持对全国的统治，主要也是依靠方镇军队的相互牵制，“唐自中世以后，收功弥乱，虽常倚镇兵，而其亡也亦终以此”[③]。五代各朝虽然选拔地方军队中的强壮者充实中央禁军，但地方仍拥有强大的军队，这从五代时期多次大规模的战斗中都有地方军队参与这一事实可知。在天复元年(901)的泽州战役中，朱全忠的参战部队中就有多支地方部队。如史载：

> 汴将氏叔琮率兵五万，自太行路寇泽潞，魏博大将张文荣领军自新口入，葛从周领兖、郓之众自土门入，张归厚以邢、洺之众自马岭入，定州王处直之众自飞狐入，侯言以晋、绛之众自阴地入。[④]

---

① 《全唐文》卷一一三李从珂《禁约军将诏》，第 1155～1156 页。

② 《旧唐书》卷一四四《阳惠元传》，第 3914 页。

③ 《新唐书》卷六四《方镇表·序》，第 1759 页。

④ 陈尚君辑纂：《旧五代史新辑会证》卷二六《唐书二·武皇纪下》，第 699 页。

《资治通鉴》卷二六八“后梁末帝乾化三年(913)五月”条亦载：

> 师厚与刘守奇将汴、滑、徐、兖、魏、博、邢、洺之兵十万大掠赵境。

天祐十四年(913)，幽州镇遭受契丹军队的攻击，河东将幽州节度使率领一支混合军队进行抵抗。《辽史》卷一《太祖纪上》云：

> 三月辛亥，攻幽州，节度使周德威以幽、并、镇、定、魏五州之兵，拒于居庸关之西，合战于新州东。

《资治通鉴》卷二七〇“后梁末帝贞明四年(918)七月”条载：

> 晋王谋大举入寇，周德威将幽州步骑三万，李存审将沧景步骑万人，李嗣源将邢洺步骑万人，王处直遣将将易定步骑万人，及麟、胜、云、蔚、新、武等州诸部落奚、契丹、室韦、吐谷浑，皆以兵会之。①

《旧五代史》卷七九《晋高祖纪》载：

> (天福三年五月)安州节度使李金全叛，诏新授安州节度使马全节以洛、汴、汝、郑、单、宋、陈、蔡、曹、濮十州之兵讨之。

《资治通鉴》卷二八二“后晋高祖天福五年(940)五月丙戌”条载：

> 帝闻[马]金全叛，命马全节以汴、洛、汝、郑、单、宋、陈、蔡、曹、濮、申、唐之兵讨之，以保大节度使安审晖为之副。审晖，审琦之兄也。胡注：如此则河之南、济之西诸镇之兵尽发矣。

强大的军队是藩镇赖以存在的基础，正如宋人范浚所言：“兵权所在，则随以兴，兵权所去，则随以亡。”②牙兵更是藩镇军事割据的核心武装力量，他们桀骜难制，翻手为云，覆手为雨，成为当时的祸乱之源。五代时期地方节度使“皆广置帐下亲兵”③，且数量多达几千人。例如，唐昭宗天复元年(901)，孙德昭归顺朱全忠后，“以本部兵八千人献于太祖，由是愈见赏重，又

---

① 《册府元龟》卷八《帝王部・创业》载：“时幽州卢龙军节度使、蕃汉马步总管周德威帅幽蓟步骑之师三万，横海节度使、蕃汉马步副总管李存审帅沧景步骑之师万人，成德军节度使王镕遣其将王德明帅镇冀步骑之师三万，昭义军节度使李嗣昭帅泽潞步骑万人，安国军节度使李嗣源帅邢洺步骑之师万人，义武军节度使王处直使其将帅易定之步骑万人，麟、胜、云、蔚、新、武等州诸部落奚、契丹、室韦、吐谷浑等马万匹，总河东、魏博十镇之师，阅于魏州。”第二年十二月的胡柳陂战役中，“帝(指李存勖)与李存审总河东、魏博之众居其中，周德威以幽蓟之师当其西，镇定之师当其东”。

② 范浚：《范香溪先生文集》卷四《五代论》，见《四部丛刊续编・集部》。

③ 《宋史》卷二五二《李洪信传》，第8854页。

赐甲第一区，俾先还洛阳”[①]。后梁太祖开平四年(910)，“匡国节度使长乐忠敬王冯行袭疾笃，表请代者。许州牙兵二千，皆秦宗权余党，帝(朱温)深以为忧”[②]。后梁天平节度使兼中书令琅琊忠毅王王檀，“多募群盗，置帐下为亲兵”[③]。后唐潞州节度使李嗣昭死后，其子继能不受命，率父牙兵数千，自行营拥丧归潞州。[④] 后唐庄宗同光二年(924)七月戊戌朔，“故宣武军节度使李存审男彦超进其父牙兵八千七百人”[⑤]。后晋出帝开运二年(945)，顺国节度使杜重威向中央献部曲、步骑合四千人并铠仗[⑥]。彰武节度使丁审琪“养部曲千人，纵之为暴于境内”[⑦]。

由上可见，强悍的牙兵部队是后梁、后唐、后晋、后汉时藩镇骄横跋扈的资本。当时的中央政府由于还没有足够的力量控制地方牙兵，便采取了从组织上分割牙兵、承认牙兵合法化等措施，加强对藩镇军队的控制。但是，对于那些参与叛乱的牙兵则采取了彻底消灭的方式。

五代各朝的最高统治者为了减少藩镇牙兵的力量，往往以赏赐军功的办法，将节度使辖下的一些重要牙兵将领封为地方官员或调往中央禁军任职，从而将地方过于强大的军事力量进行肢解。例如，后晋高祖天福三年(938)九月庚午，“杨光远表乞入朝，命刘处让权知天雄军府事。己巳，制以范延光为天平节度使，仍赐铁券，应广晋城中将吏军民今日以前罪皆释不问；其张从宾、符彦饶余党及自官军逃叛入城者，亦释之。延光腹心将佐李式、孙汉威、薛霸皆除防御、团练使、刺史，牙兵皆升为侍卫亲军”[⑧]。后晋天福五年(940)九月，“杨光远入朝，帝(晋高祖)欲徙之它镇，谓光远曰：‘围魏之役，卿左右皆有功，尚未之赏，今当各除一州以荣之。’因以其将校数人为

---

① 《旧五代史》卷一五《孙德昭传》，第 213 页。
② 《资治通鉴》卷二六七“开平四年五月”条，第 8723 页。
③ 《资治通鉴》卷二六九“贞明二年九月”条，第 8806 页。
④ 《资治通鉴》卷二七一“龙德二年四月”条，第 8875 页。
⑤ 《旧五代史》卷三二《后唐庄宗纪第六》，第 438 页。
⑥ 《资治通鉴》卷二八四“开运二年五月己未”条，第 9293 页。
⑦ 《资治通鉴》卷二八三“天福七年七月”条，第 9234 页。
⑧ 《资治通鉴》卷二八一“天福三年九月庚午”条，第 9190 页。

刺史”。胡三省认为中央的这种做法是“分杨光远之党而弱其势”。[1] 对于那些作战勇敢的军校，中央政府更是以各种手段将他们征调到禁军中，使之由地方军队的主力转变为中央禁军人员。此在前面有关加强禁军势力的论述中已详细举例，此处从略。

牙兵是地方军队的主力，中央在将他们收编为禁军的同时，又把他们分割隶属于不同的将领，使之不能形成统一的强大力量。例如，后梁开平四年(910)五月，“匡国节度使冯行袭疾笃，表请代者。许州牙兵二千，皆秦宗权余党，帝深以为忧”。六月，命崇政院直学士李珽至许州，权知匡国留后，李珽“悉以行袭兵分隶诸校，冒冯姓者皆还宗”。胡三省的注解明确说出了分割的目的：“冒冯姓者，皆行袭养子也，使之归宗，所以消散其党。”[2]后晋时期杨光远率领大军平定范延光的叛乱后，对统率中央禁军的杨光远，“朝廷虑兵骄难制，(桑)维翰请速散其众，寻移光远镇洛阳”[3]。这与处理冯行袭牙兵有相似之处。中央通过分割、安置军将和士兵等措施，使地方军队不可能形成强大的力量，削弱了地方军队的实力，减少了地方对中央的威胁，有利于中央对地方势力的控制，加强了中央对地方的军事统治。

牙兵为节度使的私人武装，且数量众多，动辄数千人。各地藩镇为维持牙兵的正常粮饷，不得不搜刮辖区内的财赋收入。为了控制节度使牙兵的发展，后唐时期中央就采取了认可地方牙兵的措施。后唐明宗天成元年(926)七月，枢密使院条奏：

> 诸道节度使、刺史内，有不守诏条，公行科敛，须行止绝。州使所纳军粮，不得更邀加耗。节度使、刺史所置牙队，许于军都内抽取，便给省司衣粮，况人数已多，访问尚有招致。诸邑人多有抵罪亡命，便于州府投名为使下元随，邀求职务，凌压平人；及有力户人，于诸处行赂，希求事务。亦有州使妄称修葺城池廨宇，科赋于人，及营私宅，诸县镇所受州使文符，如涉科敛人户，不得禀受。[4]

---

[1] 《资治通鉴》卷二八二“天福五年九月”条，第9218页。

[2] 《资治通鉴》卷二六七“开平四年五月”条，第8724页。

[3] 《旧五代史》卷八九《桑维翰传》，第1163页。

[4] 《旧五代史》卷三七《唐明宗纪第三》，第508页。

这表明牙兵已经从私兵转为国家控制的军队，他们隶属于国家军队，其粮饷的发放从出自节度使个人资产转移到出自中央财政部门，节度使自费蓄养亲兵的现象开始发生变化，节度使个人的亲兵逐渐纳入了国家武装力量的体系之中，从而限制了节度使借发展牙兵而大肆私自招募军队的行为。这既是五代中央对地方牙兵势力的认可，也在一定范围内限制了牙兵的发展。随着力量的强大，中央也开始明令限制节度使私人蓄养亲兵。后晋末年，契丹在暂时占领华北地区时规定："自今节度使、刺史，毋得置牙兵，市战马。"[①]尽管这是契丹统治者为了防范中原人民的抵抗而发布的命令，并且由于其迅速撤回北方草原而导致该命令没有得以贯彻执行，但却顺应了历史发展的趋势。北宋建立之后，随着中央权威的确立，宋太祖于乾德四年(966)闰八月下诏规定："诏殿前、侍卫诸军及边防监护使臣，不得选中军骁勇者自为牙队。"[②]明令禁止中央禁军和地方驻军的武将们拥有私人性质的牙兵。

五代牙兵继承了唐代牙兵犯上作乱的特性，在自己的利益受到损害或者要求不能得到满足时，往往会发动变乱，严重威胁统治者的安全。五代各朝对叛乱的地方军队，以屠杀为主，从根本上铲除产生叛乱的因素。唐哀帝天祐三年(907)三月，存在了一百多年的魏博牙兵再次发动叛乱，节度使罗绍威借助朱温的势力，对叛乱的牙兵进行了大规模的屠杀，"凡八千家，皆赤其族，州城为之一空"[③]。这是当时最为著名的一次屠杀牙兵的行动。此后，五代各朝一直没有放弃诛杀叛乱牙兵的政策，甚至牙兵的家属也在屠杀之列。比如，后唐时，兖州节度使房知温将中央派遣的招讨副使杀死，准备造反，但由于没有取得其他驻军的支持而作罢，"会次将安审通保骑军隔河按甲不动，知温惧不济，乃束身渡水，复结审通逐其乱军以奏。时朝廷姑息知温，下诏于郰尽杀军士家口老幼凡数万，清漳为之变色"[④]。又如，后汉杜重威叛乱被平定后，"郭威请杀重威牙将百余人，并重威家赀籍之以赏战士，从

① 《资治通鉴》卷二八六"天福十二年二月丁巳朔"条，第9339页。

② 《续资治通鉴长编》卷七"乾德四年闰八月"条，第178页。

③ 《旧五代史》卷一四《罗绍威传》，第189页。

④ 《旧五代史》卷九一《房知温传》，第1196页。

之"[1]。《资治通鉴》卷二六七载：

帝召山南东道节度使杨师厚，欲使督诸将攻潞州，以前兖海留后王班为留后，镇襄州。师厚屡为班言牙兵王求等凶悍，宜备之，班自恃左右有壮士，不以为意，每众辱之。戊寅，谪求戍西境，是夕，作乱，杀班，推都指挥使雍丘刘玘为留后。……九月，丁酉，拔其城，斩叛兵千人。

《资治通鉴》卷二七五"后唐明宗天成元年(926)五月"条载：

诏发汴州控鹤指挥使张谏等三千人戍瓦桥。六月，丁酉，出城，复还，作乱，焚掠坊市，杀权知州、推官高逖。逼马步都指挥使、曹州刺史李彦饶为帅，彦饶曰："汝欲吾为帅，当用吾命，禁止焚掠。"众从之。己亥旦，彦饶伏甲于室，诸将入贺，彦饶曰："前日唱乱者数人而已。"遂执张谏等四人，斩之。其党张审琼帅众大噪于建国门，彦饶勒兵击之，尽诛其众四百人，军、州始定。即日，以军、州事牒节度推官韦俨权知，具以状闻。庚子，诏以枢密使孔循知汴州，收为乱者三千家，悉诛之。

《旧五代史》卷三六《后唐明宗纪第二》载：

(天成元年)秋七月甲子……诛滑州左右崇牙及长剑等军士数百人，夷其族，作乱故也。其都校于可洪等相次到阙，亦斩于都市。

《资治通鉴》卷二七五"后唐明宗天成二年(927)夏四月庚寅"条载：

敕：卢台乱兵在营家属并全门处斩。敕至邺都，阖九指挥之门，驱三千五百家凡万余人于石灰窑，悉斩之，永济渠为之变赤。

胡三省对此的注释为：

自帝即位已来，汴州张谏之乱，滑州于可洪之乱，以至卢台之乱，凡乱兵皆夷其家。然而流言不息，盼盼然疾视其上者相环也。此无他，以乱止乱故尔。

《旧五代史》卷五四《王都传》载：

王都，本姓刘，小字云郎，中山陉邑人也。初，有妖人李应之得于村落间，养为己子。及处直有疾，应之以左道医之，不久病间，处直神之，待为羽人。始假幕职，出入无间，渐署为行军司马，军府之事，咸取决

① 《资治通鉴》卷二八七"天福十二年十一月"条，第9378页。

焉。处直时未有子，应之以都遗于处直曰："此子生而有异。"因是都得为处直之子。其后应之阅白丁于管内，别置新军，起第于博陵坊，面开一门，动皆鬼道。处直信重日隆，将校相虑，变在朝夕，谋先事为难。会燕师假道，伏甲于外城，以备不虞，昧旦入郭，诸校因引军以围其第，应之死于乱兵，咸云不见其尸，众不解甲。乃逼牙帐请杀都，处直坚靳之，久乃得免。翼日赏劳，籍其兵于卧内，自队长已上记于别簿，渐以他事孥戮，迨二十年，别簿之记，略无孑遗。都既成长，总其兵柄，奸诈巧佞，生而知之。

牙兵是地方割据的主要武装力量，牙兵势力的削弱必然导致地方军事力量的萎缩，随着中央对叛乱牙兵大规模的屠杀，尤其是将中唐以来著名的牙兵如魏博、成德、宣武等镇牙兵集团根除，牙兵左右地方政局的现象也随之消失，地方割据势力也就丧失了割据的资本。如魏博节度使罗绍威在借助朱全忠的势力消灭牙兵后，"自是绍威虽除其逼，然寻有自弱之悔"[①]。

三、普遍推行屯戍制度

唐末军阀混战中，藩镇节帅攻占其他州县后，总是委派自己的亲信带领军队驻扎在占领区，以加强对该地区的控制。如唐昭宗景福二年(893)，朱全忠在取得曹州后，派霍存率领骑兵驻扎于此[②]；唐昭宗乾宁二年(895)，李克用攻占幽州后，委任刘仁恭为幽州节度使，又派亲信带领河东军队驻扎在幽州境内。[③]

五代各朝为了对内镇压频繁的军变、军乱，对外防御其他政权的入侵，在统治区域内普遍推行屯戍制度。如后梁建立后，在自己的统治区域内大力推行屯驻制度，即使是割据势力较强的河朔地区也驻扎了大量的外来屯驻军队。后梁太祖开平三年(909)十一月，魏博节度使罗绍威对后梁皇帝朱全忠说："魏故大镇，外多兵，愿得有功重臣镇之。"[④]后唐时马步都虞侯郑琮

---

① 《旧五代史》卷一四《罗绍威传》，第190页。

② 《旧五代史》卷二一《霍存传》，第283页。

③ 《旧五代史》卷一二三《高行周传》，第1611页。

④ 《资治通鉴》卷二六七"开平三年十一月"条，第8717页。

在主将安重诲征调各地军队时，“历数诸道屯军及主将姓名，附口传檄，相次而至”[①]；孟知祥在未称帝前曾“置左右牢城四营，凡四千人，分戍成都境内”[②]。后晋末年，后晋降将赵延寿与契丹皇帝关于如何处置十万投降晋军的对话可为五代屯戍制度的体现。《旧五代史》卷九八《赵延寿传》曰：

> 及戎王入汴，时南北降军数万，皆野次于陈桥，戎王虑其有变，欲尽杀之。延寿闻之，遽请见契丹主，曰：“臣伏见今日已前，皇帝百战千征，始收得晋国，不知皇帝自要治之乎？为他人取之乎？”戎王变色曰：“尔何言之过也！朕以晋人负义，举国南征，五年相杀，方得中原，岂不自要为主，而为他人耶？卿有何说，速奏朕来！”延寿曰：“皇帝尝知吴、蜀与晋朝相杀否？”曰：“知。”延寿曰：“今中原南自安、申，西及秦、凤，沿边数千里，并是两界守戍之所。将来皇帝归国时，又渐及炎蒸，若吴、蜀二寇交侵中国，未知许大世界，教甚兵马御捍？苟失提防，岂非为他人取也。”戎王曰：“我弗知也，为之奈何？”延寿曰：“臣知上国之兵，当炎暑之时，沿吴、蜀之境，难为用也。未若以陈桥所聚降军团并，别作军额，以备边防。”戎王曰：“我念在壶关、阳城时，亦曾言议，未获区分，致五年相杀，此时入手，如何更不翦除？”延寿曰：“晋军见在之数，如今还似从前尽在河南，诚为不可。臣请迁其军，并其家口于镇、定、云、朔间以处之，每岁差伊分番，于河外沿边防戍，斯上策也。”

从这段对话中我们可以知道，当时的屯戍制度主要有三方面内容：(1)戍期限为一年；(2)屯戍士兵轮流到屯戍地戍守；(3)屯戍士兵不允许携带家属前往。军队屯戍是五代各朝加强地方控制的重要手段之一，屯驻的范围也十分广泛。为了更直观地了解五代各朝推行军队屯戍制的情况，现据《资治通鉴》和《旧五代史》的有关记载做成表 3-1。

① 《旧五代史》卷九一《郑琮传》，第 1209 页。

② 《资治通鉴》卷二七五“后唐明宗天成元年八月”条，第 8991～8992 页。

表 3-1　　　　　　　五代时期军队屯戍表

时　间	军队性质(禁军或地方军队)	屯戍地点	资料来源
唐末	镇州将石公立	深州	《旧五代史》卷二七《唐庄宗纪第一》
大顺元年十二月	汴卒、禁军	晋州	《旧五代史》卷五二《李存孝传》
景福二年	节度使骑兵	曹州	《旧五代史》卷二一《霍存传》
乾宁二年	河东军队	幽州	《旧五代史》卷一二三《高行周传》
唐末	魏镇兵	深州	《册府元龟》卷二六五
天祐元年	华州观察使徐怀玉所部兵	雍州	《旧五代史》卷二一《徐怀玉传》
天祐八年四月	河东将周德威	赵州	《旧五代史》卷二七《唐庄宗纪第一》
天祐九年三月	河东将李存审、史建瑭将兵三千	赵州	《旧五代史》卷二八《唐庄宗纪第二》
天祐十年三月	幽州军将元行钦	武州	《旧五代史》卷二八《唐庄宗纪第二》
天祐十八年八月	镇州偏将符习以本部兵	德胜	《旧五代史》卷二九《唐庄宗纪第三》
天祐中	沙陀兵	壶关	《旧五代史》卷九一《张从训传》
开平元年	河东兵	长子	《资治通鉴》卷二六六
开平元年	京兆、同华军	晋州	《资治通鉴》卷二六六
开平元年	耀州郡兵	固镇	《旧五代史》卷一五《范居实传》
开平三年	禁军龙虎军	潼关	《旧五代史》卷四《梁太祖纪第四》
开平四年	魏博军队	深州冀州	《资治通鉴》卷二六七

续表

开平四年	禁军	颍州	《旧五代史》卷二二《牛存节传》
开平五年三月	左龙骧兵马使王彦章率精骑五百	郯城	《旧五代史》卷二一《王彦章传》
开平间	开道指挥使华温琪	鄜畤	《旧五代史》卷九〇《华温琪传》
乾化二年八月	龙骧军三千人	怀州	《旧五代史》卷八《梁末帝纪上》
乾化三年二月	禁军龙骧军	大梁	《资治通鉴》卷二六七
贞明元年五月	天平军	杨刘	《资治通鉴》卷二六九
贞明二年	捉生军千人及龙骧军	杨刘	《旧五代史》卷九《梁末帝纪中》
梁时	朱汉宾领兵	魏州莘县	《旧五代史》卷六四《朱汉宾传》
同光初年	北京右厢马军	奉化军	《旧五代史》卷六一《安审通传》
同光元年八月	潞州将裴约	泽州	《旧五代史》卷二九《唐庄宗纪第三》
同光二年	潞州兵三万	涿州	《旧五代史》卷七四《杨立传》
同光二年	安义军三千	涿州	《资治通鉴》卷二七三
同光二年七月	禁军侍卫马军都指挥使白奉进	郸都开元寺	《旧五代史》卷九一《符彦饶传》
同光三年	魏博军队	瓦桥贝州	《资治通鉴》卷二七四
同光三年三月	突骑都指挥使李从珂	石门镇	《旧五代史》卷四六《唐末帝纪上》
同光四年二月	魏博指挥使杨仁晸	瓦桥贝州	《旧五代史》卷三四《唐庄宗纪第八》
同光末	禁军效节指挥使	贝州	《旧五代史》卷九〇《赵在礼传》

续表

天成元年五月	汴州控鹤指挥使张谏等三千人	戍瓦桥	《资治通鉴》卷二七五
天成元年六月	魏博军	滑州	《资治通鉴》卷二七五
天成二年	邺都奉节九指挥	卢台	《旧五代史》卷三八《唐明宗纪第四》
天成三年	西川兵	夔州	《资治通鉴》卷二七六
天成三年	禁军左神捷、左怀顺	安州	《旧五代史》卷三九《唐明宗纪第五》
天成三年三月	神武马军	巩县	《册府元龟》卷一三五《帝王部·愍征役》
天成四年	鄜州兵	东川	《旧五代史》卷七六《晋高祖纪第二》
天成年间	黑云都右厢指挥使王傅拯领本军	海州	《旧五代史》卷九四《王傅拯传》
天成中	魏府效节军使梁汉瑭	赵郡	《旧五代史》卷九五《梁汉瑭传》
长兴初	东川军	阆州	《旧五代史》卷七〇《姚洪传》
长兴三年十月	安审琪率捧圣龙武马军	忻州代州	《册府元龟》卷一五八《帝王部·诫励第三》
应顺元年四月	未详	三泉、西县、金牛、桑林	《资治通鉴》卷二七九
清泰元年	禁军奉圣军五百人	陕西	《资治通鉴》卷二七九
清泰元年十一月	未详	泾原、邠宁、岐陇	《册府元龟》卷九九四《外臣部·备御第七》
清泰二年七月	挟马都指挥使李晖	忻州	《旧五代史》卷四七《唐末帝纪中》
清泰二年	雄义都	伏州	《旧五代史》卷四八《唐末帝纪下》

续表

清泰三年五月	雄义都指挥	代州	《旧五代史》卷四八《唐末帝纪下》
清泰三年六月	捧圣都虞侯张令昭	邺都	《旧五代史》卷四八《唐末帝纪下》
清泰三年七月	步军指挥使桑迁	云州	《旧五代史》卷四八《唐末帝纪下》
清泰三年七月	捧圣指挥使马彦柔	魏府	《旧五代史》卷四八《唐末帝纪下》
清泰三年八月	未详	忻州代州	《旧五代史》卷四八《唐末帝纪下》
清泰三年八月	未详	耀州	《旧五代史》卷四八《唐末帝纪下》
清泰三年十月	未详	金州	《册府元龟》卷一五四《帝王部·明罚第三》
清泰中	魏博军	汴州	《旧五代史》卷九七《范延光传》
清泰中	龙武指挥使李琼	云州	《旧五代史》卷九四《李琼传》
清泰末	邺都留守将二万人	辽州	《旧五代史》卷九七《范延光传》
后晋初年	卫州刺史郭超领所部兵	青州	《宋史》卷二六一《郭琼传》
天福元年五月	捧圣都虞侯张令昭	天雄军	《资治通鉴》卷二八〇
天福元年	威和都指挥使	安陆	《旧五代史》卷九五《周瓌传》
天福元年七月	彰圣军五百人	虎北口	《资治通鉴》卷二八〇
天福元年十二月	郓州王建立所部牙兵	青州	《旧五代史》卷七六《晋高祖纪第二》
天福二年六月	奉国军都指挥使侯益、护圣都指挥使杜重威	屯汜水关	《旧五代史》卷七六《晋高祖纪第二》
天福二年七月	昭信节度使白奉进将千五百骑	白马津	《资治通鉴》卷二八一

续表

天福二年八月	宣化留后李思安将兵万人	河阳	《资治通鉴》卷二六七
天福二年八月	感化节度使康怀贞将兵三万	三原	《资治通鉴》卷二六七
天福四年	侍卫步军都指挥使景延广	滑台	《旧五代史》卷八八《景延广传》
天福五年	禁军彰圣军	河阳	《资治通鉴》卷二八〇
天福八年	奉国军	邺都	《旧五代史》卷九五《王清传》
天福八年十二月	禁军	郓州	《旧五代史》卷八二《晋少帝纪第二》
天福七年	申州刺史李建崇领步骑千余	叶县	《旧五代史》卷一二九《李建崇传》
开运二年九月	相州节度使张彦泽	恒州	《旧五代史》卷八四《晋少帝纪第四》
开运末	奉国指挥使赵晖以部兵	陕府	《旧五代史》卷一二五《赵晖传》
开运末	幽州指挥使张琏以部下军两千	屯邺	《旧五代史》卷一〇九《杜重威传》
开运末	奉国指挥使王继弘将本军	相州	《旧五代史》卷一二五《王继弘传》
晋末	李万超将本部	潞州	《宋史》卷二六一《李万超传》
后晋末年	燕军千人	汴州	《旧五代史》卷一〇六《刘审交传》
天福十二年七月	幽州亲兵两千人	恒州	《资治通鉴》卷二八七
天福十二年八月	禁军护圣左厢都指挥使白再荣	镇州	《旧五代史》卷一〇〇《高祖纪下》
天福十二年	禁军	汉州	《旧五代史》卷一〇〇《高祖纪下》
天福十二年十一月	幽州兵	京师	《旧五代史》卷一〇九《杜重威传》

续表

乾祐元年	滑州马军都指挥使罗金山将部兵	同州	《资治通鉴》卷二八八
乾祐二年十一月	禁军护圣左厢都指挥使郭崇	邺都	《旧五代史》卷一〇三《汉隐帝纪下》
乾祐三年十二月	马步都指挥使聂召、奉国指挥使杨德、护圣指挥使康审澄等	陕州	《旧五代史》卷一〇三《汉隐帝纪下》
广顺元年正月	前淄州刺史将兵	磁州	《资治通鉴》卷二九〇
广顺元年十月	虎捷兵士	河阳陕府	《册府元龟》卷一二四《帝王部·修武备》
广顺元年	禁军	京兆	《旧五代史》卷一三〇《王峻传》
广顺元年	镇州雄胜都头杨肇、十将李铎	齐州	《册府元龟》卷一四〇《帝王部·旌表第四》
广顺元年	虎捷都指挥使何辉、龙捷都指挥使史彦朝	晋州	《旧五代史》卷一二四《史彦朝传》
广顺二年二月	兖州士兵	金州	《册府元龟》卷一六七《帝王部·招怀第五》
广顺三年正月	静胜军	延州	《资治通鉴》卷二九一
广顺三年二月	禁兵两指挥	鄜延	《资治通鉴》卷二九一
广顺三年六月	禁军千余	京兆	《宋史》卷二五二《李洪信传》
广顺三年九月	齐州保宁都、郑州开道都指挥使张万友	深州乐寿	《旧五代史》卷一一三《周太祖纪第四》
广顺中	皇城使向拱监	昭义屯军	《宋史》卷二五五《向拱传》
显德元年三月	效顺指挥	淮上	《资治通鉴》卷二九一
显德元年四月	禁军步骑三千	雒州	《册府元龟》卷四一《帝王部·宽恕》
显德三年正月	河阳节度使白重赞将亲兵三千	颍上	《资治通鉴》卷二九二

从表中可以看出五代时期军队屯戍制度的推行，对当时的政局产生了重要影响，这主要表现在以下几个方面：

第一，中央禁军分屯全国各地，不论在边境地区还是在内地都普遍有中央禁军驻扎。如后唐的郑琮曾经以幕僚的身份辅佐枢密使安重诲，每当“安重诲将征兵于四方，琮在帐前，历数诸道屯军及主将姓名，附口传檄，相次而至”[①]，即说明中央有关部门对屯驻禁军的管理已非常娴熟。后唐明宗长兴三年(932)十月，明宗与枢密使范延光讨论如何控制分布在全国的禁军时说：“如闻禁军戍守，多不禀藩臣之命，缓急如何驱使？”延光曰：“承前禁军出戍，便令逐处守臣管辖断决，近似简易。”帝曰：“速以宣命条举之。”[②]即中央承认地方统治者可以统治驻扎在本地的禁军。但禁军在隶属关系上是直属于皇帝的军队，节度使不可能完全将禁军控制在自己的领导之下。中央禁军在地方的大量屯驻，对地方军队产生了一定的威慑作用。

第二，藩镇军队除一部分驻扎在本辖区外，还有一部分到其他州郡屯驻。驻扎在外地的藩镇军队原则上由当地的统治者管辖，但二者根本不可能联合起来。如后晋高祖天福二年(937)二月敕：

> □京及诸道马步诸军，若长行违犯，便委副将据罪处理；如副将十将违犯，即委本指挥使科断；指挥有罪，若不出军，即委都指挥使具录申奏，若行营在外，即委行营统领依军法施行。其诸道军都在外处者，即委本处节度、防御、团练使、刺史据罪科断。[③]

藩镇士兵是地方割据势力对抗中央的支柱，一旦军队被调往外地，也就意味着节度使丧失了同中央抗争的实力。永兴军节度使李洪信自请到中央任职，是地方军队戍守其辖区的结果：后周建立后，为后汉亲戚的李洪信“恒有忧沮之意”，担心受到后周政府的迫害。后周大将王峻“出征至陕州，以救援晋州为辞”，将李洪信不满千人的地方部队，“抽起数百人”，严重削弱了李洪信的军事力量，“及刘崇北遁，又遣禁兵千余人，屯于京兆”，在自身军队被

① 《旧五代史》卷九一《郑琮传》，第1209页。

② 《旧五代史》卷四二《唐明宗纪第九》，第595页。

③ 《五代会要》卷一二《军杂录》，中华书局1998年点校本，第158页。

调走、中央禁军驻扎的情况下，“洪信惧，遂请入朝”。[①] 中央驻军及本地军队到外地屯驻的现实，最终迫使李洪信入朝，后周中央政府成功地消除了隐患。

藩镇兵屯驻在其他地区，对于驻扎地来说是异己力量，二者之间不可避免地产生矛盾。后梁太祖开平四年(910)十一月，梁太祖遣魏博镇军队屯驻于成德镇，就反映了藩镇军队异地屯驻的相互牵制作用。《资治通鉴》卷二六七“开平四年十一月”条曰：

> 上疑赵王镕贰于晋，且欲因邺王绍威卒除移镇、定。会燕王守光发兵屯涞水，欲侵定州，上遣供奉官杜廷隐、丁延徽监魏博兵三千分屯深、冀，声言恐燕兵南寇，助赵守御；又云分兵就食。赵将石公立戍深州，白赵王镕，请拒之。镕遽命开门，移公立于外以避之。公立出门指城而泣曰：“朱氏灭唐社稷，三尺童子知其为人。而我王犹恃姻好，以长者期之，此所谓开门揖盗者也。惜乎，此城之人今为虏矣！”
>
> 梁人有亡奔真定，以其谋告镕者，镕大惧，又不敢先自绝；但遣使诣洛阳，诉称：“燕兵已还，与定州讲和如故，深、冀民见魏博兵入，奔走惊骇，乞召兵还。”上遣使诣真定慰谕之。未几，廷隐等闭门尽杀赵戍兵，乘城拒守。

第三，在同一地区往往驻扎着几支隶属不同将领的军队，其中既有中央禁军，也有其他州的地方军队。如后唐庄宗同光二年(924)，涿州驻扎着三万潞州军队和三千安义军队。数支禁军或者数支不同的藩镇军队驻扎在同一地区，他们统属不一，利益各异，很难形成统一的军事集团，无形之中造成了互相牵制、互相制约的局面。在这种状况下，地方势力轻易不敢发动叛乱。即使发生了叛乱，由于各支力量不能联合形成强大的集团，中央也易于平定。后唐明宗天成二年(927)四月戍守卢台的邺都奉节九指挥及后周太祖广顺三年(953)屯驻深州的齐州军队发生叛乱，但很快失败了，原因就在于其他驻军不配合，导致叛乱军队人心动摇。《旧五代史》卷三八《后唐明宗纪第四》载：

> 龙晊所部之众，即梁故魏博节度使杨师厚之所招置也，皆天下雄勇

① 《旧五代史》卷一三〇《王峻传》，第1713页。

之士，目其都为银枪效节，仅八千人。……及屯于卢台，会乌震代房知温为帅，转增浮说。震与房知温博于东寨，日亭午，大噪于营外，知温上马出门，为甲士所拥，且曰："不与儿郎为主，更何处去?"知温绐之曰："马军皆在河西，步卒独何为也!"遂得跃马登舟，济于西岸。安审通戢骑军不动，知温与审通谋伺便攻之，令乱兵卷甲南行。骑军徐进，部伍严整。叛者相顾失色，列炬宵行，疲于荒泽。迟明，潜令外州军别行，知温等遂击乱军，横尸于野，余众复趋旧寨，至则已焚之矣。翌日，尽戮之，脱于丛草沟塍者十无二三，迨夜窜于山谷，稍奔于定州。及王都之败，乃无噍类矣。

《旧五代史》卷一一三《后周太祖纪第四》记载了乐寿驻军的变乱情况：

先是，齐州保宁郡兵士屯于乐寿，都头刘彦章等杀延熙为乱。时郑州开道指挥使张万友亦屯于乐寿，然不与之同。

中央政府为了防止屯戍各地的军队互相联合，对士兵也采取了一些防范措施。五代各朝都有关于士兵家属与士兵屯驻地分离的记载。比如，李克用统治时期，李罕之与河南张全义为仇，"交相攻击，罕之兵败，北投太原，武皇以泽州处之，罕之将赴任，留顼(指李罕之子)为质焉"①。后唐明宗天成二年(927)四月，卢台戍军的叛乱被平定后，唐明宗"下诏于邺尽杀军士家口老幼凡数万，清漳为之变色"②。孟知祥占据西川后，为稳定军心，多次上疏后唐朝廷，希望朝廷将戍守西川的三万士兵的家属送往西川。后晋高祖天福元年(936)七月，驻扎怀州的彰圣军被调往虎北口驻扎，"其指挥使张万迪将五百骑奔河东，丙辰，诏尽诛其家"③。戍守士兵叛乱后，家属很快就遭到屠杀，说明士兵的家属没有随军戍守，而是被留在了中央易于控制的地方。后晋高祖天福二年(937)七月，滑州军队发动叛乱后，右厢都指挥使卢顺密率部出营，厉声谓奉国左厢都指挥使马万曰："符公(彦饶)擅杀白公，必与魏城通谋。此去行宫才二百里，吾辈及军士家属皆在大梁，奈何不思报国，乃

---

① 《旧五代史》卷九一《李顼传》，第1206页。

② 《旧五代史》卷九一《房知温传》，第1196页。又，《旧五代史》卷三八《后唐明宗纪第四》载："卢台乱军龙晊所部邺都奉节等九指挥三千五百人，在营家口骨肉，并可全家处斩。"

③ 《资治通鉴》卷二八〇"天福元年七月"条，第9146页。

欲助乱，自求族灭乎！”[①]后汉隐帝乾祐三年(950)十一月，在汉隐帝诛杀杨邠、史弘肇、王章后，郭威带领军队回京，汉隐帝闻郭威举兵南向，议发兵拒之。前开封尹侯益曰：“邺都戍兵家属皆在京师，官军不可轻出，不若闭城以挫其锋，使其母妻登城招之，可不战而下也。”[②]地方军队在屯戍其他军镇时，他们的家属同样也不离开原来的地区。后周时期泰宁镇(治所在今山东兖州)的一支部队屯戍金州，他们的家属就是“并在兖州城内”[③]。不让士兵的家属随营的主要目的是为了防止士兵叛乱。

四、限制地方军事防御体系的发展

五代时期武力是决定皇权归属的主导因素。“天子，兵强马壮者当为之，宁有种耶！”[④]割据势力都在积极强化军事设施。冷兵器时代，坚固的城池对军队的防守往往有决定性的作用。李克用在河东时曾对他的部下说：“不贮军食，何以聚众？不置兵甲，何以克敌？不修城池，何以扞御？利害之间，请垂议度！”[⑤]五代沙陀三王朝以河东为根据地，进而发展成为中央政权，是与河东地区优越的战略位置及坚固的军事防御设施密不可分的。[⑥]河朔三镇之一镇州的属县枣强即是明显的例证。后梁太祖乾化二年(912)三月，后梁将领杨师厚、李彝周率军围攻枣强县城，但因“枣强城小而坚，赵人聚精兵数千守之，师厚急攻之，数日不下，城坏复修，死伤者以万数”[⑦]。坚固的防御工事有力地支持了城内的防守。后唐明宗天成三年(929)四月，镇守定州十余年的义武节度使王都发动叛乱，后唐明宗派军队进行镇压，在王都“守备固，伺察严”的防备下，“诸将屡有谋翻城应官军者，皆不果”。尽管唐明宗多次督促前线将领攻城，但前线指挥官认为：“城高峻如此，借使主人听外兵登城，亦非梯冲所及。徒多杀精兵，无损于贼，如此何为！不若食三州之租，爱民养兵以俟之，彼必内溃。”最终朝廷采取围困的方式，直到后唐明宗天成

---

① 《资治通鉴》卷二八一“天福二年七月”条，第 9178 页。

② 《资治通鉴》卷二八九“乾祐三年十一月”条，第 9433 页。

③ 《全唐文》卷一二三周太祖《谕金州屯戍士兵敕》，第 1178 页。

④ 《旧五代史》卷九八《安重荣传》，第 1302 页。

⑤ 《资治通鉴》卷二六三“天复二年三月”条，第 8571 页。

⑥ 参见宁可、阎守诚《唐末五代的山西》，载《晋阳学刊》1984 年第 5 期。

⑦ 《资治通鉴》卷二六八“乾化二年三月”条，第 8752 页。

四年(930)二月,才在城内军队的配合下攻下定州城。王都以一城之众能够坚守十一个月之久,就是因为"定州城坚,不可攻"。① 五代各朝为了加强对地方的控制,防止地方叛乱时有坚固的防御工事,多次发布诏令严禁地方修筑城防工事,对已有的城防工事则采用拆除的办法。后梁太祖开平四年(910)六月己未朔,"诏军镇勿起土功"②。后唐时期对城防坚固的潞州城,中央更是多次下诏将其城防工事予以拆除。后唐庄宗同光二年(924)五月诏:"帝以潞州叛故,庚戌,诏天下州镇无得修城浚隍,悉毁防城之具。"③同年六月再次下令将潞州城墙全部拆除,"丙子,磔杨立及其党于镇国桥。潞州城池高深,帝命夷之"④。由于当时地方势力过于强大,中央政府关于彻底销毁各地城防工事的诏令并没有得到认真贯彻执行。因为直到北宋初年,枢密使吴廷祚在李筠发动叛乱时还对宋太祖说:"潞州岩险,贼若固守,未可岁月破。"⑤由此也可以看出,五代时期地方与中央争夺统治权的激烈程度。⑥ 为便于中央掌握地方防御工事的具体变化情况,有人曾建议各地方政府要绘制本地详细的地图上呈中央。⑦

马在古代战争中的作用非常重要,"骑兵在整个中世纪一直是各国军队

---

① 《资治通鉴》卷二七六"天成三年十一月"条,第9024页。

② 《旧五代史》卷五《后梁太祖纪第五》,第84页。

③ 《资治通鉴》卷二七三"同光二年五月"条,第8921页。

④ 《资治通鉴》卷二七三"同光二年六月"条,第8922页。又,《旧五代史》卷三二《后唐庄宗纪第六》载:"潞州城峻而隍深,至是帝命划平之,因诏诸方镇撤防城之备焉。"

⑤ 《续资治通鉴长编》卷一"乾德元年四月"条,第13页。

⑥ 南方各割据政权同时也在执行同样的政策。如显德三年,"初,柴克宏为宣州巡检使,始至,城堑不修,器械皆阙,吏云:'自田頵、王茂章、李遇相继叛,后人无敢治之者。'克宏曰:'时移事异,安有此理!'悉缮完之。由是路彦铢攻之不克,闻吴程败,乙卯,引归。唐主以克宏为奉化节度使,克宏复请将兵救寿州,未至而卒"。(《资治通鉴》卷二九三"显德三年三月"条,第9551页)

⑦ 后唐天成三年闰八月敕:"诸道州府,每于闰年合送图经地图。"长兴三年五月二十三日,尚书吏部侍郎王权奏:"伏见诸道州府,每遇闰年,准例送尚书省职方地图者。顷因多事之后,诸道州府,旧本虽存,其间郡邑或迁,馆递曾改,添增镇戍,创造城池,窃恐尚以旧规,录为正本,未专详勘,必有差殊。伏请颁下诸州,其所送职方地图,各令按目下郡县镇戍城池水陆道路,或经新旧移易者并须载之于图。其有山岭溪湖、步骑舟楫,各得便于登涉者,亦须备载。"(《五代会要》卷一五《职方》,第195页)

中的主要兵种；在东方各国，经常起主要作用的是非正规的轻骑兵”[①]。唐朝政府在初期曾设立了系统完备的马政机构，建立了大规模的监牧基地[②]，并制定了严格的管理制度。《唐律》规定：“诸故杀官私马牛者，徒一年半。”对于此条，《疏议》解释说：“官私马牛，为用处重：牛为耕稼之本，马即致远供军，故杀者徒一年半。”[③]唐朝初期能够在军事上取得重大成就，与当时马政的繁荣有一定关系。[④] 唐代中后期割据自立的河朔三镇都不同程度地拥有大量的战马[⑤]，以至于唐代著名的政治家杜牧把河朔“兵常当天下”与“产健马”联系起来[⑥]。五代各朝在战争不断的情况下，对战马的需求更为迫切，中央和地方都在积极争夺战马。后梁太祖开平四年(910)十月，“颁夺马令，禁冒者罪之。注：先是，梁师攻战，得敌人之马必纳官，故出令命获者有之”[⑦]。后唐庄宗同光三年(925)六月，后唐政府在准备伐蜀的过程中就曾“诏下河南河北诸州和市战马，官吏除一匹外，匿者坐罪”[⑧]。后唐明宗时，当中央控制的战马达到三万五千匹的时候，最高统治者已经开始考虑为统一中国做准备了。[⑨] 为了保证中央有足够的马匹供应并限制地方拥有大量的马匹，后唐政府对各级人员所应占用的马匹都有详细的规定。《五代会要》卷一二

---

① 《马克思恩格斯全集》第 14 卷，人民出版社 1964 年版，第 305 页。又，陈寅恪在《论唐代之蕃将与府兵》中说：“骑马之技术本由胡人发明。其在军队中有侦察敌情及冲陷敌阵两种最大功能。实兼今日飞机、坦克二者之效力，不仅骑兵运动迅速灵便，远胜于部卒也。”(《金明馆丛稿初编》，第 269 页)

② 参见徐嫩棠《唐朝前期马牧业发达的原因》，载《人文杂志》1994 年第 6 期；宁志新《唐朝的闲厩使》，载《中国社会经济史研究》1997 年第 2 期。

③ 长孙无忌撰、刘俊文点校：《唐律疏议》卷一五《厩库律》，第 306～307 页。

④ 唐太宗就曾对诸卫将士说：“我今不使汝等穿池筑苑，造诸淫费，农民恣令逸乐，兵士唯习弓马，庶使汝斗战，亦望汝前无横敌。”(《旧唐书》卷二《太宗上》，第 31 页)

⑤ 史书中关于河朔骑兵强大的记载非常多。如《新唐书》卷二一二《朱滔传》记载，卢龙骑兵在二万以上；《新唐书》卷一四八《张孝忠附茂昭传》记载，元和时期，成德节度使王承宗在一次战斗中就出动骑兵二万人以上，“承宗以骑二万逾木刀沟与王师薄战”；《新唐书》卷二一〇《田季安传》记载，魏博镇在田季安时期欲救援被中央攻打的成德镇节度使王承宗，其部下“或请以五千骑决除君忧”。

⑥ 《全唐文》卷七五四杜牧《战论》，第 7813 页。

⑦ 《五代会要》卷一二《马》，第 158 页。

⑧ 《五代会要》卷一二《马》，第 158 页。

⑨ 孙光宪《北梦琐言》卷二〇《马多国虚》载：“上(后唐明宗)问范延光见管马数，对曰：‘见管马军三万五千。’上抚髀叹曰：‘朕从戎四十年，太祖在太原时，骑军不过七千。先皇帝与汴军校战，自始至终，马数才万。今有铁马三万五千，不能使九州混一，是吾养卒练士将帅之不至也。老者马将奈何？’延光以马数多，国力虚耗为言，上亦然之。”

《马》记载了后唐末帝清泰三年(936)十月发布的关于地方官员占有马匹的数量的诏令:

敕诸道州府县镇宾佐,至录事参军都押衙教练使已上,各留马一匹乘骑,及乡村士庶有马者,无问形势,马不以牝杜,尽皆抄借,但胜衣甲,并仰印记,差人管押送纳。其弱小病患者,印退字,本道收管。节度防御团练使刺史,除自己马外,不得因便影占。管军都将,除出军及随驾外,见逐处屯驻者,都指挥使旧有马,许留五匹,小指挥使两匹,都头一匹,其余凡五匹取两匹,十匹取五匹,更多有者,并依此例抽取。在京文武百官,主军将校内诸司使已下,随驾职员,旧有马者,任令随意进纳,不得影占人私马,各下诸道准此。

政府在规定了各级人员有权占有的马匹数量之后,对规定数额之外的,鼓励地方官员将其贡献给中央。比如,后梁太祖开平二年(908)九月,"丙戌,(朱全忠)至陕州驻跸,蒲、雍、同、华牧守皆进铠甲、骑马、戈戟、食味、方物"[①]。后晋时,朔方节度使冯晖在灵武,"蕃部归心","由是易为交市","期年得五千匹"。对地方政府拥有如此众多的战马,中央政府是非常害怕的,迫使他"献马千匹、驼五百头"后,对他依然防范严密,徙镇邠州及陕州,"除侍卫步军都指挥使兼领河阳",最终将其调离了原统治地区。[②] 中央通过诏令地方将战马上贡的方法,间接削弱地方的军事力量,加强中央的军事实力。

五代各朝不仅限制地方修筑城防工事,搜括地方战马,同时还将唐朝时设在地方的军工作坊的管理权加以变革[③]。五代的制度多沿袭唐朝,地方政

① 《旧五代史》卷四《后梁太祖纪第四》,第 64 页。

② 《旧五代史》卷一二五《冯晖传》,第 1645 页。

③ 关于地方的军工作坊,史书记载较多。如:唐代宗大历七年(772)《停扬洪宣三州作坊诏》:"扬、洪、宣等三州作坊,往以军兴,是资戎器。"(《全唐文》卷四七,第 519 页)《旧唐书》卷一二九《韩滉传》载:德宗建中时,韩滉为润州刺史、镇海军节度使,深恐泾源叛乱,北兵南下,派所亲卢复"为宣州刺史、采石军使、增营垒,教习长兵。以佛寺铜钟铸弩牙兵器"。《新唐书》卷一四六《李吉甫传》载:唐穆宗长庆元年(821),宣州观察使元锡一次就进弓箭器械五万二千事。地方政府拥有兵器的多寡间接地反映了地方武装力量的强弱程度。

府仍然有权制造兵甲器械，“诸道州府，各有作院，每月课造军器”①，这为藩镇势力的扩张提供了条件，因而每一次地方叛乱的发生都会伴随着军器制造的增加。② 五代各朝在对地方制造兵器的管理方面，从要求地方向中央贡献器械到逐步限制地方制造军械。在诸道进献的各种供品中就包括铠甲、戈戟等军事用品。后晋高祖天福二年(937)十月，敕诸道不得擅造器甲。③这次限制地方制造军械的诏令在地方并没有很好地得到执行，到后晋出帝开运三年(946)十月，中央政府再一次“敕作坊及诸道造作衣甲器械，今后并不得用金银装饰”④。从禁止地方制造军械转而要求地方制造的军器不要用金银装饰，说明地方势力并不甘于将制造军器的权力放弃，而中央为了稳定当时的局势，不得不放弃收归军器制造权的企图。后周建立后，随着中央实力的增加，对地方制造军器的现象再一次作出了收归中央的决定。如《旧五代史》卷一一二《后周太祖纪第三》载：

> (广顺二年)十月丙戌，以前晋州节度使王彦超为河阳节度使。庚寅，诏：“诸州罢任或朝觐，并不得以器械进贡。”先是，诸道州府，各有作院，每月课造军器，逐季搬送京师进纳。其逐州每年占留系省钱帛不少，谓之“甲料”，仍更于部内广配土产物，征敛数倍，民甚苦之。除上供军器外，节度使、刺史又私造器甲，以进贡为名，功费又倍，悉取之于民。帝以诸州器甲，造作不精，兼占留属省物用过当，乃令罢之。仍选择诸道作工，赴京作坊，以备役使。

后周中央政府为了禁绝地方私自制造军器，在规定“诸州罢任或朝觐，并不得以器械进贡”的同时，将地方包括武器制造者在内的工匠全部集中到京师，统一管理，即所谓“仍选择诸道作工，赴京作坊，以备役使”⑤，从根源上杜绝了地方私自制造武器的现象，限制了地方军事力量的发展。

---

① 《旧五代史》卷一一二《周太祖纪第三》，第 1485 页。

② 后晋末年河东节度使刘知远为了夺取中央政权，“在北京时，大聚甲兵，禁牛皮不得私贸易及民间盗用之，如有牛死，即时官纳其皮，其有犯者甚众。及即大位，三司举行请禁天下牛皮法，与河东时同，天下苦之”。(《旧五代史》卷一二六《冯道传》注引《洛阳搢绅旧闻记》，第 1660 页)

③ 《五代会要》卷一二《军杂录》，第 158 页。

④ 《五代会要》卷一二《军杂录》，第 158 页。

⑤ 《旧五代史》卷一一二《周太祖纪第三》。

五、控制藩镇势力的发展

地方行政区划的大小实际上反映了地方政府实际控制地区的大小：控制的地区越大，实力也就越强，中央也就越难于控制；控制的地区越小，实力也就相应较弱，中央也就越易于控制。“幅员太广，则有隔膜之虞；职权太尊，则有尾大之惧”，缩减地方政府的控制地域也就成了中央加强对地方控制的重要手段。唐朝时期河朔割据型藩镇的节度使不是由中央派遣的，而是由地方势力拥立的①，中央政府难以直接对他们发号施令，节度使一般终身不入朝廷。他们拥有数量众多的属州，“大者连州三十余，小者犹兼三四”②，为藩镇征收赋税和兵源提供了保障。节度使任职的终身化和对众多属州的拥有是藩镇势力不断强大的重要原因，“兵骄则逐帅，帅强则叛上，故骄蹇跋扈者不乏其人，称兵作乱者时而有之”③的现象也就不断出现。五代节度使与唐代节度使的权力几乎相等，“集民政、戍事、刑狱于一身，将佐僚属皆自行奏辟，生杀亦自己出”④。在唐末混战中逐渐发展而来的五代各朝，充分意识到节度使久任和属州过多对中央所造成的威胁，因此，置镇分割与频繁的节度使移镇就成为五代各朝限制地方势力坐大的重要措施。

早在唐宪宗元和四年(809)，中央政府就曾经采取过缩小强藩的属州辖区，进而肢解分割藩镇的措施。由于当时藩镇的势力过于强大，尽管成功地肢解了成德、淄青、武宁三镇，但不久这些藩镇又恢复了故态。黄巢起义改变了唐朝地方政权的格局，藩镇扩张和藩镇内部据州自立的现象相当普遍，置镇分割达到了高潮。在藩镇相互攻伐中逐渐形成了各个不同的地方权力中心，促成五代十国割据局面的出现。“到五代十国时期，各国内部关系更成为方镇形态变动的主要原因，为有利于内部控制而遍设节度。也就是说，遍设节度是为

---

① 如魏博、成德、卢龙三镇的节度使，前后共有 57 人，其中由中央任命的只有 4 人，其余的都是父死子继、兄终弟及或者偏裨擅立者。(参见岑仲勉《隋唐史》，高等教育出版社 1957 年版，第 268 页)

② 朱玉龙：《五代十国方镇年表·前言》，中华书局 1997 年版，第 1 页。

③ 朱玉龙：《五代十国方镇年表·前言》，第 1 页。

④ 朱玉龙：《五代十国方镇年表·前言》，第 1 页。

了通过军权的分散来实现控制，而控制实质上即是内部关系的调整。”[①]五代十国时期的各个政权继续沿袭了唐末以来置镇分割的体制：“十国抚有一隅，竞相夸侈，大抵国内多设节度，周遍诸州，以示幅员之广。”[②]在夸耀地盘增加的同时也暗含着分割地方势力的目的，以此削弱地方军权。尤其对唐朝时期形成的魏博、成德、幽州等强藩，五代各朝更是采取一切措施对其进行肢解分割。以魏博镇天雄军为例：魏博镇自建镇以来就辖有魏、博、贝、相、澶、卫六州，后梁末帝时，因魏博镇“地险人劲，屡篡主帅”，从魏博镇分出相、澶、卫三州，设昭德军，将唐时魏博镇一分为二。后唐庄宗时曾一度将相州、卫州从魏博镇分出，另置义宁军。后晋时期魏博镇再次被分割，以相州、卫州、澶州置彰德军；以贝州、博州及成德军支郡冀州置永清军；原魏博镇只辖魏州一地，并成为中央直辖地。魏州在后唐庄宗同光元年(923)四月升为东京，此后随着朝代的变化，魏州的名称多次变化，但其直属于京师的地位却一直未变。[③] 这样，原来的魏博镇被分割为一府二镇。五代各朝在分割、缩小藩镇辖区的同时，还将一些地理位置重要的州直接划归中央管辖，由中央派人管理。据《五代会要》卷二四《诸道节度使军额》记载，被划为直属京城的有华州、耀州、襄州、青州四州。[④] 为更直观地观察五代时期各朝置镇分割的状况，据《五代十国方镇年表》的有关记载，现将五代各朝的藩镇设置做成表 3-2。

---

① 何灿浩：《唐与五代方镇的形态变化》，见其《唐末政治变化研究》，第 99 页。

② 吴任臣：《十国春秋》卷一一三《十国藩镇表》，中华书局 1983 年版，第 1627 页。

③ 《五代十国方镇年表·魏州》记载：“后唐同光元年四月，升魏州为东京，都督府曰兴唐府，去天雄军额，置留守、尹；三年三月，改东京为邺都。明宗天成元年，复天雄军号；四年六月，停邺都留守额。后晋天福元年十二月，改兴唐府为广晋府。三年十一月，复为邺都，去天雄军额……少帝开运二年四月，依旧为邺都留守、广晋尹、天雄军节度、管内观察处置等使。后汉乾祐元年三月，改广晋府曰大名府。”

④ 《五代会要》卷二四《诸道节度使军额》记载：“华州，初为感化军，至后唐同光元年改为镇国军，至显德元年八月降为刺史州，直属京。耀州，梁贞明元年十二月改为崇州，升为静胜军节度，至后唐同光元年改为顺义军，至二年三月降为团练州，至周显德二年降为刺史州，直属京。”“襄州，晋天福七年降为防御州，直属京。”“青州，晋开运元年十二月，与登、莱、淄三州并属京。以杨光远叛命故也。”

表 3-2　　五代藩镇分割设置情况表

藩镇名称	领州数	备　注
泰宁军	兖、沂、密三州	周广顺二年五月降为防御州
平卢军	淄、青、登、莱四州	晋开运元年一度被降为防御州，天福十二年正月复为平卢军节度使
武宁军	徐、宿二州	
天平军	郓、齐、曹三州	梁领有郓、齐、曹等州；后唐、晋、汉三朝领有郓、齐、棣三州；周只有郓、济二州
威信军（彰信军）	曹、单二州	晋开运二年九月置，周广顺二年七月改为彰信军节度使
宣武军（归德军）	宋、亳、颖、辉（单）四州	梁开平三年置，领有宋、亳、颖、辉（单）四州。唐同光二年改名为归德军节度使。周广顺二年割单州隶曹州彰信军节度使；割颖州隶陈州镇安军节度使
镇安军	陈州、颖州	晋开运二年十月置，后周广顺二年七月以颖州隶之
忠武军（匡国军）	陈、许、汝、蔡四州	晋开运二年十月，陈州为镇安军节镇。汉周两朝，只有许、蔡二州为属郡
宣义军（义成军）	郑、滑、濮三州	梁领有郑、滑、濮三州；后唐同光元年十月，改为义成军，有滑、濮二州；晋元年八月割濮州隶镇宁军节度，而以卫州来属；汉、周两朝有滑、卫二州
山南东道节度使	襄、均、房三州	梁开平三年五月起领襄、均、房三州，后唐天成二年至天福五年七月，一度增领复州，其后还是只有三州
宣化军（威胜军）	邓、泌（唐州改）、郢、随四州	初领有邓、泌（唐州改）、复、郢、随五州；乾化二年十月，割复州隶荆南；唐同光元年十二月，改为威胜军；晋天福七年九月，以房、均二州来属；汉天福十二年六月，又将房、均二州归襄州节度使

续表

宣威军（安远军、安怀军）	安、申二州	梁置，领安、申二州；唐同光元年十二月改名安远军；晋天福五年七月降为防御州使额；汉改为安怀军。周显德元年十月废
护国军	河中府、绛州	唐末有河中府、晋、绛州；梁开平四年三月割晋、绛二州别置定昌军节度使；唐同光二年六月，复以绛州来属
河阳三城节度使	怀、孟二州	
定昌军（建宁军、建雄军）	晋、慈、隰三州	梁开平四年四月置，贞明三年改为建宁军，有晋、绛二州；唐同光元年十二月改为建雄军；同光二年，割绛州隶河中护国军节度使，慈州、隰州同时作为属州
保义军（镇国军）	陕、虢二州	梁开平二年五月改为镇国军，唐同光元年十二月改为保义军
感化军（镇国军）	华、商二州	梁开平三年置，唐同光元年十二月改为镇国军，周显德元年八月废
永清军	贝、博、冀三州	晋天福三年十一月置，周显德元年十月废
镇宁军	澶、濮二州	晋开运元年八月置
昭德军（彰德军）	相、澶、卫三州	梁贞明元年三月置，有相、澶、卫三州；晋天福三年十一月，改为彰德军节度，有相、澶、卫三州；开运元年，割卫州隶滑州义成军，以澶州别置镇宁军
保义军	邢、洺、慈三州	梁开平二年六月置
成德军	镇、冀、深、赵四州	晋天福三年十一月前有镇、冀、深、赵四州，后割冀州隶永清军节度使
义武军	易、定、祁三州	唐天成三年三月前有易、定、祁三州，三月增领泰州，清泰末年泰州陷契丹，仍为三州
义昌军（顺化军、横海军）	沧、景、德三州；沧、德二州	乾化三年三月，梁改为顺化军；贞明二年九月，晋王李存勖改为横海军；显德二年六月前有沧、景、德三州。此时，废景州，只有二州

通过表 3-2,我们可以发现:(1)各藩镇的属州数量大大减少,一般不超过四个,节度军镇趋于小型化。从发展的趋势来看,已是英雄末路,“老牌藩镇已零落殆尽,父死子握其兵而不肯受代的局面基本被打破。方镇地盘不断被割裂,管内支郡日益减少”。从与中央政权彼此力量的消长情况看,双方力量对比发生了根本变化。[①] (2)按时间顺序,藩镇所领州的数目呈现逐减趋势,如:天平军从后梁时的三州到后周时的二州;宣武军由后梁时的四州到后周时的二州;宣义军由后梁时的三州到后唐以后变为二州;昭德军由后梁时的三州,到后晋出帝开运元年(944)只有一州;成德军由四州到后晋高祖天福三年(938)变为三州;义昌军由梁、唐、晋、汉时的三州,到后周世宗显德二年(955)变为二州。护国军,唐时辖有河中、晋、绛、慈、隰一府四州,唐末慈州、隰州被李克用占有。后梁时的护国军实有一府二州,开平四年(910),晋州升为晋昌军,绛州划为晋昌军支郡,护国军无支郡可领;后唐同光年间绛州重新归属护国军,从此护国军在五代一直保有一府一州。在五代政权剧烈的变动过程中,有的藩镇甚至没有属州,所管辖的只有两个县而已,甚至不如一些刺史州的辖区大,静胜军就是如此。[②] 五代藩镇属州的减少,相对于唐朝藩镇那种“大者连州三十余,小者犹兼三四”的现象而言,其地位大大降低,失去了同中央对抗的力量,保证了五代各朝始终没有发生全局性、持久性的大动乱,实际上已开宋代收节镇支郡之先河。

五代节度使绝大多数由常年征战的职业军人担任,他们“集民政、戍事、刑狱于一身,将佐僚属皆自行奏辟,生杀亦自己出,权任之重,与唐略等”[③],频繁的政权更迭促使他们也想在战乱中夺取最高统治权[④]。如何控制这些

---

① 朱玉龙:《五代十国方镇年表·前言》,第 2 页。

② 《资治通鉴》卷二七一“贞明六年九月”条载:“河中兵进攻崇州,静胜节度使温昭图甚惧。帝使供奉官窦维说之曰:‘公所有者华原、美原两县耳,虽名节度使,实一镇将,比之雄藩,岂可同日语也,公有意欲之乎?’昭图曰:‘然。’维曰:‘当为公图之。’即教昭图表求移镇,帝以汝州防御使华温琪权知静胜留后。”

③ 朱玉龙:《五代十国方镇年表·前言》,第 1 页。

④ 后晋建立后就是如此:“高祖取天下不顺,常以此惭,藩镇多务,过为姑息,而藩镇之臣,或不自安,或心慕高祖所为,谓举可成事,故在位七年,而反者六起。”(《新五代史》卷五一《安从进传》,第 586 页)

掌握地方军、政、财大权的地方要员，是五代每一个上台的统治者必须面临的问题。为防止节度使在统治辖区内形成自己的势力，五代时期各朝通过频繁地调动节度使的任职地点以及羁縻的方式来限制其在地方的发展。为便于了解五代时期节度使频繁移镇的现象，根据《五代十国方镇年表》的相关资料做成表 3-3①。

表 3-3　　五代时期节度使更换频率表

序号	节镇名称	治所	存在年限	更换节度使次数	节度使任职平均年限	备　注
1	宣武军	汴州	16	23	0.73	后唐同光元年十月至后晋天福三年
2	泰宁军	兖州	46	22	2.09	
3	平卢军	青州	49	25	1.96	开运元年置，后汉天福十二年降为防御州
4	武宁军	徐州	48	23	2.09	
5	天平军	郓州	50	36	1.56	石敬瑭、范延光、刘仁瞻、何福进未到任
6	威信军（彰信军）	曹州	10	10	1	后晋开运二年置，后汉天福十二年废，后周广顺二年又置
7	宣武军（归德军）	宋州	51	28	1.89	杜重威未到任

① 说明：第一，表 3-3 中所列军号以五代各朝为主，十国相关资料没有统计在内。第二，藩镇领导不仅包括正式任命的节度使，还包括全职州军事、自署及节度观察留后，但不包括遥领节度使。同时期的其他割据政权也采取缩短节度使的任职时间的措施。吴政权统治时期，节度使任职时间可考者 35 任，其中四年以上者占 49%，四年以下者占 51%；南唐时期，节度使任职时间可考者 78 人，其中四年以上者占 26%，四年以下者占 74%；前蜀时期，节度使任职时间可考者 29 任，四年以上者占 10%，四年以下者占 90%；后蜀节度使任职时间可考者 61 任，四年以上者占 15%，四年以下者占 85%；吴越政权时期，节度使任职时间可考者 25 任，四年以上者占 36%，四年以下者占 64%；闽政权时期，节度使任职时间可考者 6 任，四年以上者占 50%，四年以下者占 50%；楚政权时期，节度使任职时间可考者 15 任，四年以上者占 47%，四年以下者占 53%；南汉时期，节度使任职时间可考者 6 任，四年以上者占 67%，四年以下者占 33%。闽、楚、南汉政权中出现了节度使任职时间较长的现象，原因为亲王占据着大量节度使的位置，这从另一个方面也体现了割据政权利用家族力量来控制统治区域的现象。（参见宋靖《十国地方行政考》，东北师范大学硕士论文，2003 年 4 月）

续表

8	镇安军	陈州	11	10	1.10	后晋开运二年置，后汉天福十二年废，后周广顺二年又置
9	忠武军（匡国军）	许州	54	44	1.32	朱珪、苌从简、石重睿未到任
10	宣义军（义成军）	滑州	51	43	1.24	开平四年置节度使；赵在礼、李继麟未到任
11	山南东道	襄州	49	16	3.06	后晋天福七年降为防御使额，后汉天福十二年复为山南东道节度使；杨师厚未到任
12	宣化军（威胜军、武胜军）	邓州	47	36	1.31	
13	宣威军（安远军、安怀军）	安州	29	16	1.81	
14	护国军（定昌军）	蒲州	54	22	2.45	李存渥、白文珂未到任
15	河阳节度使	孟州	54	51	1.10	王周、刘铢未到任
16	定昌军（建宁军、建雄军）	晋州	51	26	1.96	
17	保义军（镇国军）	陕州	54	36	1.54	石延煦未到任
18	感化军（镇国军）	华州	46	36	1.31	赵思绾未到任
19	匡国军（忠武军）	同州	52	28	1.92	孙方谏未到任
20	义胜军（静胜军、顺义军）	耀州	20	7	2.86	李彦韬在任9年，其余平均任职1.83年
21	静难军	邠州	54	27	2	李继徽、李彦鲁、李保衡自立9年，王景崇未到任
22	保大军	鄜州	54	32	1.69	

续表

23	保塞军（忠义军、彰武军）	延州	54	24	2.35	高万兴、高允韬父子任职22年，李彝超未到任，其余平均任职1.52年
24	定难军	夏州	54	6	10.8	安从进未到任，李仁福任职22年，李彝超任职26年，其余平均任职2年
25	彰义军	泾州	32	15	2.13	
26	天雄军	魏州	54	31	0.84	李存勖、李继岌父子兼任13年
27	永清军	贝州	18	10	1.80	
28	镇宁军	澶州	17	12	1.55	石延熙未到任
29	昭德军	相州	24	17	1.29	
30	保义军（安国军）	邢州	53	30	1.77	李从璋、赵太自立
31	成德军（武顺军）	镇州	35	19	1.84	
32	义武军	定州	32	12	2.67	
33	义昌军（顺化军、横海军）	沧州	49	24	2.04	
34	昭义军	潞州	54	29	1.86	李嗣昭任职16年，李筠任职8年，其余平均任职1.11年
35	佑国军（永平军、晋昌军、永兴军）	雍州	54	31	1.93	张筠、郭从义、王守恩未到任
36	威塞军	新州	15	5	3	
37	永安军	府州	10	2	5	
38	河东节度使	并州	25	17	1.67	同光元年四月改为西京，同年十一月改为北都（京），设北京（副）留守

通过对表3-3中38个节镇节度使更换频率的统计,可以得出这样的结论:五代时期,每任节度使平均任期在两年以下者占71.05%,两年以上、三年以下者占21.05%,三年以上者占7.89%。如果把耀州义胜军李彦韬,延州保塞军高万兴、高允韬父子,夏州定难军李仁福、李彝超与昭义军李嗣昭、李筠等担任节度使的特殊情况剔除,在所统计的节镇中,节度使平均任职期限在两年以内者的比例将占总数的81.58%,任期在三年以下者占到了总数的92.11%。节度使在一地任职的平均年限一般不超过两年,远远低于当时节度使三年一个任期的规定。① 在实际执行过程中,节度使的任职时间并没有达到三年,一般在两年左右,三至五年者少见,五年以上者罕见,即使有多年任职的现象,多出现在特殊地区,五代各朝统治中心地区的各个节镇很少有节度使任职可以超过两年的。② 中央频繁地更换节度使的任职地点,使节度使不可能久任一地,有力地阻止了节度使在任职期间从容培养自己的势力,做到了防患于未然。而五代出现的几次著名的叛乱很快被平定,也可以反证频繁移镇对稳定政局所起的重要作用。③

朝廷频繁地对节度使的任职地点进行变换,损害了节度使在地方的各种利益,遭到了他们的反抗。为了保证节度使任职的正常更换频率,中央不得不采用强制措施。后唐明宗长兴四年(933)三月,定难军节度使李仁福去世后,其子李彝超被三军推为夏州留后,后唐政府决定对其进行讨伐,明宗在诏书中说:"朕设两途,尔宜自择。或虑将校之内,亲要之间,幸彼幼冲,恣其荧惑,遂成骚动,致累生灵。今特差邠州节度使药彦稠部领马步兵士五万人骑,送安从进赴任,从命者秋毫勿犯,违命者全族必诛,先令后行,有犯无赦。"④用武力强迫李彝超移镇。五代各朝为尽量减少节度使在一地的任职

① 《全唐文》卷一一五晋高祖《谕安州节度使李金全诏》:"边藩都护,三载一更,古之制也。"

② 参见易图强《五代朝廷军事上削藩设置》,载《中国史研究》1994年第3期。

③ 安从进任山南东道节度使八年,杨光远在平卢任职六年,石敬瑭在太原任职四年以上,刘知远任河东节度使也接近六年。这促使他们在时机来临时发动叛乱,角逐中央政权。

④ 《旧五代史》卷一三二《李彝超传》,第1748页。

时间，用尽了各种办法。①

对于那些在地方有较大影响力的节度使，中央不仅经常变换他们的任职地点，还采取消灭和转移至京师的方法加以控制。如朱温在位期间曾大肆屠杀军队中的悍将，“功臣宿将往往以小过被诛”②。他先后以各种借口诛杀了大将朱珍、氏叔琮、朱友恭、李思安、胡规、李谠、李重允、范居实等将领。③ 乾化元年（911）十月，朱温到相州检阅军队，更是以“部下马瘦”为借口，将“左龙骧都教练使邓季筠、魏博马军都指挥使何令稠、右厢马军都指挥使陈令勋，并腰斩于军门”。他到魏县后，“先锋将黄文靖伏诛”④。为朱温的崛起并强大有过重大功劳且对朱温一直忠心耿耿的张全义也遭“梁祖猜忌”，“虑为后患，前后欲杀之者数四，夫人储氏面请梁祖，得免”。⑤ 又如后唐庄宗时期，虽然任用了大量的亲属作为地方节度使，但他们并没有去任职，而是“皆留京师，但食其俸”⑥。后晋时朔方节度使冯晖被调离驻地后，虽然被委以“典禁兵，兼领近镇”的重任，但由于处于朝廷的控制之下，实际上被“朝廷縻留”，所以冯晖“颇悔离灵武”。⑦ 即使是唐末以来的割据势力，如泾州李茂贞及其子弟世袭的地盘，也逐渐被中央剥夺。同光三年（925）五月戊

---

① 易图强认为，五代各朝节度使在进贡、祝寿等定期或不定期的朝觐时往往被调离本镇，政权初建时期也是节度使大规模调换的时期。（参见易图强《五代朝廷军事上削藩设置》，载《中国史研究》1994 年第 3 期）

② 《资治通鉴》卷二六八“乾化元年十月”条，第 8747 页。

③ 《旧五代史》卷一九，各人本传。

④ 《旧五代史》卷六《梁太祖纪第六》，第 98 页。

⑤ 《旧五代史》卷六三附《旧五代史考异》，第 841 页。

⑥ 《资治通鉴》卷二七四“天成元年十月”条，第 8963 页。又，《册府元龟》卷三一四《宰辅部·谋猷第四》载：同光二年四月中书奏：“诸道节度、防御、刺史，各着功名，并全忠孝，洎蒙升奖，皆荷渥恩，虽萌为治之心，未展分忧之效。况闻藩府不可以久虚，侯伯不可以久阙，藩府虚则兵不辑，侯伯阙则化不行。由此观之，为务甚急，请令归本任，不奉诏旨，不得辄离治所。”从之。“是时诸藩府连帅，或屯师于边，或在阙下，皆遣人权典后事，人望既卑，法多聚敛，时议甚危之，宰相故有是奏。帝虽依允，终却迟留。”《新五代史》卷四四《宗室·永王存霸传》载：“存霸历昭义、太平、河中三军节度使，存渥义成、太平二军节度使，皆居京师，食其俸禄而已。”

⑦ 《旧五代史》卷一二五《冯晖传》，第 1645 页。又，在其他割据政权中同样存在把掌握军权的节度使留置京城的现象，“蜀自建国以来，节度使多领禁兵，或以它职留成都，委僚佐知留务”。（《资治通鉴》卷二八二“天福二年二月”条，第 9220 页）

午,"以凤州(翔)衙内马步都指挥使李继昶为泾州节度使、检校太傅"①。明宗天成四年(929)七月丙戌,"泾州节度使从昶移镇华州,以冀州刺史李金全为泾州节度使"②。第二年,"凤翔节度使兼中书令李从曮入朝陪祀,三月壬申,制徙从曮为宣武节度使"③。这说明朝廷借其入朝之机,也使之内调。李氏兄弟的内迁,是朝廷逐步结束西北地区半独立政权的标志,而泾州真正由朝廷任命官吏也由此开始。④

节度使被安置在中央,一举一动都在中央政府的监督之下,这正是节度使们不愿意到中央任职的主要原因。所以,后唐时期秦州节度使华温琪入朝,"请留阙下",唐明宗对他的这种行为大加赞赏,给予其丰厚的赏赐,"除左骁卫上将军,月别赐钱谷"。⑤ 后周世宗显德三年(956)十月,山南东道节度使安审琦入朝一事说明了五代各朝执行羁縻节度使于京师的政策的严格程度。《资治通鉴》卷二九三"显德三年十月"条曰:

> 山南东道节度使、守太尉兼中书令安审琦镇襄州十余年,至是入朝,除守太师,遣还镇。既行,上问宰相:"卿曹送之乎?"对曰:"送至城南,审琦深感圣恩。"上曰:"近朝多不以诚信待诸侯,诸侯虽有欲效忠节者,其道无由。王者但能毋失其信,何患诸侯不归心哉!"

胡三省对此的注释为:

> 五代以来,方镇入朝者,或留不遣,或易置之;今加官遣还镇,故感恩。

六、军队地方化的变化与士卒地位的下降

河朔地区割据自立及骄兵现象的出现与当地人成为军队的主体有密切的关系,他们在当地形成了一种盘根错节的势力,通过左右地方最高长官——节度使的任命来维护自身的政治、经济利益。军队地方化程度的强

① 《旧五代史》卷三二《后唐庄宗纪第六》,第448页。
② 《旧五代史》卷四〇《后唐明宗纪第六》,第552页。
③ 《资治通鉴》卷二七七"长兴元年三月壬申"条,第9039页。
④ 参见吴丽娱《唐礼摭遗——中古书仪研究》,商务印书馆2002年版,第190页。
⑤ 《资治通鉴》卷二七六"天成三年二月"条,第9014页。

弱与地方政权和中央关系的密切与疏远成正比，凡是军队地方化强的地方，更多地体现出独立于中央的倾向，反之，则与中央的关系就相当融洽。[①] 魏博牙军的地方化程度最高，割据的倾向也就最为强烈。[②]《旧唐书》卷一八一《罗绍威传》载：

魏之牙中军者，自至德中，田承嗣盗据相、魏、澶、博、卫、贝等六州，召募军中子弟置之部下，遂以为号。皆丰给厚赐，不胜骄宠。年代浸远，父子相袭，亲党胶固。其凶戾者，强买豪夺，逾法犯令，长吏不能禁。变易主帅，有同儿戏，如史宪诚、何进滔、韩君雄、乐彦祯，皆为其所立。优奖小不如意，则举族被害。

唐代后期频繁的战争使地方政权不得不把召集军队的目光转向外地，“四方诸侯皆重赏以募士”[③]。据《资治通鉴》卷二九〇载，后周太祖广顺二年(952)，泰宁军节度使慕容彦超反对后周政权，他先将地方军队调入兖州城，同时要求部下“招募群盗”，自己也“募群盗置帐下，至者二千余人”。

五代各朝都曾推行招募外地人参加军队的制度，以下几例是当时比较重要的招募活动。《旧五代史》卷一《后梁太祖纪第一》载：

僖宗光启三年(887)春二月乙巳，承制以朱珍为淄州刺史，俾募兵于东道，且虑蔡人暴其麦苗，期以夏首回归。珍既至淄、棣，旬日之内，应募者万余人。又潜袭青州，获马千匹，铠甲称是，乃鼓行而归。

《旧五代史》卷二一《郭言传》载：

宗权支党数十万，太祖兵不过数十旅，每恨其寡，与之不敌。一日，命言董数千人，越河、洛，趋陕、虢，招召丁壮，以实部伍。言夏往冬旋，得锐士万余，遂迁步军都将。

《旧五代史》卷六一《安重霸传》载：

---

① 参见孟彦弘《论唐代军队的地方化》，载《中国社会科学院历史研究所学刊》第1集，社会科学文献出版社2001年版。

② 毛汉光在其《魏博二百年史论》中对唐朝时期统治魏博镇的藩帅兴亡的事迹进行了深入研究，认为：“魏博职业军人已实际控制魏博节度使内的军政，藩帅之拥立，藩帅之保位等，都要与职业军校相处和谐，藩帅似乎仅是他们的代理人而已。如若与职业军校的利益有违，藩帅便不能随心所欲。”（毛汉光：《中国中古政治史论》，第370页）

③ 《资治通鉴》卷二六三“天复二年三月”条，第8572页。

> 梁末，岐下削弱，蜀人夺取秦、成、阶等州，重霸说承休求镇秦州。仍于军中选山东骁果，得数千人，号龙武都，以承休为军帅，重霸副焉，俱在天水。

《旧五代史》卷一一四《后周世宗纪第一》载：

> ［显德元年（954）二月］诏诸道募山林亡命之徒有勇力者，送于阙下，仍目之为强人。帝以趫捷勇猛之士，多出于群盗中，故令所在招纳，有应命者，即贷其罪，以禁卫处之。至有朝行杀夺，暮升军籍，雠人遇之，不敢仰视。

至于各地节度使私自招募士兵的现象，更是层出不穷。五代时期一些重要的军事将领就是通过招募进入军队的。如常思、李晖、赵凤①、华温琪②、苌从简③、王清④等人都是在中央或地方招募军队时从军，在战斗中逐渐成熟，成为著名的军事将领的。在招募过程中，各节度使往往到外地选才。朱全忠有两次大规模的招募：一次是从东方的淄、棣等地招募万余人，一次是从陕、虢招募万余人。这种招募方式主要是为了弥补本地兵源不足的问题，但不可否认的是，当大量外地人进入到原来的以当地人为主的军队中时，必然要改变军队固有的人员组成格局，冲淡唐末以来地方军人集团的地域范围。尤其是大量的招募军人在战斗中逐渐上升到领导阶层，更加速了军人地方化的分解过程，安史之乱以来那种“父子相袭，亲党胶固”的现象不复存在。

唐朝末年，频繁的战争需要大量的兵源，军人的优越地位逐渐丧失，安史之乱后优待士兵的政策开始改变，但战争又必须有充足的兵力，因而强抓壮丁成为各地通行的补充兵源的方式。统治者为了防止军人逃跑，竟下令让士兵全部文面，以此作为抓捕逃跑士兵的标记，从而将自唐中期以来作为

---

① 《旧五代史》卷一二九，各人本传。
② 《旧五代史》卷九〇《华温琪传》。
③ 《旧五代史》卷九四《苌从简传》。
④ 《旧五代史》卷九五《王清传》。

一种社会风俗的刺青变成了防范士兵逃跑的措施。[①] 士兵与常人之间有了明显的区别，降低了军人在社会上的地位。[②]《资治通鉴》卷二六五"唐昭宗天祐三年(906)九月"条载：

刘仁恭救沧州，战屡败。乃下令境内："男子十五以上，七十以下，悉自备兵粮诣行营，军发之后，有一人在闾里，刑无赦！"或谏曰："今老弱悉行，妇人不能转饷，此令必行，滥刑者众矣！"乃命胜执兵者尽行，文其面曰"定霸都"，士人则文其腕或臂曰"一心事主"，于是境内士民，稚孺之外无不文者。得兵十万，军于瓦桥。

《旧五代史》卷七《后梁太祖纪第七》载：

太祖之用兵也，法令严峻，每战，逐队主帅或有没而不反者，其余皆斩之，谓之"跋队斩"。自是战无不胜。然健儿且多窜匿州郡，疲于追捕，因下令文面，健儿文面自此始也。

黥面本为古代对罪犯施行的一种刑法，五代时竟被施之于新招募入伍的士兵身上，士兵已经与某些罪犯有同样的待遇，说明军人的地位在那时已经非常低下。军人社会地位的下降，导致军人在地方政治中的作用不可避免地削弱，"变易主帅，有同儿戏"的状况已经一去不复返了，节度使们再也不用担心出现"优奖小不如意，则举族被害"的现象。[③]

随着士兵地位的降低，五代各朝统兵将领的身份也逐渐发生了变化，高门大族在军队中的比例下降，平民出身者在军队中的比重加大。[④] 北宋建立后，"崇文抑武"政策的推行更是给武将及士兵以严重的打击，形成了重文轻

① 段成式在他的《酉阳杂俎》中专列"黥"一节，记述当时长安、蜀、荆州、黔南等地刺青的状况，即可说明当时刺青是一种流行的风俗。

② 军人文面最晚在唐僖宗文德二年(888)韦昭度讨伐陈敬瑄时就已经出现，王建的侍卫兵士就"髡发行髅，黥面札腕，如一部鬼神"(《太平广记》卷二六六"王先主遭轻薄"条，第2091页)。又，《十国春秋》卷八八《高澧传》载，高澧任湖州刺史时，征召乡丁为衙军，"悉文其面，衣青衫白袴，以绯模额。凡所指令，必躬身仰首，如夜叉状"。同时他还下令州人全部黥面，限定三日为限，过限者将处死，湖州人被迫在面上刺青。《宋史》卷一九三《兵志·召募之制》记载："召募之制，起于府卫之废。唐末士卒疲于征役，多亡命者。梁祖令诸军悉黵面为字，以识军号，是为长征之兵。方镇募时，先度人材，次阅走跃，试瞻视，然后黵面，赐以缗钱、衣履而隶诸籍。国初因之。"

③ 《旧唐书》卷一八一《罗绍威传》，第4942页。

④ 参见毛汉光《五代之政治延续与政权转移》，见其《中国中古政治史论》，第470页。

武的时代风尚，同时由于封建社会经济的变化导致宋朝推行募兵制度，军队主要由破产农民甚至罪犯组成，因而士兵需要面部刺字。正如宋仁宗时崇正殿说书赵师民所言的那样，由于招募的“皆不业之徒”，素质太差，尽管数量众多，却因“无所教之法”，故“可战之士，十无二三”。[①] 这导致士兵地位进一步下滑，正如王安石所说的那样，士兵是由“奸悍无赖之人”组成的，“苟其才行足以自托于乡里者，未有肯去亲戚而从招募者也”。[②] 这充分说明军人职业已被视作“贱役”，士兵的社会地位已经低于普通民众。

第二节　五代各朝加强财政管理的措施

五代各朝的赋税征收政策延续了唐代的两税法，分为夏秋两季交纳。后梁太祖开平元年(907)，“既受唐禅，两税之法，咸因唐制”[③]。后唐明宗天成四年(929)五月敕：“百姓今年夏苗，委人户自通供手状，具顷亩多少，五家为保，委无隐漏，攒连手状送于本州，本州具状送省，州县不得迭差人检括，如人户隐欺，许令陈告，其田倍令并征。”[④]后晋高祖天福二年(937)五月，“诏洛京、魏府管内所征今年夏苗税麦等，宜放五分之一，以微旱故也”[⑤]。后周世宗显德四年(957)，中书舍人窦俨在上疏中也说：“今民不广田，良有以也。……晋、汉二代，累发德音，使民多种广耕，只以旧额供赋。既种之后，旋以见苗计租，以至仓箱匮空，乡井愁叹。”[⑥]后汉、后周政府也为推行两税法而下诏对土地的实际数量进行丈量。[⑦]

在中央与地方的财赋分配中，五代各朝在延续了两税法以来的分税制

---

① 《续资治通鉴长编》卷一四六“庆历四年二月丙辰”条，第3548页。

② 《王安石全集》卷三九《上仁宗皇帝万言书》，吉林人民出版社1996年版，第404页。

③ 《册府元龟》卷四八八《邦计部·赋税二》，第5839页。

④ 《旧五代史》卷一四六《食货志》，第1946页。又，后唐时梁文矩曾上表说：“臣近闻有敕命，夏秋苗税，取天成二年额为常定。”(《全唐文》卷八五一梁文矩《请颁示敕令表》，第8936页)

⑤ 《旧五代史》卷七六《后晋高祖纪第二》，第1000页。

⑥ 《册府元龟》卷四七六《台省部·奏议七》，第5690页。

⑦ 《册府元龟》卷四九五《邦计部·田制》记载：后汉乾祐三年，左补阙淳于希颜上奏，要求三五年进行一次土地的括实工作；后周时更是多次派人到统治辖区括实土地。

的同时，正慢慢改变上述不利于中央财政集权的财政管理体制。上供、送使、留州的两税三分制，使藩镇拥有很大的财政权力。各藩镇为了维持地方军队所需的大量财物，往往“率遣亲吏视民租入，概量增溢，公取余羡”[①]，“擅行赋敛”[②]。后晋时虢州刺史李重俊“性贪鄙，常为郡人所讼”[③]；后周时期，韩令坤在陈州任职时，其父韩伦“在州干预郡政，掊敛之暴，公私患之，为项城民武都等所讼”[④]；青州节度使房知温，“厚敛不已，积货数百万，治第于南城”[⑤]；李嗣昭夫人杨氏“治家善积聚，设法贩鬻，致家财百万”[⑥]。有些藩镇还直接下令由镇将主持所在县镇的赋税征收工作。后梁时曾任即墨县令的王延针对某些骄横的藩镇将辖区内的部分乡村直接割属外镇统辖的现象，将“一县之内所管乡村，有割属镇务者，转为烦扰，益困民生”的现状上奏中央，并建议明确划分县令与镇将的职权，将赋税征收权“直属县司，镇惟司贼盗”，获得最高统治者的认可。[⑦] 后唐明宗长兴三年(932)二月，秦州官员上奏称：“州界三县之外，别有一十一镇人户，系镇将征科。”[⑧]后唐明宗天成元年(926)七月，枢密使院奏：“诸道节度使、刺史内，有不守诏条，公行科敛，须行止绝。州使所纳军粮，不得更邀加耗。……亦有州使妄称修葺城池廨宇，科赋于人，及营私宅，诸县镇所受州使文符，如涉科敛人户，不得禀受。州府不得赊买行人物色，兼行科率。”[⑨]甚至有些节度使还将本辖区内的收入全部截留，“租赋皆赡本军”[⑩]。后晋范延光任魏博节度使时，“魏博六州之赋，无半钱上供”[⑪]，积聚了大量的财物。各地藩镇不仅督征收两税，还染指其他各项收入。《续资治通鉴长编》卷六“乾德三年三月”条在叙述宋朝初期的赋税

---

① 《续资治通鉴长编》卷二“乾德二年二月乙卯”条，第39页。
② 《旧五代史》卷一〇七《刘铢传》，第1415页。
③ 《旧五代史》卷八八《李重俊传》，第1156页。
④ 《旧五代史》卷一一七《后周世宗纪第四》，第1558页。
⑤ 《册府元龟》卷七二二《幕府部·裨赞》，第8579页。
⑥ 《旧五代史》卷五二《李嗣昭传》，第706页。
⑦ 《全唐文》卷八四二王延《请方镇不判县务奏》，第8854页。
⑧ 《旧五代史》卷四三《后唐明宗纪第九》，第588页。
⑨ 《旧五代史》卷三七《后唐庄宗纪第三》，第508～509页。
⑩ 《资治通鉴》卷二七六“天成三年四月”条，第9017页。
⑪ 《旧五代史》卷九七《范延光传》，第1287页。

管理制度时明确表示："自唐天宝以来，方镇屯重兵，多以赋入自赡，名曰留使、留州，其上供殊鲜。"五代时期各藩镇更是"率令部曲主场院，厚敛以自利。其属三司者，补大吏临之。输额之外辄入己，或私纳货赂，名曰贡奉，用冀恩赏"。有的藩镇还大力发展回图贸易，"五代藩镇多遣亲吏往诸道回图贩易，所过皆免其算，既多财则务为奢僭，养马至千余匹，童仆亦千余人"[①]，并在各地设立了大量存放货物的邸店，后晋时相州节度使桑维翰就曾"营邸肆于两都之下，与民争利"[②]。由此，藩镇积累了大量财富。"青州临淄麻氏，其先五代末尝为本州录事参军。节度使广纳货赂，皆令麻氏主之，积至万巨。"[③]赵在礼"历十余镇，善治生殖货，积财巨万，两京及所莅藩镇，皆邸店罗列"[④]。

藩镇对地方财赋的截留，减少了中央的财政收入，一旦存留在地方的大量财赋被别有用心的节度使用来招募军队，对中央会造成更大的威胁。五代承唐末几十年的战乱，短短的53年内，在频繁的战争中先后有14人登上皇位。连年不断的战争，促使五代各朝必须建立强有力的财政机关，将财权集中起来。

一、政府加强对土地的管理

唐朝后期，军阀混战，导致人烟稀少，经济凋零。[⑤] 各地军阀为了求得自身的生存和发展，必须赡养大量军队，尤其是要保证有充足的军粮供军队食用，所以，他们在频繁地进行战争的同时，也注重农业生产。唐僖宗文德元年(888)，郭禹被任命为荆南留后，面对战乱之后，人口稀少的现实，郭禹"励精为治，抚集凋残，通农务商"。经过十多年的发展，由刚任职时户口"止有

---

① 《续资治通鉴长编》卷一八"太平兴国二年正月丙寅"条，第392页。

② 《旧五代史》卷八九《桑维翰传》，第1163页。

③ 司马光：《涑水记闻》卷六，中华书局1997年点校本，第112页。

④ 《旧五代史》卷九〇《赵在礼传》，第1178页。

⑤ 唐末泽州刺史李罕之，"日以兵寇钞怀、孟、晋、绛，数百里内，郡邑无长吏，闾里无军民"，"野无耕稼，罕之部下以俘剽为资，啖人作食"，"自是数州之民，屠啖殆尽，荆棘野蔽，烟火断绝凡十余年"。(《旧五代史》卷一五《李罕之传》，第208页)

一十七家”，逐渐发展到“晚年殆及万户”的状况。[①] 长安附近的华州刺史韩建也“招抚流散，劝课农桑，数年之间，民富军赡”。由于郭、韩二人在召集流散人口，劝课农桑，恢复农业发展方面取得了巨大成就，在当时产生了重大影响，“时人谓之北韩南郭”[②]。祖、父皆为军吏的河阳人赵克裕在担任亳州、郑州刺史时，因“关东藩镇方为蔡寇所毒，黎元流散，不能相保，克裕妙有农战之备，复善于绥怀，民赖而获安者众”[③]。五代各政权在建立后继续推行招抚流民、奖励耕桑的政策。宋人洪迈曾对朱梁政权的农业政策进行过分析：

梁祖之开国也，属黄巢大乱之余，以夷门一镇，外严烽堠，内辟污莱，厉以农桑，薄其租赋，士虽苦战，民则乐输，二纪之间，俄成霸业。及末帝与庄宗对垒于河上，河南之民，虽困于辇运，亦未至于流亡。其义无他，盖赋敛轻而丘园可恋故也。[④]

后唐政权建立后，其统治者也非常重视发展农业。后唐庄宗在同光二年(924)下诏要求清查户口与土地，并将是否劝课农桑作为地方官吏的考核内容：

仰所司速检勘天下州府户口正额，垦田实数，待凭调理，以息繁苛。……刺史、县令有劝课农桑，招复户甲，增加税额，检勘不虚，委本道观察使条件奏闻，当加进陟。[⑤]

后唐明宗即位后先后两次发布诏令，对有关屯田的事务作出指示：

朕自恭临万国，惠抚兆民，遵上古清净之规，削近代繁苛之政。两税之外，别无征敛之名。八年之间，继有丰穰之瑞。睹流亡之渐复，谓富庶之可期。爰自今秋，偶愆时雨，郡县累陈于灾沴，关梁亦奏于逃移。良由朕刑政或差，感通不至，责躬罪己，靡忘于怀，特议优矜，庶令安集。据河中同华耀陕青齐淄绛莱等州各申灾旱损田处，已令本道判官检行，不敢额定顷亩。如保内人户逃移，不得均摊抵纳本户租税。其税子如阙本色，许纳诸杂斛斗蓟黍充，每斗折粟八升。今许纳本色稗子，特与

① 《资治通鉴》卷二五七“唐僖宗文德元年四月”条，第 8378 页。
② 《资治通鉴》卷二五七“唐僖宗文德元年四月”条，第 8378 页。
③ 《旧五代史》卷一五《赵克裕传》，第 213～214 页。
④ 洪迈：《容斋三笔》卷一〇“朱梁轻赋”条，第 541 页。
⑤ 《册府元龟》卷九二《帝王部·赦宥第十一》，第 1103 页。

免税。前件遭旱州府，据检到见苗，仍恐输官不迨，今只征一半税物，仍于便近州府送纳，其余一半，放至来年。其逃移户田产，仰村邻看守，不得残毁。必在方岳群后，州县庶官，各体忧勤，共相勉励，明详狱讼，恭守诏条，上答天灾，必思于戒惧，下除民瘼，必务于抚绥。当共恤于疲羸，勿自安于逸乐。[①]

长兴二年(931)九月，唐明宗再次下诏，对屯田的有关事项作出规定：

凡置营田，比召浮客，若取编户，实紊常规。如有系税之人，宜令却还本县。应诸州营田务，只许耕无主荒田，及召浮客。此后若敢违越，官吏并投名税户，重加惩断。[②]

从诏书"应诸州营田务"的话语中可以推知，后唐的营田范围应该包括后唐统治区域内的所有州府，在某些州府营田的规模可能较大，同时还要求将其作为官府直接控制的土地。营田只能是荒闲无主的土地，耕种人员是浮客，对于有主土地或户籍在官府的人员都不应划为营田或营田的耕种者。如后唐庄宗同光三年(925)三月，"西京奏：制置三白渠起置营田务一十一"[③]，秘书丞张彭曾"知齐州管田事"[④]；天成中在两河设立两河营田使[⑤]；明宗长兴元年(930)七月，又在瀛州、莫州两地开置营田[⑥]。即使在京城附近，后唐政府也设立了营田，如长兴三年(932)二月，"枢密使奏：城南稻田务，每年破钱二千七百贯，获地利才及一千六百贯，所得不如所亡，请改种杂田。三司使亦请罢稻田，欲其水利并于诸碾，以资变造。从之"[⑦]。因为某种原因，营田由专门种植水稻改为种植其他作物，这也说明在长兴三年以前当地已经有了营田务。

石敬瑭建立后晋政权后，于天福二年(937)、天福七年(942)先后发布劝耕农商的诏令：

辟彼污莱，期于富庶，方当开创，正切施行，往日虽曾指挥，渐恐废

---

① 《全唐文》卷一〇六唐明宗《以灾旱蠲贷制》，第1088页。

② 《全唐文》卷一一一唐明宗《禁营田听税户越境耕占敕》，第1132页。

③ 《册府元龟》卷五〇三《邦计部·屯田》，第6038页。

④ 陈尚君辑纂：《旧五代史新辑会证》卷九三《张彭传》，第2880页。

⑤ 《旧五代史》卷九〇《张筠附张籛传》，第1183页。

⑥ 《册府元龟》卷五〇三《邦计部·屯田》，第6038页。

⑦ 《册府元龟》卷四九五《邦计部·田制》，第5933页。

堕，当再申于劝诱，期共乐于丰穰。宜令逐处长吏遍下管内，应是荒田有主者，一任本主开耕；无主者，一任百姓请射佃莳，三年内并不在收税之限。①

邓唐随郢诸州管界，多有旷土，宜令逐处晓谕人户，一任开垦佃莳，仍自开耕后，与免五年差徭。兼仰指挥其荒闲田土本主，如是无力耕佃，即不得虚自占吝。仍且与招携到人户，分析以闻。②

天福二年(937)的诏令规定，凡是荒田，无论以前是否有主，听任农民开垦，并规定三年之内不收租税。天福七年(942)的诏令更是将免税时间从三年延长到五年。这些优惠措施对当时农业的发展必然产生一定的影响。

后汉乾祐三年(950)七月，三司要求根据各地官吏所辖户口的多少，定俸禄等第，以鼓励官吏积极招抚流散农民开垦荒地，此项措施被汉隐帝接受。史载：

三司使奏："州县令录佐官，请据户籍多少，量定俸户：县三千户已上，令月十千，主簿八千；二千户已上，令月八千，主簿五千；两千户已下，令月六千，主簿四千。每户月出钱五百，并以管内中等户充。录事参军、判司俸钱，视州界令佐，取其多者给之，其俸户与免县司差役。"从之。③

后周立国之初便颁布劝课农桑诏：

宜令三京及诸道州府，委长吏指挥管内人户，勉勤耕稼，广辟田畴。勿使蒿莱，有废膏腴之地；务添桑枣，用资种养之方，仍令常切抚绥，不得辄加科役。所贵野无旷土，庐有环桑，致谷帛以丰盈，遂蒸黎之苏息。④

农桑之务，衣食所资。一夫不耕，有艰食之虑；一妇不织，有无褐之虞。今气正阳春，候当生发，宜勤用天之业，将观望岁之心。应诸道州府长吏，宜劝课耕桑，以丰储积，编民乐业，仍倍抚绥。⑤

---

① 《全唐文》卷一一五石敬瑭《答杜箧请开种荒田敕》，第1174页。
② 《全唐文》卷一一六石敬瑭《令开垦旷土敕》，第1183页。
③ 《旧五代史》卷一〇三《后汉隐帝纪下》，第1368页。
④ 《全唐文》卷一二二周太祖《令三京及诸道劝课农桑诏》，第1231页。
⑤ 《全唐文》卷一二三周太祖《令诸道劝课耕桑敕》，第1232～1233页。

设置在统治区域内的各州县的大量营田，在管理上只属于中央，收入皆归中央财政部门，“诸处营田，户部院及系赐人户所纳租牛课利，其牛每头具上率纳苗课，逐年都纳秋夏斛斗二万一千余石，更纳钱䌷布秆草等”①。营田务是中央财政部门在地方设立的直辖机构，在官员的任用上以中央派遣官员为主，地方官员兼管为辅。如后唐的营田务设有营田使、营田副使等专门官员。唐明宗时期，三白渠营田务的管理者张钱的职衔是“自衙内指挥使授检校司空、右千牛卫将军同正，领饶州刺史、西京管内三白渠营田制置使”②。两河地区营田的管理者张延播的职务是“累授检校司空、两河发运营田使、柳州刺史”③。尽管没有详细资料证明后晋时期曾设立专门机构管理营田事务，但中央官员插手营田事务是必然的，如后晋高祖时期曾设立屯田员外郎专管屯田事务，吴承范就曾担任过这一职务。④ 后周广顺三年(953)正月以前所有营田都归户部管辖，此后划归地方州县管理。这年正月，周太祖下诏：“悉罢户部营田务，以其民隶州县；其田、庐、牛、农具，并赐见佃户为永业，悉除租牛课。”⑤但执行速度却非常缓慢，存在很大困难，如卫州共成县的营田，直到十一月才在户部郎中的主持下完成，“十一月敕：废卫州共成县稻田务，并归州县，任人佃莳。宜令户部郎中赵延休往彼相度利害及所定租赋闻奏”⑥。直到后周世宗时期，各地还是有一定数量的由中央户部管理的营田务。显德五年(958)八月，周世宗“命殿中侍御史张蔼于京城四面按行稻田之地”，同年十月“(又)命殿中侍御史张蔼于郑州界制置稻田”。⑦ 这均说明，此前在后周统治区域内还存在着由中央控制的大量营田，只是在管理方面更为严密，监察部门的官员不时要对各地营田的情况进行核查。尽管五代各朝都极力使地方荒芜土地的耕种权及收获物掌控在中央财政部门手中，但相关资料显示，地方行政长官还是控制了一定的营田。后唐在瀛、莫

① 《五代会要》卷一五《户部》，第198页。

② 《旧五代史》卷九〇《张筠附张钱传》，第1183页。

③ 《旧五代史》卷九七《张延播传》，第1289页。

④ 《旧五代史》卷七六《后晋高祖纪第二》，第1009页。

⑤ 《资治通鉴》卷二九一“广顺三年正月”条，第9488页。又，《旧五代史》卷一一二《后周太祖纪第三》载：“诸道州府系属户部营田及租税课利等，除京兆府庄宅务、赡国军榷钱务、两京行从庄外，其余并割属州县，所征租税课利，官中只管旧额，其职员阶级一切停废。”

⑥ 《册府元龟》卷四九五《邦计部·田制》，第5934页。

⑦ 《册府元龟》卷四九五《邦计部·田制》，第5934页。

两州的营田事务就是由当地刺史管理的。明宗长兴元年(930)七月,“前洋州节度副使程义徽陈利见,请于瀛、莫两州界起置营田以备边。因授义徽莫州刺史充两州营田使”[①]。中央控制大量的营田对于加强中央财赋,限制地方政府的财赋有一定的作用,有利于中央削弱地方政府的财政实力。

五代时期,各个政权都掌握了大量的荒闲土地,政府与私人也展开了对土地所有权的争夺,结果大量国有土地转化为私人所有。为防止土地快速地从政府流入私人手中,早在后唐明宗时期政府就限制争夺官有土地。唐明宗长兴二年(931)六月,“诏止绝射系省店宅庄园”[②]。但功臣宿将争夺土地的风气依然盛行,后唐宰相豆卢革在鄜州的庄园就被武将高万兴作为请射对象,为此豆卢革写下《田园帖》对此事进行说明:“大德欲要一居处,畿甸间旧无田园。鄜州虽有三两处庄子,缘百姓租佃多年,累有令公大王书请,却给还人户,盖不欲侵夺疲民,兼虑无知之辈,妄有影庇包役。”[③]武力掠夺更是常见现象,后唐明宗时期的谏议大夫、匦函使肖希甫对此曾有描述:“自兵乱相乘,王纲大坏,侵欺凌夺,有力者胜。凡略人之妻女,占人之田宅,奸赃之吏,刑狱之冤者,何可胜纪?而匦函一出,投诉必多,至于功臣贵戚,有不得绳之以法者。”[④]通过各种渠道,军校拥有数量巨大的土地。后梁时期出身军界、连典禁军的租庸使赵岩拥有的良田美宅“可以千计”,“乃占天下良田大宅,裒刻商旅,其门如市,租庸之物,半入其私,岩饮食必费万钱”。[⑤] 历任梁、唐、晋、汉、周的武将宋彦筠,“良田甲第,相望于郡国”[⑥]。后周历任刺史、团练使的王祚,“频领牧守,能殖货,所至有田宅,家累万金”[⑦]。这些武将拥有大量的财产,一旦怀有不臣之心,将产生严重的后果。

---

① 《册府元龟》卷五〇三《邦计部·屯田》,第6038页。

② 《旧五代史》卷四二《后唐明宗纪第八》,第580页。

③ 《全唐文》卷八四四豆卢革《田园帖》,第8874页。

④ 《新五代史》卷二八《肖希甫传》,第314～315页。

⑤ 《新五代史》卷四二《赵犨附子赵岩传》,第462页。

⑥ 《旧五代史》卷一二三《宋彦筠传》,第1623页。

⑦ 《宋史》卷二四九《王溥附父王祚传》,第8801页。

二、中央财政管理体系的变化

自唐宪宗元和二年(806)专管中央财赋收支的财政三司建立后①,其间虽有多种变化,但依然是三司各使在宰相领导下维持着国家财政体制的正常运转②。唐僖宗广明元年(880)以后,在王仙芝、黄巢起义军的打击下,正常的上供制度被破坏,诸道以供军为名擅自征收赋税。光启元年(885)三月的情况如下:

丁卯,车驾至京师。己巳,御宣政殿,大赦,改元光启。时李昌符据凤翔,王重荣据蒲、陕,诸葛爽据河阳、洛阳,孟方立据邢、洺,李克用据太原、上党,朱全忠据汴、滑,秦宗权据许、蔡,时溥据徐、泗,朱宣据郓、齐、曹、濮,王敬武据淄、青,高骈据淮南八州,秦彦据宣、歙,刘汉宏据浙东,皆自擅兵赋,迭相吞噬,朝廷不能制。江淮转运路绝,两河、江淮赋不上供,但岁时献奉而已。国命所能制者,河西、山南、剑南、岭南西道数十州。大约郡将自擅,常赋殆绝,藩侯废置,不自朝廷,王业于是荡然。

四月……三司转运无调发之所,度支惟以关畿税赋,支给不充,赏劳不时,军情咨怨。③

---

① 《旧唐书》卷四八《食货志上》记载:"(元和)七年五月,户部王绍、度支卢坦、盐铁王播等奏:'伏以京都时用多重见钱,官中支计,近日殊少。盖缘比来不许商人便换,因兹家有滞藏,所以物价转高,钱多不出。臣等今商量,伏请许令商人于三司任便换见钱,一切依旧禁约。伏以比来诸司诸使等,或有便商人,钱多留城中,逐时收贮,积藏私室,无复通流。伏请自今已后,严加禁约。'从之。"这是唐朝史籍中最早出现的"三司"一词的记录。又见钱大昕《廿二史考异》卷五八"食货志"条。

② 李锦绣曾对唐懿宗朝以后财政三司与宰相的关系作过详细研究,唐昭宗、唐哀帝时期三司使职除个别特例外,几乎全由宰相兼判,并做成下表。(参见李锦绣《唐代财政史稿》下卷,第208页)

皇帝	判度支人数		判盐铁人数		判户部人数		宰相判使比例
	宰相	非宰相	宰相	非宰相	宰相	非宰相	
懿宗	3	8	3	9	1	4	25%
僖宗	6	7	7	9	1	6	39%
昭宗	19	2	18	0	2	2	92%
哀帝	2	0	3	0	2	0	100%
总计	30	17	31	18	6	12	58%

③ 《旧唐书》卷一九下《唐僖宗纪》,第720页。

唐僖宗光启元年(885)三月以后,中央丧失了对地方的控制权,宰相分判三司的财政管理体制难以继续推行,中央财政机构开始向一体化演变。唐僖宗光启二年(886)三月,邠宁节度使朱玫建立了由襄王李煴权监军国事的政权,为了保证财赋收入,四月,乃使兵部侍郎、判户部郑昌图"同平章事、判度支、盐铁、户部,各置副使,三司之事一以委焉"①。三司合一的出现,虽持续时间很短,随着襄王政权的失败而消失,但三司合一的财政管理方式却符合当时历史的发展趋势,被以后的统治者所继承、完善。唐末,朱温在控制了唐朝中央政权后,为便于财赋管理,于唐哀帝天祐三年(907)三月,担任三司都制置使。② 这表明三司从名义上开始合而为一,三司各使隶属于三司都制置使。后梁政权建立之后,中央建立了统一的财政管理机构。史载:

> 梁开平元年(907)四月,始置建昌院,以博王友文判院事,以太祖在藩时,四镇所管兵车赋税、诸色课利,按旧薄籍而主之。其年五月,中书门下奏请以判建昌院事为建昌宫使,仍以东京太祖潜龙旧宅为宫也。③

朱全忠在征战时,为保证其统治腹地宣武、忠武、宣义、护国四镇的赋税收入,专门设立了掌管四镇兵马仓库的建昌院。④ 朱梁建国后,为加强对赋税的管理,将其改为建昌宫使,并设置了副使,这就改变了唐朝以来户部掌管赋税课利、兵部掌管兵车的管理模式。梁末帝即位后,将由建昌宫使改名而来的国计使废除⑤,"置租庸使总天下征赋"⑥,将唐朝时负责一时一地赋税征收的差遣税务官,变成了主管后梁整个统治区域赋税征收的常设机构,

---

① 《资治通鉴》卷二五六"光启二年四月"条,第8334页。

② 《旧唐书》卷二〇下《哀帝纪》记载:"戊寅,制元帅梁王可兼领诸道盐铁转运等使,判度支户部事,充三司都制置使。"

③ 《旧五代史》卷一四九《职官志十一》,第1995页。

④ 《旧五代史》卷三《后梁太祖纪第三》,第51页。

⑤ 《旧五代史》卷一四九《职官志十一》载:"其年(乾化二年)六月,废建昌宫,以河南尹魏王张宗奭为国计使,凡天下金谷兵戎旧隶建昌宫者,悉主之。"

⑥ 《五代会要》卷二四《建昌宫使》,第291页。

直接向地方州县长官征调赋税[①],与尚书省户部三司共同掌管国家的财政事务。后梁租庸使的赋税征调方式将唐朝时期中央不能直接过问地方财政的块式管理体制变为条式管理体制,剥夺了藩镇的部分财政管理权。

后唐建立后,唐庄宗设租庸院专掌国家税收,同光二年(924)正月诏:"盐铁、度支、户部三司,凡关钱物,并委租庸使管辖。"[②]租庸院成为只向皇帝负责的掌握全国财政大权的机构,改变了唐朝中期以来形成的分权管理财政的方式,由租庸使集中领导,提高了财政管理部门在中央政府的地位,奠定了北宋掌管财政事务的计相的地位。唐明宗时,孔谦任租庸使时甚至把地方的办公费用也纳入中央的控制之下,地方几乎没有自己的财政空间[③],导致中央与地方产生严重分歧,最终租庸院被暂时撤销,依旧施行宰相领导下的三司分掌财务的体制。[④] 但由于其不能适应当时实际财政事务的发展,很快就被新的统一管理财政的三司使代替。唐明宗长兴元年(930)八月,后唐设置了三司使,"唐室以后诸使掌钱谷之任者也"。"会计之司,国朝重事,将总成其事额,俾专委于近臣,贵便一时,何循往例,兼移内职,可示新规。张延朗可充三司使,班在宣徽使下。"[⑤]此后除后晋初年曾一度废除三司使

① 《新五代史》卷二六《孔谦传》记载,后唐孔谦为租庸使时"租庸直帖",当时的大臣称这种行为为"沿伪梁之弊,不可为法"。这说明租庸使可以不经过节度使而直接向其辖下的州县征调赋税,从而破坏了"制敕不下支郡,刺史不专奏事"的唐制。又,《资治通鉴》卷二七三"同光二年四月"条载:"孔谦贷民钱,使以贱估偿丝,屡檄州县督之。"《资治通鉴》卷二七三"同光二年十月"条记载:"太平节度使李存霸、平卢节度使符习言:'属州多称直奉租庸使帖指挥公事,使司殊不知,有紊规程。'租庸使奏,近例皆直下。"

② 《旧五代史》卷一四九《职官志十一》,第 1996 页。

③ 中书门下上言:"请停废诸道盐运使、内勾司、租庸院大程官,出放猪羊柴炭户。括田竿尺,一依朱梁制度,仍委节度、刺史通申三司,不得差使量检。州使公廨钱物,先被租庸院管系。"(《旧五代史》卷三五《后唐明宗纪第一》,第 492 页)

④ 《五代会要》卷二四《建昌宫使》记载:"天成元年四月敕,停废租庸院名额,依旧为盐铁、户部、度支三司,委宰臣一人专判。"又,《旧五代史》卷三五《后唐明宗纪第一》载:"'租庸使孔谦,滥承委寄,专掌重权,侵剥万端,奸欺百变。遂使生灵涂炭,军士饥寒,成天下之疮痍,极人间之疲弊。载详众状,侧听舆辞,难私降黜之文,合正殛夷之典。宜削夺在身官爵,按军令处分。虽犯众怒,特贷全家,所有田宅,并从籍没。'是日,谦伏诛。敕停租庸名额,依旧为盐铁、户部、度支三司,委宰臣豆卢革专判。"

⑤ 《旧五代史》卷四一《后唐明宗纪第七》,第 567 页。

外[1]，后晋、后汉、后周三朝一直沿用后唐三司使统一管理中央财政的体制，三司使领导下的财政管理机构进一步扩大和完善。如，后唐明宗长兴四年(933)二月，三司奏："当省有诸道盐铁转运使衙职员都押衙、正押衙、同押衙、通引、衙前虞候、子弟，今欲列为三司职名。"[2]得到最高统治者的认可。三司使行使着后梁租庸使同样的权力。后唐平蜀后，"魏王继岌、郭崇韬率蜀中富民输犒赏钱五百万缗，听以金银缯帛充，昼夜督责，有自杀者，给军之余，犹二百万缗"，判三司任圜"遣盐铁判官、太仆卿赵季良为孟知祥官告国信兼三川都制置转运使"，企图将这些财物全部转运到中央。西川的统治者孟知祥认为"州县租税，以赡镇兵"[3]，对中央的决定坚决反对，致使中央把西川财赋全部运走的意图没能实现。关于五代三司使在当时的权力状况，现仅以后唐、后汉、后周三朝的事迹为例加以论述。如《新五代史》卷二六《张延朗传》载：

晋高祖有异志，三司财货在太原者，延朗悉调取之，高祖深以为恨。晋兵起，废帝欲亲征，而心畏高祖，迟疑不决，延朗与刘延朗等劝帝必行。延朗籍诸道民为丁及括其马，丁马未至，晋兵入京师，高祖得延朗，杀之。

《旧五代史》卷一〇七《王章传》亦载：

章与周太祖、史弘肇、杨邠等尽心王室，知无不为，罢不急之务，惜无用之费，收聚财赋，专事西征，军旅所资，供馈无乏。及三叛平，赐与之外，国有余积。然以专于权利，剥下过当，敛怨归上，物论非之。旧制，秋夏苗租，民税一斛，别输二升，谓之"雀鼠耗"。乾祐中，输一斛者，别令输二斗，目之为"省耗"。百姓苦之。又，官库出纳缗钱，皆以八十为陌，至是民输者如旧，官给者以七十七为陌，遂为例程。《归田录》：用钱之法，自五代以来，以七十七为百，谓之"省陌"。今市井交易，又克其五，谓之"依除"。民有诉田者，虽无十数户，章必命全州覆视，幸其广有

① 《新五代史》卷四八《刘审交传》记载："晋高祖即位，杨光远讨范延光于魏州，审交复为供军使。是时，晋高祖分户部、度支、盐铁为三使，岁余，三司益烦弊，乃复合为一，拜审交三司使。"

② 《旧五代史》卷四四《后唐明宗纪第十》，第602页。

③ 《资治通鉴》卷二七五"天成元年十月庚子"条，第8994页。

苗额,以增邦赋,曾未数年,民力大困。章与杨邠不喜儒士,郡官所请月俸,皆取不堪资军者给之,谓之"闲杂物",命所司高估其价,估定更添,谓之"抬估",章亦不满其意,随事更令更添估。章急于财赋,峻于刑法,民有犯盐、矾、酒曲之令,虽丝毫滴沥,尽处极刑。吏缘为奸,民不堪命。

《宋史》卷二六二《李谷传》则记载了后周宰相李谷判三司时所采取的措施:

先是,禁牛革法甚竣,犯者抵死。谷乃校每岁用革之数,凡田十顷岁出一革,余听民私用。又奏罢屯田务,以民隶州县课役,尽除宿弊。

新的中央财政体制也在原来藩镇的财政体制中发展,从朱温所辖的四镇财政使职,到建昌宫使,再到租庸使,最后以三司使的形式固定下来,由宰相管理下的一个部门成为独立的管理机构。在三司管理体制下,户部、度支、盐铁三司分管不同的事务,财政管理权在国家政治体系中的地位不断提高,该机构直属于皇帝,已经奠定了北宋三司理财的管理体系。

三、赋税征收方式的改变

唐德宗建中二年(781),中央政府对地方政府在两税预算收入定额的管理权限上规定:"令黜陟观察使及州县长官,据旧征税数,及人户土客定等第钱数多少,为夏秋两税。"[①]唐宪宗诏书称:"两税之法,悉委郡国。"[②]州郡地方长官获得了配税与征税的合法权力。在藩镇体制下形成的以观察、节度使为中心的地方政权格局中,方镇成为中央与州县之间的权力纽带,"如闻州司常务,巨细所裁,官吏移摄,将士解补,占留支用刑狱等,动须禀承,不得自专,虽有政能,无所施设"[③]。州一级行政单位完全在藩镇的控制之下,形成了"制敕不下支郡,牧守不专奏陈"[④]的制度,增强了藩镇的财政管理权。

五代各朝在赋税征收方式上,逐渐将通过藩镇向州郡征收赋税改为中央财政税收管理机构直接向州县征收赋税,削弱了藩镇在赋税征收方面的权力。后梁建立后,建昌宫使(国计使)在赋税征收方面,应该是直接向藩镇领导下的

① 《唐会要》卷八三《租税上》,第1535页。

② 《全唐文》卷六〇唐宪宗《置两税使诏》,第644页。

③ 《全唐文》卷七一唐文宗《谕刺史诏》,第752页。

④ 《资治通鉴》卷二七三"同光二年十月辛未"条,第8925页。

州县征收赋税。后唐庄宗同光二年(924)四月,后唐租庸使孔谦贷民钱,“使以贱估偿丝,屡檄州县督之”,翰林学士承旨、权知汴州卢质因此上言:

梁赵岩为租庸使,举贷诛敛,结怨于人。陛下革故鼎新,为人除害,而有司未改其所为,是赵岩复生也。今春霜害稼,茧丝甚薄,但输正税,犹惧流移,况益以称贷,人何以堪!臣惟事天子,不事租庸,敕旨未颁,省牒频下,愿早降明命![1]

后唐同光二年(924)十月,太平节度使李存霸、平卢节度使符习对于当时中央财政部门直接对其辖区征收赋税的管理方式提出抗议,要求改变这种模式。史载:

太平节度使李存霸、平卢节度使符习言:“属州多称直奉租庸使帖指挥公事,使司殊不知,有紊规程。”租庸使奏,近例皆直下。敕曰:“朝廷故事,制敕不下支郡,牧守不专奏陈。今两道所奏,乃本朝旧规;租庸所陈,是伪庭近事。自今支郡自非进奉,皆须本道腾奏,租庸征榷亦须牒观察使。”虽有此敕,竟不行。[2]

《新五代史》卷二六《孔谦传》记载:

孔谦无他能,直以聚敛为事。庄宗初即位,推恩天下,除百姓田租,放诸场务课利欠负者,谦悉违诏督理。故事:观察使所治属州事,皆不得专达,上所赋调,亦下观察使行之。而谦直以租庸帖调发诸州,不关观察,观察使交章论理,以谓:“制敕不下支郡,刺史不专奏事,唐制也。租庸直帖,沿伪梁之弊,不可为法。今唐运中兴,愿还旧制。”诏从其请,而谦不奉诏,卒行直帖。又请减百官俸钱,省罢节度观察判官、推官等员数。以至鄣塞天下山谷径路,禁止行人,以收商旅征算;遣大程官放猪羊柴炭,占庇人户;更制括田竿尺;尽率州使公廨钱。由是天下皆怨苦之。

上文中后唐时期的中央、地方官员指斥租庸使孔谦“直以租庸帖调发诸州,不关观察”的赋税征收方式是“沿伪梁之弊”,这种激烈的批评,说明后梁统

① 《资治通鉴》卷二七三“同光二年四月”条,第8919页。

② 《资治通鉴》卷二七三“同光二年十月辛未”条,第8925页。

治时期，中央财政主管部门是有权直接向地方征收赋税的。[①] 后唐时期，尽管地方强烈反对中央插手地方的赋税征收工作，但租庸使的权力不仅没有受到限制，反而进一步扩大，甚至连地方法定的州使公廨钱也被租庸使全部运送到中央，后唐三司使张延朗即为此被后来的统治者石敬瑭杀害。史载：

> 初，帝在河东，为唐朝所忌，中书侍郎、同平章事、判三司张延朗不欲河东多蓄积，凡财赋应留使之外尽收取之，帝以是恨之。壬午，百官入见，独收延朗付御史台，余皆谢恩。[②]

后唐明宗天成四年(929)五月，中央政府颁布了关于丈量土地的程序的规定："百姓今年夏苗，委人户自通供手状，具顷亩多少，五家为保，委无隐漏，攒连手状送于本州，本州具状送省，州县不得迭差人检括。"[③]对详细记录百姓田地数目的手状，要求州级政府直接上报中央有关部门，藩镇已经不再管辖本辖区赋税征收的基础——土地，说明他们在国家法令的规定下已经丧失了对两税的征收权。

同时，中央政府对于藩镇干预县镇赋税征收工作的行为也一再下令禁止。如后唐天成三年(928)二月，中书省奏请诸道征收两税，"请只委主簿县令勾当，不得更差监征"[④]。后晋天福四年(939)正月，中央再次强调："应诸道节度刺史，不得擅加赋役，及于县邑别立监征所。"[⑤]后周太祖广顺三年(953)七月的诏令，明确划分了州县官员与军镇驻扎人员的职责："其婚田争讼、赋税丁徭，合是令佐之职。其擒奸捕盗、庇护部民，合是军镇警察之职。今后各守职分，专切提撕，如所职疏遣(遗)，其州府不得差监征军将下县。"[⑥]世宗显德四年(957)二月敕："诸道州府所管属县，每年秋夏征科了毕后，多

---

① 《册府元龟》卷三一四《宰辅部·谋猷第四》载，天成四年八月，宰相冯道奏称："往年淄州四县水损田，省司额定租税，州使征督甚急，以至户口流散，今岁特宜优恤。"这也说明地方赋税在中央的控制之下。

② 《资治通鉴》卷二八〇"天福元年闰十月"条，第9164页。又，《新五代史》卷二六《张延朗传》对此事的记载为："晋高祖有异志，三司财货在太原者，延朗悉调取之，高祖深以为恨。晋兵起，废帝欲亲征，而心畏高祖，迟疑不决，延朗与刘延朗等劝帝必行。延朗籍诸道民为丁及括其马，丁马未至，晋兵入京师，高祖得延朗，杀之。"

③ 《旧五代史》卷一四六《食货志》，第1946页。

④ 《五代会要》卷一九《县令》，第245页。

⑤ 《五代会要》卷二五《租税》，第306页。

⑥ 《旧五代史》卷一一三《后周太祖纪第四》，第1498页。

是却追县典上州会末文钞,因兹科配敛掠。宜令今后夏秋征科了足日,仰本州府但取仓场库务内欠文钞,如无异同,不在更追官典。诸道州府管内县内镇,每有追摄公事,自前多差衙前使院职员,及散从步奏官,今后如是常程追摄公事,只令府□□□承受递送,不得更差专人,若要切公事及军期,不在此限。"[①]藩镇在军镇征收赋税的权力也被剥夺。中央通过州县直接将财政控制在手中,减少了赋税征收过程中藩镇截留的可能,削弱了藩镇对地方财赋的控制权,加强了中央的财政实力。

五代各朝为了限制地方政府在正税之外增收财赋,对于土地和户口,要求不经过地方官府的丈量而是由百姓自己申报,这一方面可以防止百姓隐瞒人口和田产,同时也可以限制地方政府在编造户籍和土地时上下其手,为自己牟利。如后唐天成四年(929)五月敕令:"百姓今年夏苗,委人户自通供手状,具顷亩多少,五家为保,委无隐漏攒连状,本州具状送省,州县不得差人检括。如人户隐欺,许令陈告,其田倍令并征。"[②]后晋再次对如何申报土地和户口进行了规定,天福四年(939)敕:"应诸道节度刺史,不得擅加赋役,及于县邑别立监征。所纳田租,委人户自量自概。"[③]通过控制统治区域内土地的数量以及户口的多寡,中央政府就可以有效地掌握地方赋税的征收状况,地方政府均平两税、掌管辖区内赋税的权力也逐渐被中央收回,唐朝中后期出现的"方镇握重兵,皆留财赋自赡,其上供殊鲜"[④]的现象缓慢地改变着。

中央政府不仅限制藩镇插手两税,就是名目繁多的各种商税,也企图将藩镇排除在外。五代各朝为筹措经费,都设立了由中央控制的商税征收机关,后唐有"商税务"[⑤],后汉有"商税使"[⑥],后周有"商税院"[⑦]。地方官员不

---

① 《五代会要》卷二五《杂录》,第309页。

② 《五代会要》卷二五《租税》,第306页。

③ 《五代会要》卷二五《租税》,第306页。

④ 《宋史》卷一七九《食货志下·会计》,第4347页。

⑤ 《旧五代史》卷四二《唐明宗纪第八》,第581页。又,长兴二年八月,中央政府在地方官员的强烈要求下,将原来由中央管辖的各地商税征收机构交由地方政府管理:"应三京、诸道州府商税等,多不系属州府,皆是省司差置场官",改为"诸商税并委逐处州府扑断,依省司常年定额勾当办集"。(《册府元龟》卷五〇四《邦计部·关市》,第6044页)

⑥ 《刘光赞墓志》,转引自张泽咸《唐五代赋役史草》,中华书局1986年版,第192页。

⑦ 《册府元龟》卷五〇四《邦计部·关市》载:周太祖广顺二年十一月,"郓州言奉诏已示谕商税院不收丝麻鞵等税"。

按规定征收赋税将受到惩罚。如天成二年(927)八月,“邓州留后陶玘贬岚州司马,以其为内乡县令盛归仁所讼,税外科率故也”,同时政府对告发者盛归仁进行了奖赏。[1] 后晋政府为了限制地方势力滥设税目,规定:

> 关防凡有征税,省司曾降条流,虑多时而或有隐藏,因肆赦而再须条贯。应诸道商税仰逐处将省司合收税,条件文榜于本院前分明张悬,不得收卷。榜内该税名目分数者,即得收税,如榜内元不该税着系税物色,即不得收税。宜令所在长吏尝加觉察,如敢有违条流,不将文榜张悬,将变不合系税物色收税,罔欺官法,停住商贾者,尽行具名申递。[2]

政府将收税的条例在各道院前张贴,地方政府在缴税者的监督之下,一旦违法滥征,将会受到严厉的惩罚。

四、继续推行唐朝后期的进奉政策

唐代中后期藩镇的进奉数量是非常惊人的,进奉已经成为中央在正常财赋收入不足以支付财政支出时,向地方搜刮钱财的一种手段。这变相地增加了中央的财政收入,其中包含着中央向藩镇争夺两税收入的内容。[3] 到唐穆宗时已成为制度。史载:“穆、敬而后遂无复谏者,非无进奉也,盖以为常例矣”,由于无人建议改变这种现状,从而导致“户部财物所在州府及巡院皆得擅留或矫密旨加敛,或减刻吏禄,或贩鬻蔬果,往往私自入,所进才十二三,无敢问者。刺史及幕僚至以进奉得迁官”。[4] 五代各朝政府继续执行地方进奉制度,进奉物品的种类繁多。后唐天成三年(928)四月,李从璋移镇滑台,“时明宗驻跸于大梁,从璋尝召幕客谋曰:‘车驾省方,藩臣咸有进奉,吾为臣为子,安得后焉。欲取仓廪羡余,以助其用,诸君以为何如?’”[5]进奉已成为最高统治者收入的重要组成部分,各地方统治者都在遵循着一定的

---

① 《旧五代史》卷三八《唐明宗纪第四》,第526页。又如,天成四年六月戊申,“登州刺史孙元停任,坐在任无名科率故也”。

② 《册府元龟》卷五〇四《邦计部·关市》,第6044页。

③ 参见陈明光《论唐代方镇的“进奉”》,见其《唐代财政史新编》,第334～348页;张国刚《唐代藩镇进奉试析》,见其《唐代藩镇研究》,第222～234页。

④ 马端临:《文献通考》卷二二《土贡一·历代土贡·进奉羡余》,第1116页。

⑤ 《旧五代史》卷八八《李从璋传》,第1155页。

规则把地方的财物贡献于中央，无论是进奉物品的种类还是进奉物品的数量都非常巨大。后周广顺元年(951)十二月，周太祖减少地方进奉的诏书列出了当时进奉物品的详细清单：

应天下州府旧贡滋味食馔之物，所宜除减。其两浙进细酒、海味、姜瓜，湖南枕子茶、乳糖、白沙糖、橄榄子，镇州高公米、水梨，易、定栗子，河东白社梨、米粉、绿豆粉、玉屑糗子面，永兴御田红秔米、新大麦面，兴平苏栗子，华州麝香、羚羊角、熊胆、獭肝、朱柿、熊白，河中树红枣、五味子、轻饧，同州石镦饼，晋、绛葡萄、黄消梨，陕府凤栖梨，襄州紫姜、新笋、橘子，安州折粳米、糟味，青州水梨，河阳诸杂果子，许州御李子，郑州新笋、鹅梨，怀州寒食杏仁，申州蘘荷，亳州萆薢，沿淮州郡淮白鱼，如闻此等之物，虽皆出于土产，亦有取于民家，未免劳烦，率皆糜费。加之力役负荷，驰驱道途，积于有司之中，甚为无用之物，今后并不须进奉。诸州府更有旧例所进食味，其未该者，宜奏取进止。[①]

当然，这并不是藩镇进奉物品的全部，只是后周时期所要减免的进奉物品，主要是供皇帝等官僚集团成员消费的奢侈品，大多数有关国计民生的进奉物品则并没有被取消。现根据新旧《五代史》、《资治通鉴》、《册府元龟》中有关进奉的内容做成表 3-4。

表 3-4　　　　五代各朝进奉表

时　间	进献者	进献内容	史料来源
光启末年	李罕之	选部下骁勇者百人进献李克用	《旧五代史》卷六五《李建及传》
天复元年十一月	静海节度使孙德昭	本部兵八千人	《旧五代史》卷一五《孙德昭传》
天祐年间	匡国军节度使冯行袭	粮二十万石	《旧五代史》卷一五《冯行袭传》
天祐年间	罗绍威	绢千匹、绵三千两	《册府元龟》卷四八五《邦计部·济军》

① 《旧五代史》卷一一〇《后周太祖纪第一》，第 1463～1464 页。

续表

开平元年五月	河南尹张全义	钱十万贯、䌷六千匹、绵三千两；每岁供绢三万匹	《旧五代史》卷三《梁太祖纪第三》
开平二年七月	魏博节度使罗绍威	绢三万匹	《册府元龟》卷四八五《邦计部·济军》
开平三年九月	蒲、雍、同、华牧守	铠甲、骑马、戈矟、食味、方物	《旧五代史》卷四《梁太祖纪第四》
开平三年十月	魏博节度使	绢四万匹	《旧五代史》卷六《梁太祖纪第六》
乾化元年十月	密州	绢二千匹	《册府元龟》卷四八五《邦计部·济军》
乾化元年十月	青州节度使	绢五千匹	《册府元龟》卷四八五《邦计部·济军》
乾化元年十月	兖州节度使	绢三千匹	《册府元龟》卷四八五《邦计部·济军》
乾化二年四月	滑州节度使	马十匹、银器一千两	《旧五代史》卷六《梁太祖纪第六》
同光元年十月	张全义	币马千计	《资治通鉴》卷二七二
同光元年十一月	永平军节度使张筠	马三十匹、银二千两、御衣千段	《册府元龟》卷一六九《帝王部·纳贡献》
同光二年正月	泾原节度使李敢	宝装针珥锦彩	《册府元龟》卷一六九《帝王部·纳贡献》
同光二年五月	张全义	粟四万石	《册府元龟》卷四八五《邦计部·济军》
同光二年七月	故宣武军节度使李存审男彦朝	牙兵八千七百人	《旧五代史》卷三二《唐庄宗纪第六》
同光三年九月	徐州	九炼神钢刀剑各一	《册府元龟》卷一六九《帝王部·纳贡献》
同光四年正月	镇州知州梁文矩	花果树栽及乐官梅审铎等	《册府元龟》卷一六九《帝王部·纳贡献》
天成元年九月	河中府	百司纸三万张	《册府元龟》卷一六九《帝王部·纳贡献》
天成元年	张篯	玉犀带各二、马一百五十匹	《旧五代史》卷九〇《张篯传》

续表

天成二年九月、十月	潞王从珂	九月青毡帐一顶、并随帐诸物并金银装雕镂龙凤，十月银装逍遥子一顶	《册府元龟》卷一六九《帝王部·纳贡献》
天成三年五月	前北京皇城使李继中弟侄三人	马二百五匹、金器八百两、银万两、家机锦百匹、白罗三百匹、绫三千匹、绢三千匹	《册府元龟》卷一六九《帝王部·纳贡献》
天成三年十一月	安重诲	马五十匹	《册府元龟》卷一六九《帝王部·纳贡献》
长兴元年十月	张筠	粟五千石	《册府元龟》卷四八五《邦计部·输财》
长兴元年十月	兴元府军府官	粟三万三千石	《册府元龟》卷四八五《邦计部·输财》
长兴四年十月	夏州李彝超	马五十匹	《册府元龟》卷一六九《帝王部·纳贡献》
长兴三年十一月	前泾原节度使李金全	马五十匹	《册府元龟》卷一五八《帝王部·诫励第三》
长兴四年十月	夏州李彝超	马五十匹	《册府元龟》卷一六九《帝王部·纳贡献》
长兴四年十月	秦州节度使刘仲殷	马七十匹	《册府元龟》卷一六九《帝王部·纳贡献》
闵帝时	秦州节度使刘仲殷	兵马财货	《旧五代史》卷六九《刘仲殷传》
应顺元年正月	朱弘昭、冯赟	献钱助作山陵	《新五代史》卷七《唐闵帝纪》
应顺元年闰正月	洋王李从璋	甲马二十匹	《册府元龟》卷二六八《宗室部·来朝》
清泰元年五月	平卢军节度使房知温	奉献万计	《册府元龟》卷一六九《帝王部·纳贡献》
清泰元年七月	前邠州节度使康福	金龙鞍勒马十一匹	《册府元龟》卷一六九《帝王部·纳贡献》
清泰元年九月	襄州赵在礼	青毡帐红锦织成龙凤暖帐	《册府元龟》卷一六九《帝王部·纳贡献》

续表

清泰元年十一月	河南尹李重美	冬服锦绮罗绫三百匹	《册府元龟》卷一六九《帝王部·纳贡献》
清泰元年十二月	灵武节度使张希崇	拒霜蓖三器、马十八匹	《册府元龟》卷一六九《帝王部·纳贡献》
清泰元年十二月	控鹤都指挥使李重谦	马十匹	《册府元龟》卷一六九《帝王部·纳贡献》
清泰二年三月	宰臣、学士、皇子、枢密使、宣徽使、侍卫马军都指挥使	钱五十万、绢五百匹	《册府元龟》卷一一一《帝王部·宴享第三》
清泰二年六月	镇州节度使董温琪	绢千匹、银五百两、金酒器、供御马	《册府元龟》卷一一一《帝王部·宴享第三》
清泰二年六月	枢密使刘延皓	添都马一百三十匹	《册府元龟》卷四八五《邦计部·济军》
清泰二年十月	镇州董温琪	御服罗锦绢三百匹、银一千两	《册府元龟》卷一六九《帝王部·纳贡献》
清泰二年十一月	前灵武节度使张希崇	马五十匹、玉团、陇右地图、斜褐、牦牛尾、野马皮、拒霜菜	《册府元龟》卷一六九《帝王部·纳贡献》
清泰二年	魏府	天王字甲胄千二百副	《册府元龟》卷四〇《帝王部·奇表》
清泰三年七月	青州房知温	马五千匹	《册府元龟》卷四八五《邦计部·济军》
清泰三年七月	邓州皇甫遇	马千匹、钱千缗	《册府元龟》卷四八五《邦计部·济军》
清泰三年七月	郓州王建立	钱千缗、绢千匹、粟五千斛、马二千匹	《册府元龟》卷四八五《邦计部·济军》
清泰三年八月	宿州刺史武从谏	钱五百缗	《册府元龟》卷四八五《邦计部·济军》
清泰三年八月	复州刺史郭延鲁	钱五百贯、马十匹	《册府元龟》卷四八五《邦计部·济军》
清泰末	郑师文	钱五千万	《册府元龟》卷四八五《邦计部·济军》
清泰年间	袁正辞	钱五万贯	《册府元龟》卷四八五《邦计部·输财》

续表

天福初年	衢州刺史袁正辞	钱五万贯	《册府元龟》卷四八五《邦计部·输财》
天福元年	平卢军节度使房知温子彦儒	钱三万贯、绢两万匹、布一万匹、金一百两、茶一千五百斤、丝绵十万两	《册府元龟》卷九四三《总录部·不谊》
天福二年二月	故晋州节度使张敬达母朱氏	银器、驰马	《册府元龟》卷一六九《帝王部·纳贡献》
天福二年三、四月	平卢军节度使房知温子彦儒	三月绢一万匹，四月绢五千匹	《册府元龟》卷一六九《帝王部·纳贡献》
天福二年四月	汴州杨光远	钱二万贯	《册府元龟》卷四八五《邦计部·济军》
天福二年四月	宋州赵在礼	绢三千匹、钱二千贯	《册府元龟》卷四八五《邦计部·济军》
天福二年四月	陕府	绢三千匹、银一千两、玉腰带一条、马十匹	《册府元龟》卷四八五《邦计部·济军》
天福二年四月	郑州防御使白景友	牲饩器皿	《旧五代史》卷七六《晋高祖纪第二》
天福二年五月	许州苌从简	钱五千贯、丝五千两	《册府元龟》卷四八五《邦计部·济军》
天福二年五月	徐州安彦威	钱五千贯、绵丝六万	《册府元龟》卷四八五《邦计部·济军》
天福二年五月	宋州赵在礼	茶三万斤	《册府元龟》卷四八五《邦计部·济军》
天福二年五月	郓州安审琦	绢三千匹、丝五千两、花绝五十匹、银器五百两	《册府元龟》卷四八五《邦计部·济军》
天福二年七月	秦州康福进	钱五千贯	《册府元龟》卷四八五《邦计部·济军》
天福二年八月	邠州安叔千	马五千匹	《册府元龟》卷四八五《邦计部·济军》
天福二年八月	宋州赵在礼	大小麦一万石	《册府元龟》卷四八五《邦计部·济军》
天福二年八月	同州符彦卿	银一千两、船五只	《册府元龟》卷四八五《邦计部·济军》

续表

天福二年九月	镇州安重荣	马三十匹	《册府元龟》卷一六九《帝王部·纳贡献》
天福二年九月	雄州刺史袁正辞	钱三万贯	《册府元龟》卷四八五《邦计部·济军》
天福二年十月末	宋州赵在礼	龙凤红锦暖帐一副	《册府元龟》卷一六九《帝王部·纳贡献》
天福二年十一月	前泾州节度李德琉	马三十匹	《册府元龟》卷四八五《邦计部·济军》
天福二年十一月	襄州安从进	马二十匹、绢一千匹	《册府元龟》卷一六九《帝王部·纳贡献》
天福二年十二月	定州皇甫遇	军粮八万石	《册府元龟》卷四八五《邦计部·济军》
天福二年十二月	杨光远	钱一万贯	《册府元龟》卷四八五《邦计部·济军》
天福二年十二月	宋州赵在礼	绢三千匹	《册府元龟》卷一六九《帝王部·纳贡献》
天福二年	幽州赵思温	鞍马器四、缣帛等物	《册府元龟》卷一六九《帝王部·纳贡献》
天福二年	襄州安从进	绢一千匹、金一千两、犀三株、牙一株	《册府元龟》卷一六九《帝王部·纳贡献》
天福三年正月	昭义杜重威	马二十匹、银五百两、玉带五条	《册府元龟》卷四八五《邦计部·济军》
天福三年正月	郓州安审琦	丝二万两、绢二千匹	《册府元龟》卷四八五《邦计部·济军》
天福三年二月	徐州苌从简	钱三千贯	《册府元龟》卷四八五《邦计部·济军》
天福三年二月	同州符彦卿	马三十匹	《册府元龟》卷四八五《邦计部·济军》
天福三年二月	北京留守安彦威	马二十五匹、绢一千匹	《册府元龟》卷四八五《邦计部·济军》
天福三年二月	东京留守高行周	钱五千贯	《册府元龟》卷四八五《邦计部·济军》
天福三年二月	镇州安重荣	绢六千匹、绵一万两	《册府元龟》卷四八五《邦计部·济军》

续表

天福三年二月	晋州相里金	银一千两、钱一千贯	《册府元龟》卷四八五《邦计部·济军》
天福三年三月	安州李金全	钱一千贯、茶三千斤	《册府元龟》卷四八五《邦计部·济军》
天福三年四月	杨光远	草十万束、粟三千石、大豆二千石、白米三千石	《册府元龟》卷四八五《邦计部·济军》
天福三年四月	襄州安从进	茶一万斤	《册府元龟》卷四八五《邦计部·济军》
天福三年五月	西京留守李周	银二千五百两	《册府元龟》卷四八五《邦计部·济军》
天福三年五月	杨光远	马十四、绢一千匹、银器一千两	《册府元龟》卷一六九《帝王部·纳贡献》
天福三年六月	郓州安审琪	马十四、银五百两、丝一千两、绢五百匹	《册府元龟》卷一六九《帝王部·纳贡献》
天福三年六月	河中安审信	马三十匹	《册府元龟》卷一六九《帝王部·纳贡献》
天福三年六月	陕府李从敏	马十四、钱一万贯	《册府元龟》卷一六九《帝王部·纳贡献》
天福三年六月	北京留守安彦威	马一十四、钱三千贯	《册府元龟》卷一六九《帝王部·纳贡献》
天福三年七月	西京留守李周	马一十四、银二千两	《册府元龟》卷一六九《帝王部·纳贡献》
天福三年七月	镇州安重荣	马十四、绢二千匹	《册府元龟》卷一六九《帝王部·纳贡献》
天福三年八月	秦州节度使康福进	银五百两、马三十匹	《册府元龟》卷一六九《帝王部·纳贡献》
天福三年八月	凤翔李从㬥	马五十匹	《册府元龟》卷一六九《帝王部·纳贡献》
天福三年九月	许州	马五十匹、剑五十口、银装铇五十条	《册府元龟》卷四八五《邦计部·济军》
天福三年九月	郓州安审琪	马五十匹	《册府元龟》卷一六九《帝王部·纳贡献》
天福三年九月	徐州苌从简	马三十匹	《册府元龟》卷一六九《帝王部·纳贡献》

续表

天福三年九月	亳州团练使朗万全	马二十五匹	《册府元龟》卷一六九《帝王部·纳贡献》
天福三年九月	沧州马全节	御衣织成红锦床褥、杂色绫一千匹、绵五千两	《册府元龟》卷一六九《帝王部·纳贡献》
天福三年九月	镇州安重荣	马五十匹	《册府元龟》卷四八五《邦计部·济军》
天福三年十月	鄜州安审晖	马三十匹	《册府元龟》卷四八五《邦计部·济军》
天福三年十月	晋州相里金	马三十匹	《册府元龟》卷四八五《邦计部·济军》
天福三年十月	定州皇甫遇	马三十匹	《册府元龟》卷四八五《邦计部·济军》
天福三年十月	秦州康福、邠州安叔千	军马七十匹	《册府元龟》卷四八五《邦计部·济军》
天福三年十月	青州王建立	银器一千两、缯帛二十匹	《册府元龟》卷一六九《帝王部·纳贡献》
天福三年十月	前郓州安审琪	绢三千匹、丝万两	《册府元龟》卷一六九《帝王部·纳贡献》
天福三年十月	宋州赵在礼	钱两万贯	《册府元龟》卷一六九《帝王部·纳贡献》
天福三年十月	魏府杨光远	马三匹、绢一千匹、玉腰带、金酒器等。马五匹、绢一千匹、银器三百两	《册府元龟》卷一六九《帝王部·纳贡献》
天福三年十月	晋昌安审琦	马二匹、绢一千匹、金腰带一条、丝一万两、乐官绢二百匹	《册府元龟》卷一六九《帝王部·纳贡献》
天福三年十月	徐州苌从简	钱一千贯、绢一千匹	《册府元龟》卷一六九《帝王部·纳贡献》
天福三年十月	镇州安从荣	钱一万贯	《册府元龟》卷一六九《帝王部·纳贡献》
天福三年十一月	郓州范延光	马三千匹、绢二千匹、银二千两、绢一千匹、伶官绢二百匹、丝十万两	《册府元龟》卷一六九《帝王部·纳贡献》

续表

天福三年十一月	定州皇甫遇	绢三千匹	《册府元龟》卷一六九《帝王部·纳贡献》
天福三年十一月	耀州团练使安元信	马二十五匹	《册府元龟》卷一六九《帝王部·纳贡献》
天福三年十一月	新授西京留守杨光远	马三十匹、银器三百两、绢一千匹	《册府元龟》卷一六九《帝王部·纳贡献》
天福三年十一月	邺都副留守范延光	马十匹、绢一千匹、玉腰带一条、金匣盛金酒器一副	《册府元龟》卷一六九《帝王部·纳贡献》
天福三年十一月	前西京留守高行周	绢一千匹、马十匹	《册府元龟》卷一六九《帝王部·纳贡献》
天福三年十一月	晋昌节度使李周	马三十匹	《册府元龟》卷四八五《邦计部·济军》
天福三年十一月	河府安审信	钱一万贯	《册府元龟》卷四八五《邦计部·济军》
天福三年十一月	青州王建立	绢七千匹、绵一万两、银三千五百两、金酒器一副	《册府元龟》卷四八五《邦计部·济军》
天福三年十一月	沧州马全节	绢三千匹、绵三千两、丝八千两、马二十匹	《册府元龟》卷四八五《邦计部·济军》
天福三年十一月	兖州李从温	钱五千贯	《册府元龟》卷四八五《邦计部·济军》
天福三年十一月	安州李金全	钱二千贯	《册府元龟》卷四八五《邦计部·济军》
天福三年十一月	襄州安从进	绢三千匹、茶一万斤	《册府元龟》卷四八五《邦计部·济军》
天福三年十一月	陕府李从敏	绢二千匹、绫五百匹、小麦二千石	《册府元龟》卷四八五《邦计部·济军》
天福三年十一月	同州符彦卿	钱一千贯、绢一千匹	《册府元龟》卷四八五《邦计部·济军》
天福三年十一月	秦州康福	马七十匹、银一千五百两、细布一千匹、廷布五百匹	《册府元龟》卷四八五《邦计部·济军》
天福三年十二月	新授邺都留守高行周	马十匹、绢一千匹、银器三百两、内宴钱一万贯	《册府元龟》卷一六九《帝王部·纳贡献》
晋高祖时	北京留守、太原尹安彦威	家财、驼马、戎器	《旧五代史》卷九一《安彦威传》

续表

天福七年三月	泾州节度使张彦泽	进朝见谢恩,马九匹。又进马五十匹,并银鞍辔、黑漆银钱子马面人铁甲、弓箭袋浑银装剑共五十副。又进骆驼二十头。又进马五十匹、供御金镀银鞍辔一副。又进马五十匹、金鞍辔全人马甲弓箭各五十副	《册府元龟》卷一六九《帝王部·纳贡献》
天福七年八月	天平军节度使景延广、义成军节度使李守贞、彰德军节度使郭谨	钱粟	《新五代史》九《晋出帝纪》
天福八年七月	许州李从温	粟一万二千三十石	《册府元龟》卷四八五《邦计部·济军》
天福八年九月	天平军节度使景延广	器服、鞍马、茶床、椅榻、帛五千匹、绵一千四百两、马二十二匹、玉鞍、衣袭、犀玉、金袋	《新五代史》卷二九《景延广传》
天福八年十月	镇州节度使杜重威	马五十匹	《册府元龟》卷一六九《帝王部·纳贡献》
开运二年八月	邓州节度使邓彦筠	小底二百人	《册府元龟》卷四四九《将帅部·专杀》
开运二年十二月	新授邠州节度使冯晖	马三千三百五十匹、骆驼五百头、粮草一百万束、衣甲器械一万事件	《册府元龟》卷四八五《邦计部·济军》
开运二年	镇州杜重威	厅头小底牵拢官共三千四十四人、马军七百七十二人、步军一千七百七十二人、马八百匹、衣甲、器械、旗枪共四十三万事件	《册府元龟》卷四八五《邦计部·济军》

续表

开运二年	晋州安叔千	厅头军何彦温以下一百人、鞍马器仗	《册府元龟》卷四八五《邦计部·济军》
开运二年	雄州刺史袁正辞	钱三万贯、银一万两	《册府元龟》卷四八五《邦计部·输财》
开运三年九月	前青州防御使翟光邺	绢一千匹、绵三千两、丝七千两	《册府元龟》卷一六九《帝王部·纳贡献》
开运三年十月	河府侯益	马五十匹	《册府元龟》卷一六九《帝王部·纳贡献》
开运三年十月	陕府焦继勋	马四十匹、绢一千匹	《册府元龟》卷一六九《帝王部·纳贡献》
开运三年十月	华州安审信	马四十匹	《册府元龟》卷一六九《帝王部·纳贡献》
开运三年十月	凤翔李从曮	马四十匹	《册府元龟》卷一六九《帝王部·纳贡献》
乾祐三年十月	史弘肇与邺都留守	绢万匹	《册府元龟》卷四八五《邦计部·济军》
乾祐元年十二月	史弘肇	钱万缗、马二十匹	《册府元龟》卷一六九《帝王部·纳贡献》
乾祐三年	邺都留守	绢万匹	《册府元龟》卷四八五《邦计部·济军》
乾祐三年	入朝侯伯高行周以下	献银缣千计	《册府元龟》卷一一一《帝王部·宴享第三》
广顺元年正月	昭义常思	钱三十万，钱二千五百贯、布二千五百匹、粟七千石	《册府元龟》卷一六九《帝王部·纳贡献》
广顺元年正月	史弘福	马五匹、锦彩五百匹	《册府元龟》卷一六九《帝王部·纳贡献》
广顺元年四月	兖州慕容彦超	龙凤鞍辔、御马缣帛	《册府元龟》卷一六九《帝王部·纳贡献》
广顺元年五月	镇州武行德	粟二万石	《册府元龟》卷一六九《帝王部·纳贡献》
广顺元年七月	邠州侯章	马三十匹	《册府元龟》卷一六九《帝王部·纳贡献》
广顺元年七月	兖州慕容彦超	绢千匹、丝三千两、祝寿绢二千匹	《册府元龟》卷一六九《帝王部·纳贡献》

续表

广顺元年十二月	兖州慕容彦超	马两匹	《册府元龟》卷一六九《帝王部·纳贡献》
广顺二年	青州节度使符彦卿	锦彩三千匹、军粮万石	《册府元龟》卷四八五《邦计部·济军》
广顺二年三月	郓州高行周	绢五千两、戎装器仗五百事	《册府元龟》卷一六九《帝王部·纳贡献》
广顺二年五月	曹州郑孔璋	银碗百双、衣着三百匹	《册府元龟》卷一六九《帝王部·纳贡献》
广顺二年五月	郓澶宋许	各献茶药	《册府元龟》卷一六九《帝王部·纳贡献》
广顺二年五月	郓州高行周	绢三十匹及器械	《册府元龟》卷一六九《帝王部·纳贡献》
广顺二年五月	单州许进	献食	《册府元龟》卷一六九《帝王部·纳贡献》
广顺二年五月	徐州王晏	马七匹	《册府元龟》卷一六九《帝王部·纳贡献》
广顺二年五月	青州符彦卿	马三十匹、锦彩三千匹、军粮万石	《册府元龟》卷一六九《帝王部·纳贡献》
广顺元年六月	郓州高行周	绢五千匹、钱五百万、金酒器、鞍马	《册府元龟》卷一六九《帝王部·纳贡献》
广顺元年六月	王殷	马十匹、三千金、酒器	《册府元龟》卷一六九《帝王部·纳贡献》
广顺二年八月	昭义节度使常思	绢三千匹、银千两、粟两万斛、草三万围	《册府元龟》卷一六九《帝王部·纳贡献》
广顺二年九月	郓州衙内指挥使高怀德	马五十匹	《册府元龟》卷一六九《帝王部·纳贡献》
广顺二年九月	灵武节度使留后冯继业	马百匹	《册府元龟》卷一六九《帝王部·纳贡献》
广顺二年十二月	邠州侯益	马百匹、绢五千匹	《册府元龟》卷一六九《帝王部·纳贡献》
广顺二年十二月	邠州侯章	银千两、马七匹	《册府元龟》卷一六八《帝王部·却贡献》
广顺二年十二月	郑州防御使王进	献马	《册府元龟》卷一六九《帝王部·纳贡献》

续表

广顺三年正月	天平军节度使符彦卿	马十匹、帛二十匹及军器	《册府元龟》卷一六九《帝王部·纳贡献》
广顺三年正月	前安州节度使王令温	绢五百匹、教坊二百匹	《册府元龟》卷一六八《帝王部·却贡献》
广顺三年二月	延州衙内指挥使高绍基	马四十二匹	《册府元龟》卷一六九《帝王部·纳贡献》
广顺二年二月	前邓州节度使张彦成	钱七千万	《册府元龟》卷一六八《帝王部·却贡献》
广顺三年三月	延州衙内指挥使高绍基	马五十匹、驰三十头、银千两、金器百两	《册府元龟》卷一六九《帝王部·纳贡献》
广顺三年三月	高怀德	绢三千匹、银三千两、金酒器六副、马十五匹	《册府元龟》卷一六九《帝王部·纳贡献》
广顺三年四月	宋州节度使常思	缣银匹两各两千五百，大绝绫五百匹	《册府元龟》卷一六九《帝王部·纳贡献》
广顺三年四月	凤翔赵晖	马一百一十七匹、绢五千匹、银五千两、牵栊官衙队一百九十五，绢三千匹、金三百两	《册府元龟》卷一六九《帝王部·纳贡献》
广顺三年四月	前同州节度使薛怀让	开宴钱一百万	《册府元龟》卷一六八《帝王部·却贡献》
广顺三年五月	宋州常思	上寿金酒器	《册府元龟》卷一六九《帝王部·纳贡献》
广顺三年五月	同州薛怀让	银五百两、马五匹	《册府元龟》卷一六九《帝王部·纳贡献》
广顺三年六月	大名府王殷	绢万匹	《册府元龟》卷一六九《帝王部·纳贡献》
广顺三年六月	棣州何禄	罗绮三千五百匹	《册府元龟》卷一六九《帝王部·纳贡献》
广顺三年十一月	襄州安审琪	银万两	《册府元龟》卷一六九《帝王部·纳贡献》
广顺三年十一月	泾州节度使史懿	马二百、银千两	《册府元龟》卷一六九《帝王部·纳贡献》
广顺三年	郑州防御使王进	绢二千匹	《册府元龟》卷一六九《帝王部·纳贡献》

从表3-4各朝地方进奉的内容看，进奉的物品不局限于奢侈性消费品，军队、兵甲器械也包括在内，且数量众多。清人赵翼在其《廿二史札记》中列有"五代诸侯贡奉多用鞍马器械"条，列举了五代时期地方贡奉的物品。后梁太祖开平二年(908)，"大明节，内外臣僚各以奇货良马上寿。请命宴，以鞍辔马及金银器为献者殆千万。午日，献者巨万，马三千蹄，又诏诸道进献，不得以金宝装饰戈甲剑戟，至于鞍勒亦不用涂金及雕刻龙凤。可见是时进献专以戎备为重也"①。孙德昭一次就将本部兵八千多进奉给了朱全忠。后周太祖广顺二年(952)十月的诏令更是进一步对地方军器的上供进行了规定：

> 诏："诸州罢任或朝觐，并不得以器械进贡。"先是，诸道州府，各有作院，每月课造军器，逐季搬送京师进纳。其逐州每年占留系省钱帛不少，谓之"甲料"，仍更于部内广配土产物，征敛数倍，民甚苦之。除上供军器外，节度使、刺史又私造器甲，以进贡为名，功费又倍，悉取之于民。帝以诸州器甲造作不精，兼占留属省物用过当，乃令罢之。②

后周之所以禁止地方进献器械，是因为地方侵夺了中央在地方的正常财赋收入，而且地方以进献为名私造器甲，不利于中央对地方势力的控制。

五代各朝地方进献的贡品品种繁多，数量惊人。如罗绍威借助朱全忠的力量诛杀魏博牙兵后，为保护自身的安全，不得不全力讨好朱全忠，向朱全忠进献大量财物，"自沧至魏五百里，起亭堠，供帐什物自具，梁兵数十万皆取足"③。张全义一次进奉的数量也非常可观，因此受到朱全忠的宠爱，"进开平元年(907)已前羡余钱十万贯、䌷六千匹、绵三十万两"。为了讨好朱全忠，张全义还准备以后"每年上供定额每岁贡绢三万匹，以为常式"④。张泽咸对《册府元龟》收录的五代各朝的进奉资料二百六十多条进行了研究，"仅在后晋天福二年(937)、三年(938)，各地贡献便有绫、绮、绢、帛、罗十三万四千匹，丝五十余万两，银五万两，钱三十五万贯，草十万束"，此外还有

① 赵翼：《廿二史札记》卷二二"五代诸侯贡奉多用鞍马器械"条，第479～480页。
② 《旧五代史》卷一一二《后周太祖纪第三》，第1485页。
③ 《新五代史》卷三九《罗绍威传》，第417页。
④ 《旧五代史》卷三《后梁太祖纪第三》，第52页。

大量的马、兵器、各种奢侈品、私兵、妓女等等。[①] 可见,五代继承了唐朝节度使进奉的余风,并大大超过了唐代的进奉数量和品种。

五代时期可能已经形成了一套有规律可循的进奉制度。如后唐长兴二年(931)三月,户部对各地进奉的时间及如何处罚未能及时上供者提出建议,希望皇帝发布诏令严格要求各州及时上供:"如来年正仗前贡物不齐,其本州录事参军及勾押官典量定殿罚。"[②]匡国军节度使冯行袭在许州三年,"上供外,别进助军羡粮二十万石。及太祖郊禋,行袭请入觐,贡献巨万,恩礼殊厚"。[③] 后唐庄宗同光元年(923)十月己酉,诏:"应随处官吏、务局员僚、诸军将校等,如闻前例,各有进献,直贡章奏,不惟亵黩于朝廷,实且傍滋于诛敛,并宜止绝,以肃化风。"[④]这是各级官员进奉制度化的表现。后梁太祖开平三年(909)十月癸未,大明节,"诸道节度、刺史及内外诸司使咸有进献"[⑤]。后梁太祖开平四年(910)五月,连雨不止,中央派出宰臣分拜祠庙,各地方官员为表示对中央工作的支持,"自朔旦至癸巳,内外以午日奉献巨万,计马三千蹄,余称是,复相率助修内垒"[⑥]。后梁太祖乾化二年(912)正月,丁审衢被任命为陈州刺史,"审衢厚以鞍马、金帛为谢恩之献"[⑦]。后唐明宗时就规定:"天下节度、防御使,除正、至、端午、降诞四节量事进奉,达情而已,自于州府圆融,不得科敛百姓。"[⑧]在频繁的改朝换代的过程中,一些拥有巨额财产的地方节度使,往往为了保住自己的地位或者身家性命,不遗余力地向中央进奉,以表示自己的忠心。

在进奉之风盛行的情况下,进奉的多少有时甚至决定了地方官员的命运。如罗绍威在诛杀牙兵后势力大减,只得极力讨好朱全忠,"虑有不测之

① 详见张泽咸《唐五代赋役草史》,第 252 页。

② 《册府元龟》卷四七五《台省部·奏议第六》,第 5674 页。

③ 《旧五代史》卷一五《冯行袭传》,第 211 页。

④ 《旧五代史》卷三〇《后唐庄宗纪第四》,第 419 页。

⑤ 《旧五代史》卷五《后梁太祖纪第五》,第 78 页。

⑥ 《旧五代史》卷五《后梁太祖纪第五》,第 83 页。

⑦ 《旧五代史》卷七《后梁太祖纪第七》,第 103 页。

⑧ 《旧五代史》卷三六《后唐明宗纪第二》,第 496 页。

患，由是供亿甚至”[①]。进奉不积极者将会受到严惩，“佑国节度使王重师镇长安数年，帝（朱全忠）在河中，怒其供奉不时；召重师入朝，以左龙虎统军刘捍为佑国留后”[②]。王重师因为进奉不及时被召入京师，在皇帝的直接控制之下，失去了统治一方的权力。又如后梁时，怀州刺史段凝“献馈甚丰，太祖大悦”，相州刺史李思安却因为“献馈如常礼，比凝为薄，太祖怒，思安因以得罪死”[③]。其他各国也是如此。如后唐庄宗灭梁后，河南张全义即进暖殿物，获得庄宗的青睐。同光二年(924)十二月，“帝（后唐庄宗）与皇后刘氏幸张全义第，酒酣，帝命皇后拜全义为养父，全义惶恐致谢，复出珍货贡献。翌日，皇后传制，命学士草谢全义书，学士赵凤密疏，陈国后无拜人臣为父之礼，帝虽嘉之，竟不能已其事”[④]。后汉建立后，青州节度使房知温的幕僚颜衎对其说：“青州迁延入贡，何以求安？”知温卒，其子彦儒“进钱十万贯以助国用，朝廷除彦儒为沂州刺史”。[⑤] 后周时青州节度使符彦卿入朝，“献马及锦彩、军粮万石，连被赐赉”[⑥]。

由于进奉的多少影响到官员的切身利益与身家性命，因而五代各朝的地方官员对进奉也就异乎寻常地积极。而大量的进奉，势必影响地方正常的财政支出，尽管中央多次下诏限制地方进奉，但地方势力为不得罪中央，依然屡屡进奉。为满足进奉及当地财政开支正常运转的需要，各地方政府必然会在截留、隐瞒上供财赋等方面大作手脚，“今受进献，则节度使团练使皆多方刻下为蓄聚，其自为私者三分，其所进献者一分也”[⑦]。在进奉中，真正受益者还是地方藩镇势力。北宋时期的欧阳修曾对五代各朝的进奉现象大发感慨：

> 呜呼，五代之民其何以堪之哉！上输兵赋之急，下困剥敛之苛。自庄宗以来，方镇进献之事稍作，至于晋而不可胜纪矣。其“添都”、“助

① 《旧五代史》卷三《后梁太祖纪第三》，第45页。
② 《资治通鉴》卷二六七“开平三年五月”条，第8709页。
③ 《新五代史》卷四五《段凝传》，第497页。
④ 《旧五代史》卷三二《后唐庄宗纪第六》，第444页。
⑤ 《册府元龟》卷七二二《幕府部·裨赞》，第8597～8598页。
⑥ 《宋史》卷二五一《符彦卿传》，第8839页。
⑦ 《全唐文》卷六三四李翱《疏绝进献》，第6404页。

国”之物，动以千数计。至于来朝、奉使、买宴、赎罪，莫不出于进献。而功臣大将，不幸而死，则其子孙率以家赀求刺史，其物多者得大州善地。盖自天子皆以贿赂为事矣，则为其民者其何以堪之哉！于此之时，循廉之吏如延鲁之徒者，诚难得而可贵也哉。[①]

第三节　五代各朝加强行政管理的措施

五代各朝在行政体制中保留了唐中后期以来地方行政的诸多弊端，尤其是藩镇，严重侵犯了州县官的行政权力，任刺史者大多为武夫悍将，他们委托亲吏代理政务，在县一级政府中，节度使委派的镇将更是严重侵夺了当地官员的权力。五代各朝为加强中央集权，限制地方势力，在行政管理方面，加强中央行政机构的权力，改革藩镇僚属的任用制度，选派人员担任地方军政长官，扩大州县官员的权力，明确州县官员的职责，大量任用文职人员担任州县官员。通过这些措施，中央将藩镇势力限制在一定范围之内。

一、枢密使与中央行政权力的加强

五代各朝名义上仍以中书省长官中书令、门下省长官中书侍郎及中书门下侍郎平章事充宰相，实际上，三省长官已经丧失了主管政务的权力，他们“处经纶之地，无辅弼之谋”[②]。为满足频繁战争的需要，中央政府要求对军事、政治和财政实行统一管理，原为皇帝秘书的枢密院各级人员，作为皇帝的亲信，在这种情况下权力迅速扩大，建立了庞大的组织机构，包括枢密使、知枢密院事、枢密副使、枢密直学士、枢密承旨、副承旨、主事、令史等。枢密院担任枢密使职务的多是初创王朝的元从旧吏[③]，他们开始分房治事，是五代各朝君主的重要助手。枢密院成为最高的国家机构，“是宰相之外复

---

① 《新五代史》卷四六，第516～517页。

② 《旧五代史》卷一二七《卢文纪传》，第1667页。

③ 参见李鸿宾《唐五代枢密使（院）研究》，载《文献》1989年第2期。

有宰相，三省之外复有一省矣”①。

枢密使在中央的决策机构中发挥着重要作用，统揽行政、军事、财政三项封建政府的要务大权，即所谓“自梁太祖以来，军国大政，天子多与崇政、枢密使议，宰相受成命，行制敕，讲典故，治文事而已”②。在中枢决策问题上，枢密使发挥的作用比宰相要大，而在官员的任免上，枢密使更是独揽大权。如后汉杨邠任枢密使时，“凡中书除官，诸司奏事，帝皆委邠斟酌。自是三相（指宰相苏逢吉、窦贞固、苏禹珪）拱手，政事尽决于邠。事有未更邠所可否者，莫敢施行，遂成凝滞。三相每进拟用人，苟不出邠意，虽簿、尉亦不之与”③。五代枢密使的军权之重为历代宰相所难比拟，凡有关军政的一切事务均可过问，许多枢密使还兼任一镇或数镇节度使，直接控制地方军队。④此外，枢密使还常常亲自领兵作战或督战。如后唐董璋等反叛中央，枢密使安重诲认为平定叛乱是自己的职责，请求出征，“日驰数百里，远近惊骇”⑤。五代枢密使的财政管理权也非常大，如后汉杨邠、郭威等“尽心王室，知无不为，罢不急之务，惜无用之费，收聚财赋，专事西征，军旅所资，供馈无乏”⑥。宋人欧阳修曾对五代枢密使有过这样的评论：

> 呜呼，官失其职久矣！予读梁宣底，见敬翔、李振为崇政院使，凡承上之旨，宣之宰相而奉行之。宰相有非其见时而事当上决者，与其被旨

① 马端临：《文献通考》卷五八《职官考十二·枢密院》，第 523 页。

② 《资治通鉴》卷二八二“天福四年四月”条，第 9201 页。

③ 《资治通鉴》卷二八八“乾祐元年四月”条，第 9392 页。

④ 对于五代时期枢密院的职能与权力的变革过程，李全德在其《唐宋变革期枢密院研究》（国家图书馆出版社 2009 年版）中曾进行了详细研究。他认为：“后唐时期，中书门下与枢密院之间已经有了武事归枢密院，文事归中书的职责划分，中书、枢密对掌文武的格局在后唐建立之初就已经初步出现。”（第 134 页）后唐枢密院在职权的划分、文书制度的运行等方面已经初步固定化、制度化，这直接影响了此后历代的枢密院制度，同时后唐也开创了枢密主兵政的制度。此后，后周又对枢密院的职权进行了调整，进而形成了枢密使与宰相“双方各有职事，军政大事宰相通掌，枢密却未必知民事”的政治格局。在枢密使人员的任用上，从后唐时期开始以君主元从亲信、深受君主信任的人员为主的格局，逐渐过渡到后周世宗时期以文官为主的格局；在枢密使的选任方式上也逐渐由原来的不次任用而变得有规律可循，形成了一定的迁转途径。这都证明枢密使的职能逐渐趋于稳定，枢密使的发展逐步趋向制度化。（第 184 页）

⑤ 《新五代史》卷二四《安重诲传》，第 255 页。

⑥ 《旧五代史》卷一〇七《王章传》，第 1410 页。

而有所复请者，则具记事而入，因崇政使闻，得旨则复宣而出之。梁之崇政使，乃唐枢密之职，盖出纳之任也，唐常以宦者为之，至梁戒其祸，始更用士人，其备顾问、参谋议于中则有之，未始专行事于外也。至崇韬、重诲为之，始复唐枢密之名，然权侔于宰相矣。后世因之，遂分为二，文事任宰相，武事任枢密。枢密之任既重，而宰相自此失其职也。[①]

二、权摄官制度的变化

安史之乱期间，在唐玄宗发布诏令准许节度使拥有对地方官的任命权以后，节度使逐渐获得了对地方州县的控制权，形成了道—州—县三级行政体制，节度使以权摄官的方式任命幕僚或军将担任州县官，"收刺史、县令之权，自作威福"[②]，控制辖区内州县的行政事务。五代节度使大多通过军功起家，"领节旄为郡守者，大抵武夫悍卒，皆不知书"[③]，"国家每择郡牧，唯赏军功。虑于治民，未尽其旨"[④]。为了有效地管理辖区内的各种事务，节度使必然要把一部分甚至绝大部分的行政管理权分给幕职官，由他们管理地方政务，"藩方不守于规程，奏荐罔论其高下，仆隶则动逾数百，丝纶则皆示特恩。所以仓场管钥之微人，曹局简札之小吏，至于伶伦贱类，洒扫庸奴，初命便假于贵阶。银章青绶，拜赐遽披于法服；牙笏紫袍，乃至贵贱不分"[⑤]。藩镇势力较为强大的魏博镇更是如此。幕职官大量出现，以至"天下州府，例是摄官"[⑥]。中央铨选部门选派的大量正式官员"颇有当年之内，或两度三度替移，况闻所差摄者，大半是本州府使长临时与旋署虚衔，强替现任正授官员"[⑦]。这严重干扰了州县地方行政官员的正常工作，尤其是那些阴谋反叛

① 《新五代史》卷二四，第257页。

② 《资治通鉴》卷二四一"元和十四年三月"条，第7768页。

③ 《续资治通鉴长编》卷六"乾德三年三月"条，第150页。

④ 《全唐文》卷八四八孔庄《请择郡守疏》，第8907页。

⑤ 《全唐文》卷八五二李详《条奏节度刺史州衙前职员事疏》，第8950页。

⑥ 《旧五代史》卷三九《唐明宗纪第五》，第540页。后晋时曾任翰林学士考功员外郎、中书舍人的李慎仪说："诸道州县皆是摄官。"（陆心源辑：《唐文拾遗》卷四六《请委铨曹检点选格奏》，第10899页）

⑦ 《全唐文》卷八五〇何光乂《进策》，第8925页。

的节度使，更是用大量的权摄官担任辖区内的州县长官。“魏博管内刺史，比来州务，并委督邮。遂使曹官擅其威权，州牧同于闲冗。”[①]“义武节度使王都镇易定十余年，自除刺史以下官，租赋皆赡本军。”[②]他将本道的行政及财政权力全部控制起来了。

权摄官的大量存在严重干扰了中央正常的官员任用制度，其数量的多少是中央集权加强或削弱的重要标志。[③] 为恢复中央对地方行政权的控制，五代各朝多次颁发诏令，禁止藩镇差摄官担任州县官，对藩镇已经权摄的各种地方官员，中央政府也采取减少或转化为正式官员等措施加以控制。如唐代宗大历十二年(777)五月，中央政府就颁布了“诸使非军事要急，无得擅招刺史及停其职务，差人权摄”[④]的诏令，但由于当时藩镇的势力过于强大，中央限制权摄官的命令不可能得到执行。到唐文宗大和四年(830)，中央只得放宽条件，规定幕职官员权摄州县官的顺序，“自今以后，刺史未至，上佐阙人，及别有勾当处，许差录事参军知州事，如录事参军又阙，则任别差判官”[⑤]，以此限制地方权摄官的泛滥。随着中央政府权威的下降，这些规定也没有得到执行。

五代时期，权摄官制度依然非常盛行，“藩镇帅臣不识国体，妄罢州县官员，欲署其假官”[⑥]。各朝继续对权摄官控制地方州县的现象加以整顿，主要表现在以下几个各方面。

第一，限制节度使等官员荐奏幕职官的数量。按照唐朝的制度，地方节度、观察使府有众多的使府僚佐人员协助其处理辖区内的事务，藩镇有权自行召辟幕府人员。五代各朝对藩镇的幕职官的招募权进行限制，尤其是对藩镇举荐地方官的数量加以限制，尽量缩小藩镇使府幕僚在州县官员中的比例。五代各朝希望通过限制节度使等地方大员奏荐幕职官的数量，从而

---

① 《旧五代史》卷一四九《职官志》，第 2006 页。

② 《资治通鉴》卷二七六“天成三年四月”条，第 9017 页。

③ 《资治通鉴》卷二八一“天福三年三月”条载：“诸道职掌皆许推恩，而藩方荐论动逾数百，乃至藏典、书吏、优伶、奴仆，初命则至银青阶，被服皆紫袍象笏，名器僭滥，贵贱不分。”

④ 《资治通鉴》卷二二五“大历十二年五月”条，第 7245 页。

⑤ 《唐会要》卷六八《刺史上》，第 1204 页。

⑥ 《册府元龟》卷六三二《铨选部・条制四》，第 7585 页。

减少权摄官在地方行政机构中的数量。同光二年(924)三月中书门下上言:

近以诸州奏荐令录,颇乱规程,请今后节度使管三州已上,每年许奏管内官三人;如管三州已下,只奏两人,仍须课绩尤异,方得上闻。防御使止许奏一人,刺史无奏荐之例。①

《资治通鉴》卷二七七"后唐明宗长兴元年(930)六月"条敕:

防御、团练使、刺史、行军司马、节度副使,自今皆朝廷除之,诸道无得奏荐。

《旧五代史》卷四二《后唐明宗纪第八》载长兴二年(931)七月诏:

诸道奏荐州县官,使相先许一年荐三人,今许荐五人;不带使相先许荐二人,今许荐三人;直属京防御、团练使先许荐一人,今许荐二人。

后晋天福三年(938)三月,中书舍人李详针对当时藩镇举荐官员"动逾数百"的现象上疏,希望中央政府对藩镇举荐的人数加以控制。《资治通鉴》卷二八一载:

请自今诸道主兵将校之外,节度州听奏朱记大将以上十人,他州止听奏都押衙、都虞侯、孔目官,自余但委本道量迁职名而已。从之。②

《旧五代史》卷一〇〇《后汉高祖纪下》载乾祐元年(948)正月辛酉诏:

诸道行军副使、两使判官并不得奏荐,带使相节度使许奏掌书记、支使、节度推官;不带使相节度使,只许奏掌书记、节度推官。其防御团练判官、军事判官等听奏。所荐州县官,带使相节度使许荐三人,不带使相二人;防御、团练、刺史一人。

---

① 《旧五代史》卷三一《后唐庄宗纪第五》,第431页。又,《册府元龟》卷九二《帝王部·赦有第十一》载,庄宗在诏书中说:"亲人之官,无先于令录;致理之道,必择于才能,苟选任不自于朝廷,则恩泽全归于侯伯,今日诸道奏请授官人数转多,阙员全占,交隳体例,须正条纲。委中书门下举旧例条理闻奏","自此牧守、令录之官,委中书门下精加选择,至于三铨注拟,亦在审详吏能,如贪猥有闻,不得更授令录,及到官后,委本道观察使且加钤辖,仍勒本州判官专为访察"。已准备将地方官吏的管理权收归中央。

② 《资治通鉴》卷二八一"天福三年三月"条,第9186页。又,李详在《条奏节度刺史州衙前职员事疏》中强调:"节度州只许奏都押衙都虞侯教练使客将孔目官,及有朱记大将十人,仍取上名。支郡则只许荐都押衙都虞侯孔目官,其诸色人,并委本道量转职次。则得之者感恩有异,受之者与众稍殊。寰区仰天子之尊,藩后知王泽之贵。"(《全唐文》卷八五二,第8950页)

第二，对权摄官的身份加以限制。如后唐明宗规定："诸道马步判官，不得差摄官。如交阙人，须于前资正官判司簿尉中，选性行平允者补授。"[①]唐末帝清泰三年(936)五月规定："诸州两使判官、畿赤令有阙，取省郎、遗补、丞博、少列宫僚，选择擢任。"[②]对权摄官的身份提出要求。后周是对权摄官的身份要求较为严格的朝代，如显德元年(954)正月规定："其诸寺监官，任满七周年已上，应奉公事无遗阙，文书灼然者，并与同明经出身。如不满七年者，任逐便稳。今后寺监，不得以白身署摄。"同年十一月再次对权摄官问题发布诏令："起今后诸处州县官，考限已满，替人未到间，宜令且守本官，执行公事，仍令依旧请俸，不得擅离任所，州府亦不得差摄官替下。"[③]对权摄官的出身以及地方正授官员任期已满而后任者未到等情况作出规定。显德五年(958)正月十日敕再次强调了对权摄官身份的要求："应授官人至满日，替人未到间，宜且令守本官，主张公事，依旧请俸，州县亦不得差置摄官替下。如是遭丧停任、身故假满、非时缺官之时，只可差前职官，及前有出身人承摄。如逐处无正官及有出身人，即选清强官承摄。仍依正官例支与俸钱，具名闻奏。"[④]显德六年(959)，中央出台政策对权摄官的才能进行考核，以便提高权摄官的素质，进而将官员的任命权控制在中央手中，"诸处自前应有摄官曾经五度者，与一时出身，仍先令所司磨勘。须得亲任公事文书，解由分明，每摄须及半年已上，方得充为任数，仍令所司引验人材，及考试书、判，的然堪录用者，方得施行"[⑤]。通过给予权摄官一定的出身，将权摄官纳入国家正式官员的行列，为中央控制地方行政权提供便利。

第三，权摄官中央化。五代各朝在限制权摄官的数量、出身等方面所采取的措施，都包含着一个意图，即尽量把各种形式的权摄官的任命权从地方节度使、防御使手中转移到中央。要保证这种任命权的转移顺利进行，中央必须具有完备的制度，进而才能完成权摄官从地方辟署到中央任命的过程。

---

① 《唐文拾遗》卷九唐明宗《马步判官不得差摄敕》，第 10465 页。

② 《旧五代史》卷四八《唐末帝纪下》，第 660 页。

③ 《五代会要》卷一七《试摄官》，第 281 页。

④ 《五代会要》卷二一《选限》，第 269～270 页。

⑤ 《全唐文》卷一二五后周世宗《定摄官出身敕》，第 1264 页。

《五代会要》对此演变过程有详细的记录。后唐天成四年(929)六月二十日敕:"使准旧例以三年为限,其少尹上佐官,以二十五月为限,府县官准长定格,以三十月为限,其行军副使两使判官以下宾僚,及防御团练副使判官推官军事判官,并宜三十个月为限","每遇除授,量与改转官资,或阶勋职次"。同年十一月规定:"两使判官,罢任后一年外与比拟,书记支使防御团练判官等二年外,推巡防御团练推官军事判官等三年外与比拟。"①权摄官获得了一定的任职年限及相应的官资待遇。后唐时期规定:诸道藩镇中,节度使副使节度观察判官掌书记推官的俸禄由中央统一供给,假如地方政府增加人员,则中央不负责其俸禄的发放,即所谓"如本处更妄称简署官员,即勒本道节度使自备请给,不得正破系省钱物"②。后周显德五年(958)七月,中央又对州郡等权摄官及幕职官的待遇、俸禄问题进行了规定:"今后定罪,诸道行军司马节度副使副留守,准从五品官例。诸道两使判官防御团练副使,准从六品官例。节度掌书记防团判官两蕃营田等判官,准从七品官例。诸道推巡及军事判官,准从八品例。"③同年十二月,又对各种形式的权摄官的俸禄进行了规定:"诸道州府县官及军事判官,一例逐月各据逐处主户等第,依下项则例所定料钱及米麦等";"诸道州府摄官,起今后支给本所诸官俸钱之半"。④

中央政府在限制节度、防御诸使奏荐人员的数量,严格要求权摄官身份的同时,还要求各地把权摄官的详细情况上报中央,以便中央确切掌握地方行政机关的运作情况,为重新制定新的规章制度提供依据,进而实现把地方官员的缺额控制在中央手中的目的。如后唐庄宗同光二年(924)三月规定:"州县官任满三考,即具阙申吏部格式,候敕除铨注。其本道不得擅差摄官替正授者。"⑤《五代会要》卷一九《县令上·录事参军附》载,后唐天成三年(928)九月十九日敕:"宜令今后诸州府参军不得兼职,如或才堪佐幕,节度

---

① 《五代会要》卷二五《幕府》,第302～303页。
② 《五代会要》卷二七《诸色料钱上》,第335页。
③ 《五代会要》卷一〇《刑法杂录》,第124页。
④ 《五代会要》卷二八《诸色料钱下》,第340～341页。
⑤ 《五代会要》卷一九《刺史》,第243页。

使须具奏闻，不得兼录事参军。邺都管内刺史州，不合有防御判官之职，今后改为军事判官。如刺史带防御团练使额，即得奏署防御团练判官，仍不得兼录事参军。如此则珠履玳簪，全归客礼，提纲振领，不紊公途，仍付所司。”唐长兴中为太常丞的孔知邵提出：“诸道行军司马副使两使判官已下，及防御团练军事判官并请依考限，欲满一月前，本处闻奏，朝廷选替补授。”这个建议的结果是“从之。兼上佐、令、录、判司，亦准次指挥”。[①] 后周太祖广顺元年(951)夏五月辛巳的诏令规定：被荐举担任地方使府幕僚的权摄官，必须参加中央有关部门的考核，由皇帝本人对考核结果进行审查。由此，藩镇举荐的人员已经完全丧失了藩镇幕僚的性质，上升为国家正式任命的地方官员，幕职官已经逐步被中央任命的州县官代替。《旧五代史》卷一四九《职官志十一》载：

朝廷设爵命官，求贤取士，或以资叙进，或以科级升。至有白首穷经，方谐一第；半生守选，始遂一官。是以国无幸民，士不滥进。近年州郡奏荐，多无出身、前官，或因权势书题，或是衷私请托，既难阻意，便授真恩。遂使躁求侥幸之徒，争游捷径；辛苦孤寒之士，尽泣穷途。将期激浊扬清，所宜循名责实。今后州府不得奏荐无前官及无出身人，如有奇才异行，越众超群，亦许具名以闻，便可随表赴阙，当令有司考试，朕亦亲自披详，断其否臧，俾之升黜，庶使人不谬举，野无遗才。

中央政府在限制藩镇使府任用幕僚的同时，开始委派中央官员担任藩镇使府的僚属，从而使幕府僚属不完全是藩镇使府的亲信人员。后唐以后虽然恢复了藩镇自辟僚属的制度，但中央为地方选派幕职人员的做法并没有完全废除。[②] 如：

[长兴三年(932)四月]李赞华赴镇滑州，帝诫之曰：“吾命藩侯守郡守，盖为养治军民，恐卿久在戎行，未谙民事，吾今慎择参佐，卿于公事

① 《唐文拾遗》卷四六孔知邵《除替诸道副使等官奏》，第 10895 页。

② 《全唐文》卷一一三唐末帝《选京员为两使判官畿赤县令诏》：“近以内外臣寮，出入迭处，稍均劳逸，免滞转迁。应两使判官，畿赤令长，取郎中员外郎补阙拾遗三丞五博少列官寮选择擢任。一则俾藩方侯伯，别耀宾阶，次则致列朝人臣，备谙时政。今后内有已满阙月限，外或偶是阙员，宜便依此施行。”

宜与之参决，勿自执所见也。”①

中央对藩镇与幕职官的关系重新进行界定，幕职官已经纳入国家行政管理体系之中，不再随府主的变化而变化，即所谓“承前使府奏请判官，率皆随府除移停罢。近年流例，有异常规，使府虽已除移，判官元安旧职”②。藩镇使府的幕僚不仅不由藩帅亲自召辟，而且有监视、牵制藩帅的作用，所以地方一旦发生动乱，僚佐人员往往被藩镇节帅以种种借口杀害。清人赵翼在《廿二史札记》中有“五代幕僚之祸”条，记载了五代时期被藩镇节帅杀害的七位藩镇使府幕僚，他们多因为对藩镇节帅的不轨行为进行劝谏而遭到杀害。③ 后汉隐帝乾祐三年(950)十二月，“陕州李洪信奏，马步都指挥使聂召、奉国指挥使杨德、护圣指挥使康审澄等，与节度使判官路涛、掌书记张洞、都押衙杨绍勍等，同情谋叛，并杀之”，“朝议以诸道方镇皆是勋臣，不谙政理，其都押衙孔目官，令三司军将内选才补之，藩帅不悦，故洪信因朝廷多故，诬奏加害焉”。④ 藩镇与幕职官的关系已经疏远，这为中央恢复对州县的统治提供了机会。

五代各朝不断改变权摄官制度，其中有一个共同的趋势，即中央“力图把州县职事官系统与使府幕职系统明确加以区分；增重、提高州县系统在治理地方事务中的权力和地位；州县官员由中央任命，向中央负责，而不许诸道自行摄署”⑤。节度、观察、防御、团练使、刺史等举荐人数呈逐渐减少的趋势，尤其后周对地方举荐的人员有严格的出身限制，被举荐人还必须经过中央有关部门的考核，在皇帝本人审阅后才可以到地方任职。被举荐人名义上是地方举荐人员，实际上已经成为中央正式任命的官员。这表明在中央与藩镇势力的较量中，中央的力量已经明显超过地方。

① 《册府元龟》卷一五八《帝王部·诫励第三》，第1915页。
② 《旧五代史》卷三七《唐明宗纪》，第507页。
③ 参见赵翼《廿二史札记》卷二二，第475页。
④ 《旧五代史》卷一〇三《汉隐帝纪下》，第1376页。
⑤ 邓小南：《宋代文官选任制度诸层面》，河北教育出版社1993年版，第10页。

三、提高州县官员的地位，明确其职责范围

唐朝自中期以来，州县官大多由贬官担任，导致州县官的地位越来越低①，掌握地方军权的镇将在某些方面也比州县官受到重视，甚至出现州县官被藩镇使府派驻地方的镇将打死的事件，如鄂岳观察使韩皋多次"使军将封杖打杀县令"②。州县官的各种职权也被节度使派出的镇将剥夺。如："王忱为盩厔镇将，清苦肃下，有军士犯禁，杖而枷之。约曰：'百日而脱。未及百日而脱者有三：我死则脱，尔死则脱，天子之命则脱。非此，臂可折，约不可改也。'"③军将在地方获得了权威，便于其行使职权。五代各朝为加强对地方的控制，采取各种措施加强州县官员的权力，提高州县官的地位，明确划分州县地方主官与使府幕职官的职责，即"设官分职，激浊扬清，若网在纲，各司其局。督邮从事，兼处尤难。没阶则宾主之道亏，下榻则军州之礼失。须从改革，式振纲纪"④。中央对州县官的铨选和管理措施更加严格，从而减少了藩镇举荐人员担任州县官的机会，中央选派的官员担任州县官的比例逐渐提高。

第一，强调州县官的职权。五代统治者强调"设官分职，激浊扬清，若网在纲，各司其局"，努力消除唐朝中期以来使府幕职与州县官员互相兼职的现象，五代时期关于州县官与幕职官不得互相兼任的诏令对此有明确规定。后唐明宗时颁布了《藩镇幕僚不准兼职敕》："今后诸州府录事参军不得兼职，如或才堪佐幕，节度使须具闻奏，不得兼录事参军。"⑤这就规定了一个人在地方官与使府幕职官中只能选择其一，即使州县官有做幕职官的能力，也必须将州县官的职位辞掉。中央通过限制幕职官与州县官的互兼，有效地

① 唐宪宗元和十三年(818)十二月，李师道为应付中央的讨伐，稳定内部局势，将因劝谏而被囚禁的幕僚高昈、李存复召还幕府，而亲信判官李文会在士兵的反对下，不得不"摄登州刺史"。被囚禁的人回使府担任幕职官，贬职的人担任地方官，说明州县官的地位不如使府幕职人员。(《资治通鉴》卷二四〇"元和十三年十二月"条，第7756页)

② 《旧唐书》卷一六六《白居易传》，第4343页。

③ 李肇：《唐国史补》卷中，《四库全书》文渊阁本。

④ 《全唐文》卷一〇九后唐明宗《藩镇幕僚不准兼职敕》，第1111页。

⑤ 《全唐文》卷一〇九后唐明宗《藩镇幕僚不准兼职敕》，第1111页。

分离了藩镇使府与地方行政机关的职权，有利于地方行政机构行使职权，为中央加强对州县的控制提供了条件。

第二，明确州县官的职责。针对唐朝以来州县官地位的实际状况，五代各朝提出州县官“令长，字人也”[①]，明确了州县官的父母官地位，“诸州镇使，官秩无高卑，并在县令之下”[②]，军将即使在勋爵方面高于地方官，在执行行政事务时，也不能在州县官之上，这就突出了州县官作为地方行政主官的地位。尤其是州一级长官，在后梁时即已经获得了直接向中央奏事的权力。[③]州县地方主官地位的提高，权力的增加，尤其是直接向中央奏事的行为，削弱了藩镇对州县事务的控制。中央将部分权力赋予州县官，使其在处理地方政务上有一定的主动权，“四方刑狱，动皆上闻。不独有紊于公朝，兼且淹延其狱讼。伏乞条流县令，凡死罪以下得专之，刺史部内，有一吏一民犯罪得专之”[④]。五代各朝在提高州县官员权力的同时，削弱军人在地方事务中的影响。自唐代后期以来，职掌军法的马步都虞侯的权势不断扩展并渗入到地方行政长官所执掌的司法权中，即所谓“五代以来，诸州皆有马步狱，以牙校充马步都虞侯，掌刑法，谓之马步院”[⑤]，并设有马步判官等人员。为理顺军人与地方事务的关系，五代各朝逐渐采取措施限制军人在马步院任职。如后唐长兴年间规定：“诸道马步判官，不得差摄官，如阙人，须于前资正官判司簿尉中，选性行平允者补授。”[⑥]以后各朝也都贯彻执行这种规定，但没有取得理想效果[⑦]，直到北宋初年，才从根本上改变了军人担任马步院官员的事实。建隆元年(960)，“始诏两京巡院、诸州马步院判官，合吏部流内铨

---

① 《旧五代史》卷五《后梁太祖纪第五》，第 82 页。

② 《旧五代史》卷一四九《职官志十一》，第 2006 页。

③ 后梁开平四年九月，诏曰：“魏博管内刺史，比来州务，并委督邮，遂使曹官擅其威权，州牧同于闲冗，俾循通制，宜塞异端，并宜依河南诸州例，刺史得以专达。”(《旧五代史》卷一四九《职官志》，第 2006 页)

④ 《全唐文》卷八四八萧希甫《请条流县令刺史得专断狱奏》，第 8912 页。

⑤ 李攸：《宋朝事实》卷九《职官》，《四库全书》文渊阁本。

⑥ 《五代会要》卷二〇《簿尉》，第 251～252 页。

⑦ 如《册府元龟》卷六三三《铨选部・条制五》载：后晋天福二年，“近日马步判司，多是差摄官充马步判官”。

择选人，无遗省听减两选补之。始用文吏也”[①]。开宝六年(973)，中央进一步规定了地方司法机构的人选范围，“先是，诸道州府任牙校为马步都虞侯及判官断狱，多失其中。秋七月壬子，诏罢之，改马步院为司寇院，以新及第进士、《九经》《五经》及选人资序相当者，为司寇参军”[②]，彻底消除了唐末以来军人干涉地方司法权的现象。

为了避免藩镇权摄官侵夺地方事务，五代各朝的统治者对地方州县官员和藩镇使府所差遣的军将的职责进行了明确的划分。“一县之内所管乡村，而有割属镇务者，转为烦扰，益困生民，请直属县司，镇惟司盗贼。”[③]后唐庄宗同光二年(924)三月敕：“应有公事，何色件合归枢密院，何色件合付京百司，至于军幕之中，并在精详分擘，内外免侵其职分，高低贵叶其规程。其或百姓军人，事关争讼，先经州县都将，须依次第批论，或致淹停，可诣台省。”[④]在赋税征收方面，主要负责的是县令、主簿，节度使等上级机关只能委派录事参军等幕职官代表其对每县的工作进行监督审核，但不能“更置监征”。唐明宗规定：

> 应三京诸道州府商税等，多不系属州府，皆是有司差置场官。朕自受命开基，励精布政，将推诚而感物，每屈己以从人。况于列侯，尤所注意。岂可山河重寄，并在藩方；关市征租，独归省务。加以所置职掌，素处幽微，向阛阓以肆威，与王公而抗礼。盖已往从权之事，岂将来经久之规？特议改更，责除繁屑。自今已后，诸商税并委逐处州府扑断，依省司常年定额，勾当办集。冀除生事之端，不失丰财之理。[⑤]

后周时期的诏令更是将州县官与镇将的权力进行了详细的划分。史载：

> 赋税婚田，比来州县之职；盗贼烟火，元系巡镇之司，各有区分，不相逾越。或侵职分，是紊规绳。切虑所在职员，尚循旧弊，须行条贯，以正纪纲。京兆凤翔府同华鄜邠耀等州所管州县军镇，顷因唐末，藩镇殊

---

① 李攸：《宋朝事实》卷九《职官》。

② 《续资治通鉴长编》卷一四“开宝六年七月壬子”条，第305页。

③ 《全唐文》卷八四二王延《请方镇不判县务奏》，第8854页。

④ 《册府元龟》卷六五《帝王部·发号令第四》，第729页。

⑤ 《唐文拾遗》卷九后唐明宗《诸商税委逐处州府扑断敕》，第10466页。

风，久历岁时，未能厘革，政途不一，何以教民？其婚田争讼，赋税丁徭，合是令佐之职；其擒奸捕盗，庇护部民，合是军镇警察之职。今后各守职分，专切提撕，如所职疏遗，各行按责。其州府不得差监征军将下县，庶期静办，无使烦劳。[①]

诏令规定“婚田争讼，赋税丁徭，合是令佐之职”，将行政事务完全划归州县官员管理；军将的职责是维持地方治安，即所谓“其擒奸捕盗，庇护部民，合是军镇警察之职”。由于明确了各自的职责范围，因而其上级政府也就没有必要“差监征军将下县”，干涉州县事务。如后周显德元年(954)十月，周世宗对侍臣曰：“诸道盗贼颇多，讨捕终不能绝，盖由累朝分命使臣巡检，致藩侯、守令皆不致力。宜悉召还，专委节镇、州县，责其清肃。”[②]明确了地方各级主官的职权，并根据各自的职责范围对他们进行必要的考核，希望他们能够切实履行自己的职责[③]，剥夺了藩镇监督、管理地方官员，控制地方事务的权力。

四、加强对州县官员的管理与任用

自安史之乱中藩镇使府获得自辟僚属的权力后，中央政府便逐渐丧失了对地方州县官的管理权，权摄官成为地方州县官的主体。尽管中央政府为削弱地方势力，曾经采取直接委派刺史、县令代替权摄官等措施，但在地

① 《全唐文》卷一二四后周太祖《令州县军镇各守职分敕》，第1243页。

② 《资治通鉴》卷二九二“显德元年十月戊辰”条，第9519页。

③ 《唐文拾遗》卷二八崔元略《军使追人令移文牒奏》载：“诸司诸军诸使，追府县人吏所由及百姓等。比来府县除贼盗外，所有推勘公事相关者，皆行公牒。近日多不行文牒，率自擒捉，禁系之后，府县方知。其中人吏所由，亦有奸猾，为无凭据，妄生推枉，又难辨明。其百姓等，听被追捕，缘无公牒，多加恐动，致有逃匿。今后望降敕旨，应请诸军诸使，要追府县人吏百姓等，非盗贼外，并令行移文牒，所冀官曹，免相侵扰。”又，《唐文拾遗》卷一一周世宗《秋夏征了追摄公事敕》载：“诸道州府所管属县，每年秋夏征科了毕后，多是却去县典，上州会□文钞，因兹科配敛掠。宜令今后秋夏征科了足日，仰本州府但取仓场库务纳欠文钞。如无异同，不在更追官典。诸道州府管内县镇，每有追摄公事，自前多差衙前使院职员，及散从步奏官，今后如是常程追摄公事，只令府道承受递送，不得更差专人。若要切公事及军期，不在此限。”周世宗诏令：“应诸司贼盗，宜委本府州节度防御团练等使刺史，专切断除。其部内凡有贼盗，及逃走军健诸色凶命之人，并须觉察，设计差人收拿，不计远近，以获为限。应有婚姻斗竞贼盗公事，仰逐处长吏躬亲鞫问，仍令本州官不住提举，疾速区分，庶光敕命。”(《五代会要》卷一〇《刑法杂录》，第125页)

方势力越来越大的情况下，效果并不明显。五代时期随着中央权威的确立，对州县官的任用与选拔也逐渐提上议事日程，各种规章制度随之建立，并很好地得以执行，对州县官的资格与考核标准都有了比较明确的规定。

关于州县等亲民官的任职资格，五代时期曾有明确的规定。对于州县等基层官员的素质，顾炎武是这样表述的：

> 五代设官，凡曹掾簿尉之龌龊无能，以至昏老不任驱策者，始注县令。故天下之邑，率皆不治。诛求刻剥，猥迹万状。至优诨之言，多以令长为笑。①

其实，这只是极为个别的现象。实际上，五代各朝在加强对地方的控制的同时，对县令的选任也十分重视。后唐明宗天成二年(927)十二月敕文曾对担任不同等级的州县官员的资格提出了任职标准：

> 长定格应经学出身人，一任三考，许入下县令、下州录事参军，亦入中下州录事参军；两任四考，许入中下县令、中州录事参军；两任六考，许入上县令及紧州录事参军。②

中央政府对县令及州佐官的出身、任职经历有一定的要求，并且直到后周时期一直执行这样的标准。后汉隐帝乾祐二年(949)八月，右拾遗高守琼上言："凡朝廷选亲人之官，年未三十，请不除授县令。"理由是："少年宰邑，鲜有廉勤，不执公方，惟贪娱乐。"③汉隐帝对此建议应该非常重视，在其后的诏令中规定："起今后诸色选人，年及七十者，宜注优散官；年少未历资考者，不得注拟县令。"④既防止年老者精力衰退影响对地方事务的管理，同时对那些没有从政经验的人，希望通过一定时期的锻炼，使其掌握一定的经验后更好地处理地方事务。后周太祖广顺元年(951)诏："今后州府不得奏荐无前官及无出身人。"⑤这包含着对将来担任州县官员人员的从政经验的要求。对地方官员的出身及年龄的要求，体现了中央对地方官员的重视，而只有中央

① 顾炎武：《日知录集释》卷九《知县》，第325页。

② 《旧五代史》卷一四八《选举志》，第1948页。

③ 《全唐文》卷八五五高守琼《请慎选县令奏》，第8970页。

④ 《旧五代史》卷一〇二《汉隐帝纪中》，第1360页。

⑤ 《旧五代史》卷一四九《职官志十一》，第2003页。

真正掌握了对地方的控制权后，才会如此重视地方官员的选拔与任用。

唐朝时期，政府为维护地方官的正常升迁，发挥地方官在地方政务中的积极性，对地方官员的任职年限有明确规定。但在藩镇权摄官大量存在的情况下，唐中央政府所授官员往往被藩镇使府的权摄官代替，不能完成规定的任职期限，正授官员“颇有当年之内，或两度三度替移”①。州县官员频繁的调换，必然会影响地方各种事务的正常开展。五代各朝为保证州县地方机构的正常运转，对州县官员的任职年限作出了细致的规定。② 如史载：

> 义武节度使王处直子威，避王都之难，亡在契丹，至是，义武缺帅，契丹主遣使来言，“请使威袭父土地，如我朝之法”。帝辞以“中国之法必自刺史、团练、防御序迁乃至节度使，请遣威至此，渐加进用”。契丹主怒，复遣使来言曰：“尔自节度使为天子，亦有阶级邪！”帝恐其滋蔓不已，厚赂契丹，且请以处直兄孙彰德节度使廷胤为义武节度使以厌其意。③

这段资料说明，五代时各级官员的升迁是有一定的规律和程序可循的，“其州县官任三考满，即具阙申送吏部格式，候敕除铨注，本道不得擅差摄官，辄替正授者”④。唐明宗下诏规定：“刺史三考，方可替移……自此到任后，政绩有闻，即当就加渥泽，如或为理乖谬，不计月限，便议替除。”⑤周世宗显德五年(958)正月规定：“诸道幕职州县官，并以三周年为考限，闰月不在其内，州府不得差摄官替正官。”⑥明确了地方官员的任期，有利于地方行政机构的稳定运行。

五代各朝在对官员的考核上依然执行唐朝“四善”、“二十七最”的考核标准，地方官员以在任期内人口的增减、赋税的征收作为主要的考核标准。只是各朝在具体的内容上，或多或少地增添一些了考核条件。据现有资料

① 《唐文拾遗》卷四六李慎仪《请委铨曹检点选格奏》，第 10899 页。

② 参见杜文玉《五代选官制度研究》，载《中国史研究》2002 年第 3 期。

③ 《资治通鉴》卷二八二“天福四年七月”条，第 9204 页。

④ 《全唐文》卷九六九阙名《定刺史县令赏罚奏》，第 10060 页。

⑤ 《全唐文》卷一〇八后唐明宗《久任刺史敕》，第 1108 页。

⑥ 《旧五代史》卷一一八《周世宗纪第五》，第 1567 页。

记载,五代各朝有关的考课内容有:

(1)后唐明宗天成年间和长兴年间先后对官员的考课问题颁布过诏令:

其前任有犯私罪,断在今任者,同见任法。即改任,应计前任日,为考者功过,并附其状。①

诸使府两税征科,详断刑狱,校官吏考课,合是观察判官专判。其一州诸县征官纠辖提举,合是录事参军本职。今后观察判官、录事参军校量所属州县官吏,据每年征科程限,刑狱断遣,户口增减,据州县申报,仔细磨勘诣实,然后于本官牒内据事件收竖。如官吏考课一一事实,其判官、录事参军候满日并与酬奖,别加职任;如考课不实,亦行殿罚;如有水旱灾伤处,许奏听敕旨。②

(2)后晋少帝时主要从地方官员的经济职能出发进行考核:

诸道州府令佐在任招携户口,比初到任交领数目外,如出得百户已上量添得租税者,县令加一阶,主簿减一选;出二百户已上及添得租税者,县令加两阶,主簿减两选;出三百户已上及添得租税者,县令加两阶减两选,别与转官,主簿加两阶减一选;出四百户至五百户以及添得租税者,县令与加朝散大夫阶趋转官资,罢任后许非时参选,仍录名送中书。如已授朝散大夫及已出选门者,即别议奖酬,主簿加三级。其出剩不及一百户者,据户口及添租税数,县令加一阶,参选日超一资注官,主簿加一阶。③

(3)后汉时曾以地方官吏督促百姓种植桑枣树木的情况作为考课内容:

诸州府长吏劝课农桑,随户人力,胜栽莳桑枣,小户岁十本至二十本,中户三十本至四十本,大户五十至一百,如能广栽,不限本数,种讫,本县令佐亲省之计数,得替时交与受代者,仍于历子内批书,省司以为考课。④

(4)后周太祖广顺元年(951)九月再次重申要州县官员加强对户口的招

① 《五代会要》卷一五《考功》,第 249 页。

② 《册府元龟》卷六三六《铨选部·考课二》,第 7635 页。

③ 《唐文拾遗》卷一〇一后晋少帝《令佐招携户口加阶敕》,第 10477 页。

④ 《册府元龟》卷六三六《铨选部·考课二》,第 7636 页。

携管理工作。

应畧县令主簿招添到户口，其一千户已下县，每增添满二百户者减一选，三千户已下县，每三百户减一选，五千户已下县，每四百户减一选，万户已下县，每五百户减一选。并所有增添户及租税，并须分明于历子解由内录都数，若是减及三选已上，更有增添及户数者，县令与改服色，已赐绯者与转官，其主簿与加阶转官。[①]

由于资料所限，五代各朝对于官员其他方面的考课内容已无法得知，但从上面的详细规定中可以推测：五代各朝对中央和地方官员的考课制度应该相对完备，尤其是对地方官员的考课更为具体、细致；后面的朝代比前面的朝代要更完善，后周时期建立的各项考课制度被北宋统治者所借用。除了对以上具体的行政事务加以考核外，后周时期还对州县官员与藩镇使府及中央的关系作了调整。如后周太祖广顺元年(951)二月敕：

今后应诸道州府录事参军判司县令主簿等，宜令本府州以到任月日，旋具申奏及报吏部，此后中书及铨司，以到任月日用阙，永为定制。其现在州县官，限敕到后，仰便具先到月日，一齐分申及报吏部，其有诸色事故及丁忧，并请假十旬满阙，亦仰旋具申奏，兼报吏部。其新授官，准令式给程限外，如不到任参上，致本处无凭申奏到任日月，便仰吏部同违程不上，收阙使用。其诸色见阙，亦不得差官权摄，辄便隐留。如违敕条，罪在本条官录事参军孔目官以下。[②]

为便于控制地方官员，在地方官员的任职时间上，中央也有严格规定，并且要求地方政府一级级层层申报至中央吏部。即使那些“有诸色事故及丁忧，并请假十旬满阙”者，也要求将其具体情况申报中央吏部。所有这些都说明，中央对地方官员的控制在逐渐加强。但由于安史之乱以来，中央集权的行政管理体制遭到严重破坏，藩镇以及府州不可能完全受朝廷节制，因而对地方官员的考核也就很难真正达到预期的效果，只有在中央恢复对地方的绝对控制之后，在高度中央集权的国家体制内才能认真地进行。

---

① 《全唐文》卷一二三后周太祖《更定招安户口赏例敕》，第1240～1241页。

② 《五代会要》卷二〇《县令下·录事参军附》，第251页。

五、中央官员担任地方官

唐朝在地方实行都督、刺史制度，当都督、刺史等地方行政长官因升迁或其他原因无法履行职务时，中央政府往往委派其他人员暂时主持州府政务，称为“知州府事”。早在武德二年(619)就出现了“判并州总管府司马”刘德威“总知留府事”①。知州府事成为唐朝刺史制度的一项重要补充内容。唐代宗大历十二年(777)五月曾对知州事的人选颁布了一份敕令：“刺史有故及缺，使司不得差摄，但令上佐依次知州事。其上佐多非其才，亦望维外道使臣，精加铨择，不胜任者，据以状闻。”②明确规定了知州事的人选，即在别驾、长史、司马中依职次高低代理州务。随着藩镇实力的发展，割据藩镇往往让自己的亲信武将以权知州军事的形式掌握政权，经过一段时间再让其正式担任刺史或节度使。在地方官员中逐渐形成了“知州—刺史”或者“知州—留后—节度使”的程序，知州成为整个程序的最初环节，成为日后晋升为正官的一个临时性的过渡性的但又必不可少的环节。③

五代各朝在加强对地方的控制时，一方面借鉴唐朝时期所施行的知州府事制度，并不断完善该制度，逐渐剥夺地方节度使任用幕僚担任辖区内的各级行政官员的权力；另一方面，借用唐朝时期出现的以中央官员担任地方官员的制度④，并从州县级官员进一步扩大到节镇一级，许多节度使也由中央的禁军将领担任。五代各朝在自己的统治辖区内都有以禁军将领担任地方节度使的记载，尤其后周时期，禁军将领更是大批被外派担任各地节度使。因禁军将领大多是皇帝的亲信，能够认真贯彻执行中央的各项政令，所以有利于中央集权的实现。(见表 3-5)

---

① 《旧唐书》卷七七《刘德威传》，第 2676 页。

② 《唐会要》卷六八《刺史上》，第 1204 页。

③ 参见李昌宪《略论宋代知州制的形成及其历史意义》，载《南京大学学报》(哲学·人文·社会科学)1996 年第 4 期。

④ 元和二年(807)，中书侍郎、同中书门下平章事李吉甫，“为帝从容言：‘使属郡刺史得自为政，则风化可成。’帝然之，出郎吏十余人为刺史”。派中央官员到地方担任刺史，有利于加强对地方的管理。(《新唐书》卷一四六《李吉甫传》，第 4740 页)

表 3-5　　五代各朝禁军将领担任节度使、刺史表

时　间	任职者	任职地点及职位	资料来源
乾宁元年十月	幽州将刘仁恭	安塞军	《旧五代史》卷二六《武皇纪下》
天祐十年五月	河东五院将李益	权典营州事	《册府元龟》卷八《帝王部·创业第四》
梁初	天威军使、右羽林统军朱汉宾	磁州刺史、安州节度使	《旧五代史》卷六四《朱汉宾传》
开平元年七月	右龙虎统军张归霸	河阳节度使	《旧五代史》卷一六《张归霸传》
开平元年	左神武军使范居实	耀州刺史	《旧五代史》卷一九《范居实传》
开平二年九月	左天武军夹马指挥使尹皓	辉州刺史	《旧五代史》卷四《梁太祖纪第四》
开平二年十月	左龙虎统军牛存节	绛州刺史	《旧五代史》卷二二《牛存节传》
开平三年	侍卫诸军都指挥使康怀英	陕州节度使	《旧五代史》卷二三《康怀英传》
开平中	侍卫都将刘玘	安州刺史	《旧五代史》卷六四《刘玘传》
梁太祖时	侍卫亲军都指挥使刘捍	雍州观察节度留后	《旧五代史》卷二〇《刘捍传》
贞明元年九月	行营先锋兵军都指挥使王彦章	汝州防御使	《旧五代史》卷八《梁末帝纪上》
贞明二年四月	龙骧四军都指挥使王晏球	单州刺史	《旧五代史》卷六四《王晏球传》
贞明三年正月	右天武军使石钊	密州刺史	《旧五代史》卷九《梁末帝纪中》
贞明三年正月	六军押牙充左天武军使刘彦珪	澶州刺史	《旧五代史》卷九《梁末帝纪中》
贞明三年正月	前东京马步都虞侯、前天武军使雷景从	汝州刺史、防御使	《旧五代史》卷九《梁末帝纪中》
贞明三年七月	六军诸卫副使张业	密州刺史	《旧五代史》卷九《梁末帝纪中》

续表

贞明三年八月	左神武军统军周武	宁州刺史	《旧五代史》卷九《梁末帝纪中》
贞明三年八月	左崇安指挥使刘仁铎	衍州刺史	《旧五代史》卷九《梁末帝纪中》
贞明三年十月	权西面行营都监、左武卫上将军张筠	商州军州事	《旧五代史》卷九《梁末帝纪中》
贞明三年十二月	右龙虎统军张彦勋	商州刺史	《旧五代史》卷九《梁末帝纪中》
贞明三年十二月	左龙虎统军贺瓌	宣义军节度使、郑滑濮等州观察处置等使	《旧五代史》卷九《梁末帝纪中》
贞明四年四月	宣徽院使、右卫上将军赵谷	权知青州军州事	《旧五代史》卷九《梁末帝纪中》
贞明四年六月	两京马军都军节度使王彦章	匡国军节度、陈许蔡等州观察处置等使	《旧五代史》卷九《梁末帝纪中》
贞明四年八月	右广胜军使刘君铎	虢州刺史	《旧五代史》卷九《梁末帝纪中》
梁末帝时	右亲从指挥使、右厢军使、右监门卫上将军霍彦威	洺州刺史	《旧五代史》卷六四《霍彦威传》
同光元年十月	天平军节度使、蕃汉总管副使、蕃汉马步总管副使、陇西郡侯李嗣源	天平军节度使	《旧五代史》卷三〇《唐庄宗纪第四》
同光元年十一月	杂指挥使散员都部署、特进、检校太傅、忻州刺史李绍荣	徐州节度使	《旧五代史》卷三〇《唐庄宗纪第四》
同光二年二月	前右龙武军都虞侯、守左龙武大将军李绍奇	郑州防御使	《旧五代史》卷三一《唐庄宗纪第五》
同光二年三月	右武卫将军李存贤	幽州节度使	《册府元龟》卷一二〇
同光二年	羽林都虞侯相里金	忻州刺史	《旧五代史》卷九〇《相里金传》
同光三年二月	前龙武军都虞侯、守左龙武大将军李绍奇	郑州防御使	《旧五代史》卷三一《唐庄宗纪第五》

续表

同光四年三月	右龙虎统军安崇阮	权知潞州	《旧五代史》卷三四《唐庄宗纪第八》
天成元年五月	左右厢突骑指挥使康义诚	汾州刺史	《旧五代史》卷三六《唐明宗纪第二》
天成元年五月	左右厢马军指挥使索自通	忻州刺史	《旧五代史》卷三六《唐明宗纪第二》
天成元年六月	枢密使孔循	权知汴州军州事	《旧五代史》卷三六《唐明宗纪第二》
天成元年	随驾左右厢马军指挥使索进通	忻州刺史	《旧五代史》卷六五《索进通传》
天成二年	内衙都校安元信	移镇徐州	《旧五代史》卷六一《安元信传》
天成三年九月	捧圣左右副都指挥使索自通	云州节度使	《旧五代史》卷三九《唐明宗纪第五》
天成四年四月	龙武都虞侯符彦卿	耀州团练使	《旧五代史》卷四〇《唐明宗纪第六》
天成三年四月	神武都虞侯高行周	颍州团练使	《旧五代史》卷四〇《唐明宗纪第六》
长兴元年五月	三司使、行工部尚书张延朗	兖州节度使	《旧五代史》卷四二《唐明宗纪第八》
长兴元年十一月	捧圣都指挥使沙彦珣	应州节度使	《旧五代史》卷四一《唐明宗纪第七》
长兴二年闰五月	随驾步军都指挥使药彦稠	邠州节度使	《旧五代史》卷四二《唐明宗纪第八》
长兴四年	枢密使赵延寿	宣武军节度使	《资治通鉴》卷二七八
应顺元年	侍卫马军都指挥使安彦威	河中节度使	《旧五代史》卷四五《唐闵帝纪》
应顺元年	侍卫步军都指挥使张从宾	泾州节度使	《旧五代史》卷四五《唐闵帝纪》
清泰元年五月	严卫都指挥尹晖	齐州防御使	《旧五代史》卷四六《唐末帝纪上》
清泰元年五月	捧圣都指挥使康进海	曹州刺史	《旧五代史》卷四六《唐末帝纪上》

续表

清泰二年	羽林都指挥使侯益	商州刺史	《资治通鉴》卷二七九
清泰三年六月	捧圣右都虞侯张令昭	权知天雄军府事	《旧五代史》卷四八《唐末帝纪下》
清泰三年六月	捧圣右第三指挥使邢立	德州刺史	《旧五代史》卷四八《唐末帝纪下》
清泰三年六月	捧圣第五指挥使康福进	郑州刺史	《旧五代史》卷四八《唐末帝纪下》
天福初	护圣左右厢都指挥使李怀德	同州节度使	《旧五代史》卷一二四《李怀德传》
天福五年	护圣都指挥使李琼	典申州	《旧五代史》卷九四《李琼传》
天福年间	奉国第一军都虞侯刘词	泌州刺史、团练使	《旧五代史》卷一二四《刘词传》
开运元年	侍卫亲军都指挥使高行周	归德军节度使	《旧五代史》卷一二三《高行周传》
晋高祖时	马军左厢都校白延遇	汾州刺史	《旧五代史》卷一二四《白延遇传》
开运元年	侍卫亲军都指挥使景延光	西都留守	《旧五代史》卷八二《晋少帝纪第二》
开运元年四月	侍卫亲军都虞侯、义成军节度使李守贞	兖州节度使	《旧五代史》卷八二《晋少帝纪第二》
开运二年七月	侍卫步军都指挥使田武	昭义军节度使	《旧五代史》卷八四《晋少帝纪第四》
开运二年十一月	寿州节度使、侍卫马军都指挥使李彦韬	陈州节度使	《旧五代史》卷八四《晋少帝纪第四》
天福十二年八月	护圣左厢指挥使白再荣	镇州留后	《旧五代史》卷一〇〇《汉高祖纪下》
乾祐元年七月	侍卫亲军马军都指挥使李洪信	澶州节度使	《旧五代史》卷一〇一《汉隐帝纪上》
乾祐二年三月	侍卫马步军都指挥使郭谨	相州节度使	《旧五代史》卷一〇六《郭谨传》
广顺初	侍卫亲军都指挥使王殷	天雄军节度使	《旧五代史》卷一二四《王殷传》

续表

广顺元年	虎捷右厢都指挥使王进	相州节度使	《旧五代史》卷一二四《王进传》
广顺三年七月	虎捷左厢指挥使、永州防御使韩通	陕州留后	《旧五代史》卷一一三《周太祖纪第四》
广顺三年八月	龙捷左厢都指挥使、阆州防御使田景咸	邢州留后	《旧五代史》卷一一三《周太祖纪第四》
广顺三年十月	侍卫步军都指挥使曹英	权知镇州军州事	《旧五代史》卷一一三《周太祖纪第三》
显德元年七月	许州节度使、侍卫都虞侯李重进移镇宋州，加同平章事兼侍卫亲军都指挥使	宋州节度使	《旧五代史》卷一一二《周太祖纪第三》
显德三年八月	侍卫步军都指挥使李继勋	河阳节度使	《旧五代史》卷一一六《周世宗纪第三》
显德四年五月	虎捷左厢都指挥使赵晁	河阳节度使	《旧五代史》卷一一七《周世宗纪第四》
显德五年正月	侍卫马军都指挥使韩令坤	权知扬州军府事	《旧五代史》卷一一八《周世宗纪第五》
显德五年三月	右龙武统军赵赞	庐州节度使	《旧五代史》卷一一八《周世宗纪第五》
显德五年三月	殿前都虞侯慕容彦钊	淮南节度使	《旧五代史》卷一一八《周世宗纪第五》

五代时期是武夫悍将当政的时代，文人地位低下，即所谓“士之生于是时者，絷手绊足，动触罗网，不知何以全生也”[①]，“文章之士，缩影窜迹不自显”[②]。后汉时文人的地位更是达到了当时的最低点。[③] 尽管五代各朝的统

① 赵翼：《廿二史札记》卷二二“五代幕僚之祸”条，第476页。

② 《旧五代史》卷二四《孙骘传》，第324页。

③ 《旧五代史》卷一〇七《史弘肇传》、《王章传》、《杨邠传》。又，后汉高祖刘知远“平生言，朝廷大事，勿问书生”(《新五代史》卷一八《汉家人传·皇后李氏》，第192页)。《旧五代史》卷八八《李彦韬传》载，李彦韬说：“朝廷所设文官，将何用也，且欲澄汰而除废之。”《旧五代史》卷一〇一《后汉隐帝纪上》载：“是时法尚深刻，藩郡凡奏刑杀，不究其实，即顺其请，故当时从事鲜宾客之礼，重足累迹而事之，犹不能免其祸焉。”

治者以武人为主,“在武人政治的大环境下,文臣参与议政、决策的活动空间被大大压缩;而在文书运行、财赋管理、刑事鞫断等文职事务中,具备专门化的吏能者显然更为习熟、更有优势”①。文武从来都是相互依存的,现实行政内容要求文书运行不容暂停,更何况在政权图求生存的激烈对外竞争之中,因而了解并擅长章表笺奏程序的文人也就受到了特别的重视。正如邓小南所说:

> 即便在唐末五代最为混乱的政治局面之下,把握着各层级统治权力的职业军将们,事实上都不能无视诸雄对峙的压力以及政权运作的需要,都不曾全然排拒文人们作为治事参谋、行政助手的作用。②

为改变武夫当政的状况,早在唐代后期,一些地方统治者已经意识到文治的教化作用③,在武夫横行的时代,采取了一些注重文教的措施,并且出现了一些喜好儒学的节度使、刺史。略举数例:魏博节度使罗绍威“攻笔札,晓音律。性复精悍明敏,服膺儒术,明达吏理,好招延名士,聚书万卷,开学馆,置书楼”④;王师范“自昭宗龙纪中为节度使十五年,甚有殊政,县令刺史,皆奏请儒雅之士为之,野无闲田,路无拾遗”⑤;华州刺史韩建“比不知书,治郡之暇,日课学习,遣人于器皿、床榻之上各题其名,建视之既熟,乃渐通文字”⑥;赵克裕“少为牙将,好读书,谨仪范,牧伯皆奇待之”⑦。还出现了一些优礼文士的地方统治者,如谢彦章“将略之外,好优礼儒士”⑧。后梁时期的张全义,“起战士而忘功名,尊儒业而乐善道。家非士族,而奖爱衣冠,开幕

---

① 邓小南:《祖宗之法——北宋前期政治述略》,第 123 页。

② 邓小南:《祖宗之法——北宋前期政治述略》,第 113 页。

③ 如元和十四年,曹华任沂、海、兖、密观察使时,“华恶沂之地褊,请移理于兖,许之。初,李正己盗有青、郓十二州,传袭四世,垂五十年,人俗顽骜,不知礼教。华令将吏曰:‘邹、鲁儒者之乡,不宜忘于礼义。’乃躬礼儒士,习俎豆之容,春秋释奠于孔子庙,立学讲经,儒冠四集。出家财赡给,俾成名入仕,其往者如归”。(《旧唐书》卷一六二《曹华传》,第 192 页)

④ 《旧五代史》卷一四《罗绍威传》,第 191 页。

⑤ 《册府元龟》卷六七七《牧守部·能政》,第 8094 页。

⑥ 《旧五代史》卷一五《韩建传》,第 203～204 页。

⑦ 《旧五代史》卷一五《赵克裕传》,第 213 页。

⑧ 《旧五代史》卷一六《谢彦章传》,第 222 页。

府辟士，必求望实。属邑补奏，不任吏人”[①]；后梁、后唐时期曾任开封府尹的王瓒，“能优礼搢绅，抑挫豪滑，故当时士流皆称仰焉”[②]；相里金“为人勇悍，而能折节下士”[③]；后晋的凤翔节度使李从曮，“厚文士而薄武人”[④]；李克用的骁将史建瑭之子史匡翰，祖孙三代皆任安庆九府都督，世代为将，“而匡翰好读书，尤喜《春秋》三传，与学者讲论，经日无倦”[⑤]，给人以儒将的印象；后周太祖“家世素微贱”的内弟、节度使杨廷璋，也是以“善待士，幕府多知名人”[⑥]而著称；即使对书生颇有敌意的后梁太祖朱温，自幕府至朝廷运作皆自觉依靠敬翔、李振、裴迪等人。五代各朝中央也逐步改变文人的政治、社会地位，并利用科举考试的方式吸引文人参加到政权中来。后唐李克用、李存勖父子已经意识到武夫专权的危害，“刺史皆以军功拜，言事者多以为言，以谓天下多事，民力困弊之时，不宜以刺史任武夫，恃功纵下，为害不细”[⑦]，并认识到文人在政权建设中所起的重要作用，开始重用文人，“昔武皇之树霸基，庄宗之开帝业，皆旁求多士，用佐丕图”，在其身边聚集了李袭吉、王缄、李敬义、卢汝弼、李德休、孙循、孙楷等人，他们“或以书檄敏才，或以缙绅旧族，咸登贵仕”。[⑧] 文人的权力不断增加，预示着后唐时期政治权力有不断向文臣转移的趋势。后周太祖广顺二年(952)，周太祖郭威在平定泰宁军节度使慕容延钊的叛乱后，亲自到曲阜祭祀孔子，并且说：“文宣王，百代帝王师也，得无敬乎！”[⑨]

文人的地位逐渐回升，在国家事务中的作用也越来越重要，中央文职人员不断以各种身份到地方担任要职。这种现象在五代之外的割据政权中也经常出现。如：

① 《旧五代史》卷六三《张全义传》，第842页。
② 《旧五代史》卷五九《王瓒传》，第796页。
③ 《新五代史》卷四七《相里金传》，第529页。
④ 《资治通鉴》卷二八一“晋高祖天福三年十一月”条，第9196页。
⑤ 《新五代史》卷二五《史匡翰传》，第269页。
⑥ 《宋史》卷二五五《杨廷璋传》，第8905页。
⑦ 《新五代史》卷四六《郭延鲁传》，第516页。
⑧ 《旧五代史》卷六〇“史臣曰”，第812页。
⑨ 《旧五代史》卷一一二《周太祖纪第三》，第1482页。

蜀自建国以来，节度使多领禁兵，或以它职留成都，委僚佐知留务，专事聚敛，政事不治，民无所诉。蜀主知其弊，丙辰，加卫圣马步都指挥使、武德节度使兼中书令赵廷隐，枢密使、武信节度使、同平章事王处回，捧圣控鹤都指挥使、保宁节度使、同平章事张公铎检校官，并罢其节度使。（后晋天福六年）三月，甲戌，以翰林学士承旨李昊知武德军，散骑常侍刘英图知保宁军，谏议大夫崔銮知武信军，给事中谢从志知武泰军，将作监张赞知宁江军。①

在福建，闽太祖从弟王想“以银青光禄大夫、上柱国摄福州长乐县令。颇负干材，县事以治”②，以太祖之弟的身份摄长乐县令，县的统治在此时受重视的程度由此可见一斑。南唐廖凝被后主“授以水部员外郎为洪州建昌县令”③，南唐周彬“授大理司直……出宰禾川（令）”④。南汉高祖时，“多延中国人士入幕府，出为刺史，由是刺史无武人”⑤。对此，邓小南指出：

正是在扩展自身权力的过程，使本不熟悉行政财政领域的武将认识到了文人（首先是文吏）的用处；而出身于武将的统治者们对于身份地位提升的自我意识、对于以往同为统兵将帅的“比肩同气”者的警惕，更使得他们有了籍助谋士、笼络文“秀才”（文士）的愿望。而在当时的环境下，效力于这些统治者的文人，其特有长处的被承认、地位的提高与价值的实现，从总体上说，又是随着这般武将涉足领域的扩大而同步进展的。⑥

正是伴随着“诸侯割据方面”状况的普遍出现，才导致了各割据政权“竞延名士，以掌书檄”现象的产生。

后周理政大臣范质、李谷、王溥、魏仁甫、王朴等以文人的身份在政治中所起的作用尤为重要。在中央派出的到地方担任各种职务的人员中，文人

---

① 《资治通鉴》卷二八二“天福六年二月”条，第9220～9221页。
② 吴任臣：《十国春秋》卷九四《王想传》，第1365页。
③ 陶岳：《五代史补》卷四《廖氏世胄》，《四库全书》文渊阁本。
④ 马令：《南唐书》卷一四《周彬传》，《四库全书》文渊阁本。
⑤ 吴任臣：《十国春秋》卷五八《南汉高祖本纪》，第839页。
⑥ 邓小南：《祖宗之法——北宋前期政治述略》，第136页。

的比例开始回升,尤其是以文人担任知州,将地方行政管理权从武夫悍将的控制下转到中央委派的文职官员手中,知州府事在地方发挥着越来越积极的作用,直接削弱了以武人为主体的藩镇行政管理权,开宋朝以文人理政之先河。(详见表3-6)这在当时虽未形成制度,但已经彰显出中央控制地方实权的迹象,为北宋时期建立中央官员出任地方官的制度提供了经验。北宋建立后,为改变"五代以来,节度使补署亲随为镇将,与县令抗礼,凡公事专达于州,县吏失职"的现状,建隆三年(962)下诏:"每县复置县尉一员,在主簿之下,俸禄与主簿同。凡盗贼、斗讼,先委镇将者,诏县令及尉簿复领其事。"从而使"镇将所主,不及乡村,但郭内而已"①,在节度使辖区内除城内政事由节度使亲随掌管外,将其他地区的事务收归中央控制的县尉手中,"今后应有乡闾盗贼斗讼公事,仍旧却属县司,委令尉勾当","其镇将都虞候只许依旧勾当城郭下烟火盗贼争竞公事"。② 直到北宋建国后十年,即开宝三年(970)五月,宋太祖下诏"诸州长吏毋得遣仆从及亲属掌厢、镇局务"③,才彻底废除节度使控制城内事务的权力。

在剥夺节度使对辖区的控制权的同时,中央对地方基层官员的任命更加重视。"建隆中,择才能之士出宰大邑,大理正奚屿知大名府馆陶县,监察御史王祐知魏县,选朝官知县自此始。太祖重县令之任至矣。"④他们地位较高,又来自朝廷,敢于同节度使抗礼,削弱了节度使对属县的控制权。一些县令已经逐渐取得了自主处理地方政务的权力,不再受节度使的控制,节度使已不像五代时那样专横。忠正军节度使王审琪可谓其中的代表。王审琪任忠正军节度使后,曾有"所部邑令以罪停其录事吏,幕僚白令不先咨府,请按之"。王审琪却认为:"五代以来,诸侯强横,令宰不得专县事。今天下治平,我忝守藩维,而部内宰能斥黠吏,诚可嘉尔,何按之有?"⑤他已经理顺了节度使与所属各县长官县令和知县的正常的上下级行政关系。

---

① 《续资治通鉴长编》卷三"建隆三年十二月"条,第76页。

② 《宋大诏令集》卷一六〇宋太宗《置县尉诏》,中华书局1962年版,第604页。

③ 《续资治通鉴长编》卷一一"开宝三年五月戊申"条,第247页。

④ 王辟之:《渑水燕谈录》卷五《官制》,中华书局1981年点校本,第59页。

⑤ 《宋史》卷二五〇《王审琪传》,第8816页。

表 3-6　五代各朝中央官员出任地方官表

时　间	任职者	任职地点及职位	资料来源
天祐六年	右谏议大夫段希尧	怀州刺史	《旧五代史》卷一二八《段希尧传》
天祐十五年	考功郎中张宪	权镇州军府事	《旧五代史》卷六九《张宪传》
光化二年	宣武军内外马步军都指挥使袁象先	权知宿州军州事	《旧五代史》卷五九《袁象先传》
开平初	天平军掌书记李珽	本官监曹州事	《旧五代史》卷二四《李珽传》
开平元年六月	司门郎中梁文矩	开封县令	《册府元龟》卷七一〇《令长部・选任》
开平元年六月	司勋员外郎孙拙	浚仪县令	《册府元龟》卷七一〇《令长部・选任》
开平元年	兵部郎中、崇正直学士李珽	监曹州事、许州留后	《旧五代史》卷二四《李珽传》
开平二年	兵部郎中、崇政院学士李珽	许州留后	《旧五代史》卷二四《李珽传》
贞明四年六月	宣徽院副使韦坚	权知河阳军州事	《旧五代史》卷九《梁末帝纪中》
贞明四年六月	左监门卫将康美赞	商州刺史	《旧五代史》卷九《梁末帝纪中》
贞明四年六月	右卫上将军张筠	权知永平军节度使观察留后，兼判大安府事	《旧五代史》卷九《梁末帝纪中》
贞明四年六月	租庸判官、行光禄卿张绍珪	申州刺史	《旧五代史》卷九《梁末帝纪中》
贞明四年八月	左骁卫将军刘去非	郢州刺史	《旧五代史》卷九《梁末帝纪中》
贞明五年六月	天骥院使李随	权知登州军州事	《旧五代史》卷九《梁末帝纪中》
后梁龙德元年五月	宣和库使、守右领卫将军李严	权知兖州军州事	《旧五代史》卷一〇《梁末帝纪下》
梁末帝时	客省使安崇阮	知齐州事	《旧五代史》卷九〇《安崇阮传》

续表

同光元年十一月	翰林学士卢质	权知汴州军府事	《旧五代史》卷二九《唐庄宗纪第三》
同光元年	权判租庸事卢质	权知汴州军州事	《旧五代史》卷九三《卢质传》
同光二年四月	租庸副使孔循权	知汴州军州事	《旧五代史》卷三二《唐庄宗纪第六》
同光末	张锡	权知邺都军州事	《宋史》卷二六二《张锡传》
天成初	右谏议大夫梁文矩	知宣武军州事	《旧五代史》卷九二《梁文矩传》
天成元年五月	金吾卫将军张实	金州防御使	《旧五代史》卷三六《唐明宗纪第二》
天成元年六月	翰林承旨、兵部尚书、知制诰卢质	充同州节度使	《旧五代史》卷三六《唐明宗纪第二》
天成二年七月	左金吾卫大将军曹廷隐	齐州防御使	《旧五代史》卷三八《唐明宗纪第四》
天成二年十一月	皇城使、行袁州刺史李从敏	陕府节度使	《旧五代史》卷三八《唐明宗纪第四》
天成二年	三司副使孟鹄	相州刺史	《旧五代史》卷六九《孟鹄传》
天成三年三月	宣徽南院使范延光	权知镇州军州事	《旧五代史》卷三九《唐明宗纪第五》
天成三年十一月	宰臣王建立	权知青州军州事	《旧五代史》卷三九《唐明宗纪第五》
天成四年二月	端明殿学士赵凤	权知汴州军州事	《旧五代史》卷四〇《唐明宗纪第六》
天成四年	中书侍郎、平章事、判盐铁户部度支、充集贤殿大学士王建立	青州节度使	《旧五代史》卷九一《王建立传》
长兴元年三月	宣徽南院使朱弘昭	凤翔节度使	《旧五代史》卷四一《唐明宗纪第七》
长兴元年十二月	枢密直学士、户部侍郎阎至	泽州刺史	《旧五代史》卷四一《唐明宗纪第七》

续表

长兴元年十二月	枢密直学士、户部侍郎史圭	贝州刺史	《旧五代史》卷四一《唐明宗纪第七》
长兴二年正月	枢密使安重诲	河阳节度使	《旧五代史》卷四二《唐明宗纪第八》
长兴二年四月	兵部尚书卢质	河阳节度使	《旧五代史》卷四二《唐明宗纪第八》
长兴二年五月	工部尚书张延朗	兖州节度使	《旧五代史》卷四二《唐明宗纪第八》
长兴三年七月	门下侍郎、兼兵部尚书、同平章事、监修国史赵凤	充邢州节度使	《旧五代史》卷四三《唐明宗纪第九》
长兴三年十一月	三司使、左武卫大将军孟鹄	许州节度使	《旧五代史》卷四三《唐明宗纪第九》
长兴四年四月	吏部侍郎药从之	曹州刺史	《旧五代史》卷四四《唐明宗纪第十》
长兴四年九月	枢密使赵延寿	汴州节度使	《旧五代史》卷四四《唐明宗纪第十》
长兴四年九月	枢密使范延光	镇州节度使	《旧五代史》卷四四《唐明宗纪第十》
长兴中	宣徽使冯赟	镇太原	《旧五代史》卷八九《冯玉传》
唐明宗时	客省使杨彦珣	德州刺史	《旧五代史》卷九〇《杨彦珣传》
应顺元年正月	内皇城使安重益	陈州刺史	《册府元龟》卷一八一《帝王部·疑忌》
清泰元年六月	户部侍郎韩彦恽	绛州刺史	《旧五代史》卷四六唐末帝纪上》
清泰元年六月	左武卫上将军李肃	单州刺史	《旧五代史》卷四六《唐末帝纪上》
清泰二年七月	枢密使刘延皓	天雄军节度使	《旧五代史》卷四七《唐末帝纪中》
清泰二年十二月	中书侍郎兼兵部尚书充枢密使韩昭胤	充河中节度使	《旧五代史》卷四七《唐末帝纪中》

续表

清泰三年七月	将作监文宇颉	汝州襄城令	《旧五代史》卷四八《唐末帝纪下》
天福初	权判三司事周瓌	权总河阳三城事	《旧五代史》卷九五《周瓌传》
天福初	阁门使刘继勋	淄州刺史	《旧五代史》卷九六《刘继勋传》
天福二年正月	工部侍郎李玘	汾州刺史	《旧五代史》卷七六《晋高祖纪第二》
天福二年二月	太子宾客韩恽	贝州刺史	《旧五代史》卷七六《晋高祖纪第二》
天福二年十月	宣徽南院使、左监门上将军杨彦珣	邓州威胜军节度使	《旧五代史》卷七六《晋高祖纪第二》
天福三年九月	宣徽南院使刘处让	权知魏府军府事	《旧五代史》卷七七《晋高祖纪第三》
天福五年	户部侍郎王松	权知青州	《册府元龟》卷一五四《帝王部·明罚第三》
天福六年六月	三司使赵审交	陈州防御使	《旧五代史》卷一〇六《赵审交传》
晋少帝初	左散骑常侍边蔚	知开封府事	《旧五代史》卷八一《晋少帝纪第一》
开运初年	刑部郎中，充度支判官、枢密直学士，由兵部郎中迁左谏议大夫、给事中，充集贤殿学士判院事，转左散骑常侍、工部侍郎司徒诩	历知许、齐、亳三州州事	《旧五代史》卷一二八《司徒诩传》
开运元年	左散骑常侍边光范	权知郑州，周广顺初，出知陈州	《宋史》卷二六二《边光范传》
开运二年三月	供奉官萧处钧	权知祁州事	《旧五代史》卷八三《晋少帝纪第三》
开运二年五月	宣徽南院使刘继勋	华州节度使	《旧五代史》卷八三《晋少帝纪第三》

续表

开运二年八月	三司副使、给事中李谷	磁州刺史、充北面水陆转运使	《旧五代史》卷八四《晋少帝纪第四》
开运二年九月	殿中监王钦祚	权知恒州事	《资治通鉴》卷二八五
开运二年十二月	宣徽南院使焦继勋	知陕州军州事	《旧五代史》卷八四《晋末帝纪》
开运二年	尚书郎路航	参知郑州事	《新五代史》卷一七《石延煦传》
开运三年五月	右散骑常侍张昫	青州节度使	《旧五代史》卷八四《晋少帝纪第四》
开运三年十二月	客省副使马崇祚	权知恒州事	《资治通鉴》卷二八五
开运中	膳部员外郎贾玄珪	监安州榷税	《册府元龟》卷五一一《邦计部·旷败》
后晋时	左散骑常侍、工部侍郎司徒诩	历知许、齐、亳三州事	《旧五代史》卷一二八《司徒诩传》
乾祐二年七月	右千牛卫上将军孙汉赟	绛州刺史	《旧五代史》卷一〇二《汉隐帝纪中》
乾祐三年四月	宣徽北院使吴虔裕	郑州防御使	《旧五代史》卷一〇二《汉隐帝纪中》
乾祐末年	左监门卫大将军许迁	权知隰州	《旧五代史》卷一二九《许迁传》
周广顺二年三月	宣徽北院使翟光邺	权知永兴军府事	《旧五代史》卷一一二《周太祖纪第三》
周广顺二年五月	端明殿学士颜衎	权知兖州事	《资治通鉴》卷二九〇
广顺二年十月	宣徽北院使翟光业	知永兴军事	《旧五代史》卷一一二《周太祖纪第三》
广顺二年十月	宣徽南院使袁巘	权知永兴军府事	《旧五代史》卷一一二《周太祖纪第三》
广顺二年十月	枢密直学士、工部侍郎陈观	权知开封府事	《旧五代史》卷一一二《周太祖纪第三》
广顺三年二月	客省使向训	权知延州军州事	《旧五代史》卷一一二《周太祖纪第三》

续表

广顺三年二月	将作监李琼	知陕州军州事	《旧五代史》卷一一二《周太祖纪第三》
广顺三年八月	将作监李琼	济州刺史	《旧五代史》卷一一三《周太祖纪第三》
广顺三年九月	客省使杨廷章	知泾州军州事	《旧五代史》卷一二六《杨廷章传》
显德元年	客省使昝居润	知青州	《宋史》卷二六三《昝居润传》
显德年四月	内客省使李彦頵	延州留后	《旧五代史》卷一一五《周世宗纪第二》
显德三年正月	宰臣李谷	判寿州军府事	《旧五代史》卷一一六《周世宗纪第三》
显德三年二月	给事中高防	权知泰州	《资治通鉴》卷二九二
显德三年二月	左金吾卫将军马崇祚	知滁州	《资治通鉴》卷二九二
显德三年九月	端明殿学士王朴	权知开封府事	《资治通鉴》卷二九三
显德四年五月	宣徽南院使吴延祚	权西京留守，判河南府事	《旧五代史》卷一一七《周世宗纪第四》
显德五年三月	太常博士赵砺	权知宿州军州事	《旧五代史》卷一一八《周世宗纪第五》
显德五年四月	宣徽北院使昝居润	判开封府事	《旧五代史》卷一一八《周世宗纪第五》
显德五年五月	端明殿学士窦仪	判河南府兼知西京留守事	《旧五代史》卷一一八《周世宗纪第五》

第四章　北宋前期加强地方管理的措施

北宋是在藩镇割据、政权频繁更换的基础之上建立的，宋朝统治者对内忧外患有其独特的理解，宋太宗说："国家若无外忧，必有内患。外忧不过边事，皆可预防。惟奸邪无状，若为内患，深可惧也。帝王用心，常须谨此。"[①]针对藩镇割据、武人骄横跋扈的现状，北宋统治者在治理国家的过程中采取"以文御武"的政策。宋太祖所说可以代表北宋统治者任用文臣武将的基本倾向："五代方镇残虐，民受其祸，朕令选儒臣干事者百余，分治大藩，纵皆贪浊，亦未及武臣一人也。"[②]文人的政治地位迅速提高，形成了宋人所称道的"祖宗之法"："不以武人为大帅，专制一道。必以文臣为经略，以总制之。武人为总管，领兵马。号将官，受节制。出入战守，唯所指挥。国家承平百有

① 《续资治通鉴长编》卷三二"淳化二年八月丁亥"条，第 719 页。又，北宋时期的著名大臣范仲淹、韩琦、欧阳修等人也有类似观点：范仲淹《范文正集》卷七《奏上时务书》说："奸邪之凶，甚于夷狄之患。"《宋名臣奏议》卷一三一韩琦《上仁宗论外忧始于内患》说："外忧之起必始内患。"《续资治通鉴长编》卷一四一"庆历三年六月癸丑"条载欧阳修语："夷狄者皮肤之患，尚可治；盗贼者腹心之疾，深可忧。"

② 《续资治通鉴长编》卷一三"开宝五年十二月"条，第 293 页。

二十余年，内外无事，以其制御边臣得其道也。”[①]宋代皇帝为防止大权旁落，实行民政、军政、财政三权分治的政策。从宋初至神宗熙宁之前，基本上是“中书主民，枢密院主兵，三司主财，各不相知”的统治格局。[②] 在地方行政管理中，宋朝统治者通过设官分职、分割各级长官事权，罢节镇领支郡、以文职知州代替武臣刺史等措施，收回节度使的财政、军事、民政权力，削弱了地方各级长官的权力，彻底消除了唐五代以来地方分权的因素，加强了中央集权。[③] 宋人吕中对唐朝中后期以来藩镇割据、武人专权及宋廷收藩镇各种权力于中央的情况有明确的说明。他说

> 天下之所以四分五裂者，方镇之专地也；干戈之所以交争互战者，方镇之专兵也；民之所以苦于赋繁役重者，方镇之专利也；民之所以苦于刑苛法峻者，方镇之专杀也；朝廷命令不得行于天下者，方镇之继袭也。太祖与赵普长虑却顾，知天下之弊源在乎此，于是以文臣知州，以

① 黄淮、杨士奇：《历代名臣奏议》卷二三八刘挚《任将》，上海古籍出版社 1989 年版，第 3132～3133 页。又，宋仁宗嘉祐七年(1062)五月，司马光在上疏中对北宋前期将官管理的情况有详细的交代：“及大宋受命，太祖、太宗知天下之祸生于无礼也，于是以神武聪明，躬勤万机，征伐刑赏，断于圣志，然后人主之势重，而群臣慑服矣。于是剪削藩镇，齐以法度，择文吏为之佐，以夺其杀生之柄，揽其金谷之富；选其麾下精锐之士，聚诸京师，以备宿卫，制其腹心，落其爪牙，使不得陆梁，然后天子诸侯之分明，而悖乱之原塞矣。于是节度使之权归于州，镇将之权归于县。又分天下为十余路，各置转运使，以察州县百吏之臧否，复汉部刺史之职，使朝廷之令必行于转运使，转运使之令必行于州，州之令必行于县，县之令必行于吏民，然后上下之叙正，而纪纲立矣。于是申明军法，使自押官以上，各有节级，以相临统，小有违犯，罪皆殊死，然后行伍之政肃，而士用命矣。此皆礼之大节也，故能四征不庭，莫不率服，汛扫九州，以涉禹之迹。至于真宗，重之以明德，继二圣之志，夙夜孜孜，宣布善化，销铄恶俗，以至于今，治平百年，顽民殄绝，众心咸安。此乃旷世难成之业，陛下当战战栗栗，守而勿失者也。”(《续资治通鉴长编》卷一九六“嘉祐七年五月”条，第 4748～4749 页)邓小南在《祖宗之法——北宋前期政治述略》中说：“宋人心目中的‘祖宗之法’，是一种动态积累而成、核心精神明确稳定而涉及面宽泛的综合体。它既包括治理国家的基本方略，也包括统治者应该循守的治事态度；既包含贯彻制约精神的规矩设施，也包括不同层次的具体章程。从根本上讲，它是时代的产物，是当时的社会文化传统与政治、制度交互作用的结晶；其出发点着眼于‘防弊’，主要目标在于保证政治格局与统治秩序的稳定。”“它产生于总结继承历史遗产的基础之上；其‘本’植根于经历动乱、警惕动乱的土壤中，其‘源’至少需要追溯至晚唐五代。”(第 9 页)

② 《宋史》卷三三七《范镇传》，第 10784 页。

③ 如《续资治通鉴长编》卷一一〇“天圣九年七月”条载：“甲戌，权度支判官、右正言陈执中罢度支判官，谏院供职。国朝承五代之弊，官失其守，故官、职、差遣，离而为三。今之官，裁用而定俸入尔，而不亲职事。谏议大夫、司谏、正言，皆须别降敕，许赴谏院供职者，乃曰谏官。”

朝官知县，以京朝官监临财赋，又置运使，置通判，皆所以渐收其权。[①]这充分展示了宋太祖开国以来推行不二的抑武政策，最终实现了“朝廷以一纸下郡县，如身使臂，如臂使指，无有留难，而天下之势一矣”[②]的目标。

第一节　北宋前期加强对地方军事的控制

赵匡胤在兵祸连年、持续了近两百年的“兵骄则逐帅，帅强则叛上”的基础上建立了北宋王朝。出身军人的他深知：只有消除唐末五代以来骄兵悍将拥兵自立、武将敢于取代皇帝的积习，才能保证其统治长治久安。如何控制军权使赵宋王朝的最高统治者寝食不安。《续资治通鉴长编》卷二“建隆二年(961)七月”条记载：

> 上既诛李筠及(李)重进，一日，召赵普问曰：“天下自唐季以来，数十年间，帝王凡易八姓，战斗不息，生民涂地，其故何也？吾欲息天下之兵，为国家长久计，其道何如？”普曰：“陛下之言及此，天地人神之福也。此非他故，方镇太重，君弱臣强而已。今所以治之，亦无他奇巧，惟稍夺其权，制其钱谷，收其精兵，则天下自安矣。”语未毕，上曰：“卿勿复言，吾已喻矣。”

宋太祖在赵普的建议下采取了以兵制改革为中心环节的一系列措施，继续推行五代各朝剥夺地方权力的政策，削除了藩镇所拥有的兵、财、政权力，对五代时在国家政治生活中发挥重要作用的禁军进行改革，罢免了一批久掌禁军实权的将领，建立了枢密院——三衙(殿前都指挥司、侍卫亲军马军都指挥司、侍卫亲军步军都指挥司)统兵体制，将禁军的指挥权控制在皇

① 《宋史纪事本末》卷二《收兵权》，第10～11页。

② 《宋史纪事本末》卷二《收兵权》，第11页。按，范祖禹针对宋朝的管理体制曾自豪地说：宋王朝“有州三百，州置守，皆得专达于朝廷；有县一千二百，县置令，皆命于天子。其始也，收乡长、镇将之权，悉归于县；收县之权，悉归于州；收州之权，悉归于监司；收监司之权，悉归于朝廷”，从而实现了“上下相维，轻重相制，民至徒罪以上，吏至罚金以上，皆出于天子。藩方守臣统制列城，付以数千里之地，十万之师，单车之使，尺纸之诏，朝召而夕至，则为匹夫。是以百三十余年，海内晏然，不惟祖宗仁恩德泽深结于民，亦由制置郡县最得其道，前世所未有也”。(《续资治通鉴长编》卷四六八“元祐六年十二月乙卯朔”条，第11177页)

帝手中,在国家政治生活中推行重文轻武、以文御武的军事统治政策。朱熹在谈论宋朝的军事管理体制时说:"支郡隶于节镇,而节镇、支郡各有衙前左右押衙,领军都头,并掌兵事,又皆以士人为之。"①

一、以文御武的军事政策②

自后唐明宗依靠禁军的力量登上皇位后,禁军成为改朝换代的主要工具。宋太祖赵匡胤也是依靠禁军的帮助,篡夺了后周的政权的,因而他对禁军的认识也就更深刻:只有将禁军的兵权掌握在皇帝手中,才能保证皇位的安稳。北宋建立后,他决定从剥夺禁军将领的权力入手,改革禁军管理体制,收回禁军高级将领的兵权。③ 宋太祖建隆二年(961)闰三月,殿前都点检慕容延钊从镇定入朝,侍卫亲军都指挥使韩令坤从淮南出征返京。宋太祖任命慕容延钊为山南东道节度使,韩令坤为成德节度使,乘机罢免了他们的禁军职务,不再设置都点检一职。④ 同年七月,宋太祖利用"杯酒释兵权"的方式解除了一批资深禁军高级将领的兵权,希望他们"出守大藩,择便田好宅市之,为子孙立永远不可动之业,多置歌儿舞女,日饮酒以终其天年",迫

① 朱熹:《朱子语类》卷一一〇《论兵》,中华书局 1986 年点校本,第 2706 页。

② 本节参考了宁可《宋代重文轻武风气的形成》,载《学林漫录》第 3 辑,中华书局 1981 年版。另外,黄宽重在《中国历史上武人地位的转变:以宋代为例》(载其《南宋军政与文献探索》,台北新文丰出版公司 1990 年版)中说:"研究中国历史的中外学者,对武人的问题,如历代武将的角色、文武的关系、文武地位的变化及影响,甚至近千年来人们所强调、大家耳熟能详的'儒将'、'重文轻武'等观念的历史背景,都还有加强探讨与研究的必要。宋代是中国历史变迁的关键。它不但是中国转化为近代型的时期,而且由于它重文轻武,声荣盛而武备衰,是文武地位转变的重要时代。以宋代为基点来探讨历史上的文武问题,不仅有助于了解中国历史发展的轨迹,更能掌握近代中国变化的趋势和近代民族性格形成的因素。"笔者十分赞同这一观点。

③ 司马光《涑水记闻》卷一记载:"太祖欲使符彦卿典兵,赵韩王屡谏,以为彦卿名位已盛,不可复委以兵柄,上不听。宣已出,韩王复怀之请见,上迎谓之曰:'岂非以符彦卿事邪?'对曰:'非也。'因别以事奏,既罢,乃出彦卿宣进之。上曰:'果然。宣何以复在卿所?'韩王曰:'臣托以处分之语有未备者,复留之,惟陛下深思利害,勿为后悔。'上曰:'卿苦疑彦卿,何也?朕待彦卿至厚,彦卿能负朕邪?'韩王曰:'陛下何以能负周世宗?'上默然,遂中止。"

④ 《续资治通鉴长编》卷二"建隆二年闰三月甲子朔"条载:"殿前都点检、镇宁军节度使慕容延钊罢为山南东道节度使,侍卫亲军都指挥使韩令坤罢为成德节度使。自是,殿前都点检遂不复除授。"

使中央禁军高级将领交出兵权，并以此为契机，废除禁军的高级职位——殿前副都点检。[①] 在剥夺禁军高级将领统帅权的同时，宋朝统治者还对原来的禁军统兵体制加以调整，通过宋太祖、宋太宗、宋真宗三朝的努力，将禁军由"殿前、侍卫两司"演变成由殿前司、侍卫马军司、侍卫步军司构成的三衙统兵体制。废除殿前都点检、副都点检，侍卫亲军都指挥使、副都指挥使和都虞侯五个高级职务，以品级较低且"谨厚无矫饰"[②]的庸碌之辈担任禁军的指挥官——殿前都指挥使（从二品）、副都指挥使（正四品），侍卫马、步军都指挥使（正五品）、副都指挥使（正五品）和都虞侯（从五品），管理中央禁军。三衙将帅扮演着禁军最重要和最高的统兵官角色，其职责正如《宋史》卷一六六《职官志・殿前司》中所言："凡统制、训练、番卫、戍守、迁补、赏罚，皆总其政令。"但实际上，三衙的权力受到枢密院的严格制约，本身并无调兵的权力，尽管"天下之兵柄皆在，其权虽重"，但"军政号令则在枢密院"。[③] 三衙与枢密院的关系是："天下之兵本于枢密，有发兵之权而无握兵之重；京师之兵总于三帅，有握兵之重而无发兵之权，上下相维，不得专制。"[④]三衙在军队中虽有极高的地位，但其权力却受到严格的牵制与控制。五代以来，禁军高级将领干预国家政治的现象被消除。即使如此，中央还对他们进行频繁调动，彻底消除了禁军高级将领对皇帝的威胁。[⑤]

北宋中央的统兵体制主要借鉴五代时的枢密院，同时又对枢密院的权力加以限制，将行政权分割出来，枢密院只掌握兵权，"与中书对持文武二柄，号为二府"[⑥]。其具体职掌，据《宋史》卷一六二《职官志二・枢密院》载：

---

① 《续资治通鉴长编》卷二"建隆二年七月"条，第50页。

② 《续资治通鉴长编》卷一九"太平兴国三年三月癸卯"条载：殿前都虞侯李重勋"与太祖同事周祖，谨厚无矫饰，太祖甚重之，故擢委兵权，始终无易"。

③ 叶梦得：《石林燕语》卷六，第81页。

④ 范祖禹：《范太史集》卷二六《论曹诵札子》，《四库全书》文渊阁本。

⑤ 参见陈峰《论宋初三朝的禁军三衙将帅》，载《河北学刊》2002年第3期。

⑥ 《宋史》卷一六二《职官志二・枢密院》，第3798页。另外，梁太济在《北宋前期的中枢机构及其渊源》中认为：宋代"枢密院与中书对持文武二柄"权力格局的确立，从制度设施来看，是分割宰相军政权力的结果；从枢密院的渊源及其演变来看，实际上又是限制枢密使完全侵夺宰相事权的结果。（见杭州大学历史系宋史研究室编印《宋史研究集刊》第2集，1988年，第56页）

掌军国机务、兵防、边备、戎马之政令，出纳密命，以佐邦治。凡侍卫诸班直、内外禁兵招募、阅试、迁补、屯戍、赏罚之事，皆掌之。以升拣、废置揭贴兵籍；有调发更戍，则遣使给降兵符。除授内侍省官武选官、将领路分都监、缘边都巡检使以上。……即事干大计，造作、支移军器，及除都副承旨、三衙管军、三路沿边帅臣、太仆寺官，文臣换右职，仍同三省取旨。

与五代时相比，枢密院不仅丧失行政权，军事权力也受到限制。枢密院虽然是国家最高的军事机构，但手中并无兵可调；掌管禁军日常训练的三衙各级将领，手中有兵，却没有调兵的权力。正如北宋李纲所说："在祖宗之时，枢密掌兵籍、虎符，三衙管诸军，率臣主兵权，各有分守，所以维持军政，万世不易之法。"[①]枢密院、三衙的这种职权分配，在军队内部形成了发兵之权与握兵之权分立的现象，军队最终的调动权由皇帝掌控，二者都不可能对皇权构成威胁。[②] 禁军的这种管理体制，消弭了自安史之乱以来绵延不断的兵变，尤其是将五代时期禁军动辄发动变乱、更换皇帝的弊病彻底根治了。

枢密使的人选，五代以武臣为主，文人虽参与其中，但所起的作用甚微，如王安石便指出："五代用武，故政出枢密，宰相备位而已，非治法也。"[③]武夫横行，文官只能拱手低眉听从武将的摆布。只有到后周世宗时期，文人在枢密院的地位才逐步加强。北宋建国之初，面对战争频繁的实际情况，枢密院班子依然"文武通除"，但真正掌握实权的却是文吏出身的赵普。宋太宗太平兴国六年(981)九月，进士出身的石熙载任枢密使，"用文职正官充枢密

---

① 《宋史》卷一六二《职官志二·枢密院》，第 3799 页。

② 对于宋太祖时期枢密院长贰及其属官的职权等问题，邓小南在其《近臣与外官——试析北宋初期的枢密院及其长官人选》(载漆侠主编《宋史研究论文集》，河北大学出版社 2007 年版)一文中进行了研究。他认为这些人之所以职权较大，主要原因在于他们中的绝大多数都是太祖称帝之前的有较强的行政管理能力的亲随，这种权力的获得与皇帝的信任密不可分。李全德在对宋朝枢密院进行研究后，认为宋太宗继位后，出于巩固政权的目的，也是大量任用自己的亲信人员，他们大都是太宗的藩邸亲信。宋真宗时期是枢密院职能扩展与确立的时期，也是枢密院与中书门下的关系进一步调整和逐渐定型的时期，最终建立了一个完善而高效的行政体制，即中书、枢密各掌庶务，同议大政，明确了分工与职责的同时，又有效地起到了相互制衡的作用，不动声色地加强了皇权。(参见李全德《唐宋变革期枢密院研究》，第 237～320 页)

③ 《续资治通鉴长编》卷二一一"熙宁三年五月丁巳"条，第 5139 页。

使，自熙载始"[①]，改变了五代时期武臣担任枢密院长官的旧例，枢密院长官由文职人员担任遂成为制度[②]，以至于武臣担任枢密使被认为是一种反常的现象，受到朝野大臣的猛烈攻击。比如：宋仁宗景祐三年（1036）十二月武将王德用[③]和皇祐四年（1052）六月名将狄青担任枢密使时，都遭到台谏官员的激励反对，欧阳修对狄青的态度最具代表性。欧阳修本人对狄青的印象并不差："臣观枢密使狄青，出自行伍，遂掌枢密。始初议者以为不可，今三四年间，外虽未见过失，而不幸有得军情之名。"尽管狄青本人没有任何过错，但可能造成很大的影响，即所谓"虽其心不患。盖言军中士卒及闾巷人民，以至于士大夫间，未有不以此事为言者"。[④] 整个社会舆论都认为这种行为是"不守祖宗之成规，而自比五季衰乱之政"[⑤]。后来，不仅枢密使不由武将

---

① 《续资治通鉴长编》卷二二"太平兴国六年九月"条，第502页。

② 邓小南《祖宗家法——北宋前期政治述略》认为："太祖、太宗朝，并没有最终确立以文臣任枢密使的制度，或者可以说，以文臣任枢密使的趋势，是自太宗后期开始明显的，宋初对于枢密使的任用原则，基本是文资武资兼用，而以亲随为主。"（第237页）又，梁天锡在《宋枢密院制度》（台北黎明文化事业公司1981年版，第12～13页）中"统计两宋任枢密院长贰凡七百二十四员次，得各朝文武之员次及其比例"为：两宋十八朝枢密院长贰中，文资659，占91%，武资65，占9%。其中在太祖朝的10员次中，文资4，占40%，武资6，占60%；太宗朝的35员次中，文资21，占60%，武资14，占40%；真宗朝的44员次中，文资29，占66%，武资15，占34%。在地方也是由文人掌握军权，如朱熹所言，"支郡隶于节镇，而节镇、支郡各有衙前左右押衙都头，并掌兵事，又皆是士人为之"（朱熹：《朱子语类》卷一一〇《论兵》，第2706页）。

③ 《续资治通鉴长编》卷一一九"景祐三年十二月"条载："丁卯，奉国留后、同知枢密院事王德用知枢密院事。"又，《续资治通鉴长编》卷一二三载：宋仁宗宝元二年（1039），王德用因为文臣的反对而罢职。五月己酉，"宣徽院使、定国节度使、知枢密院事王德用，状貌雄毅，面黑，而颈以下白皙，人皆异之。其居第在泰宁坊，直宫城北隅。开封府推官苏绅尝疏：'德用宅镇干冈，貌类艺祖。'帝匿其疏不下。御史中丞孔道辅继言之，语与绅同，且谓德用得士心，不宜久典机密。壬子，罢为武宁节度使，赴本镇。德用寻以居第献，诏隶芳林园，给其直"。

④ 赵如愚：《宋朝诸臣奏议》卷四〇欧阳修《上仁宗论水灾》，上海古籍出版社1999年版，第413页。

⑤ 《续资治通鉴长编》卷一七二载：皇祐四年六月，"彰化节度使、知延州狄青为枢密副使。御史中丞王举正言狄青出兵伍为执政，本朝所无，恐四方轻朝廷。左司谏贾黯言：'国初武臣宿将，扶建大业，平定列国，有忠勋者不可胜数，然未有起兵伍，登帷幄者。今其不可有五：四裔闻之，有轻中国之心，不可一也。小人无知，闻风倾动，翕然向之，撼动人心，不可二也。朝廷大臣，将耻与为伍，不可三也。不守祖宗之成规，而自比五季衰乱之政，不可四也。青虽才勇，未闻有破敌功。失驾御之术，乖劝赏之法，不可五也。'"

担任，就是枢密副使，由武将担任也会遭到文臣的反对。文臣们之所以如此反对武将担任主管军政的枢密院长官，是因为在他们看来，“武臣掌国机密而得军情，岂是国家之利？”[①]对武臣的防范达到了极点。文臣与武官之间形成了严格的尊卑等级，文官的地位空前高涨，即使地位最高的武官三衙武臣，“三衙内见中宰执，皆横杖于文德殿后，立廊阶下唱喏，宰相出，立阶揖之，外遇从官于通衢，皆避焉”[②]，武官完全听命于文臣。

北宋初年，藩镇依然拥有一定数量的军事力量。对此，宋太祖、太宗继续推行五代后期即已出现的将节度使羁縻于中央[③]，派文臣担任地方官员管理地方政务的政策，以各种借口将握有兵权的节度使调往中央。如开宝二年(969)十月，宋太祖以“卿等皆国家宿旧，久临剧镇，王事鞅掌，非朕所以优贤之意也”[④]为借口，将凤翔王彦超、安远武行德、护国郭从义、定国白重赞、保大杨廷璋等人的节度使职务罢免，崇以朝中虚衔。太宗即位后，安远向拱、武胜张永德、横海张美、镇宁刘廷让来朝，太宗乘机又罢除他们节度使的职务，理由是“不敢以藩领之任重烦旧德也”[⑤]。其他各地的节度使也被中央以各种理由罢免，节度使留在京师担任一些荣誉性的虚职[⑥]，中央派遣文臣担任地方行政长官。宋太宗占领江南各州后，对江淮各州采取的措施是：“当时议者乃令江淮诸郡毁城隍，收甲兵，撤武备者三十余年。书生领州，大郡给二十人，小郡减五人，以充常从。号曰长吏，实同旅人；名为郡城，荡若平地。”[⑦]地方行政长官由文人担任，并且只有十五或二十人作为守卫力量。宋人张方平对太祖、太宗削除方镇权力的措施作过总结：

---

① 赵如愚：《宋朝诸臣奏议》卷四〇欧阳修《上仁宗论水灾》，第 413 页。

② 马端临：《文献通考》卷五八《职官十二·殿前司》，第 531 页。

③ 早在五代时期就已经出现在中央任职的武将遥领地方节度、防御、团练使及刺史的现象，这可从新、旧《五代史》及《宋史》的列传中找到大量的例证。

④ 《续资治通鉴长编》卷一〇“开宝二年十月己亥”条，第 233 页。

⑤ 《续资治通鉴长编》卷一八“太平兴国二年五月”条，第 404 页。

⑥ 宋太祖时期西北边疆一些地区的节度使因为要防范少数民族政权的入侵，故情况有所例外。(参阅袁征《宋初驭将政策的重要变化》，载《河北大学学报》1986 年第 1 期。该文详细研究了北宋太祖、太宗两朝对西北边疆军事将领的不同统治措施)

⑦ 赵如愚：《宋朝诸臣奏议》卷一二二王禹偁《上真宗乞江湖诸道置本城守捉兵士》，第 1342 页。

> 四方渐定，诸帅王觐者辄留宿卫，畜其族京师，罢节、廉诸府，列方镇之地而置转运使，罢刺史而遣士大夫行郡事，置其贰，陈其旅，以分其权。[①]

地方节度使被调往中央担任各种名誉性的职务，地方各级军队的管理指挥权，自太宗朝起，逐渐由地方文职大臣掌握。宋真宗即位的至道三年(997)九月，在孙何的建议下，文臣开始担任地方统兵官，督率武臣，将宋代中央枢密院统辖三衙的体制延伸到地方，并成为制度。[②] 宋真宗咸平五年(1002)，文臣开始掌握地方兵权，"以邓州观察使钱若水为并代经略使、判并州。上新用儒将，未欲使兼都部署之名，而其任实同也"[③]。即使武臣担任了掌握地方兵权的职务，中央政府定会派文人作副职加以牵制。如：宋真宗大中祥符二年(1009)正月，"捧日左右厢都指挥使蒋信、王瑀等八人，并罢军职，正授诸州团练使。寻命知濮、单、洺、泽、卫、莫、济、唐等州，仍择官通判州事"[④]。大中祥符四年(1011)八月，"捧日右厢都指挥使王潜等七人各授诸州团练使、刺史，赴本任。仍令审官院择官为通判"[⑤]。此外，监司各部门也分别被赋予一定的军事监督权。正是在各项制度的严密控制下，许多高级武臣采取明哲保身的方法。《续资治通鉴长编》卷一一五"景祐元年十二月己卯"条载：

> 宣庆使、忠州防御使、入内都知蓝继宗为景福殿使、邕州观察使，罢都知，以老疾自请也。继宗事四朝，谦谨自持，每领职，未久辄请罢。家有园池，退朝即亟归，同列或留之，继宗曰："我欲归种花、弄游鱼为乐耳。"景福殿置使，自(宋真宗)大中祥符五年(1012)始，至今授者才三人，刘承珪、韩守英及继宗也。

北宋政府为有效地防止武人控制政权，把"以文御武"作为基本国策，文

---

① 张方平:《乐全集》卷三三《吴兴郡守题名记》，《四库全书》文渊阁本。

② 《续资治通鉴长编》卷四二"至道三年九月壬午"条载："陛下于文儒之中择有方略之士，试以边任委之，勿使小人挠其权，阃外制置一以付之，境内租税榷利一以付之，监阵先锋之类悉任偏将，受其节度，文武参用，必致奇绩。"

③ 《续资治通鉴长编》卷五二"咸平五年七月丙午"条，第1140页。

④ 《续资治通鉴长编》卷七一"大中祥符二年正月"条，第1590页。

⑤ 《续资治通鉴长编》卷七六"八月壬寅"条，第1731页。

人的地位空前提高，"今世用人，大率以文词进。大臣，文士也；近侍之臣，文士也；钱谷之司，文士也；边防大帅，文士也；天下转运使，文士也，知州事，文士也。虽有武臣，盖仅有也"[①]。社会上出现了鄙视武人的观念，"状元登第，虽将兵数十万，恢复幽冀，逐强敌于穷漠，凯歌而还，献捷太庙，其荣亦不可及"[②]。武人的政治、社会地位急遽下降，即使武臣担任了二府长官——枢密使，在文臣眼中亦不过"一夫尔"。《续资治通鉴长编》卷九五"天禧四年六月丙申"条载：

[宋真宗天禧四年(1020)六月丙申]以右仆射、兼中书侍郎、平章事寇准为太子太傅、莱国公。先是，准为枢密使，曹利用副之，准素轻利用，议事有不合者，准辄曰："君一夫尔，岂解此国家大事耶。"

《宋朝事实类苑》卷一五《德量智识》记载：

韩魏公(琦)言：狄青作定副帅，一日公宴，惟刘易先生与焉。易性素疏纡，时优人以儒为戏，易勃然，谓："黥卒敢如此！"诟詈武襄不绝口，至掷樽俎以起。公是时观武襄，气殊自若，不少动，笑语益温。次日，武襄首造刘益谢。公于是时，已知其有量。

在武臣政治、社会地位迅速下降的同时，北宋政府也不断采取措施降低士兵的地位，在士卒中普遍推行唐末幽州军阀刘仁恭所创造的、五代时非常流行的黥面制度。[③] 北宋建立后，士兵刺字成为必要的程序，刺字成为军人身份的一个特殊标志。[④] 招募士兵，经体检合格，在脸上刺字，再发给衣服缗钱，称"招刺"[⑤]。刺字是一种耻辱的标记，宋朝时只有某些罪犯、官府工匠和奴婢才有这种待遇，士兵刺字无形中降低了士兵在社会上的地位，尤其是当

① 蔡襄：《端明集》卷二二《国论要目·任材》，《四库全书》文渊阁本。

② 田况：《儒林公议》，《四库全书》文渊阁本。

③ 《资治通鉴》卷二六五"天祐三年九月"条载，幽州军阀刘仁恭为了强制其辖区内的男夫当兵，"命胜执兵者尽行，文其面曰定霸都，士人则文其腕或臂，曰一心事主。于是境内士民，稚孺之外无不文者"。

④ 关于宋代刺字的详细内容，朱瑞熙《宋代的刺字和文身习俗》(载《中国史研究》1998 年第 1 期)有详细研究。

⑤ 《宋史》卷一九三《兵志七·招募之制》，第 4808 页。

整个社会将其视为理所当然的制度时，更“使之判然不得与齐民齿”[①]。在兵士来源上，宋朝根据“前世为乱者，皆无赖不逞之人”的状况，为了将这些容易引起社会动乱的人员控制起来，“艺祖平定天下，悉招聚四方无赖不逞之人以为兵，连营以居之，什伍相制，节以军法，厚禄其长，使自爱重，付以生杀，寓威于阶级之间，使不得动。无赖不逞之人既聚而为兵，有以制之，无敢为非，因取其力以卫养良民，各安田里，所以太平之业定，而无叛民，自古未有及”[②]。此外，宋政府还采取其他措施降低士兵的地位。宋仁宗庆历八年(1048)三月，翰林学士张方平上疏说：

> 臣闻太祖训齐诸军，法制甚严。军人不得衣皂，但许衣褐，其制不得过膝，岂有红紫之服，葱韭不得入营门，岂知鱼肉之味。每请月粮时，营在城西者，即于城东支，营在城东者，即在城西给，不许雇车乘，须令自负以劳役之。令行禁止，军士亦以足用。[③]

北宋一代，崇文抑武之风的盛行，使北宋的武将队伍逐渐被挤压成循规蹈矩、无能怯懦的群体，其整体精神状态遂呈现出颓丧、萎靡之势。唐代前期，文人身上迸发出“投笔从戎”的豪情壮志，如唐诗所云：“宁为百夫长，胜作一书生。”[④]五代以来，社会上形成强烈的“重武轻文”的风气，世人视军旅为发迹要途，凭战斗博取富贵。许多文人学子弃文从武，加入行伍的队列，“大丈夫当立功异域，取万户侯。岂能孜孜事笔砚哉？”[⑤]军人是具有特殊利益的社会阶层，具有很高的社会地位，不愿意脱离军队。而如今，这些已经

---

① 苏洵：《嘉祐集》卷五《衡论下·兵制》，上海古籍出版社 1993 年版，第 127 页。

② 《续资治通鉴长编》卷三二七“元丰五年六月壬申”条，第 7883 页。宋人欧阳修认为，灾荒之年，假如将灾民“不收为兵，则恐为盗”，“吏招人多者有赏，而民方穷时，争投之，故一经凶荒，则所留在南亩者惟老弱也”。(《欧阳文忠集》卷五九《原弊》，《四库全书》文渊阁本）南宋人吴儆认为，“饥岁莫急于防民之盗，而防盗莫先于募民为兵”，“桀黠强悍之人既已衣食于县官，而驯制之，则饥民虽欲为盗，谁与倡之？是上可以足兵之用，下可以去民之盗，一举而两得之”。(《竹洲集》卷二《论募兵》，《四库全书》文渊阁本）

③ 《续资治通鉴长编》卷一六三“庆历八年三月”条，第 3928 页。

④ 《全唐诗》卷五〇杨炯《从军行》，第 342 页。

⑤ 《宋史》卷二六一《焦继勋传》，第 9042 页。

成为历史[①]，军旅被视为下贱之业，这导致宋朝军队的战斗力低下。

二、守内虚外的军事部署

北宋建立后，在推行"重文轻武"、"以文御武"的政策以加强对武将的控制的同时，继续进行五代以来的兵制改革，拣选地方精锐充实中央禁军。中央通过定期或不定期地拣选军士，将驻扎在地方的精锐士兵选拔到中央，降低了地方军队的战斗力。[②] 各地藩镇在强壮者被拣选以后，剩下的老弱病残者"留本城，虽无戍更，然罕教阅，类多给役而已"[③]，充当厢军[④]。对于厢军中的强壮者，中央往往又以各种借口将其纳入禁军行列。宋仁宗明道二年(1033)，"枢密使王曙言，天下厢军止给诸役，而未尝教以武技，其中颇有材勇之人，宜渐加训习，以升隶禁军，从之"[⑤]。即使如此，厢兵在名义上依然属于侍卫司，中央便采取分割管辖的方式，一般以指挥为单位，分驻各州，"一军之额有分隶数州者，或一州之管兼屯数州者"[⑥]。厢军"类多给役而已"，其中不少人用于纲运。宋英宗治平三年(1066)，三司使蔡襄在上疏中提到：

欲减厢军，先减纲运。今天下无名纲运，最为枉费兵士。边郡官兵替移，迎候送还，厢军动皆数百人，多者至千人。自来皆有条制，州郡皆有人情不敢禁约，此一事也。天下持送官物入京，如牛皮、兵器之类，多由陆路。若委本路转运司，不急用者罢省之，或令水路，可以减省

---

① 《新唐书》卷二一〇《藩镇魏博传》记载：建中元年(780)，黜置使洪经纶去河北定两税，在核定诸道兵额时，下符罢魏博官卒四万人，"悦即奉命，因大集将士，以好言激之曰：'尔等籍军中久，仰缣廪养父母妻子，今罢去，何恃而生？'众大哭。悦乃出家赀给之，各令还部"。

② 司马光《涑水记闻》卷一记载："太祖既纳韩王(赵普)之谋，数遣使者分诣诸道，选择精兵。凡其才力技艺有过人者，皆收补禁军，聚之京师，以备宿卫。厚其粮赐，居常躬自按阅训练，皆一以当百。诸镇皆自知兵力精锐非京师之敌，莫敢有异心者，由我太祖能强杆弱支，致治于未乱故也。"

③ 《宋史》卷一八九《兵志三・厢兵》，第4639页。

④ 关于厢军的来源，王曾瑜《宋朝兵制初探》(中华书局1983年版，第66～67页)进行了专门研究。

⑤ 《续资治通鉴长编》卷一一三"明道二年十二月乙未"条，第2646页。

⑥ 《宋史》卷一八九《兵志三・厢兵》，第4639页。

兵役。[①]

厢军主要承担地方徭役。宋真宗景德元年(1004)七月,如京使何士宁言:"准诏,禁军各依等级并行伏事之礼,违者按军法。其厢军未立条制,欲望约前诏减一等定令。"上曰:"禁卫军士无他役使,唯习戎艺耳,且廪给优厚,欲其整肃,有所禀畏,故设此条制。若厢军,又约此施行,必恐滋彰,难以经久,但依律文可也。"[②]禁、厢军之间的差异,更降低了厢军的战斗力,在某种程度上,厢军已降为差役。至于在北宋时期出现的乡兵、蕃兵、土兵以及弓手等各种各样的地方军队,有的尽管有一定的战斗力,也不过是在特定的时间或地域发挥作用,根本不可能对宋朝的统治构成任何威胁。[③]

在军事部署上,北宋采取"内外相维"、"强干弱枝"的措施,将五代时期的屯戍制度发展得更加完备、成熟,各种军队插花式遍布全国各地,都暗含着内外相维的原则。[④] 宋神宗曾说:"艺祖养兵止二十二万,京师十万余,诸道十万余。使京师之兵足以制诸道,则无外乱;合诸道之兵足以当京师,则无内变。内外相制,无偏重之患。"[⑤]北宋初期禁军的分布情况为:全部禁军的百分之九十驻扎在北方州府,在北方各州驻军中,开封府驻军又占总数的百分之四十左右,且多为禁军的主力部队。即使驻扎在各州府的禁军插花式分布各处,同一州府内部往往又驻扎着分属于三衙与两司的禁军,他们之间也存在着互相监督、互相制约的作用。[⑥] 为杜绝兵将之间产生亲密的关系,自宋太祖起,对禁军实行"更戍法","分遣禁旅戍守边城","使往来道路,以习勤苦、均劳逸。故将不得专其兵,兵不至于骄堕"。宋太宗以后对这种制度执行得更为严格,"持循益谨",对于军队,国家"无复难制之患"[⑦],有效

---

① 赵如愚:《宋朝诸臣奏议》卷一二一蔡襄《上英宗论兵九事》,第1326～1327页。又,《续资治通鉴长编》卷一一三"明道二年十二月乙未"条载,枢密使王曙言:"天下厢军止给诸役,而未尝教以武技,其中颇有材勇之人,宜渐加训习,以升隶禁军。"

② 《续资治通鉴长编》卷五六"景德元年七月"条,第1248页。

③ 参见王曾瑜《宋朝兵制初探》,第73～88页。

④ 参见张其凡《宋初兵制改革初探》,载《暨南学报》1989年第4期。

⑤ 《续资治通鉴长编》卷三二七"元丰五年六月壬申"条,第7883页。

⑥ 参见王曾瑜《宋朝兵制初探》,第34～54页。

⑦ 《宋史》卷一八八《兵志二·禁军下》,第4627页。

地减弱了武将对军队的控制力，同时也导致军队战斗力下降。在宋太宗雍熙三年(986)的伐辽战争中，曹彬所统领的部队一方面因为"元戎不知将校之能否，将校不知三军之勇怯，各不相管辖"，另一方面，作为统帅的曹彬在军事指挥权方面又受到较多的限制，"以谦谨自任，未闻赏一效用，戮一叛命者"[①]，故最终在涿州被辽军打得大败。

守内虚外的政策削弱了地方的守备力量，防止了地方割据，有利于社会的稳定和经济的发展与繁荣。但由于地方守备势力过于薄弱，难以应付一些事件与变乱。正如宋人赵如愚所说：

> 国家创艾五代之乱，藩镇不得擅兵，常番禁旅，外屯州军。乃自近岁悉还戍边，其州郡兵之壮者，亦率点选配诸禁卫，所余乃疲弱羸卒，供杂役使，官吏导从，岂知执兵之事也？[②]

宋仁宗庆历三年(1043)九月，"群盗晨入金州，劫府库兵仗，散钱帛与其党及贫民。知州、比部员外郎王茂先将直兵二十四人御之，既不敌，遂走城外。群盗恣行掠夺，日暮乃出城去"[③]。一州长官所能掌握的防御力量，仅仅只有二十四人，地方防备力量之弱由此可见。对于这种地方保卫力量过于弱小的现象，真宗时期的王禹偁认为中央与地方之间已经失去了正常的平衡关系，"虽则尊京师而抑郡县，为强干弱枝之术，亦匪得其中矣"[④]。也正因为如此，地方一旦发生变乱，往往波及很多区域，对社会生活、经济的发展产生严重后果。宋仁宗庆历三年(1043)六月癸丑，知谏院欧阳修对沂州王伦兵变的描述，可谓宋代地方防守力量薄弱的最好例证。史载：

> 近日四方盗贼渐多，皆由国家素无御备而官吏赏罚不行也。臣谓夷狄者皮肤之患，尚可治；盗贼者腹心之疾，深可忧。朝廷终未尝处置。遇有一火(伙)贼，则仓黄旋发兵马而不思经久禁止之法。今沂州军贼王伦所过楚、泰等州，连骑扬旗，如履无人之境。而巡检、县尉反赴贼

---

① 《续资治通鉴长编》卷三〇"端拱二年正月"条，第668页。

② 赵如愚：《宋朝诸臣奏议》卷一二二张方平《上仁宗论州郡武备》，第1345页。

③ 《续资治通鉴长编》卷一四三"九月丁丑"条，第3450页。

④ 赵如愚：《宋朝诸臣奏议》卷一二二王禹偁《上真宗乞江湖诸道置本城守捉兵士》，第1342页。

召，其衣甲器械皆束手而归之。假令王伦周游江海之上，南掠闽、广而断大岭，西入巴、峡而窥两蜀，杀官吏，据城邑，谁为捍御者？此可谓心腹之大忧。[①]

三、交叉纵横的地方军事指挥体系

宋朝统治者尽管采取各种措施对武将严加防范，但瞬息万变的战争的实际情况，使得宋朝统治者又不得不赋予前线指挥官一定的指挥权，以取得战争的胜利。宋太祖在位时，每次军事行动前，他都要对将领作一些指示，并派亲信任都监，监督诸将的举动，防止带兵将官擅自行动。宋太宗即位后，推行"将从中御"的政策，即前线将领的一举一动都必须得到皇帝的批准，一些军校也被授予"走马承受公事"的头衔，他们有随时向皇帝汇报军中动态的权力。他还亲自设计作战"阵图"，作为"锦囊妙计"授给前线将帅，借以控制武将的举动。所谓"图阵形，规庙胜，尽授纪律，遥制便宜，主帅遵行，贵臣督视"[②]，体现了皇权对将权的防范和钳制，深化了抑制武将的措施。为加强对军事将领的控制，北宋政府对军队的控制非常死板，几乎没有变通的余地。《邵氏闻见录》卷一记载：

忠正军节度使王审琦与太祖皇帝有旧，为殿前都指挥使。禁中火，审琦不待召，领兵入救。台谏官有言，罢归本镇，朝辞，太祖谕之曰："汝不待召以兵入卫，忠也；台臣有言，不可不行。第归镇，吾当以女嫁汝子承衍者。"召承衍至，则已有妇乐氏，辞。帝曰："汝为吾婿，吾将更嫁乐氏。"以御龙直四人控御马载承衍归，遂尚秦国大长公主。乐氏厚资嫁之。帝谓承衍曰："汝父可以安矣。"

宋真宗景德四年(1007)十二月，"京城河南草场遗火"，侍卫步军副都指挥使王隐命令附近的殿前司虎翼军都虞侯高鸾"以近便营兵救扑之"，殿前司却说高鸾不归王隐统属，"当俟诏旨，请劾之"。最后在宋真宗"以救焚之

---

① 《续资治通鉴长编》卷一四一"庆历三年六月癸丑"条，第3388页。

② 杨亿：《武夷新集》卷一〇《墓志二·宋故推诚翊戴同德功臣山南东道节度管内观察处置桥道等使特进检校太尉同中书门下平章事使持节襄州诸军事行襄州刺史判许州军州事上柱国陇西郡开国公食邑一万四千户食实封三千二百户赠中书令谥曰忠武李公墓志铭》，《四库全书》文渊阁本。

急"的解释下,"命释鸾等罪,仍戒自今各遵往制"。[①] 将士不按照规定的制度行动,即使立下大功,也不可能受到奖赏,甚至会招来祸患。大中祥符八年(1015)闰六月,宫城中发生火灾,宋真宗借此再一次强调军队的调动必须有皇帝的诏书,否则就必须向皇帝即时奏报。如《续资治通鉴长编》卷八五"大中祥符八年闰六月"条载:

上谓近臣曰:"昨宫中救焚,召发军士,宣旨所至,应声而来,诚足嘉尚。然兹事体大,古者追兵以符,正为仓卒之际,必须取验契合也。"壬午,诏殿前、侍卫司,自今非时宣召军士,候见御宝文字乃得发遣,无则昼时覆奏,所降御宝,不得转付有司,每遇迁转,第相交授。

北宋自立国到熙宁变法前,"内外诸军惟厢、禁二色而已。禁军皆隶三衙而更戍于外,厢军者所在有之,以守臣节制。若禁军在边上,则以文臣为经略使者统之,武臣但为总管"[②]。为了抗击北方的辽朝及西北的西夏,北宋政府先后在沿边地区设置了都部署路,即河北地区的大名府路、高阳关、镇州、定州四路,河东地区的并代、麟府、石隰三路,陕西沿边的鄜延、环庆、泾源三路。这些边地的统兵将领——都部署、副都部署,一般与知州不相兼任,且以武臣勋旧作为长官,形成了北宋前期边防地区特有的军事管理体制。宋仁宗庆历以后,则根据形势的变化,对隋唐时期的安抚使、经略安抚使加以改造,赋予他们统摄沿边地区的兵权。在其他地区,则相继设置了一路兵马都监或兵马钤辖以及一道提举兵甲司,这些机构"统治军旅训练、教阅,以督捕盗贼而肃清治境"[③],形成了以首州、首府的知州府事兼领兵权的体制,即所谓"国朝以来,置总管、钤辖、都监、监押为将帅之官,凡州县有兵马者,其长吏未曾不兼同管辖,盖知州即一州之将,知县即一县之将故也"[④]。地方官员对于违法的军士进行惩罚,一般能够得到中央的认可。治平元年(1064)十二月,知襄邑县范纯仁辖区内"有牧地,卫士纵马暴民田,纯仁取一人杖之。牧地初不隶县,有诏劾纯仁。纯仁言兵须农以养,恤兵当先恤农,

---

① 《续资治通鉴长编》卷六七"景德四年十二月"条,第 1511 页。

② 马端临:《文献通考》卷一五四《兵考六·兵制》,第 1334 页。

③ 《宋史》卷一六七《职官志七·总管钤辖司》,第 3979 页。

④ 马端临:《文献通考》卷一五三《兵考五·兵制》,第 1338 页。

朝廷是之，释不问，其且听牧地系县”，范纯仁本人也因此得以升迁。[①] 这完善了北宋特有的地方军事管理体制。随着北宋政权的逐步巩固，从宋太祖时期由武将担任这些职务，到宋太宗时期开始参用文臣，到宋真宗时期最终完全由文臣担任，武将沦为副职和部将，体现了宋王朝在地方实行兵民分治的统治的特点。[②]

在边防地区之外的其他行政区内，宋王朝设有钤辖、都监、监押等率臣来管理当地的军事事务。“一路则有路分钤辖，一州则有州钤辖”[③]，从“官高资深充都钤辖，官卑资浅称钤辖”的记载可知，都钤辖与钤辖在事权上没有多少区别。“都监有路分，有州、府、军、监，有县、镇，有城、寨、关、堡”等不同的名目，承担着不同的责任。路分都监“掌本路禁旅屯戍、边防、训练之政令，以肃清所部”，掌管一路的军事，“州府以下都监皆掌其本城屯驻、兵甲、训练、差使之事”，官秩较低者称为监押，他们在事权上与都监并没有本质的区别。[④] 在这些大大小小的各级率臣间，没有严格的上下级关系，不存在严格的统辖体系，“诸路都监而上，皆与大将均其所统，虽名器至异，然皆署事而同议”[⑤]，他们将主帅的权力分割，使其不能发号施令。“至于品级高的率臣，则又听命于中央枢密院、宰执大臣和皇帝本人，而三衙显然无权指挥。在禁兵中建立这种纵横交错的指挥系统和统辖体制，无非是为了加强中央军权，特别是皇帝本人的军权，而削弱地方的军权和臣僚的军权。”[⑥]宋仁宗时鄜延钤辖张亢与御史中丞贾昌朝都曾对此事有过详细的论述。宋仁宗康定元年(1040)七月癸巳，鄜延钤辖张亢在上疏中说：

> 旧制，诸路部署、钤辖、都监不过三两员，余官虽高，止为一州部署、钤辖，不预本路事。今每路多至十四五员，少亦不减十员，皆兼路分事，权均势敌，不相统制，凡有议论，互执不同。按唐总管、统军、都统、处

① 《续资治通鉴长编》卷二〇三“治平元年十二月”条，第 4923 页。

② 参见李昌宪《试论宋代地方统兵体制的形成及其历史意义》，载《史学月刊》1996 年第 2 期；又见《宋代安抚使制度》，载《文史》1998 年第 47 辑，1999 年第 48、49 辑。

③ 马端临：《文献通考》卷五九《职官十三·都副钤辖·州钤辖附》，第 540 页。

④ 《宋史》卷一六七《职官志七·路分都监》，第 3980 页。

⑤ 尹洙：《河南集》卷六《上吕相公书二首》，《四库全书》文渊阁本。

⑥ 王曾瑜：《宋朝兵制初探》，第 63 页。

置、制置使，各有副贰，国朝亦有经略使、排阵使，请约故事，别创使名，每路军马事，止三两员领之。其已系路分部署、钤辖、都监者，且仍旧职，并属新置使处分，所贵事出于一。[①]

宋仁宗庆历二年(1042)十月，御史中丞贾昌朝论宋朝与西夏战争失败的原因时说：

> 以屡易之将驭不练之士，故战必致败。此削方镇兵权过之弊也。……陕西四路，自部署而下，钤辖、都监、巡检之属，军政必相参，谋之未成，事已先漏，彼可则我否，上行则下戾，虽有主将，不专号令，故动则必败也。请自今命将，去疑贰。推恩意，舍其小节，责以大效，爵赏威行，皆得便宜从事。偏裨而下，有不听令者，以军法论。至于筦榷赋税，府库之物，皆得而用之。如太祖监方镇过盛，虽峻削武臣之权，然边将一时赏罚及用财集事，则听其自专，有功则必赏，有败则必诛，此所谓驭将之道也。[②]

地方各级军事主管部门在管理权被分割的同时，还受到其他部门的监督。监司作为中央在地方的派出机构，也被授予管理、监督各地军队的权力与职责，积极参与组织地方武装、训练士兵等军事活动，监督、管理各级军事官员。现仅列举《续资治通鉴长编》中的几条史料：

> [宋真宗景德二年(1005)六月]置滨州通判一员，以刺史周绪赴本任也。上谓武人多不阅政理，非通判廉干，则民受其弊。乃诏应防、团、刺史在本任及知州处见任通判，令转运使密具能否以闻。[③]
>
> [宋真宗天禧三年(1019)十二月乙巳](诸)路州府军监都知兵马使年满，委转运使阅才质书札，堪班行差使，即令赴阙。其不堪者，并送本所，依旧例补摄长史、司马。[④]
>
> [宋仁宗嘉祐五年(1060)二月]诏河北、河东、陕西、广南东西、荆湖南北路经略、安抚、转运、提点刑狱司体量所部兵官，有不能训戢军旅、

① 《续资治通鉴长编》卷一二八"康定元年七月癸巳"条，第3025～3026页。
② 《续资治通鉴长编》卷一三八"庆历二年十月"条，第3316～3317页。
③ 《续资治通鉴长编》卷六〇"景德二年六月"条，第1349页。
④ 《续资治通鉴长编》卷九四"天禧三年十二月乙巳"条，第2174页。

肃静寇奸者，密以名闻。[①]

［宋仁宗嘉祐五年(1060)七月］诏广南东、西等路安抚、转运使、提点刑狱体量所部知州军、都监、监押、寨主、巡检使臣，老疾不任事者，即选人代之以闻。[②]

北宋政府鉴于唐亡于藩镇，五代各朝由于禁军的权力过于集中，变乱不断，皇权更换频繁等历史教训，在军队的管理上，借鉴正反两方面的经验，将五代各朝推行的加强中央集权的措施进一步完善、加强，将最精锐的军队抓在手中，使地方上的将帅无法造反，实行内重外轻、内外相制的"强本弱末"的方法。宋廷禁军训练有术，装备精良，待遇优厚，人员充足，多半驻守京师以防内乱，部分驻守各地以戍边并监视地方势力，"畿甸屯营，倍于天下"。[③]"收四方劲兵，列营京畿，以备宿卫，分番屯营，以捍边圉。于时将帅之臣入奉朝请，犷暴之民收隶尺籍，虽有桀骜恣肆，而无所施于其间。凡其制，为什长之法。阶级之辨，使之内外相维，上下相制，截然而不可犯者，是虽以矫累朝藩镇之弊，而其所惩者深矣。"[④]北宋政府对造成分裂、割据的变乱因素加以防范，最终彻底将这些因素铲除，使猖獗一时的唐五代藩镇割据之弊在宋代不再重演。北宋政府在中央推行枢密院与三衙共同管理禁军，降低禁军将领的地位等措施，将禁军的最终管理权掌握在皇帝手中，在地方继续推行五代以来的军队屯戍政策，对地方军队施行交叉管理，经过太祖、太宗、真宗、仁宗四朝的努力，逐渐形成了路—州—县三级由都部署、都监、监押组成的一个新的不同于唐代的地方统兵体制，成功地避免了地方割据、国家分裂的危险，维护了北宋王朝的统治。

第二节　北宋前期加强对地方财赋的支配

北宋政府针对唐末五代以来地方政府在向中央交纳一定数量或者比例

① 《续资治通鉴长编》卷一九一"嘉祐五年二月甲子"条，第4612页。

② 《续资治通鉴长编》卷一九二"嘉祐五年七月壬寅"条，第4636页。

③ 《宋史》卷三八二《曾开传》，第11770页。

④ 《宋史》卷一八七《兵志一·禁军上》，第4570页。

的财赋后，将其他收入据为己有，使藩镇得以在所辖地区大肆积聚财赋的现象加以整顿。北宋建立后，在五代各朝剥夺地方财赋权的基础上，完善了三司理财体制，中央对地方财权的控制越来越强，逐步形成了包括计司系统（元丰改制前为三司体制，后为户部）、朝廷系统、内库系统、地方系统在内的财政管理机构，在财政收入上也就分为经费系统（计司）、非常经费（内库）、预备经费（朝廷封桩）和地方经费（公使库、军资库及上供后的羡余和隐瞒之财）。[①] 具体说来，北宋前期对地方财政的控制主要体现在：设立代表中央的转运司机构监察州军财政，推行以岁计为主要内容的州军财政核算制度，以及完善以通判为中心的州军财政审计制度。这一切都标志着宋代较之前代进一步强化了中央对地方的财政管理权，换言之，也就是强化了中央对地方的财政集权。[②]

一、中央三司理财体制的形成[③]

唐玄宗时期，中央设立专使管理财赋，为后来三司及三司使设置的开端。唐肃宗乾元元年（758），第五琦除度支郎中充诸道盐铁使，后来吕諲除兵部侍郎、同中书门下平章事充勾当度支使，与唐朝专主财计的中央机构——尚书省户部并列。[④] 但在唐朝并没有出现统一领导的三司，唐末朱全忠虽曾被任命为三司都制置使，但朱全忠本人坚辞不受。[⑤] 后唐明宗时期，出现了三司使领导下的三司理财体制。《旧五代史》卷四七《唐明宗纪第七》载：

> 以前许州节度使张延朗为检校太傅、行兵部尚书，充三司使。三司之有使额，自延朗始也。初，中书覆奏，授延朗诸道盐铁转运等使，兼判户部度支事。奏入，宣旨曰："会计之司，国朝重事，将总成其事额，俾专

---

① 参见程民生《论北宋财政的特点与积贫的假象》，载《中国史研究》1984 年第 3 期。

② 参见包伟民《宋代地方财政史研究》，第 7 页。

③ 参见汪圣铎《两宋财政史》，第 584～609 页。

④ 参见《唐会要》卷五九《度支使》，第 1015 页。

⑤ 《旧唐书》卷二〇《昭宗纪》载："（天祐三年三月）制元帅梁王可兼领诸道盐铁转运等使，判度支户部事，充三司都制置使。"

委于近臣，责使一时，何循往例，兼移内职，可示新规。张延朗可充三司使，班在宣徽使下。”

宋代承袭了五代三司及三司使的设置，其间虽有短暂的分立，但相对于北宋前期一百多年的统治而言，三司分立的十六年是非常短暂的。① 三司成了北宋前期理财的首脑机构，三司使成为中央理财机构的最高首领，“三司沿后唐置，国朝以两制学士充使，亦有前执政充者，于天下财计无所不统”。正如宋人所说：

盖我朝以宰相主民，枢府主兵，三司主财。国家大务，莫重三者，故不得不专其职也。有正使，位亚执政，官称省主；有副使，位亚待制者，称省副；外此有判官，其员有二，资序视转运；有子司，其员有六，资序视提刑，通称曰省判。②

三司之职，国初沿五代之制，置使以总国计，应四方贡赋之入，朝廷不预，一归三司，总盐铁、度支、户部，号曰计省，位亚执政，目为计相。其恩数廪禄，与参、枢同。③

三司及三司使的主要职责是管理全国的财赋，“掌邦国财用之大计，总盐铁、度支、户部之事，以经天下财赋而均其出入焉”④，也就是宋人所谓的

① 宋太宗太平兴国八年(983)，分三司为三部，分别设使；宋太宗淳化四年(993)五月，又合为一处，共设一使。宋太宗至道二年(996)，三司再一次被分为三部，并分别设使；宋真宗咸平六年(1003)重新合设一使。元丰改制前分合变化的情况，可详见下表：

年　代	变化情况	材料来源
太平兴国八年三月	始分三司为三部	《续长编》卷二四，《宋史》卷一六二《职官志二》
淳化四年五月	罢三部使，三司置使一员	《续长编》卷三四，《诏令集》卷一六〇
淳化四年十月	三司置二使，分领左右计	《宋史》卷五《太宗纪第二》
淳化四年闰十月	置总计使	《玉海》卷一八六，《九朝编年纲要》卷四
淳化五年十二月	复三部使	《诏令集》卷一六〇，《宋史》卷五《太宗纪第二》
咸平六年六月	并三部为一使	《续长编》卷五五，《诏令集》卷一六〇

备注：此表资料来源于方宝璋《宋代财经监督研究》，第29～30页。

② 林駉：《古今源流至论·后集》卷二《三司》，《四库全书》文渊阁本。

③ 《宋史》卷一六二《职官志二·三司使》，第3807页。

④ 《宋史》卷一六二《职官志二·三司使》，第3807～3808页。

“祖宗之制，天下钱谷，自非常平仓隶司农寺外，其余皆总于三司，一文一勺以上，悉申帐籍，非条例定数者，不敢擅支”。同时宋朝还加强了对中央财务的支出管理，“诸州钱、谷、金、帛，隶提举常平仓司者，每月亦须具文帐申户部。六曹及寺监欲支用钱物，皆须先关户部，符下支拨，不得一面奏讫，直支应掌钱物。诸司不见户部符，不得应副”[①]；完善了五代中央直接征收地方赋税的机构，如后梁的建昌院（建昌宫使、租庸使）、后唐的租庸使（三司使）以及以后各朝的三司使；建立了高度集权的“统收统支”的财政管理体制，确立了中央对地方所有财赋的支配权，实现了对地方财赋的完全控制。三司理财体制“最突出的优点就在于它的高度统一性、一体性，即它不但能统一管理赋税征收，而且在一定限度内也能统一管理财政支出，甚至能通过财政监察权有效地贯彻统一调度财计的意图”[②]。

在财赋管理方面，从宋太祖乾德三年(965)开始，北宋政府把赋税收入分为两部分：一部分归中央理财部门管理；一部分由皇帝亲自掌握，称为“内藏”。乾德三年(965)，在平定荆湖、西蜀后，宋太祖建立了由皇帝亲自支配的“封桩库”，宋太宗时改为“内库”。[③] 宋代皇帝如此重视对财赋的管理，并亲自掌握一定数量的财赋，是与他们对前代历史的认识密不可分的，他们借鉴了唐代中后期皇帝在财计上受制于大臣的历史教训。“帝王者，为天下主财尔”[④]，宋太宗在至道初年的表白清楚地说明了宋朝君主对财计关心的实质：

> 朕岂不知以崇高自恣耶，但为救世养民，所以钱谷细务，亦自与用心区分。朕若更不用心，则如何整顿也。只如前代帝王昏弱，天下十分财赋，未有一分入于王室。唐德宗在梁、洋，公私窘乏，韩滉专制镇海，积聚财货，德宗遣其子皋往求，得百万斛斗，以救艰危，即当时朝廷事势

① 《续资治通鉴长编》卷三六八“元祐元年闰二月甲午”条，第8871～8872页。

② 汪圣铎：《两宋财政史》，第605页。

③ 《续资治通鉴长编》卷六载：“国初，贡赋悉入左藏库，及取荆湖、下西蜀，储积充羡。上（宋太祖）顾左右曰：‘军旅之事，当预为之备，不可临事厚敛于民。’乃于讲武殿后别为内库，以贮金帛，号曰封桩库，凡岁终用度赢余之数皆入焉。”又，宋太宗改名为内库的情况，《续资治通鉴长编》卷一九记载：“（太平兴国三年冬十月）上（宋太宗）初即位，幸左藏库，视其储积，语宰相曰：‘此金帛如山，用何能尽……’……于是分左藏北库为内藏库，并以讲武殿后封桩库属焉，改封桩库为景福内库。”

④ 《续资治通鉴长编》卷三三“淳化三年二月”条，第734页。

可见矣。朕今收拾天下遗利，以赡军国，以济穷困，若豪民猾户，望吾毫发之惠，不可得也。[①]

北宋前期的皇帝往往亲自参与国家有关财赋的各项重要制度的制定工作，以便更准确、及时地了解、掌握全国财赋变化的情况，全面、详细地掌管国家财赋收入及运行。宋太宗雍熙三年(986)七月，对存留在地方的财赋，“令诸道转运使与所在长吏，供计度之”，经常检查，“无令损败”。[②] 淳化元年(990)十一月，宋太宗再次下诏，规定：“自今三司每年具见管金银钱帛军储等簿一本以闻。”[③]此后的真宗、仁宗、英宗三朝进一步命令三司使主持编定详细记录着有关财计重要数据的《会计录》。《会计录》可以比较精确地反映出国家财力的历史状况、近期状况及变化趋势，最高统治者手头常备财政收支的详细数据，可以更好地控制国家的财政。

二、监司在国家理财中的作用

唐玄宗先天二年(713)设立的以转运漕粮为主的漕运使职[④]，几经演化到北宋初期最终形成了转运司与发运司两个相辅相成、职责各别的机构，专门负责监督地方财政、财赋征收并转运中央，而转运使更是中央加强对地方财赋管理的关键机构。南宋叶梦得说：“唐制，诸道贡赋别而为三：有上供，有留州，有送使，本朝大略因之。上供之外，留州者，逐州之所用也；送使者，转运使之所领也。”[⑤]但唐宋在国家政治、经济局势的差异下，“送使”这一概念已经发生了根本性的变化。唐朝的送使是在两税三分制的原则下，送到地方政府——观察、节度使手中，是地方政府对财赋的实际占有。宋代送使的“使”则是指转运使，仅仅代表中央监督、管理地方财物，将地方财赋转送中央，本身没有独立的财政权。送使发生了实质性的变化，唐代的两税三分

---

① 《续资治通鉴长编》卷三七“至道元年五月癸亥”条，第 814 页。

② 《宋大诏令集》卷一八四宋太宗《令转运使与长吏共计度积蓄诏》，第 670 页。

③ 《宋大诏令集》卷一八四宋太宗《三司岁具金银钱帛簿以闻诏》，第 670 页。

④ 《唐会要》卷八七《陕州水路运使》载：“先天二年十月，李杰为刺史，充水路运使。漕运之有使，自此始也。”

⑤ 杨士奇等：《历代名臣奏议》卷八七《经国》，《四库全书》文渊阁本。

制已转变为宋代中央与地方之间的地方留州支遣与上供中央财物的两分制。[①] 地方政府丧失了对地方财赋的占有权，所有财赋名义上都已归属中央。自唐代两税法以来，中央、地方两税三分制的规定被彻底废除，地方独立的财赋权被剥夺得一干二净。

在宋代地方财政体制中，监司发挥着重要作用。他们在财政上职掌不同，并且分别向中央不同部门负责。大致说来，转运司向三司(户部)、比部负责；而提点刑狱司经常作为转运司的对立面，向内库、中书负责；提举常平司向中央负责的部门，就是宰相的理财机构——司农寺(后归户部右曹)。北宋前期对地方财政发挥作用的主要是转运司和提点刑狱司。

转运使主管一路范围内的财赋开支。《宋史》卷一六七载："掌经度一路财赋，而察其登耗有无，以足上供及郡县之费；岁行所部，检察储积，稽考帐籍；凡吏蠹民瘼，悉条以上达，及专举刺官吏之事。"[②]转运使主要的职掌体现在对地方财赋的管理上：其一，保证中央对地方财赋的调发，即"足上供"，转运司"专以移用本路上供钱物为事"。[③] 其二，保证属郡经费开支，足"郡县之费"，通过在属郡之间、属郡与中央政府之间的财赋调拨，维持属郡的正常行政运转。其三，代表中央机构监督、检查属郡财务，行使监司职责，"岁行所部，检察储积，稽考帐籍"，这主要通过转运司下属的帐司机构点检、磨勘地方州军财赋帐籍来施行。[④] 宋真宗大中祥符元年(1008)，江南转运使陈靖在《上真宗论江南二税外沿征钱物》上疏中，对转运使管理、监督地方财赋有详细的描述：

> 臣虽甚狂瞽，亦识便宜，挽粟飞刍，诚为本事；聚财积谷，敢不用心。然或践彼常途，昧于至理，不过每到州府，长索事分，接问刑狱之清滥，拘捡钱谷之盈虚，降次小大之务场，稽考出纳之文簿，孜孜点算，一一看详。有欺罔则寻究元由，有错误则责挞胥吏，遇羡剩之额则录为己功，

① 参见包伟民《宋代地方财政史研究》，第77～79页。

② 《宋史》卷一六七《职官志七·都转运使》，第3964页。

③ 《宋会要辑稿·食货》四九之四〇，第5653页。

④ 参见包伟民《宋代地方财政史研究》，第25～35页；方宝璋《宋代财经监督研究》，第89～97页。

堪榷易之财，夺其民利。[①]

北宋转运使在财赋转送方面，继承了唐朝转运使的部分职能，在地方财赋的管理、监督方面则吸收了唐代巡院的部分职能，将唐代转运使、巡院二者管理地方财赋的优势结合在一起。转运司在宋代基本上体现了督征、监察机构的性质。

转运司在地方财政管理中发挥的作用越来越大，统治者对转运使过于强大的权力不得不加以限制，先后设立其他机构来分割其权力。提点刑狱司、提举常平司、提举茶盐司、都大提举茶马司、提举市舶司等分理地方财赋的机构相继出现。宋真宗时提点刑狱虽以负责地方的诉讼和法纪为主，但同时也参与了对财赋的管理工作。宋真宗天禧三年(1019)十一月，"中书言诸道租赋，欺隐至多，官私土田、侵冒亦甚，欲条贯划一，专委逐处提点刑狱管勾，从之"[②]。说明至迟到宋真宗天禧三年(1019)，提点刑狱就涉足了地方财赋的管理工作，尤其是宋真宗天禧四年(1020)正月，"改诸路提点刑狱为劝农使，副使兼提点刑狱公事。仍诏所至取民籍，视其等差，有不如式者惩革之。劝恤农民以时耕垦，招集逃散，检括陷税，凡农田一事已上悉领之。仍各赐《农田敕》一部"[③]，原属转运司的部分职权被分割。《续资治通鉴长编》卷九六"天禧四年八月"条载：

> [宋真宗天禧四年(1020)八月]是月，诏："自今逐年两税版籍，并仰令佐躬自勾凿点检，勘新收旧管之数。民有典卖析户者，验定旧税，明出户帖。劝农使按部所至，索视账目。其县官能用心者，批历为劳绩，当议升奖。"时上封者言诸州版籍止委吏人，失于勘验，移易税赋，多不均等，故有是命。寻又诏："前敕诸路劝农使，所至究民疾苦，检视帐籍，虑其因缘取索，受越诉以扰民，宜令副使常切钤束，不得妄有行遣呼集。

① 《宋名臣奏议》卷一〇四《财赋门·税赋》，《四库全书》文渊阁本。

② 《续资治通鉴长编》卷九三"天禧三年十一月"条，第2173页。

③ 《续资治通鉴长编》卷九五"天禧四年正月丙子"条，第2179页。又，《续资治通鉴长编》卷九六"天禧四年八月"条载："诏诸路劝农提点刑狱官，自今奏事，缘户赋农田，则署劝农司；刑狱格法，则署提点刑狱所。"《续资治通鉴长编》卷九六"天禧四年十一月乙卯"条载："令劝农使兼提点刑狱官，自今以提点刑狱劝农使、副为称。"

其籍帐不整，止移牒索视，论诉公事，并依旧次第陈状。如已经州县、转运司不行者，并即时尽公处理，所置曹典勿得过提点刑狱司数。”

提点刑狱对转运司经手的钱粮账目进行磨勘点检：(1)对转运使已勘会过的所辖州军收支见在钱物重新加以驱磨；(2)点磨转运司经手的钱物数目。宋神宗熙宁二年(1069)为推行新法而设立的提举常平司不仅分割了转运使督察一路常平义仓的职权，同时开始对转运司及提点刑狱司所经手的钱物进行磨勘点检。监司之间互相监督财经，点检稽核对方的帐籍、财物，纠举对方在财经上的违法乱纪行为，防止一个部门包办，有效地防范了地方对财赋的隐瞒、截留、贪污等不法行为。北宋政府鉴于唐五代地方政府掌握一定的财赋管理权，最终依靠强大的财力与中央对抗的历史事实，加强了对地方财赋的控制，尽量将地方财赋权分割给各级各类机构，它们都可以插手地方财赋管理工作，但是最终都不能控制地方财政权，扮演着同样的角色——替中央理财的管家。因而它们也就无权擅自决定蠲免地方财赋或设立新的税收项目，一切只有在中央的同意下才能实现，即“诏三司下诸路转运司，具析诸州县差徭赋敛之数，委中书、枢密院议蠲减之”①，否则将会受到严厉的惩罚。《续资治通鉴长编》卷一五六“宋仁宗庆历五年(1045)六月丙辰”条载：

降前福建路转运按察使、金部员外郎高易简知衢州。福建伪命时行铁钱，本朝因之。时泉州青阳等场铁大发，易简遂置铁务于泉州，欲易铜钱于内地，初不以闻，坐是得罪。

《续资治通鉴长编》卷一五七“宋仁宗庆历五年(1045)十一月丙申”条载：

降梓州路转运使、司封员外郎崔辅知邠州，转运判官、太常博士张固小处州。初，辅等言，欲于庆安军鱼子铁山采矿炭，置监于合州以铸钱，及销旧小铁铸减轻大钱，未得报，乃先牒合州，度地置监，合州奏其事，特降之。

宋仁宗嘉祐七年(1062)七月，广西转运使、度支员外郎李师中，转运判官、都官员外郎刘牧因为擅自蠲免赋税，受到各罚铜二十斤的处分：

---

① 《续资治通鉴长编》卷一三九“庆历三年正月辛巳”条，第3342页。

先是,岭南多旷土,茅菅茂盛,蓄藏瘴毒。师中募民垦田,县置籍,期永无税,以种及三十顷为田正,免科役。于是地稍开辟,瘴毒减息,而中师与牧坐擅除税不以闻,故蒙罚。[①]

中央对各理财部门进行严格管理的同时,还赋予地方各级机关相互监督的权力,尤其对转运使的监督更为严密。州县可以把监司违法之事密奏朝廷,唐代以来"制敕不下支郡,刺史不专奏事"[②]的现象被废除,中央对地方财赋的管理已经深入到地方的方方面面,甚至出现"经费之钱总于转运,转运不自有也,皆听知、通以支之"的现象。[③] 又如,宋徽宗宣和七年(1125),京西转运副使朱彦美"以州县漕司钱物徙置僻左小邑,贮之别库,悉皆移牒径取,谓之笔帖,前后非一,莫可考验"。被人发现后,朱彦美受到免官处分,宋廷为此专立"诸路转运司钱物[本司]应支用者,旁、帖并经所在州粮、勾院勘勾"条文,编入《政和给赐令》。[④] 说明转运司所需的财赋出纳,也需要经过州军库务办理。宋太宗淳化三年(992)春在诏书中说:

诸道转运使自今厘革庶务、平反狱讼、漕运金谷,成绩居最,及有建置之事果利于民者,所在州府军监,每岁终件析以闻,非殊异者不得条奏。[⑤]

转运使在地方的诸多的事项都受到州军的监督,同时为了防止转运使在调拨钱财的过程中挪用或者贪污钱财,户部还要求地方州军每一季度要将转运司调拨移用钱物的具体数量及去处向其详细汇报,以便与转运司每季向户部所申报的帐籍进行比较检察。中央对监司的诸多防范措施,使其督促地方财赋征收时更加尽力,却不能把持地方财赋。

三、州县财政管理体制的确立

州军是宋代地方财赋的具体经办者,负责地方赋税的征集并上缴中央,

① 《续资治通鉴长编》卷一九七"嘉祐七年七月"条,第4768～4769页。
② 《新五代史》卷二六《孔谦传》,第281页。
③ 林駉:《古今源流至论·续集》卷七《郡守》。
④ 《宋会要辑稿·食货》四九之三三,第5650页。
⑤ 《续资治通鉴长编》卷三三"淳化三年正月戊午"条,第733～734页。

同时还以中央存留在地方的财物应付地方各种各样的开支。宋朝对地方政府的财赋管理建立了严格的制度，“于州县仓库，斗粮尺帛，未尝不严固扃鐍，择人而守之”[①]。正如朱熹所说：

> 自唐末，大抵节镇之患深，如人之病，外强中干。其势必有以通其变而后可。故太祖皇帝知其病而疏理之，于是削其支郡以断其臂指之势……立仓场库务之官，以夺其财。向之所患，今皆无忧矣。[②]

将州军财赋完全控制在中央，使地方政府赖以割据自立的财源被堵塞，是北宋对地方财赋进行控制的主要目的。宋太祖乾德二年(964)诏：“令诸州自今每岁受民租及筦榷之课，除度支给用外，凡缗帛之类，悉辇送京师。”[③]在保证地方州军的正常开支的情况下，将地方剩余的财赋一律运送到中央。乾德三年(965)三月，宋太祖重申：“(诸州)度支经费外，凡金帛以助军实，悉送都下，无得占留。”[④]宋太祖开宝六年(973)，再次“令诸州旧属公使钱尽数系省，毋得妄有支费，以留州钱物尽数系省始于此”[⑤]，原则上取消了地方对其留用财物的独立支配权，确定了中央对地方所有财赋的支配权。

为确保把地方剩余财赋全部调往中央，乾德三年(965)五月，太祖遣常参官十八人，“分往诸道受民租”[⑥]，防止地方州县官吏征收赋税时克扣赋税收入。宋太宗初年，“罢三司大将及军将主诸州榷课，命使臣分掌”[⑦]，将地方的其他收入也置于中央的控制之下。即使是主要用途为供给地方官吏厨

---

① 《续资治通鉴长编》卷一八四“元祐元年九月丙寅”条，第4446页。

② 朱熹：《朱子语类》卷一一〇《论兵》，第2706页。

③ 《续资治通鉴长编》卷五“乾德二年十二月”条，第139页。

④ 《续资治通鉴长编》卷六“乾德三年三月”条，第152页。

⑤ 马端临：《文献通考》卷二三《国用一・历代国用》，第228页。

⑥ 《续资治通鉴长编》卷六“乾德三年五月”条，第154页。

⑦ 《宋史》卷一七九《食货志下一・会计》，第4348页。

食、宴饷军兵吏卒、招待过往官员、补助救济下属僚员的公使钱[①]，也一度规定"令诸州旧属公使钱物尽数系省，毋得妄有支费"[②]。宋太宗淳化五年(994)十二月又进一步规定："置诸州应在司，具元管、新收、已支、现在钱物申省。"[③]原则上取消了地方留用财赋的独立支配权，确定了较严格的财务结算申报制度，地方在财政上处于中央政府严密的控制与监督之下。北宋范镇对当时地方各级政府的职责曾有过说明：

> 祖宗之规模在于州县，州委之生杀，县委之赋役。虑其或失于中也，为之转运使、提点刑狱以按察而纠举之，其委任谨重之道至矣。[④]

宋代知州府事是地方州军的行政长官，"掌总理郡政……其赋役、钱谷、狱讼之事，兵民之政皆总焉"[⑤]。李纲说：

> 依法，夏税受纳开场日，县申本州，州申转运司，点检及纳毕，申所属监司，选官称量，合系上供之类，即团并成纲，发赴左藏库交纳；内有合系本州支给官兵春冬衣赐等用，即从本州支遣，皆有帐籍可以稽考。此祖宗旧制，不可易之法也。[⑥]

州军征收两税完毕，在转运司的点检下，将上供部分及时送往中央，"此祖宗旧制，不可易之法也"。为防止知州权力过大，同时设立通判，掌一州之财，"为节度防御团练留后观察刺史者，皆不预签书金谷之事。于是外权削而利归公上矣"[⑦]。通判的具体职责为："掌倅贰郡政，与长史均礼。凡兵民、钱谷、户口、赋役、狱讼听断之事，可否裁决，与守臣通签书施行，所部官有善否

---

① 对于公使钱的用途，真宗大中祥符六年(1013)六月在给广州公使钱的诏书中说："时言事者云广州本无公用钱，而知州月给十万，盖兼备公费，而长吏以其名为添支，但以自奉，宴设甚稀。故特为定式。"(《续资治通鉴长编》卷八〇"大中祥符六年六月辛巳"条，第1831页)又，宋人王明清也说："太祖既废藩镇，命士人典州，天下忻便，于是置公使库，使遇过客必馆置供馈，欲使人无旅寓之叹，此盖古人传食诸侯之义。下至卒吏，批支口实之类，以济其乏食。"(王明清：《挥麈后录》卷一，《四库全书》文渊阁本)

② 马端临：《文献通考》卷二三《国用一·历代国用》，第228页。

③ 马端临：《文献通考》卷二三《国用一·历代国用》，第228页。

④ 赵如愚：《宋朝诸臣奏议》卷一一一范镇《上神宗论新法》，第1207页。

⑤ 《宋史》卷一六七《职官志七·州》，第3973页。

⑥ 李纲：《梁溪先生文集》卷一〇六《申省陈述受纳夏税物帛状》，《四库全书》文渊阁本。

⑦ 李攸：《宋朝事实》卷九《职官》。

及职事修废得刺举以闻。”[①]由通判具体负责点检帐籍库务，牵制州郡长吏，使其不得专权。宋太祖开宝元年(968)五月就下令：“诸州通判、钱粮官至任，并须躬自检阅帐籍所列官物，不得但凭主吏管认文状。”[②]地方的其他一些税收管理，通判也参与其中，如“诸州县镇场务所收无额上供物钱，每季具帐，限次季孟月五日以前供申通判厅”，然后由通判厅审覆，供申提点刑狱司，并在规定期限内“点磨保明，申尚书户部”。[③] 在隶属关系上，通判直接向提点刑狱司负责。宋代诸州知州、通判共同参与财经管理与监督工作，宋真宗大中祥符七年(1014)四月，“诏诸路知州、通判，自今在城仓库则每季检视，在外县者止阅簿籍，不须巡行。初，淳化中，诏长吏每季行县，县有去州五七百里者，以烦扰故，罢之”[④]。通判在地方财赋管理中的作用，主要表现在五个方面：其一是监视钱谷出纳；其二是巡历仓库，点检官物；其三是拘收检查经总制钱；其四是按察官吏赃罪；其五是考核官吏的经济业绩。[⑤] 由于通判掌管一州的财赋收入，管理户籍，掌握了一州之内的财赋管理权，因而牵制了知州的财赋管理权。

州军虽然是地方财赋的征收者，但无权支配地方财赋，地方所有财赋的支配权在名义上都归属中央。地方州军留用财赋被称为“系省钱物”，“系省”实际上就是表示省司(三司、户部)在地方上的财赋，地方虽可以使用，但其所有权属于中央。[⑥] 地方财赋主要贮藏于军资库，军资库是北宋时期地方“一州税赋民财出纳之所”的综合性仓库。史载：

> 守臣、通判名衔必带州军，其佐曰签书军事，及节度观察军事推官判官之名，虽曹掾悉曰参军。一州税赋民财出纳之所独曰军资库者，盖税赋本以赡军，着其实于一州官吏与帑库者，使知一州以兵为本，咸知

① 马端临：《文献通考》卷六三《职官十七·通判》，第570页。

② 《续资治通鉴长编》卷九“开宝元年五月”条，第202页。

③ 谢深甫编纂、戴建国点校：《庆元条法事类》卷三〇《财用门一·上供·场务令》，黑龙江人民出版社2002年版，第441页。

④ 《续资治通鉴长编》卷八二“大中祥符七年四月庚辰”条，第1873页。

⑤ 参见方宝璋《宋代通判对财经的监督作用》，载《福建论坛》1993年第6期。

⑥ 参见杨倩描《从“系省钱物”的演变看宋代国家正常预算的基本模式》，载《河北学刊》1988年第4期。

所先也。[①]

北宋前期军资库主要收藏:(1)两税。《宋会要辑稿·食货》七〇之三二载:“自来受纳两税,必使赴军资库送纳,却行起赴朝廷。”(2)场务课利。太宗淳化四年(993)诏:“令诸州以茶盐酒税课利送纳军资府。”[②](3)地方的其他收入。除个别较大的军资库由中央专派监军资库官掌管外,绝大多数州府的军资库都由通判掌管,“诸州军资库差录事参军监,通判提举”[③],作为地方主官的知州府事无权干涉军资库的管理问题,这种管理模式改变了唐代以来军资库作为地方政府的财赋仓库的地位,从原来地方的仓库转变为中央在地方设立的仓库,其中所存财赋都明确规定了是中央在地方存留的钱物。《续资治通鉴长编》卷六“乾德四年三月”条载:

> 自唐天宝以来,方镇屯重兵,多以赋入自擅,名曰留使、留州,其上供殊鲜。五代方镇益强,率令部曲主场院,厚敛以自利。其属三司者,补大吏临之,输额之外辄入己,或私纳货赂,名曰贡奉,用冀恩赏。上始即位,犹循常制,牧守来朝,皆有贡奉。及赵普为相,劝上革去其弊。是月,申命诸州度支经费外,凡金帛以助军实,悉送都下,无得占留。

地方财赋在名义上属于中央所有,都应该载入府库簿籍,接收监司点检,按照制度的规定支用。州军常例之外的财务,例如营造,依敕令减放税物,以及决定州军赋税的支移、折变、和籴、和买等事情,都需要禀报转运司,审核上奏。宋廷建立了严格的仓库出纳管理制度,“凡干钱谷禀转转运司,常平即提举司,军器、工匠即提刑司,埽岸物料、士兵即都水监。未尝有一敢专者”[④]。地方在财赋管理方面毫无支配权:首先,州郡对赋入中分隶诸司者原则上无支配权,也无移用权。其次,上供财赋及供军财赋岁有定额,原则上不得拖欠,不经申报允准不得截留。再次,应上缴本路及输往别州郡的财赋岁有定额。又次,州郡官吏(包括军官)、宗室等数额及应支俸禄由上司决定,本州郡无权变更。最后,州郡赋入除公使钱等少数不系省外,都是系省

---

① 王明清:《挥麈三录》卷一,《四库全书》文渊阁本。

② 马端临:《文献通考》卷一七《征榷考四·榷酤禁酒》,第 170 页。

③ 谢深甫编纂、戴建国点校:《庆元条法事类》卷三七《给纳·仓库令》,第 579 页。

④ 《续资治通鉴长编》卷三四七“元丰七年七月”条,第 8327 页。

财赋，由三司、户部委托各路转运司主管、监督收支。[①] 一旦违反规定，当地长官将会受到严厉的惩罚。宋太祖乾德元年(963)十月，“德州刺史何隐擅发省仓给军士，判官郭象飞表上言，按验得实，乃责隐为亳州别驾，擢象权知德州”[②]。知州军府事虽然是本辖区军民之政和财政的最高负责人，但是本辖区军资库的管理权在很大程度上受制于通判，“州郡仓库一出一纳，并须先经太守判单押帖，次呈通判，呈佥厅签押俱毕，然后仓官凭此为照，依数支出”[③]。巡视仓库，点检官物，这是通判初设时即有的职责。宋太祖下诏：“诸州通判、粮料官至任，并须躬自检阅帐籍所列官物，不得但凭主吏管认文状。”[④]宋真宗时又具体规定了通判定期阅视所属仓库的制度，宋真宗大中祥符七年(1014)四月庚辰诏：“诸路知州、通判，自今在城仓库则每季检视，在外县者止阅簿籍，不须巡行。初，淳化中，诏长吏每季行县，县有去州五七百里者，以烦扰故，罢之。”[⑤]州军总结年度财政收支的计账除由转运司点检外，还要直接上报中央审核，“内自府库，外至州县，岁会月计，以上三司。纸札之须，贿赂之广，远近之人以为劳弊”[⑥]。转运司与通判从上下两个方面对州军的财赋进行管理和监督，有效地限制了知州军府事在地方财赋上的权力，因此，加强了中央对地方财赋的控制。

四、严格的地方财政监督体制

北宋前期，机构庞大的三司“掌邦国财用之大计，总盐铁、度支、户部之事，以经天下财赋而均其出入焉”[⑦]。为了控制收支平衡，三司经常对天下的钱谷收入进行比较，如宋真宗咸平五年(1002)四月诏：“三司自今收掌簿书，

① 参见汪圣铎《两宋财政史》，第538页。

② 《续资治通鉴长编》卷四“乾德元年十月己卯朔”条，第106页。

③ 中国社会科学院宋辽金元史研究室点校：《明公书判清明集》卷一《仓官自擅侵移官米》，中华书局1987年版，第30页。

④ 《续资治通鉴长编》卷九“开宝元年五月”条，第202页。

⑤ 《续资治通鉴长编》卷八二“大中祥符七年四月庚辰”条，第1873页。

⑥ 《宋会要辑稿·职官》五之二六，第3730页。

⑦ 《宋史》卷一六二《职官志二·三司使》，第3807页。

无使亡失。其天下钱谷大数，每年比较，于次年条奏。"[①]宋真宗景德二年(1005)五月，三司度支判官黄世长请令"三司每岁较天下税簿耗登以闻"[②]。三司在每年的例行上奏中不可避免地对各路上报的帐籍进行审查。三司不仅负责对地方上报的帐籍进行考核，同时还负责对地方官和场务官等进行经济政绩的考核，较其增亏，报考课部门奏行升黜赏罚。其考核形式有两种：一是任满考核。如史载："监临物务京朝官及知州、军、监、通判兼监物务者，替日令御史台晓谕，先赍御前印纸于三司，仍件析以闻。任内所收课利，委三司磨勘增亏，条报差遣院。……详定升降，堪何任使以闻。"[③]二是年终考核。"每至年终，令三司撮计在京、府界及十八路钱帛粮草见在都数闻奏，以之比较去年终见在都数"[④]，然后根据增羡减耗予以赏罚。

北宋建国之初就非常重视监察制度的建设，设立了完备的监察体制，在所有官僚部门中，监督机构能够做到"无所不知"，在国家政治生活中承担着"制奸邪之谋于未萌，防政令之失于未兆"的重大职责，从中央到地方的各级部门，皆在中央监察官员以及中央派驻地方的监察官员的监督之下。据方宝璋研究，宋代御史台在财政上的监督职能主要体现在三个方面：(1)对百官在经济上的违法乱纪行为进行纠察；(2)接收皇帝的委派，对一些重大的经济案件进行专案审计；(3)对地方官吏的考核。[⑤] 转运司作为朝廷在地方财政的监督者，稽考帐籍，检察储积、场务课利，察其稽违，督其欠负。宋代规定："县镇仓场库务帐，本州勘勾诸州帐，转运司勘勾。"尽管如此，中央并没有完全放弃对地方帐籍的监督，"内钱帛、粮草、酒曲、商税、房园、夏秋税管额、纳毕盐帐水脚、铸钱物料、稻糯帐，本司别造计帐申省。其驿料、作院欠负修造竹木杂物、舟船柴炭、修河物料、施利桥船物料、车驴草料等帐，勘勾讫架阁"，这种做法比较合理。"盖谓钱帛等帐，三司总领国计，须知其多少虚实，故帐虽归转运司，而又令别造计帐申省。至于驿料等帐，非三司国

---

① 《续资治通鉴长编》卷五一"咸平五年四月壬午"条，第1125页。

② 《续资治通鉴长编》卷六〇"景德二年五月己未"条，第1340页。

③ 《宋会要辑稿·职官》五九之三，第3718页。

④ 《续资治通鉴长编》卷二〇四"治平二年三月己丑"条，第4955页。

⑤ 参见方宝璋《宋代财经监督研究》，第80～89页。

计虚赢所系，故止令磨勘架阁。"[①]这样主次轻重得当，既解决了朝省汇集帐籍过多，无法全部勾覆，造成积压的问题，又避免了中央对地方财政监督的失控，而且"诸路转运司与本部州军地里不远，取索文字近而易得，兼本道文帐数目不多，易以详悉。自是外内简便，颇称允当"[②]。为了保证地方考课的公正，"每岁将诸路监司所定守令考课等第，令御史台重新审察，如有不当，重加黜责，不以赦原。庶几考课得实"[③]。御史台对转运司所考核过的地方守令进行复核，尤其是"守令课绩在优上等，即关御史台严加考察，如有不实，重行黜责"[④]。

宋代府、州、县财经监督与路级机构一脉相承。知州在财经上隶属于转运司，通判则隶属于提刑司、常平司，通判拘收无额上供钱物，所申报的上司不是转运司，而是提刑司。诸路常平钱物由常平司分领，转运司一般不能过问，而诸州的常平钱物往往由通判提举。因此，通判对知州的监督和提点刑狱司、提举常平司对转运司的监督是一致的。宋代县令和县丞在财经上与知州、通判乃至路转运司、提刑司、常平司平行。知州与通判、县令与县丞的互相监督与路级监司互察也是一致的：一方面"互论不法事件"，"互相检察"；另一方面，"通判与守臣通签书施行"，"令、丞通签"。[⑤]北宋时期对监司及州军县的诸多防范措施，使这些机构在督促地方财赋征收中更加尽力，但同时还不能把持地方财赋。

北宋政府建立了严密的财经监督体制。为便于对财政人员的管理，有关财政各部门在具体的经济活动中都建立了较系统全面的会计凭证、帐籍制度以及财政监督和审计等管理制度[⑥]，从各个方面加强对财务工作的管理。宋代财经监督机制的特点主要有：(1)寓监督于集权与分权的对立统一之中，与军事上的强干弱枝、政治上的内外相维相互为用。这是封建专制主

① 《续资治通鉴长编》卷三八三"元祐元年七月己卯"条，第 9331 页。
② 苏辙：《栾城集》卷四〇《论户部乞收诸路帐状》，上海古籍出版社 1987 年版，第 884 页。
③ 《宋会要辑稿·职官》五九之一四，第 3724 页。
④ 《宋会要辑稿·职官》一〇之二一，第 2610 页。
⑤ 参见方宝璋《宋代财经监督研究》，第 90～143 页。
⑥ 参见方宝璋《宋代财经监督研究》，第 158～217 页；汪圣铎《两宋财政史》，第 637～654 页。

义中央集权空前加强的表现之一，体现了财经监督中不让一个部门包办到底，各部门职掌范围有限，互相制约的原则。(2)多重监督，层层关防。多重监督的第一个表现是自上而下的监督。宋代最基层的财经监督官是县令、县丞和主簿，他们一般要受到知州和通判的监督。州县之上是诸路监司，监司分别对州县履行不同方面的财经监督权，向中央各自主管部门负责。中央有关部门对地方或下属机构进行监督。监司和中央有关部门之上是御史台，对监察负总的责任，兼职进行财经监督，直接对皇帝负责。多重监督的第二个表现是同级之间的互相监督，如中央户部对京师诸司的驱磨，地方监司互察，知州、通判通签书施行与互论不法，知县、县丞的通签与互相检察等。(3)在财政监督过程中，不仅上级对下级进行监督，下级对上级也可进行监督。如：勾院可以对其上级三司使的违法乱纪行为进行举劾，都凭由司、审计司可以对诸部寺监钱物支出进行事前审计；在地方州县，县级机构对州军及监司的监督就是下级对上级监督的体现。朱熹对宋初财政管理制度的总结可谓切中要害：

> 自唐末，大抵节镇之患深，如人之病，外强中干。其势必有以通其变而后可。故太祖皇帝知其病而梳理之，于是削其支郡以断其臂指之势(当时至有某州直隶京师，而不属节度者)，置通判，以夺其政；命通监监押，以夺其兵；立仓场库务之官，以夺其财。向之所患，今皆无忧矣。[①]

第三节　北宋前期加强地方行政管理的措施

宋太祖针对“五代以来，领节旄为郡守者，大抵武夫悍卒，皆不知书，必自署亲吏代判，郡政一以委之，多擅权不法”的现象，于乾德三年(966)下诏：“诸州长吏或须代判，许任宾席公干者，勿得使用元从人。”[②]郡政由方镇的元从转移到朝廷委派的宾席公干者手中，宋廷开始剥夺藩镇的治民权。随着北宋统治的巩固，中央政府逐步废除节度使、刺史等唐五代时期军政合一，

① 朱熹：《朱子语类》卷一一〇《论兵》，第2706页。

② 《续资治通鉴长编》卷六“乾德三年三月”条，第150页。

由武人担任长官，有利于藩镇割据的地方行政机构。到北宋仁宗时期，地方行政的管理从唐代的刺史制转变到宋代的知州制，由唐代的道制演变为宋代的路制。

一、知州制的形成

唐朝前期，地方行政采取都督、刺史制。当地方长官都督、刺史暂缺之时，朝廷往往就会委派一些人员代理主持州、府的日常行政事务，代理政务者就是所称的"知州府事"，这成为唐代刺史制的一种重要的补充形式。安史之乱后，由于藩镇势力的发展，将帅往往任用亲信担任辖区内的各级地方官职，争夺对地方行政的控制权。为限制藩镇大量权摄官担任辖区内的刺史，唐中央政府对担任知州府事的人员作出了规定。《唐会要》卷六八《刺史上》载：

> 刺史有故及缺，使司不得差摄，但令上佐依次知州事。其上佐等，多非其才，亦望委外道使臣，精加铨择，不胜任者，具以状闻。

自中唐以后，由于地方势力的强大，在地方官员的任用上，实际上已经形成了一套可循规律：知州——刺史或知州——留后——节度使。知州成为晋升正官的一个必不可少的环节，也是割据藩镇内部发展势力的主要手段。五代十国时期随着中央实力的增强，中央政府在平定藩镇叛乱之后，开始大量派遣中央官员担任权知州府事，知州府事由原来地方派遣的官员转变为中央派遣的官员，在地方政务中发挥着越来越重要的作用，成为中央剥夺藩镇权力的执行者。对北宋初年知州军制度的形成和完善过程，宋人程大昌在其《演繁露续集》中有一段较为概括的文字可为印证：

> 唐世州郡分上中下三等，其结衔分节度、观察、防御、团练，名称虽有高下，实皆守臣也。于是，其衔为某州节度若观察或防团者，苟非遥领，即是真任此州太守，非虚称矣。太祖之平李筠也，会李继勋上党来朝，即命继勋就守其郡。勋官品适与上党郡品两相当匹，遂以继勋为昭义节度。既曰节度昭义，即是昭义太守焉耳，非如遥领节镇，但虚假名称而已也。及平扬州，以宣徽使李处耘权知扬州。宣徽者，处耘之官也，权知扬州者，实为扬州太守也。为其职元为宣徽，故不改本镇节钺

而实行州事。故其结衔曰权知扬州也。此时虽一时权制，而太祖之规杌实已素定矣。乾德元年，有事荆湖，方会兵襄阳，即以边光范权知襄州，其衔亦为权知也。此时高继冲尚据荆南，朝命已尝使之权判荆南矣。及其纳土，不欲遽易他人，即就命继冲为荆南节度，而用王仁赡为巡检以参总其兵，则仁赡实预州事，而继冲之节度荆南者，但以系衔而已。至其年六月，竟用仁赡权知荆南，则太祖初杌可考矣。既尽得荆湖北，乃遂分命吕余庆镇潭州、李防镇衡州、薛居正镇鼎州，其结衔皆曰权知，而凡他臣得郡者皆放此为制。行之积久，大藩镇多授文臣，乃始尽正其衔，明曰知某府某州军州事也。[①]

北宋建立后，继续推行这一政策[②]，对刚刚占领的地区更是如此："凡诸郡入版图，率命朝臣出守，曰权知州事。"[③]对新入宋之版图者，"管内文武官吏并依旧"[④]，而另设通判以监察之。随着统一南方战争的进行，宋朝在新占领区往往委派一些文人担任地方官。到宋真宗咸平二年(999)以前，原来主要由武人担任的节度、观察、防御、团练等使以及刺史等各级地方官已经完全被以文官为主的知州代替。[⑤] 武将出身者担任知州则需要安排文职官员担任副手，规定"武臣知州军处，或阙通判，望令转运使飞奏以闻，付有司速差。所差官未到，仍于京朝官知州、通判有全员处权差"[⑥]。文人知州可以缺少通判，但武臣任知州必须有文人担任通判，表现了中央对武臣担任地方官的严密监控。宋太宗太平兴国二年(977)，在知怀州高保寅及右拾遗李瀚的

① 程大昌:《演繁露续集》卷二《制度知州》,《四库全书》文渊阁本。

② 如《宋史》卷一六七《职官志七·府州军监》载:"宋初革五季之患,召诸镇节度会于京师,赐第以留之,分命朝臣出守列郡,号权知军州事,军谓兵,州谓民政焉。其后文武官参为知州军事,二品以上及带中书、枢密院、宣徽使职事,称判某州、军、监。"

③ 史能之纂修:《重修毗陵志》卷八,转引自李昌宪《略论宋代知州制的形成及其历史意义》,载《南京大学学报》(哲学·人文·社会科学)1996 年第 4 期。

④ 《宋会要辑稿·职官》四七之五八,第 3447 页。

⑤ 参见李昌宪《略论宋代知州制的形成及其历史意义》,载《南京大学学报》(哲学·人文·社会科学)1996 年第 4 期;苗书梅《宋代知州及其职能》,载《史学月刊》1998 年第 6 期。又,《文献通考》卷六三《职官考十七·郡太守》载:"宋太祖开基,革五季之患,召诸镇会于京师,赐第以留之。分命朝臣出领列郡,号'权知军州事'。军谓兵,州谓民政焉。其后文武官参为知州军事。"

⑥ 《续资治通鉴长编》卷八〇"大中祥符六年正月"条,第 1817～1818 页。

建议下，北宋政府将原分属于十八节镇的四十余支郡收归中央直属，此后不久，“天下节镇无复领支郡者矣”[①]，结束了唐末五代以来节度使兼领属州的局面。在宋真宗至宋仁宗时期[②]，知州制取代刺史制，文臣取代武臣，知州成为地方政治的主流。

宋人张纲曾经将知州的职责总结为七项：“一曰宣诏令，二曰厚风俗，三曰劝农桑，四曰平狱讼，五曰兴学校，六曰理财赋，七曰实户口。”[③]苗书梅曾经对宋代知州的职能进行过详细研究，将知州的职能具体划分为五个方面：(1)兼领一州或一路兵政，主持所辖区域的治安防务；(2)总领一州民政，负责州内政令的贯彻执行及风俗治理、赈灾救济等；(3)劝农桑，理财赋，实户口，统领一州财赋事务；(4)平狱讼，雪冤狱，主持州级司法政务；(5)对一州属官有监察保举职责。[④] 从知州的职能看，知州乃是一州军政、行政、财政、司法等各方面的最高首领，是中央派驻一州的政府代表，协调中央与地方之间的关系，职权可谓重矣。知州不仅可以对属下官员进行监督，同时还被赋予了监督路级官员的权力。宋真宗景德三年(1006)十月，两浙转运使姚铉“在任鬻银多取值，托湖、婺、睦三州长吏市缣帛不输征算，占留州胥左司。又擅增修廨字[宇]，贸易部内子女”，在知杭州薛映的监督、揭发下被发现并受到了降职的处罚。[⑤] 至此，北宋政府彻底废除了武人掌管地方行政事务的现象。为防止地方官员在一地任职过久，形成私人势力，进而垄断地方政治，北宋政府对地方官规定了一年一考、三年一任的任职制度。宋仁宗以前，北宋政府基本上也执行着这些制度。[⑥]

文人知州制的确立，打破了藩镇割据赖以维系的以武人为主的刺史制

① 《续资治通鉴长编》卷一八“太平兴国二年八月”条，第411页。

② 参见苗书梅《宋代知州及其职能》，载《史学月刊》1998年第6期。另外，李昌宪对此有不同看法。他认为：“知州制正式取代刺史制应是在太宗端拱以后至咸平二年以前八九年间之事。”(李昌宪：《略论宋代知州制的形成及其历史意义》，载《南京大学学报》(哲学·人文·社会科学)1996年第4期)

③ 张纲：《华阳集》卷一五《乞重监司札子》，《四库全书》文渊阁本。

④ 参见苗书梅《宋代知州及其职能》，载《史学月刊》1998年第6期。

⑤ 《宋会要辑稿·职官》六四之二〇至二一，第3830～3831页。

⑥ 参见苗书梅《宋代地方官任期制初论》，载《中州学刊》1991年第5期。

的地方官僚体系。尽管宋代依然存在节度、防御、团练使及刺史等职务，但任职者实际上已不到本州任职，不再掌握府、州的实际权力，这些职务成为“寓禄秩，叙位著”的荣誉性虚职，用以衡量官员所应享有的俸禄、侍从、恩荫等待遇。在国家政治体制的转变中，节度使制度也走到了它的尽头。北宋政府成功地将藩镇体制分割，把州军全部置于中央的控制之下，但由于州军数目过大[①]，客观上仍需要在州军与中央之间设立一级行政组织，代替中央处理州军不能或者不便自行处理的各种事务，转运司路便在此情况下应运而生。

二、监司机构的设置

转运使司主要是沿袭唐朝中叶以来为解决财政问题由朝廷任命的办理一道或数道财计事务的临时性的差遣职务——转运使而来的。宋太祖在进行统一战争时就经常派出一两个转运使到各地去督征粮饷，但多是临时性质的，随事而设，事已则罢。名称也不统一：或曰“水陆转运使”；或曰“前军转运使”，如宋太祖建隆元年(960)四月，“命户部侍郎高防、兵部侍郎边光范并充前军转运使”；或曰“随军转运使”，如宋太祖乾德二年(964)十一月，“王师伐蜀，给事中沈义伦为随军转运使”；皇帝亲征则曰“随驾转运使”，如宋太祖开宝二年(969)二月，“亲征河东，以枢密直学士赵逢为随驾转运使”。[②] 随着北宋统一的完成，转运使司体制也在不断加以调整、变革，以满足逐步统一的北宋王朝加强中央集权的需要。宋太宗太平兴国二年(977)八月，作为河阳节度使属州的怀州，因知怀州高保寅与河阳节度使赵普有隙，赵普对其多方抑制，高保寅“心不能平，手疏乞罢节镇领支郡之制。乃诏怀州直属京，长吏得自奏事”。同时左拾遗李瀚也奏称藩镇节制支郡不符合“分方面之权，尊奖王室”、“强杆弱枝之术”的原则，希望废除藩镇领支郡之制，宋太宗“纳瀚言”，将当时绝大多数节镇所辖州划归中央直属，于是“天下节镇无复

① 曾巩《元丰类稿》卷四九《户口版图》记载：“太祖元年，有州一百一十一，县六百三十，户九十六万七千三百五十三。末年，州二百九十七，县一千八百六，户二百五十万八千九百六十五。”

② 《宋会要辑稿·食货》四九之三，第5635页。

领支郡者矣”[①]，正式设置各路转运使，转运使司体制确立[②]。

转运使建立之初，边防、盗贼、刑讼、金谷、按廉等地方事务无所不统。[③]北宋政府为防止转运司权力过大，形成尾大不掉之势，又在地方相继设立提点刑狱、安抚使司、提举常平司等机构，分割转运使的权力，号称“漕、宪、仓、帅”四司，其长官均由中央政权直接委派。其中漕、宪、仓三司又被称为“监司”。此外，各路还设有提举茶盐司，“掌摘山煮海之利，以佐国用”[④]；都大提举茶马司，“掌榷茶之利，以佐邦用”[⑤]；提举坑冶司，“掌收山泽之所产及铸泉货，以给邦国之用”[⑥]；提举市舶司，“掌蕃货海舶征榷贸易之事，以来远人，通远物”[⑦]。这些机构多承担中央在地方的临时事务，多为旋设旋罢，无有定制。它们共同掌管着地方的军政财大权，分别向中央不同部门负责，互不统属，在自己的职权范围内无所不总，却又无专一之任，因而也就不可能独揽地方大权，有效地防止了地方割据局面的出现。中央政府正是通过监司及其他机构，将地方的各种权力牢牢地控制在自己手中。

提点刑狱司最初的设立主要是为了限制转运使的权力。各地转运使司设立之初，兼有对地方的刑讼之权。但随着社会政治经济的发展，转运使在处理刑讼方面有力不从心之感，同时宋廷为防止转运使专权不法，权势过大，有必要分割其事权，加强中央对各路的司法管理。宋太宗淳化二年(991)，“以司门员外郎董循等一十一人分充诸路转运司提点刑狱”[⑧]，作为转

① 《续资治通鉴长编》卷一一“太平兴国二年八月”条，第410～411页。

② 郑世刚《北宋的转运使》一文(载《宋史研究论文集》，第312～345页)对北宋的转运司有详细的介绍。

③ 南宋吕祖谦说：“国初，未尝有监司之目，其始除转运使，止因军兴，专主粮饷，至班师即停罢。……太平兴国二年遂诏邠、宁……等州先隶藩镇，令直属京师，郡长得自专奏事。自是而后，边防、盗贼、刑讼、金谷、按廉之任，皆委于转运使。又节次以天下土地形势，俾之分路而治矣。继增转运使判官，以京官为之，于是转运使于一路之事无所不总也。”(马端临：《文献通考》卷六一《职官十五·转运使》，第556～557页)

④ 《宋史》卷一六七《职官志七·提举茶盐司》，第3968页。

⑤ 《宋史》卷一六七《职官志七·都大提举茶马司》，第3969页。

⑥ 《宋史》卷一六七《职官志七·提举坑冶司》，第3970页。

⑦ 《宋史》卷一六七《职官志七·提举市舶司》，第3971页。

⑧ 马端临：《文献通考》卷六一《职官十五·提刑》，第558页。

运使的下属处理地方刑讼事务。但在实际的执法过程中，提点刑狱在刑狱方面没有达到统治者设立之初的愿望，宋太宗淳化四年(993)十月被省罢，“归其事于转运司”。[①] 宋真宗景德四年(1007)七月，由于担心“四方刑狱官，未尽得人”，诸路重新设提点刑狱官，并且规定提点刑狱官“仍借绯紫，以三年为任，增给缗钱，如转运使之数”，有权受理“已经转运司批判未允者”的案件。[②] 三年的任期说明提点刑狱官已不再是中央临时派遣到地方的官员，而是地方常设机关的官员，必定有自己的组织机构；享受同转运使一样的待遇，接管转运使“批判未允”的案件，说明其不可能再是转运使的下属。这些都说明提点刑狱已经获得了同转运使同等的地位，已经成为一路最高的司法官员。宋仁宗天圣六年(1028)正月，因有人说提点刑狱官过为烦扰，无益于事，中央再次要求“诸路提点刑狱朝臣、使臣，交割本职公事与转运使、副使，仍令转运司条所省事件以闻”，提点刑狱官又一次被撤销。[③] 天圣八年(1030)虽曾复设，但“不十日，又废不行”[④]。直到明道二年(1033)宋仁宗亲政后，认为“诸路刑狱既罢提点官，转运司不能一一躬往谳问，恐浸至冤滥”，决定在各路重设提点刑狱官，并且任用武臣一人为同提点刑狱官，作为副职。[⑤] 此后，提点刑狱司虽有变化，但其职掌却不断增加，“虽专以刑狱为事，封桩钱谷、盗贼、保甲、军器、河渠，事务浸繁，权势益重。而转运司所总惟财赋纲运而已”[⑥]，提点刑狱司在各路设置成为定制[⑦]。

提举常平司在宋太宗淳化年间(990～994)曾在一些地方设立，但并不普遍。宋仁宗景祐元年(1034)“令转运司长史举所部官专领之，然犹隶漕臣”[⑧]。宋哲宗元祐初(1086～1094)提举常平司被废除，它的事务专归提点

---

① 《续资治通鉴长编》卷三四“淳化四年十月”条，第754页。

② 《续资治通鉴长编》卷六六“景德四年七月癸巳”条，第1477页。

③ 《续资治通鉴长编》卷一〇六“天圣六年正月戊午”条，第2462页。

④ 《续资治通鉴长编》卷一〇九“明道二年九月癸丑”条，第2543页。

⑤ 《续资治通鉴长编》卷一一三“明道二年十二月”条，第2646页。

⑥ 马端临:《文献通考》卷六一《职官十五·提刑》，第559页。

⑦ 关于诸路提点刑狱的废置变化情况，方宝璋《宋代财经监督研究》(第103～104页)对此进行了专门研究。

⑧ 马端临:《文献通考》卷六一《职官十五·提刑》，第559页。

刑狱管辖。提举常平司在宋神宗元符(1098～1100)以后才成为固定的机构。[①]

安抚使司来源于隋唐旧制,宋朝安抚使在初期的主要职责为:所至录问囚徒,除十恶至死,官员犯正枉法赃而致杀人,劫杀、谋杀、斗杀(皆为已经杀人)不减刑外,其余死罪减为流,流罪减为徒,徒减为杖,杖以下皆被释放,作为中央的特派人员在地方发生灾荒或者叛乱时去稳定地方局势。[②] 宋真宗时期为了对付西夏和辽的入侵,安抚使司逐渐成为中央派驻地方的一级机构,名称也因所在地区的不同而有变化。凡在内地设置的多用"安抚使",如宋真宗咸平三年(1000)十月,宋政府任命"翰林学士王钦若、知制诰梁颢分为西川及峡路安抚使"[③],到西川及峡路做安抚工作,以稳定这一地区的局势。在边境地区则多以"安抚经略使"或"经略使"为名,如宋真宗咸平四年(1001)八月,为了防备西北李继迁对边防的骚扰,加强对地方军队的管理,"命兵部尚书张齐贤为泾、原、仪、渭、邠、宁、环、庆、鄜、延、保安、镇戎、清远等州军安抚经略使,知制诰梁颢副之"[④]。宋真宗咸平五年(1002)七月,李继迁进攻麟州,邓州观察使钱若水"为并代经略使、判并州"[⑤],钱若水虽未有都部署的头衔,但实际掌握了兵权。宋真宗景德元年(1004),契丹南犯。十月,宋政府任命"兵部尚书、知青州张齐贤兼青、淄、潍安抚使,知制诰、知郓州丁谓兼郓、齐、濮安抚使,并提举转运及兵马"[⑥]。这些机构的相继设立表明:宋真宗时安抚经略使制度已经形成。

以转运使司、提点刑狱司、提举常平司、安抚使司为主的宋代路级机构,除安抚使由所在路的首州知州兼任外,其他三司号称"监司",作为中央的派

---

① 关于提举常平司的废置变化情况,方宝璋《宋代财经监督研究》(第 113～114 页)进行了专门研究。苗书梅就宋代提举常平司的设置状况、职能作用及官员选任等问题作了详细的研究。(参见苗书梅《宋代提举常平司制度初探》,载《中国史研究》1997 年第 3 期)

② 安抚使制度的形成过程,李昌宪《宋代安抚使制度》(载《文史》1998 年第 47 辑,1999 年第 48、49 辑)作了系统深入的研究,对作者有所启发。

③ 《续资治通鉴长编》卷四七"咸平三年十月丙寅"条,第 1030 页。

④ 《续资治通鉴长编》卷四九"咸平四年八月辛丑"条,第 1068 页。

⑤ 《续资治通鉴长编》卷五二"咸平五年七月丙申"条,第 1140 页。

⑥ 《续资治通鉴长编》卷五八"景德元年十月庚寅"条,第 1276 页。

出机构代表中央管理地方，宋政府极其重视其人选。宋太宗淳化元年(990)四月，“诏尚书省四品、两省五品以上，每二人共举常参官一人充转运使”①。三年(992)二月又下诏：“宰相、参知政事、枢密副使、翰林学士、尚书丞郎、两省给谏以上、御使中丞，各于朝官内举堪任转运使者一人，京官内有才用强明者，亦许称举。”②被举荐者必是丞郎以下的人员，从出任者的官衔可以看出，担任监司的人员多为郎中、员外郎之类的六品中下级京朝官，五品以上官员担任转运使的称“都转运使”。以这些中下级官员担任转运使，体现了宋朝统治者“官高则权势太重，官卑则威令不行”的选用人员的标准，并且担任监司的人员多实历过知州、通判等地方官，有在地方工作的经验。对监司人选的诸多要求，便于监司官员在地方行使职权，也使中央对地方的控制更加有效。

三、监司机构的职能

中央派出的转运使司、提点刑狱司、提举常平司以及其他一些负责专门事务的机构代表中央维持着地方行政机构的正常运转，正如宋人刘挚认为的那样，“天下之事，散在诸州，总制于监司。其大者治财赋，察官吏，平狱讼，考疾苦”③。尽管路级机构官员的品秩在某些时候没有领知州军的执政大臣高，但在地方管理中，他们依然以知州军的上级的身份出现，目的就是为了维护宋王朝中央政府的权威。至道元年(995)八月，对荆湖转运使何士宗所上“望自今执政大臣出领外郡，应合申转运使公事，只署通判以下姓名”的请求，宋太宗不同意，认为：“大臣品位虽崇，若出临外藩，即转运使所部，要系州府，不系品位，此朝廷典宪，不可轻改也，宜仍旧惯。”④宋真宗大中祥符年间曾言：“分天下为郡县，总郡县于一道，而又总诸道于朝廷。委郡县于守令，总守令于监司，而又查监司于近臣，此我朝内外之纪纲也。”⑤宋哲宗元

---

① 《续资治通鉴长编》卷三一“淳化元年四月甲寅”条，第700页。
② 《宋会要辑稿·选举》二七之五，第4664页。
③ 《续资治通鉴长编》卷三八六“元祐元年八月”条，第9411页。
④ 《续资治通鉴长编》卷三八“至道元年八月乙亥”条，第818页。
⑤ 《宋会要辑稿·职官》四二之五八，第3263页。

祐六年(1091)，礼部侍郎范祖禹上疏曰："本朝之法，上下相维，轻重相制……藩方守臣统制列城，付以数千里之地，十万之师，单车之使，尺纸之诏，朝召而夕至，则为匹夫。"出现这种状况的原因就是由于当时执行"监司付以一路，守臣付以一郡，县令付以一县，皆与天子分地而治"的政策。[①] 这些论述，十分准确地道出了宋代委派各级地方官员的宗旨和用意。因而中央也就赋予路级机构广泛的权力，只需将少量的路级官员掌握在手中，皇帝就可端坐庙堂，收到如身使臂、如臂使指、擒纵自如的统治效果。监司的具体的职能可以划分为以下几个方面[②]：

(一)监察职能

宋代派出的转运使司、提点刑狱司、提举常平司号称"监司"，说明了它们所肩负的监察职能，其中以转运使所司按察职责最重。宋真宗咸平六年(1003)十一月，诏："监司之职，刺举为常，颇闻旷官，怠于行部，将何以问民疾苦，察吏臧否？自今诸路转运使，令遍至管内按察。"[③]监司在具体行使监察权的过程中，其职责范围非常广泛。宋仁宗庆历三年(1043)，令诸路转运使兼按察使之任，改转运使为转运按察使。虽然到宋仁宗庆历五年(1045)，免去"按察"二字，然监司按察之任却未因此减弱。当时宋人多以转运按察并称，足以证明转运使监司监察一路官吏，已经超出其计度钱谷、转输漕运之本职工作。除转运使外，提点刑狱官、提举常平司等亦"皆得按察官吏"，有纠举违法官吏的职责。包拯曾曰："国家设提刑按察之职，察群吏廉秽之状，其治绩尤著者，则必慰荐称举；贪懦不治者，则必体量按劾，别白善恶，悉以上闻。"[④]

为防止监司官员在地方相互勾结，共同欺骗朝廷，各监司在按察纠举州县长吏的同时，还负有彼此相互监察的责任。宋真宗天禧二年(1018)三月，知虢州查道言："诸路承例遣幕职官鞫问本路转运使、提点刑狱官，事颇未

① 《续资治通鉴长编》卷四六八"元祐六年十二月乙卯朔"条，第11177页。

② 关于监司的各种职能，参阅了李昌宪《宋代安抚使制度》(载《文史》1998年第47辑，1999年第48、49辑)、苗书梅《宋代提举常平司制度初探》(载《中国史研究》1997年第3期)、许怀林《北宋转运使制度略论》(载《宋史研究论文集》，第287～318页)和郑世刚《北宋的转运使》(载《宋史研究论文集》，第321～345页)。

③ 《续资治通鉴长编》卷五五"咸平六年十一月庚寅"条，第1216页。

④ 包拯：《包孝肃公奏议集》卷三《请令审官院以黜陟状定差遣先后》，《四库全书》文渊阁本。

便。望自今止令两司互相劾。"[①]从之。北宋后期,已有明确的"各监司互相检察"的条法出现。崇宁五年(1106),宋徽宗明令"路监司互相察举如法,或庇匿不举,以其罪罪之,仍令御使台弹劾以闻"[②]。宋代规定,诸监司考课之事,转运司由提刑司申报朝廷,提刑司由转运司或提举司申报,"应互申而不申,若增减者各徒二年"。[③] 路级机构的监察权有几个主要方面:(1)在本辖区内监司主要通过到各地出巡的方式,发现问题并解决问题,这样做有利于其对地方官吏的管理,提高工作效率。(2)监司在巡查州县事务时,主要靠索取簿书来检查地方各级官吏的勤怠与优劣,通过明察暗访来了解地方官吏的不法行为。(3)监司的出巡有严格的规定和纪律,且受到地方其他官吏的监督。(4)监司在出巡过程中发现贪官污吏、老病偷惰不职者以及绥辑有方、政术尤异者,自己无权处理,只能上报朝廷,让朝廷作出处罚或奖励。诸监司之间的相互监督、相互制约,在监察方面也有着深刻的体现。由转运司和提刑司分州治事,定期到所辖地区巡视,既有利于广泛巡查,又可以相互掣肘,以防止其同流合污。

(二)财政管理职能

加强对地方的财政管理,将地方的财政收入控制在中央,是宋朝路级机构的重要任务之一。宋代将转运司的职掌界定为"掌经度一路财赋,而察其登耗有无,以足上供及郡县之费"[④],但在实际的执行中,北宋转运使司涉及地方财政管理的各个方面,如漕运、赋税、和买、坑冶、铸钱、茶盐酒的征榷、对外贸易,同时还兼管屯田、赈济灾民等。对转运使、副使进行考核的标准也说明转运司在地方财赋中的地位。三司副使叶清臣建议从五个方面对转运使进行考核:"一、户口之登耗;二、土田之荒辟;三、盐、茶、酒税统比增亏递年租额;四、上供和籴、和买物不亏年额抛数;五、报应朝省文字及帐案齐足。"[⑤]同时还规定,提点刑狱也用同样的标准进行考核。提点刑狱司和提举

① 《续资治通鉴长编》卷九一"天禧二年三月"条,第2106页。

② 《宋会要辑稿·职官》四五之四,第3393页。

③ 谢深甫编纂、戴建国点校:《庆元条法事类》卷五《考课·职制敕》,第66页。

④ 《宋史》卷一六七《职官志·转运使》,第3964页。

⑤ 《续资治通鉴长编》卷一六六"皇祐元年二月"条,第3984页。

常平司涉足财政方面的管理是在宋神宗变法时期才开始的。宋神宗以前监司对财政的管理主要以转运使司为主,其他各司的参与为辅。

(三)司法审判职能

对于此种职能,帅、漕、宪、仓四司都有所涉及。宋朝建国之初,转运使就已经获得了参与司法的权力。如宋太宗雍熙元年(984),江西转运使乔维岳"尝按部至泗州,虑狱,法掾误断囚至死,维岳诘之,法掾俯伏且泣曰:'有母八十余,今获罪,则母不能活矣。'维岳闵之,因谓曰:'他日朝制按问,第云转运使令处兹罪。'法掾如其言,获免"[①]。此时转运使不仅可以到地方检查司法审判工作,而且还可以参与审判,拟定对犯人的处罚。淳化二年(991),宋太宗为加强对地方的司法管理,便派司门郎中董循等人充当"诸路转运司提点刑狱公事",主要职责就是主管地方刑讯[②],此时的提点刑狱仍属于转运使的下属。此后提点刑狱多次设而废,废而设,但其司法权却越来越大。即使如此,转运使依然保留着一定的司法权,在提点刑狱已经获得与转运使同样的地位后,转运使仍然参与司法管理。宋真宗大中祥符六年(1013)三月,还规定"大辟五人以上,委转运、提点刑狱录问讫,乃得决"[③],导致审讯时间延长、案件积压等,进而进行改革,是转运使司司法权存在的证明。

提点刑狱司在宋真宗景德四年(1007)重新设立后,成为独立于转运使司的司法机关,其管辖权限也有了明确的规定:"所至专察囚禁,审详案牍。"具体的执行方式是:"所部每旬具囚系犯由,讯鞫次第相报,常检举催督。在系久者,即驰往案问。出入人罪者移牒覆勘,核官吏以闻。诸色词诉,诸州所遣不当,已经转运使批断未允者,并收接施行。"[④]具体职责非常广泛,不仅监督地方司法执行的情况,还可以亲自审理重大案件及冤假错案,即使是转运使过问的案件,其也可以接管。提点刑狱与转运使一样到所辖州县巡行,复核各州县已经审理过的案件,稽查州县案件积压的状况,重点在于审查地方出现的大辟案件,保证地方大辟案的正确无误。

---

① 《续资治通鉴长编》卷二五"雍熙元年二月"条,第574页。

② 马端临:《文献通考》卷六一《职官十五·提刑》,第559页。

③ 《续资治通鉴长编》卷八〇"大中祥符六年三月戊午"条,第1821页。

④ 《续资治通鉴长编》卷六六"景德四年七月癸巳"条,第1477页。

安抚使在初期的主要职责为：所至录问囚徒，除十恶至死，官员犯正枉法赃而致杀人，劫杀、谋杀、斗杀（皆为已经杀人）不减刑外，其余死罪减为流，流罪减为徒，徒减为杖，杖以下皆被释放。这些司法权都是在各地出现天灾或其他问题时，安抚使作为临时的大员派到地方安抚百姓时被赋予的。真宗时，安抚使司成为地方固定的派出机构后，仍然保留了这些司法权。

（四）其他职能

宋代监司是中央派到地方的代表，在地方的各种事务中都不同程度地体现了监司的作用。如管理地方军队和边防事宜，西北的西夏政权、北方的辽朝以及西南的各少数民族是北宋前期的主要防范对象。宋朝在这些地区设置安抚使、经略使、经略安抚使来主管军事及边防，其他监司也在不同情况下参与其中。如宋太宗太平兴国四年(979)十一月，西川转运使许仲宣面对“寇抄边境”的西南蛮夷，亲自到边境进行劝说，使“夷人皆率服”，维护了地方的安宁。[①]宋太宗雍熙元年(984)五月，陕西转运使宋鄯因“安集诸戎，部内肃清”，获得升迁。[②] 宋真宗景德元年(1004)七月，陕西转运司在朝廷批准后，于“西面缘边诸州于保毅军内，简集成振武军四十指挥”，整顿了地方的边防力量。[③] 宋真宗天禧二年(1018)，“令河北提点刑狱简阅诸军”。诸如此类的事情，史书上记载不绝。监司是中央的派出机构，同时还是地方的一级行政机构，在传达中央政令和汇报地方情况中处于中转位置。宋太宗太平兴国三年(978)四月，侍御史赵承嗣因贪赃被杀，为警告其他官吏，“仍诏诸道转运使布告州县以儆群吏，揭于所居官舍之壁”[④]。宋真宗咸平三年(1000)八月，翰林学士宋白等重新定内外官称呼后，要求“御史台……诸路转运使严行告谕，俾其遵守，违者论如律”[⑤]。作为中央的派出机构，监司向上汇报更是其工作的基本要求。

宋朝虽然赋予监司机构众多权力，但同时也注意了防止监司机构尤其是转运使成为新的割据势力，唐末五代时期藩镇的各项权力并没有完全由

① 《续资治通鉴长编》卷二〇“太平兴国四年十一月”条，第465页。

② 《续资治通鉴长编》卷二五“雍熙元年五月甲子”条，第579页。

③ 《续资治通鉴长编》卷五六“景德四年七月戊子”条，第1244页。

④ 《续资治通鉴长编》卷一九“太平兴国三年四月辛巳”条，第427页。

⑤ 《续资治通鉴长编》卷四七“咸平三年八月癸丑”条，第1023页。

转运使继承，藩镇所享有的军权和官吏任免权始终被中央控制着。地方军权主要由权知藩镇的文官和经略安抚使以及大州知州掌管，在各路普遍设立经略、安抚使后，路的军权也就由这二使掌握。其次，关于官吏的任免权，早在乾德二年(965)宋朝就规定"使府不许召署，幕职悉由铨授"[①]，转运使对本路的知州、通判、幕职官、知县、县丞、簿尉等官员只有监督权，没有任免权，无论哪一位官员多么不称职，转运使也无权不申报朝廷而直接加以撤换。为了避免转运使在日常工作中培养势力，中央对转运使的工作形式、办事人员都有严格规定，断绝了转运使发展个人势力的各种途径[②]，转运使不可能成为地方利益的代表者。

四、中央对监司机构的管理

宋代统治者吸取了唐末五代地方政权尾大不掉的教训，将地方权力加以限制和分化，造成地方机构事权分散，办事效率低下。路级诸司在体制上各自为政，互不统摄，在行政权力方面相互制约，相互掣肘。以职权最重的转运使来说，名义上对一路事务无所不总，但却找不出一项绝对专属的职责，其专领的"掌一路财赋"之权为提举常平官分割，按察州县官吏之权也由诸监司共同承担。路级机构的管理体制，非常明显地体现了北宋地方机构分权的思想。

(一)各司并立，互不统属

这是宋代地方路级机构管理的特点之一。在宋代的路级机构中，转运使司设立最早，在北宋前期权力也最大。从宋初临时设置时的"专管钱粮"以供应军队的单一职责逐渐扩展到其他领域，到宋太宗时期已经是"边防、盗贼、刑讼、金谷、按廉之任，皆委于转运使。又节次以天下土地形势，俾之分路而治矣。继增转运使判官，以京官为之，于是转运使于一路之事无所不总也"[③]，转运使的权力

---

① 《续资治通鉴长编》卷五"乾德二年三月乙酉"条，第 123 页。

② 参见汪圣铎《宋代转运使补论》，载《中国史研究》2004 年第 1 期。

③ 马端临：《文献通考》卷六一《职官十五·转运使》，第 557 页。又，《续资治通鉴长编》卷一八六载，嘉祐二年七月，知谏院陈旭在上疏中将转运使的职权概括为，"天下州三百，县千二百，其治否朝廷固不得知，必付之十八路转运使"，"其责任法曰，唐虞四岳十二牧、三代方伯连帅、汉部刺史，皆今转运使之任"，在具体执行过程中，转运使的主要责任仍在财赋方面，"专以办赋财为职业，故郡县之政不修，独掊敛刻暴之令行，而民受其弊"。

达到了顶峰。为防止地方上一个机构的权力过于集中，宋仁宗明道二年(1033)设立专管地方司法权的提点刑狱司，转运使的司法权被分割。宋真宗时期，安抚使、按略使、经略安抚使等地方官员也逐渐取得了指挥地方军事、监察地方官员及处理地方防务、边境地区的民族事务等权力。地方州军自“罢节镇领支郡之制”后，有的已经直属于中央，其长吏可以不通过路级机构直接向中央奏事。这都说明路级机构受到各种因素的制约，它们中的任何一个机构都不可能形成统一的、凌驾于其他部门之上的强大的势力，从而使这些机构在各自的范围内永远只能督治一路，而不可能割据一方。

(二)行政与监察相统一

路级各司是中央的派出机构，这为它们在地方开展工作提供了方便，由于这些派出机构都是以具体负责某种事务为名的，这就把地方的各项事权都收到了中央，加强了中央集权。作为中央派出机构的路级各机构都被赋予一定的监察权，如转运使，“凡吏蠹民瘼，悉条以达，及专举刺官吏之事”，提点刑狱和提举常平司也有“举刺官吏之事”的权力，安抚使也要“体访知州及主兵官之才否，具名以闻”。尽管各路级机构都获得了一定的监察地方其他官员的权力，但却无处理地方官吏的权力，只能“具名以闻”，最终对地方官吏的处罚权还在中央，它们在中央的指示下具体办理地方事务；否则，哪怕是擅自决定非常琐碎的事情，也将会受到严厉的惩罚。如宋仁宗庆历五年(1045)六月丙辰，“降前福建路转运按察使、金部员外郎高易简知衢州。福建伪命时行铁钱，本朝因之。时泉州青阳等场铁大发，易简遂置铁务于泉州，欲易铜钱于内地，初不以闻，坐是得罪”①。宋仁宗庆历五年(1045)十一月，“丙申，降梓州路转运使、司封员外郎崔辅知邠州，转运判官、太常博士张固小处知州。初，辅等言，欲于广安军鱼子铁山采矿炭，置监于合州以铸钱，及销旧小铁铸减轻大钱，未得报，乃先牒合州，度地置监，合州奏其事，特降之”②。由此限制了这些派出机构的权力。路级机构的这些权力既便利了各自的工作，又防止了它们的权力过于强大，对中央造成威胁。

① 《续资治通鉴长编》卷一五六“庆历五年六月丙辰”条，第3784页。

② 《续资治通鉴长编》卷一五七“庆历五年十一月丙申”条，第3808页。

(三)加强对路级官员的考核

路级机构是北宋政府派驻地方的机构，权力涉及军民财政事务，为防止它们走上盘踞地方、与中央对抗的道路，中央在赋予路级机构各种权力的同时也采取了多种防范措施，加强对它们的监督与牵制。除了专门的台谏机构对它们进行监督外[①]，中央往往还另外委派亲信对它们进行监督、考核。进行这种考核的机构或官员又多以皇帝的亲信为主，此处仅以宋仁宗时代的有关诏令和实施情况为例：庆历四年(1044)二月丁未，“诏审官院，自今磨勘转运使、提点刑狱朝臣，更不限举主人数，只据在任劳绩取旨”。[②] 庆历五年(1045)五月甲子，“命翰林学士孙抃磨勘诸路提点刑狱课绩”。[③] 庆历八年(1048)九月辛丑，“命翰林学士宋祁磨勘提点刑狱朝廷使臣课绩”[④]。嘉祐二年(1057)七月辛卯，“令翰林学士承旨孙抃、御史中丞张升磨勘转运使及提点刑狱课绩”[⑤]。嘉祐五年(1060)六月辛未，“翰林学士胡宿、御史中丞赵概磨勘转运使、提点刑狱课绩”[⑥]。

路级机构不仅要受到中央台谏部门的监督，在地方执行公务时，各部门之间也互相进行监督，同时还要接受下级州郡官员的监督。淳化三年(992)二月，中央下诏规定：

> 诸路转运使、副，如规画得本处场务课利增盈，或更改公私不便之事，及除去民间弊病，或躬亲按问，雪活冤狱，或边上就水陆利便般运粮草不扰于民者，宜令诸道州、府、军、监候年终件析以闻。[⑦]

---

① 关于台谏对监司的监督职能，虞云国《宋代台谏制度研究》(上海社会科学出版社 2001 年版，第 34 ～36 页)也作了系统的研究。又，宋真宗天禧三年(1019)四月辛丑，“诏转运使副、提点刑狱、馆阁台省官外任岁满代还者，并依京朝官例，于审官院投状考课”(《续资治通鉴长编》卷九三，第 2144 页)。宋仁宗景祐四年(1037)二月丙寅，“诏侍御史知杂事姚仲孙司诸路提点刑狱考课之法。先是，诸路复置提点刑狱，还朝多擢为府官，仲孙请第其课为三等升黜之，故即以命仲孙”(《续资治通鉴长编》卷一二〇，第 2822 页)。

② 《续资治通鉴长编》卷一四六“庆历四年二月丁未”条，第 3541 页。

③ 《续资治通鉴长编》卷一五五“庆历五年五月甲子”条，第 3771 页。

④ 《续资治通鉴长编》卷一六五“庆历八年九月辛丑”条，第 3968 页。

⑤ 《续资治通鉴长编》卷一八六“嘉祐二年七月辛卯”条，第 4484 页。

⑥ 《续资治通鉴长编》卷一九一“嘉祐五年六月辛未”条，第 4627 页。

⑦ 《宋会要辑稿·食货》四九之七，第 5637 页。

明道二年(1033),令各州军每到年终,向朝廷汇报监司是否巡历本处及所至具体日期[①],监督的范围非常广泛。这种多层监督、相互检举的方式,在赋予地方官员相当大的权力的同时,又将地方的每一个官员都纳入中央的严密控制之下。正如范祖禹所言,宋代对地方的管理体制是:

> 分天下为十八路,路置转运使副、提点刑狱;有州三百,州置守,皆得专达于朝廷;有县一千二百,县置令,皆命于天子。其始也,收乡长、镇将之权,悉归于县;收县之权,悉归于州;收州之权,悉归于监司;收监司之权,悉归于朝廷。监司者,古州牧、连帅之职也;郡守者,古之公侯之国也;县令者,古之子男附庸之君也。自本朝之法,上下相维,轻重相制,民自徒以上,吏自罚金以上,皆出于天子。[②]

宋初统治者强化皇权、加强中央集权的措施,最初收到了预期成效,南宋学者叶适曾说:"国家因五代之极弊,收敛藩镇之权尽归于上,一兵之籍,一财之源,一地之守,皆人主自为之也。欲专大利而无不受其大害,遂废人而用法,废官而用吏,禁防纤悉,特与古异","万里之远,颦呻动息,上皆知之"。[③] 这使北宋政府能够较快地铲除地方军阀割据势力,消除分裂之祸,基本上保持了国家的统一和社会的稳定,促进了社会经济和文化科技的持续发展。然而北宋为了强化君主专制的集权统治,千方百计地进行夺权与分权活动,中央剥夺地方的权力,其他官员分散各级主官的权力,一切权力最终集中于皇帝一人之手。皇帝独揽军、政、财等一切大权,以致"百年之忧,一朝之患,皆上所独当,而群臣不与也。……此外寇所以凭陵而莫御,仇耻所以最甚而莫报也"[④]。这也是北宋统治者在极力强化中央集权、分割地方权力时所没有预料到的后果。

---

① 《宋会要辑稿·食货》四九之一二,第 5640 页。

② 《续资治通鉴长编》卷四六八"元祐六年十二月乙卯朔"条,第 11177 页。

③ 顾炎武:《日知录集释》卷八《法制》,第 295 页。

④ 顾炎武:《日知录集释》卷八《法制》,第 295 页。

第五章　结　论

唐宋变革是一个复杂而又系统性很强的论题。通过以上四章的内容，书中详细考察了安史之乱后中央与藩镇的关系、藩镇内部政治经济军事体制的变化、五代各朝加强集权的措施以及北宋建立后对五代各朝政治体制的继承，对唐宋之际地方行政管理体制的变化有了较为清晰的了解。

自安史之乱以后至北宋仁宗时期，在地方政治生活中发挥着重要作用的节度使体系，经历了由盛至衰的演变过程。正是在这种演变过程中，完成了地方政治体制由中国古代社会前期向后期的转变，其演变过程为：唐高宗景云元年(710)至安史之乱前是其萌芽时期，安史之乱至乾符二年(875)王仙芝、黄巢起义，是其发展时期。此时，节度使的权力逐渐增大，充分拥有对属地的兵、财、民等的绝对管理权，地方体制陷入恶性循环的境地，中央政府对地方的控制更多地体现在对人上，而不是制度上，即地方政府是否服从中央的管辖，往往决定于节度使本人是否服从中央的管理。王仙芝、黄巢起义后，藩镇势力在连年不断的战争中进行了重新整合，一部分藩镇在混战中被吞并，另一部分藩镇则在战乱中进一步强大，北方出现了李克用、朱温集团，南方一些藩镇乘机割据自立，五代十国割据的局面出现，藩镇势力发展到了顶点，已经拥有压倒中央的势力，取代中央政府已不可避免。五代的开国者大多是前代的军事将领，他们上台后有能力控制原来的将领，一旦他们去世，形势随之发生变化，握有实权的军事将领便取代前朝自立。但由于五代各朝，尤其是后唐明宗以后，中央禁军在国家军队中已处于绝对主力的地位，地方势力已不可能夺取中央政权，因此，他们中的绝大多数已不是内争与改朝换代的发起者和受益者。藩镇势力已部分地受到中央控制，开始走上下坡路。北宋政权建立后，进一步将藩镇节度使的权力收归中央。转运使代替节度使掌管了一路的财赋，提点刑狱司主管一路司法，部署、钤辖、巡检使、安抚使对一路军事负责；节度使体系虽然存在，但已经成为荣誉官衔，完全丧失了唐五代时期的权力。原来掌管地方事务的节度使体系变成了三个比较完整的管理体系，即转运使—知州，提点刑狱—知州，安抚使、路钤辖、路巡检使—州钤辖、州巡检使，形成了多轨的地方行政、军事组织，地方高层政区中根本不可能有某个长官或者某个政区真正全方位地控制一路或一州事务。[①] 邹逸麟指出：

> 宋人接受了唐代藩镇割据的教训，有意强化中央集权，削弱地方势力，使其无法割据一方，然而面对这样庞大的府州，中央实际上是无法直接统治的，但又不愿意在府州上再加一级行政机构，怕地方扩大权限与中央抗衡。于是就设计了一种监司机构，每一机构专司一样事务，直属中央，各司其职，互相牵制，于是就产生了道路制度。[②]

北宋仁宗以前对地方行政体制的变革，尤其是对转运使路的发展与完善，在某种意义上说，"'路'具有了'行省'的性质"，"与元代行省相比较，已很接近，所差的是没有一个'丞相'来统管"[③]，在中国地方行政机构的演变过程中起着承上启下的不可替代的作用。

唐朝前期继承了北朝以来的府兵制度，这种军事体制以国家推行均田制为基础，均田制的破坏导致国家府兵制的崩溃，进而导致军事管理体制发生变化。根据军事防御的需要，国家招募了大量的官健，这种招募体制改变了府兵制时期在特定时间或特定地区征募经过专业训练的士兵的方式，而变为向社会普遍招募职业化的士兵。这种职业化的士兵不再像府兵那样所

---

① 参见余蔚《唐至宋节度、观察、防御、团练、刺史体系的演变》，载李国昌、赵昌平主编《中华文史论丛》第71辑，上海古籍出版社2003年版，第145～182页。

② 邹逸麟：《从我国历史上地方行政区划制度的演变看中央和地方权力的转化》，载《历史教学问题》2001年第2期。

③ 许怀林：《北宋转运使制度略论》，见《宋史研究论文集》，第231～345页。

追求的是政治地位和建功立业，而是经济待遇，这必然导致“从招募方面说重视兵士的武艺，从应募方面说重视当兵的待遇”[①]，改变了唐朝前期当兵重身份、重勋赏的情况。唐代后期，统治者为了防止军人逃跑，竟强制士兵文面[②]，五代各朝继承了唐代末期部分地方政权的做法，面部刺字成了士兵特有的标志，从而使士兵与普通民众之间有了明显的区别，降低了士兵的社会地位。张国刚指出：

> 唐代后期及于五代，士兵的待遇在不断上扬，而士兵的社会地位却真正的是在降低，出现了经济待遇与政治身份背道而驰的状况。像魏博和徐州军士这样的强悍表现，并不能真正表明武人社会地位的高贵和强大，恰恰相反，他们在这里所表现出来的无业流民的特征，说明武人社会地位的逐渐衰落已经是不争的事实。[③]

宋代继承了五代的招募制度。史载：“自国初以来，其取非一途，或土人就在所团立，或取营伍子弟听从本军，或乘岁凶募饥民补本城，或以有罪配隶给役，是以天下失职、犷悍之徒，悉收籍之。”[④]军队的主要组成人员随之发生了重要变化。史载：

> 前世为乱者，皆无赖不逞之人。艺祖平定天下，悉招聚四方不逞之人以为兵，连营以居之，什伍相制，节以军法，厚禄其长，使自爱重，付以生杀，寓威于阶级之间，使不得动。无赖不逞之人既聚而为兵，有以制之，无敢为非，因取其力以卫养良民。[⑤]

作为地方部队的厢军更是成了“失职犷悍之徒”的渊薮，“太祖皇帝制折杖

---

① 张国刚：《唐代兵制的演变与中古社会变迁》，载《中国社会科学》2006年第4期。

② 此在唐僖宗文德二年(888)韦昭度讨伐陈敬瑄时就已经出现，王建的侍卫兵士就“髡发行眵，黥面札腕，如一部鬼神”(《太平广记》卷二六六《王先主遭轻薄》)。又如，高澧任湖州刺史时，征召乡丁为衙军，“悉文其面，衣青衫白袴，以绯模额。凡所指令，必躬身仰首，如夜叉状”；同时他还下令州人全部黥面，限定三日为限，过限者将处死，湖州人被迫在面上刺青。(参见《十国春秋》卷八八《高澧传》)《宋史》卷一九三《兵志·召募之制》记载：“召募之制，起于府卫之废。唐末士卒疲于征役，多亡命者。梁祖令诸军悉黥面为字，以识军号，是为长征之兵。方镇募时，先度人材，次阅走跃，试瞻视，然后黥面，赐以缗钱、衣履而隶诸籍。国初因之。”

③ 张国刚：《唐代兵制的演变与中古社会变迁》，载《中国社会科学》2006年第4期。

④ 马端临：《文献通考》卷一五二《兵考四·兵制》，第1325页。

⑤ 《续资治通鉴长编》卷三二七“元丰五年六月壬申”条，第7883页。

法,免天下徒,初置壮城、牢城,备诸役使,谓之厢军”。① 厢军中不少军额是刺配罪犯充军以代役服刑的,这些军人都享受丰厚的待遇,一般应募禁军者,可得到例物约十贯,应募为乡兵者,沿边地区一般给田二顷,减收田租,不变折徭役,有的还给予牛具、农具、旗鼓之类以资鼓励。这导致士兵地位进一步下降,“自募兵之法行,于是择其愿应募者。而所谓愿应募者,非游手无籍之徒,则负罪亡命之辈耳,良民不为兵也。故世人詈之者,曰‘黥卒’,曰‘老兵’,盖言其贱而可羞”,士兵的地位已经低于普通民众,“使之不得齐民齿然”。② 士兵地位的降低导致整个社会的价值取向发生了变化,必然使军队的整体素质下降。北宋统治者为了防止军事将领专领兵权,一方面多选文臣担任统兵将领,另一方面屡易将领,最为典型的例子是恩州自皇祐五年(1053)秋到至和元年(1054)冬的一年之间,“知州凡换七人,河北诸州,大率如此,欲望兵马练习,固不可得”③。这种管理体制虽然有效地防范了武将专权的现象,但带来的后果却是军官无能,既无力管兵,又不敢管兵。宋朝“积贫积弱”、被动挨打局面的形成与北宋统治者借鉴唐末以来的历史经验有一定的因果关系。

唐宋之间的地方财政管理体系的沿革也非常明显。唐朝前期继承了北魏孝文帝始创的均田制,“丁男、中男给一顷,笃疾、废疾给四十亩,寡妻妾三十亩。若为户者加二十亩。所授之田,十分之二为世业,八为口分”。在政府分配土地的前提下,社会各阶层都可以分得一定数量的土地,政府以此为基础实行租庸调法:

> 赋役之法:每丁岁入租粟二石。调则随乡土所产,绫绢絁各二丈,布加五分之一。输绫绢絁者,兼调绵三两;输布者,麻三斤。凡丁,岁役二旬。若不役,则收其庸,每日三尺。有事而加役者,旬有五日免其调,三旬则租调俱免。④

政府主要是授田,然后根据各地所产征收赋税。这种制度的好处是:

---

① 张方平:《乐全集》卷二四《论国计事》。
② 马端临:《文献通考》卷一五二《兵考四・兵制》,第 1325 页。
③ 《续资治通鉴长编》卷一七八“至和二年二月乙卯”条,第 4319 页。
④ 《旧唐书》卷四八《食货志上》,第 2088 页。

有田则有租，有家则有调，有身则有庸。天下为家，法制均一，莫容其奸。故人无摇心，而事有定制。以之厚生，则不提防而家业可久；以之成务，则不校阅而众寡可知；以之为理，则法不烦而教化行；以之成赋，则下不困而上用足。①

开元以后，尤其是安史之乱后，均田制遭到破坏，以其为基础的租庸调法也无法执行，到唐德宗时期改而推行两税法，“自是人不土断而地着，赋不加敛而增入，版籍不造而得其虚实，吏不诫而奸无所取，轻重之权始归于朝廷矣”②。北宋建立后，除继续沿用两税法并对其进行适当的修改外，在正常的赋税收入已不能满足庞大的军事开支和行政开支的情况下，安史之乱以来逐渐出现的各项专卖政策进一步强化，在国家财政收入中的地位越发重要。自唐玄宗开元年间宇文融以殿中侍御史任租地、劝农诸使后，财政使职便日益成为一种普遍的现象，最后在中央形成了盐铁转运、判度支、判户部三个财政使职体系，并逐渐取代中央六部之一主持财政的户部的职掌。为了加强对地方财赋的征调工作，宝应初年刘晏在地方开始设立巡院，“自江淮北，列置巡院，搜择能吏以主之，广牢盆以来商贾”③。此后，各财政使职都向地方派遣自己的驻外机构，以督征赋税，并不断增加其他职责。如元和四年(809)中丞李夷简建议由各财政使职的驻外机构监督藩镇、州县的行政、财政事务，“诸州府于两税外违格科率，请诸道盐铁、转运、度支、巡院察访报台司，以凭举奏”④，得到皇帝的批准，巡院获得了监督地方的权力。五代早期在地方财赋管理方面继承了唐代巡院体制并有所发展，巡院逐渐被各种转运使所代替。宋朝建立之初，依然沿用五代制度，为筹集军需粮饷和加强对地方的财赋管理，设置大量随军转运使到各地督征粮饷。随着北宋政权的稳固，作为中央特使的转运使开始地方化。为了削弱藩镇的势力，转运使

① 《全唐文》卷四六五陆贽《均节赋税恤百姓六条其一·论两税之弊须有厘革》，第4748页。

② 《新唐书》卷一四五《杨炎传》，第4724页。另，《旧唐书》卷一一八《杨炎传》的记载与此基本相同：“人不土断而地着，赋不加敛而增入，版籍不造而得其虚实，贪吏不诫而奸无所取，自是轻重之权，始归于朝廷。”

③ 《唐会要》卷八七《转运盐铁总叙》，第1590页。

④ 《旧唐书》卷一四《宪宗本纪上》，第430页。

管理地方财政的权力不断被削夺，一种新的财政管理体制出现了：将天下划分成诸路，每一路设转运使，代表中央加强对地方财赋的管理，督征财赋。由此彻底废除了唐末五代以来藩镇擅自征收财赋的格局，中央已将财政大权完全从地方收回，完成了财赋管理方面的中央集权。正如苏辙在上书中所说：

财赋之原，出于四方，而委于中都。故善为国者，藏之于民，其次藏之州郡。州郡有余，则转运司常足；转运司既足，则户部不困。唐制，天下赋税，其一上供，其一送使，其一留州。比之于今，上供之数可谓少矣。然每有缓急，王命一出，舟车相衔，大事以济。祖宗以来，法制虽殊，而诸道蓄藏之计，犹极丰厚。是以敛散及时，纵舍由己，利柄所在，所为必成。自熙宁以来，言利之臣，不知本末之术，欲求富国，而先困转运司。转运司既困，则上供不继；上供不继，而户部亦惫矣。两司既困，故内帑别藏，虽积如丘山，而委为朽壤，无益于算也。①

从历史发展运行的实际状况而不是从朝代的兴废来考察中晚唐、五代乃至北宋仁宗以前的政治制度的变革，将会发现自安史之乱以来直到北宋仁宗时期，政治、军事、经济等问题的发展演变是一脉相承的，北宋建立后所推行的各项制度，都是中晚唐、五代以来历史发展、制度变更的结果。产生于唐朝后期的一系列重大问题，如藩镇割据，中央、地方对财政的划分等，经过五代各朝统治者的探索和解决，最终为北宋统治者防止地方的分裂割据找到了解决办法。

① 《宋史》卷三三九《苏辙传》，第10825页。

主要参考文献

一、古籍资料

(汉)司马迁:《史记》,中华书局1982年版。
(汉)班固:《汉书》,中华书局1962年版。
(唐)李林甫等撰、陈仲夫等点校:《唐六典》,中华书局1992年版。
(唐)杜佑:《通典》,中华书局1988年版。
(唐)封演:《封氏闻见记》,中华书局2005年版。
(唐)王仁裕:《开元天宝遗事》,中华书局2006年版。
(唐)李绛:《李相国论事集》,《四库全书》文渊阁本。
(唐)长孙无忌撰、刘俊文点校:《唐律疏议》,法律出版社1999年版。
(唐)姚汝能:《安禄山事迹》,中华书局2006年版。
(唐)白居易著、顾学颉校点:《白居易集》,中华书局1979年版。
(唐)王谠:《唐语林》,上海古籍出版社1978年版。
(唐)李吉甫:《元和郡县图志》,中华书局1983年版。
[朝鲜]崔致远:《桂苑笔耕集校注》,中华书局2007年版。
(五代)刘昫:《旧唐书》,中华书局1975年版。
(五代)薛居正:《旧五代史》,中华书局1976年版。
(宋)王溥:《唐会要》,中华书局1956年版。
(宋)王溥:《五代会要》,中华书局1998年版。

(宋)李昉等编:《文苑英华》,中华书局 1966 年影印本。

(宋)李昉等编:《太平广记》,中华书局 1961 年版。

(宋)杨亿:《武夷新集》,《四库全书》文渊阁本。

(宋)尹洙:《河南集》,《四库全书》文渊阁本。

(宋)王钦若等:《册府元龟》,中华书局 1960 年影印本。

(宋)司马光:《涑水记闻》,中华书局 1997 年版。

(宋)司马光著、胡三省注:《资治通鉴》,中华书局 1963 年版。

(宋)欧阳修:《新唐书》,中华书局 1974 年版。

(宋)欧阳修:《新五代史》,中华书局 1974 年版。

(宋)王安石:《王安石全集》,吉林人民出版社 1996 年版。

(宋)曾巩:《元丰类稿》,《四库全书》文渊阁本。

(宋)苏洵:《嘉祐集》,上海古籍出版社 1993 年版。

(宋)苏辙:《栾城集》,上海古籍出版社 1987 年版。

(宋)张纲:《华阳集》,《四库全书》文渊阁本。

(宋)张方平:《乐全集》,《四库全书》文渊阁本。

(宋)谢深甫纂修、戴建国点校:《庆元条法事类》,黑龙江人民出版社 2002 年版。

(宋)田况:《儒林公议》,《四库全书》文渊阁本。

(宋)洪迈:《容斋随笔》,中华书局 2005 年版。

(宋)邵伯温:《邵氏闻见录》,中华书局 1997 年版。

(宋)叶梦得:《石林燕语》,中华书局 1984 年版。

(宋)江少虞:《宋朝事实类苑》,上海古籍出版社 1981 年版。

(宋)李攸:《宋朝事实》,《四库全书》文渊阁本。

(宋)李焘:《续资治通鉴长编》,中华书局 1992 年版。

(宋)林駉:《古今源流至论》,《四库全书》文渊阁本。

(宋)程大昌:《演繁露续集》,《四库全书》文渊阁本。

(宋)王明清:《挥麈余话》,《四库全书》文渊阁本。

(宋)无名氏编:《新编五代史平话·梁史平话》,《四库全书》文渊阁本。

(宋)欧阳修:《欧阳文忠集》,《四库全书》文渊阁本。

(宋)蔡襄:《端明集》,《四库全书》文渊阁本。

(宋)范浚:《范香溪先生文集》,《四部丛刊续编·集部》。

(宋)吴儆:《竹洲集》,《四库全书》文渊阁本。

(宋)范祖禹:《范太史集》,《四库全书》文渊阁本。

(宋)包拯:《包孝肃公奏议集》,《四库全书》文渊阁本。

(宋)赵汝愚:《宋朝诸臣奏议》,上海古籍出版社 1999 年版。

(宋)陶岳:《五代史补》,《四库全书》文渊阁本。

(宋)马令:《南唐书》,《四库全书》文渊阁本。

(宋)孙光宪:《北梦琐言》,中华书局 2002 年版。

(宋)王辟之:《渑水燕谈录》,中华书局 1981 年版。

(宋)范仲淹:《范文正集》,《四库全书》文渊阁本。

(宋) 朱熹:《朱子语类》,中华书局 1986 年版。

(宋)王栐:《燕翼诒谋录》,《四库全书》文渊阁本。

《宋大诏令集》,中华书局 1962 年版。

(元)马端临:《文献通考》,中华书局 1986 年影印本。

(元)脱脱:《宋史》,中华书局 1977 年版。

(元)脱脱:《辽史》,中华书局 1975 年版。

(明)陈邦瞻:《宋史纪事本末》,中华书局 1977 年版。

(明)黄淮、杨士奇:《历代名臣奏议》,上海古籍出版社 1989 年版。

(清)王夫之:《读通鉴论》,中华书局 1975 年版。

(清)赵翼:《廿二史札记》,中华书局 1984 年版。

(清)顾炎武著、(清)黄汝成集释、秦克诚点校:《日知录集释》,岳麓书社 1994 年版。

(清)陆心源辑:《唐文拾遗》,中华书局 1983 年影印本。

(清)陆心源辑:《唐文续拾》,中华书局 1993 年影印本。

(清)吴任臣:《十国春秋》,中华书局 1983 年版。

(清)徐松辑:《宋会要辑稿》,中华书局 1957 年影印本。

(清)董浩等编:《全唐文》,中华书局 1983 年影印本。

(清)彭定求等编:《全唐诗》,中州古籍出版社 1996 年版。

(清)陆耀遹编:《金石续编》,江苏古籍出版社 1998 年版。

(清)陆增祥:《八琼室金石补正》,台北新文丰出版公司 1982 年版。

(清)沈涛辑、罗振玉点校:《京畿冢墓遗文》,台北新文丰出版公司 1982 年版。

二、今人论著

1. 著作

包伟民:《宋代地方财政史研究》,上海古籍出版社 2001 年版。

岑仲勉:《隋唐史》,高等教育出版社 1957 年版。

陈明光:《唐代财政史新编》,中国财政经济出版社 1991 年版。

陈寅恪:《金明馆丛稿初编》,三联书店 2001 年版。

邓小南:《宋代文官选任制度诸层面》,河北教育出版社 1993 年版。

邓小南:《祖宗之法——北宋前期政治述略》,三联书店 2006 年版。

樊文礼:《李克用评传》,山东大学出版社 2005 年版。

方宝璋:《宋代财经监督研究》,中国审计出版社 2001 年版。

何灿浩:《唐末政治变化研究》,中国文联出版社 2001 年版。

杭州大学历史系宋史研究室编印:《宋史研究集刊》第 2 集,1988 年。

黄宽重:《南宋军政与文献探索》,台北新文丰出版公司 1990 年版。

[美]黄仁宇:《赫逊河畔谈中国历史》,三联书店 1992 年版。

李德全:《唐宋变革期枢密院研究》,国家图书馆出版社 2009 年版。

李国昌、赵昌平主编:《中华文史论丛》第 71 辑,上海古籍出版社 2003 年版。

李锦绣:《唐代财政史稿》上卷,北京大学出版社 1995 年版。

李锦绣:《唐代财政史稿》下卷,北京大学出版社 2003 年版。

刘俊文主编,夏日新、韩昇、黄正建等译:《日本学者研究中国史论著选译》第 4 卷《六朝隋唐》,中华书局 1992 年版。

刘琴丽:《唐代武官选任制度初探》,社会科学文献出版社 2006 年版。

吕思勉:《隋唐五代史》,上海古籍出版社 1984 年版。

毛汉光:《中国中古政治史论》,上海书店 2002 年版。

聂崇岐:《宋史丛考》,中华书局 1980 年版。

齐涛:《汉唐盐政史》,山东大学出版社 1984 年版。

邱添生:《唐宋变革期的政经与社会》,台北文津出版社 1999 年版。

沈起炜:《五代史话》,中国青年出版社 1985 年版。

石云涛:《唐代幕府制度研究》,中国社会科学出版社 2003 年版。

虞云国:《宋代台谏制度研究》,上海社会科学出版社 2001 年版。

汪圣铎:《两宋财政史》(上、下),中华书局 1995 年版。

王曾瑜:《宋朝兵制初探》,中华书局 1983 年版。

武汉大学历史系魏晋南北朝隋唐史研究室编:《魏晋南北朝隋唐史资料》第 11 辑,武汉大学出版社 1984 年版。

吴钢主编:《全唐文补遗》,三秦出版社 1998 年版。

吴丽娱:《唐礼摭遗——中古书仪研究》,商务印书馆 2002 年版。

严耕望:《严耕望史学论文选集》,台湾联经出版公司 1991 年版。

严耕望:《唐史研究丛稿》,新亚研究所 1969 年版。

张国刚:《唐代藩镇研究》,湖南教育出版社 1987 年版。

张中秋:《唐代经济民事法律述论》,法律出版社 2002 年版。

张泽咸:《唐五代赋役史草》,中华书局 1986 年版。

郑炳林:《敦煌碑铭赞辑释》,甘肃教育出版社 1992 年版。

郑学檬:《中国古代经济重心南移和唐宋江南经济研究》,岳麓书社 2003 年版。

中国社会科学院宋辽金元史研究室点校:《明公书判清明集》,中华书局 1987 年版。

中国文物研究所、河北省文物研究所:《新中国出土墓志・河北卷》,文物出版社 2004 年版。

周绍良、赵超主编:《唐代墓志汇编》,上海古籍出版社 1992 年版。

周绍良、赵超主编:《唐代墓志汇编续编》,上海古籍出版社 2001 年版。

周一良、赵和平:《唐五代书仪研究》,中国社会科学出版社 1995 年版。

周振鹤:《中国地方行政制度史》,上海人民出版社 2005 年版。

朱瑞熙:《宋代社会研究》,中州书画社 1983 年版。

朱玉龙:《五代十国方镇年表》,中华书局 1997 年版。

陈尚君辑校:《全唐文补编》,中华书局 2005 年版。

[日]仁井田陞著、栗劲等编译:《唐令拾遗》,长春出版社 1989 年版。

宋靖:《十国地方行政考》,东北师范大学硕士论文,2003 年 4 月。

钱穆:《理学与艺术》,见《宋史研究集》第 7 辑,台湾书局 1974 年版。

傅乐成:《唐型文化与宋型文化》,见中国通史教学研讨会编《中国通史论文选》,台北华世出版社 1979 年版。

宁可:《宋代重文轻武风气的形成》,见《学林漫录》第 3 辑,中华书局 1981 年版。

邓小南:《近臣与外官——试析北宋初期的枢密院及其长官人选》,见漆侠主编《宋史研究论文集》,河北大学出版社 2002 年版。

童圣江:《唐宋时代的里正》,见卢向前主编《唐宋变革论》,黄山书社 2006 年版。

陈志坚:《从户部钱看唐后期中央与地方关系》,见卢向前主编《唐宋变革论》,黄山书社 2006 年版。

孟彦弘:《论唐代军队的地方化》,见中国社会科学院历史研究所学刊编委会编《中国社会科学院历史研究所学刊》第 1 集,社会科学文献出版社 2001 年版。

2. 论文

包伟民:《宋代地方州军财政制度述略》,载《文史》1996 年第 41 辑。

鲍晓娜:《茶税始年辨析》,载《中国史研究》1982 年第 4 期。

陈峰:《北宋枢密院长贰出身变化与以文驭武方针》,载《历史研究》2001 年第 2 期。

陈峰:《从"文不换武"现象看北宋社会的崇文抑武风气》,载《中国史研究》2001 年第 2 期。

陈峰:《论宋初三朝的禁军三衙将帅》,载《河北学刊》2002 年第 3 期。

陈明光:《论唐代方镇进奉》,载《中国社会经济史研究》1985 年第 1 期。

陈明光:《论两税法与唐朝前后期中央与地方财政关系的变化》,载《厦门大学学报》1987 年增刊。

陈明光:《唐代除陌释论》,载《中国社会经济史研究》1988年第4期。

陈衍德:《唐代中央与地方争夺专卖收入的斗争》,载《厦门大学学报》1987年增刊。

陈衍德:《唐代中央与地方分割盐利的斗争》,载《江海学刊》1989年第2期。

陈仲安:《唐代的使职差遣制度》,载《武汉大学学报》1963年第1期。

程民生:《论北宋财政的特点与积贫的假象》,载《中国史研究》1984年第3期。

董恩林:《五代中央财政体制考述》,载《湖北大学学报》(哲学、社会、科学版)1986年第2期。

杜立辉:《唐许太清及夫人墓志铭考释》,载《文物春秋》2006年第1期。

杜文玉:《五代选官制度研究》,载《中国史研究》2002年第3期。

谷霁光:《泛论唐末五代的私兵和亲军、义儿》,载《历史研究》1984年第2期。

方积六:《论唐代河朔三镇的长期割据》,载《中国史研究》1984年第1期。

冯培红:《唐五代归义军军资库司初探》,载《敦煌学辑刊》1998年第1期。

胡如雷:《唐宋之际中国封建社会的巨大变革》,载《史学月刊》1960年第7期。

黄修明:《唐代神策中尉考论》,载《天津师范大学学报》2002年第6期。

漆侠:《唐宋之际社会经济关系的变革及其对文化思想领域所产生的影响》,载《中国经济史研究》2000年第1期。

齐涛:《巡院与唐宋地方政体的转化》,载《文史哲》1991年第5期。

齐勇锋:《中晚唐五代兵制探索》,载《文献》1988年第3期。

姜密:《唐代成德镇的割据特点》,载《河北师范大学学报》1999年第3期。

江晓敏:《唐宋时期的中央与地方财政关系》,载《南开学报》2003年第5期。

金圆:《宋代监司制度述论》,载《上海师范大学学报》1994 年第 1 期。

李昌宪:《试论宋代地方统兵体制的形成及其历史意义》,载《史学月刊》1996 年第 2 期。

李昌宪:《宋代安抚使制度》,载《文史》1998 年第 47 辑,1999 年第 48、49 辑。

李昌宪:《略论宋代知州制的形成及其历史意义》,载《南京大学学报》1996 年第 4 期。

李锦绣:《唐后期的虚钱、实钱问题》,载《北京大学学报》1989 年第 2 期。

李锦绣:《唐代财政领域的加饶现象》,载《浙江社会科学》1999 年第 1 期。

林荣贵:《五代十国的辖区设置与军事戍防》,载《中国边疆史地研究》1999 年第 4 期。

苗书梅:《宋代通判及其主要职能》,载《河北学刊》1990 年第 2 期。

苗书梅:《宋代地方官任期制初论》,载《中州学刊》1991 年第 5 期。

苗书梅:《宋代提举常平司制度初探》,载《中国史研究》1997 年第 3 期。

苗书梅:《宋代知州及其职能》,载《史学月刊》1998 年第 6 期。

刘淑珍:《中晚唐之估法》,载《史学集刊》1994 年第 6 期。

刘玉峰:《唐代商品性农业的发展和农产品的商品化》,载《思想战线》2004 年 2 期。

宁志新:《唐朝使职若干问题研究》,载《历史研究》1999 年第 2 期。

王永兴:《中晚唐的估法和钱帛问题》,载《社会科学》1949 年第 5 卷第 2 期。

汪圣铎:《宋代转运使补论》,载《中国史研究》2004 年第 1 期。

王赛时:《论唐朝藩镇军队的三级构成》,载《人文杂志》1986 年第 4 期。

王赛时:《唐代中后期的军乱》,载《中国史研究》1989 年第 3 期。

王赛时:《唐代酿酒初探》,载《中国史研究》1995 年第 1 期。

吴丽娱:《中唐后财政官制变革刍议》,载《中国史研究》1989 年第 4 期。

吴丽娱:《从张平叔的官销之议试论唐五代盐专卖方式的变迁》,载《中国史研究》1996年第1期。

吴丽娱:《试析唐后期物价中的"省估"》,载《中国经济史研究》2003年第3期。

徐嫩棠:《唐朝前期马牧业发达的原因》,载《人文杂志》1994年第6期。

严耕望:《通判不始于宋说》,载(香港)《新亚生活双周刊》1969年第12卷12期。

杨倩描:《从"系省钱物"的演变看宋代国家正常预算的基本模式》,载《河北学刊》1988年第4期。

杨志玖、张国刚:《唐代藩镇使府辟署制度》,载《社科战线》1984年第1期。

易图强:《五代藩镇兵制和五代宋初的削藩措施》,载《河北学刊》1993年第4期。

易图强:《五代朝廷军事上削藩设置》,载《中国史研究》1994年第3期。

易图强:《动乱与反动乱:五代历史发展的线索——兼谈五代历史的地位》,载《湖南教育学院学报》1997年第1期。

余蔚:《唐至宋节度、观察、防御、团练、刺史体系的演变》,载《中华文史论丛》第71辑,上海古籍出版社2003年版。

袁征:《宋初驭将政策的重要变化》,载《河北大学学报》1986年第1期。

张邦炜:《着之既久,其发必厚——读王曾瑜〈宋朝阶级结构〉》载《宋史研究通讯》1997年第1期。

章秉纯:《唐代茶税考》,载《云南师范大学学报》1996年第2期。

张国刚:《唐代藩镇进奉试析》,载《文史》1986年第27辑。

张国刚:《唐代藩镇军将职级考》,载《学术月刊》1989年第9期。

张国刚:《唐代藩镇军队的统兵体制》,载《晋阳学刊》1991年第3期。

张国刚:《唐代禁卫军考略》,载《南开学报》1999年第6期。

张国刚:《"唐宋变革"与中国历史分期问题》,载《史学集刊》2006年第1期。

张国刚:《唐代兵制的演变与中古社会变迁》,载《中国社会科学》2006年第4期。

张其凡:《五代政权递嬗之考察》,载《华南师范大学学报》1985 年第 1 期。

张其凡:《五代晋汉禁军考略》,载《广州师院学报》1989 年第 3 期。

张其凡:《五代后周禁军考述》,载《安徽师大学报》1989 年第 3 期。

张其凡:《宋初兵制改革初探》,载《暨南学报》1989 年第 4 期。

张其凡:《五代后唐禁军考实》,载《暨南学报》1991 年第 2 期。

张其凡:《关于"唐宋变革期"学说的介绍与思考》,载《暨南学报》2001 年第 1 期。

张泽咸:《汉唐时期的茶叶》,载《文史》1981 年第 11 辑。

赵和平:《中晚唐钱重物轻问题和估法》,载《北京师院学报》1984 年第 4 期。

朱瑞熙:《宋代的刺字和文身习俗》,载《中国史研究》1998 年第 1 期。

邹逸麟:《从我国历史上地方行政区划制度的演变看中央和地方权力的转化》,载《历史教学问题》2001 年第 2 期。

[日]山根直生:《唐朝军政统治的终结与五代十国割据的开端》,载《浙江大学学报》2004 年第 3 期。

后记

本书是在我的博士学位论文《唐宋之际地方政治体制转型研究》的基础上增补完成的。当年我到山东大学历史文化学院跟随齐涛先生攻读博士学位时，先生与我就将来的论文选题曾进行过详谈，并最终确定我做这个题目。我的博士论文从选题、设计框架到修改、定稿等各个环节都经过了先生的悉心指教。先生深厚的学术功底、开阔的学术视野和在学术研究上的认真执著及勤奋严谨为我树立了极好的榜样，他的谦虚谨慎和温良宽厚的为人处世方法也使我获益良多。很荣幸的是，本书被收入马新先生主持的国家“十一五”重点图书出版规划项目《中国古代地方政治研究》中，在出版付梓前一年多的时间里，马新先生对我的论文曾多次提出详细、中肯的修改意见，并对全书进行了认真的统改和定稿。齐涛先生和马新先生无论是在学业上还是在生活中对我的教诲和帮助都将使我受益终身。

我还要感谢我的硕士导师、曾任安徽师范大学校长的著名史学家张海鹏先生，是他引导我走上了学术研究之路，也是在他的悉心教导下，我明白了“做学问先学做人”的道理。

博士论文完成后，又承蒙以下诸先生审阅：北京师范大学史学所陈其泰先生，中国社会科学院历史所陈祖武先生，山东大学21世纪山东经济研究中心乔幼梅先生，山东大学历史文化学院陈尚胜先生、晁中辰先生、胡新生先生、张金龙先生。先生们在百忙之中审阅论文，作出细心的鉴定，提出了许多宝贵的意见，给我极大的帮助。在此，谨向诸位先生表示真诚的谢意。

当我外出求学之际，为了使我有一个安静的心情坐下来读书，顺利完成学业，我的岳母毅然提前退休，帮我照料年幼的孩子和繁重的家务，对于她的这种无私帮助，我的感激之情是无法用语言表达的。

在本书即将付梓之际，我感谢所有为本书的出版提供帮助的领导、同事、同学和朋友，感谢他们对我的关心和支持。尤其是山东大学出版社的各位编辑为本书的出版付出了辛勤的劳动，我深表感谢。

我深知由于学识有限，书中必然会有错谬及不足之处，恳请学界前辈、同仁提出宝贵意见。

陈长征

2010年1月于烟台